# 전라남도유도창명회『彰明』

편찬책임 | 변은진
해제집필 | 정욱재
목록작업 | 설주희, 강지원
색인작업 | 전병무, 이주실, 이태규
검　　수 | 변은진, 이대승, 김정화

전주대 한국고전학연구소 HK+연구단 자료총서 02
전라남도유도창명회『彰明』

초판 1쇄 발행　2020년 2월 25일

편　자 | 변은진 외
발행인 | 윤관백
발행처 | 도서출판 선인

등 록 | 제5－77호(1998.11.4)
주 소 | 서울시 마포구 마포대로 4다길 4 곶마루 B/D 1층
전 화 | 02)718－6252 / 6257 팩 스 | 02)718－6253
E-mail | sunin72@chol.com

정 가 49,000원

ISBN 979-11-6068-359-2　93900

· 잘못된 책은 바꿔 드립니다.

※ 이 저서는 2018년 대한민국 교육부와 한국연구재단의 지원을 받아 수행된 연구임
(NRF-2018SA6A3A01045347)

전주대 한국고전학연구소 HK+연구단 자료총서 02

# 전라남도유도창명회 『彰明』

변은진 외 편

도서출판 선인

# 자료총서를 발간하며

우리는 현재 탈유교사회에 살고 있습니다. 유가 경전을 통해 심성 수양과 철리 탐색을 주로 하던 문·사·철의 영역을 넘어 이학과 공학, 또 학제간의 융복합을 시도하여 새로운 결과물을 산출하는 시대에 살고 있습니다. 뿐만 아니라 디지털 혁명에 기반하여 물리적·디지털적·생물학적 공간의 경계가 희석되는 기술융합의 시대, 4차 산업혁명의 시대를 마주하고 있습니다. 그럼에도 한 발짝 더 이면으로 들어가 보면 유교문화는 여전히 재코드화되어 가족, 학교, 직장 등 가장 낮은 단위에서 실체적 힘으로 작동하고 있음 또한 부인할 수 없습니다.

전주대학교 한국고전학연구소는 『여지도서』와 『추안급국안』의 역주 사업을 밑돌로 삼아 2010년에 출범하였습니다. 한국고전번역원의 '권역별 거점연구소 협동번역사업'에 선정되어 10년간 조선시대 문집을 다수 번역하였고, 2020년부터 다시 10년간의 사업을 시작합니다. 또한 한국학중앙연구원의 기초자료사업 지원으로 '근현대 유학자 사회관계망 분석 및 자료수집연구'를 9년째 수행하고 있으며, 2014년에는 한국연구재단 대학중점연구소 사업으로 '근현대 지역공동체 변화와 유교이데올로기' 연구도 진행했습니다.

본 연구소는 유교문화 연구에 특화된 연구소입니다. 2018년에는 그간의 연구 성과를 바탕으로 한국연구재단의 인문한국플러스 사업에 '유교문화의 탈영토화, 공존의 인간학과 미래 공동체'라는 아젠다로 선정되어 본 연구소가 한 번 더 도약하는 계기를 마련하였습니다.

이번에 간행하는 자료총서는 이 인문한국플러스 사업의 일환으로서 정전을 재해석하고 새로운 문화지형을 구축하고자 하는 연구과정에서 산출된 성과물입니다. 본 연구단의 근현대 유교문화 관련 자료아카이브 구축의 방향은 다음과 같이 세 분야를 대상으로 하고 있습니다. 첫째는 일제강점기 이후 전국 단위로 조직된 유교단체가 발간한 기관지 자료,

둘째는 오늘날 향교에서 소장하고 있는 근현대 문서 자료, 셋째는 근대 이후 유림들이 생산한 문집 자료입니다.

자료총서 2권 '전라남도유도창명회『彰明』'은 일제강점기 유교단체 기관지들 가운데 지방 단위 유교단체의 대표격인 전라남도유도창명회에서 발행된 잡지입니다. 이는 공식적으로 학계에 처음 소개되는 것입니다. 따라서 본 자료집에는『창명』 1~5호의 원문을 비롯해 간략한 해제와 수록기사의 세부목록, 아울러 기사들에 포함된 인명들의 색인어까지 수록했습니다. 이는 향후 이 자료를 이해하고 활용하는 데 큰 도움이 될 것입니다.

본 연구단에서는 그간 학계에 많이 소개되지 않은 자료들을 포함하여 근현대 유교문화를 재가공하고 새롭게 해석할 수 있는 자료들을 꾸준히 소개할 것입니다. 이는 앞으로 우리의 근현대 유교문화를 보다 풍부하게 연구할 수 있는 토대로 기능할 것입니다. 본 연구단의 자료총서가 근현대 유교문화를 탐색하는 통로가 되고, 공존을 지향하는 우리의 미래 공동체를 환하게 열 수 있는 든든한 디딤돌이 되기를 바랍니다.

본 자료총서가 나올 때까지 많은 분들의 도움을 받았습니다. 먼저 본 연구단을 물심양면으로 지원해주신 이호인 총장님을 비롯한 교직원들께 감사의 말씀을 올립니다. 출판 환경이 녹록치 않은 상황에서도 흔쾌히 본 총서를 출판해주신 윤관백 사장님 이하 직원들께도 사의를 표합니다. 무엇보다도 지속적으로 새로운 자료를 수집하고 자료총서를 기획 추진한 본 연구단의 자료팀 식구들, 특히 빼곡한 자료를 하나하나 들춰가며 궂은일을 감내한 연구보조원 선생님들께 심심한 감사를 전합니다. 아울러 옆에서 든든히 지원사격한 본 연구단의 모든 식구들에게도 고마움을 전합니다.

2020년 2월

전주대 한국고전학연구소 소장, HK+연구단장 변주승

# 목 차

# 『彰明』의 구성과 성격

정 욱 재 | 충남대 강사

〈목 차〉



## 1. 머리말

1920년대는 일제가 3·1운동의 충격으로 인해 식민통치의 기조를 '무단통치'에서 '문화정치'로 전환한 시기였다. '문화정치'는 일제의 조선지배정책의 기본방침을 근본적으로 바꾼 것이 아니라, 반일민족독립운동의 고양에 대응하여 종래의 노골적인 무력지배를 철회하고 '문화의 발달과 민력의 충실'이라는 슬로건을 내걸어 동화정책을 한층 강력히 추진하며, 민족의 상층계급 일부를 매수하고, 조선 지배에 지장이 없는 약간의 출판물·결사를 허용한 것으로 더욱 교활한 분열지배정책이었다. 일제는 '문화정치'를 내세우면서 헌병경찰제도를 폐지하였으나 오히려 보통경찰을 대폭 증가시켜 식민통치체제를 한층 더 강화하였다. 그리고 치안유지법을 제정하여 사상 통제와 사회운동에 대한 탄압을 강화하였

으며, 친일세력을 양성, 확대시켜 민족해방운동전선을 분열시키는 기만적인 정책을 펼쳤다.[1]

일제의 기만적인 '문화정치'는 식민지 조선 유림에게도 그대로 적용되었다. 일제는 1910년대까지는 경학원(經學院)을 중심으로 식민지 조선 유림을 통제하는 정책을 펼쳤고, 그 외의 유림단체가 경성과 지방에서 조직되어 활동하는 것을 금지하였다. 그러나 3 · 1운동이 일어난 후, 그 여파를 수습하기 위하여 조선총독부 3대 총독으로 부임한 사이토 마코토(齋藤實)는 1920년 친일세력 육성 · 이용을 통한 민족운동 분열정책을 골격으로 하는 '조선민족운동에 대한 대책'이라는 구상을 세웠다. 즉 그는 친일 인물의 확보를 조선통치의 성패가 걸린 문제로 보고, 귀족 · 양반 · 부호 · 실업가 · 교육가 · 종교가 등에 친일 인물을 침투시켜 각종 편의와 원조를 제공하여 친일단체를 결성하도록 하였다.[2] 이런 모습은 유림계에도 당연히 나타났다. 조선총독부의 전폭적인 후원 아래 1920년대부터 경성과 지방에 친일적인 성격의 각종 유림단체가 조직되었다. 대동사문회(大東斯文會)와 유도진흥회(儒道振興會)가 경성에서 조직된 대표적인 친일 유림단체라면, 전남 광주에서 결성된 전라남도유도창명회(全羅南道儒道彰明會)는 지방에서 조직된 대표적인 친일 유림단체였다.

1920년대 일제의 변화된 식민정책에 호응하여 출현한 경성과 지방의 유림단체에 대한 연구는 비록 많지 않으나, 기존 연구로 인해 친일 유림단체의 결성 동기와 배경, 결성 과정과 조직, 성격, 주요 구성원, 지방지회 설립, 활동 등에 대해 전반적인 상황을 충분히 알 수 있게 되었다.[3] 그렇지만 선행 연구는 대부분 유림단체의 결성과 활동에 주로 초점을 맞추었으며, 유림단체가 간행하던 잡지에 대한 내용 분석이 부족한 편이다. 1922년에 결성된 유도창명회는 경학원이 기관지인 『경학원잡지(經學院雜誌)』를 발간하고 있었던 것처럼 『창명(彰明)』이라는 그들만의 잡지를 간행하고 있었다. 그러므로 이 글에서는 우

1) 朴慶植, 『日本帝國主義의 朝鮮支配』, 청아, 1986, 193~220쪽.

2) 강동진, 『일제의 한국침략정책사』, 167~168쪽.

3) 정욱재, 「한말 · 일제하 유림 연구－일제협력유림을 중심으로－」, 한국학중앙연구원 한국학대학원 박사학위논문, 2009; 성주현, 「1920년대 유림계의 동향과 활동」, 『식민지시기 종교와 민족운동』, 선인, 2013; 김봉곤, 「일제의 종교정책과 유교－전남의 유도창명회(儒道彰明會)와 관련하여」, 『한국종교』 40, 원광대학교 종교문제연구소, 2016. 정욱재, 성주현의 연구는 1920년대 유림단체에 대한 전반적인 서술로 인해 유도창명회를 세밀하게 다루지 못하였지만, 김봉곤의 연구는 유도창명회만을 전적으로 다루어서 앞의 두 연구가 간과하던 부분과 주요 구성원, 활동 등에 대해서 상세히 논의한 부분이 많아 유도창명회 연구에 도움이 된다.

선 유도창명회의 결성 과정과 주요 구성원을 개괄적으로 살펴본 후,[4] 『창명』의 내용을 검토하고자 한다.

## 2. 전라남도유도창명회의 결성과 주요 구성원

전라남도유도창명회는 1922년 3월 25일, 26일 이틀에 걸쳐 전남 도청 회의실에서 발회식을 거행하고 "시세(時勢)의 진운(進運)을 수(遂)하고 유도(儒道)의 본지(本旨)를 창명"한다는 목적 아래 결성되었다.[5] 당시 전라남도 지사는 원응상(元應常, 1869~1958)으로 직전 부임지였던 강원도에서 역시 일제의 식민정책에 부응하는 유도천명회(儒道闡明會)를 기획하고 조직한 인물이었다. 그는 강원도에서 친일 유림단체를 결성한 경험을 전라남도에서도 발휘하였는데, 이때 원응상의 지원 아래 유도창명회 탄생에 산파역을 하며 적극적인 활동을 펼친 인물이 당시 참여관 석진형(石鎭衡, 1877~1946)이었다. 유도창명회의 결성은 식민관료, 그것도 조선인 관료가 사실상 주도하였다. 그럼 유도창명회의 결성 과정과 주요 구성원을 간략하게 살펴보자.

우선 유도창명회를 결성하기 위하여 "도리가 무너진 시대에 단체를 통해 학문을 서로 익히며, 윤리와 도덕을 밝히며, 시의(時宜)를 참작하여 사도를 다시 밝게 하자"는 미명을 앞세워 먼저 발기인을 모집하였다. 이에 각지에서 발기인이 모집되었는데, 각 지역별로 살펴보면 광주 3명, 담양 4명(창평 1), 곡성 3명(옥과 1), 구례 2명, 광양 2, 여수 3명(돌산 1), 순천 3명(낙안 1), 고흥 2명, 보성 2명, 화순 6명(동복 2, 능주 2), 장흥 3명, 강진 2명, 해남 2명, 영암 2명, 무안 3명(지도 1), 나주 3명(남평 1), 함평 3명, 영광 1명, 장성 3명, 완도 3명, 진도 3명, 제주 5명 등 22군에서 63명이 참여하였다.[6] 유도창명회 본부가 있던 광주의 경우 발기인 고언주(高彦柱, 1876~1964)는 임진왜란 때의 의병장 고경명의 5자인 고유후(高由厚)의 후손이며,[7] 기경섭(奇京燮)은 선조 대의 성리학자 기대승의 후손, 박봉주

4) 유도창명회의 조직, 지방지회 결성, 구체적인 활동 등은 성주현과 김봉곤의 연구를 참조.
5) 「儒道彰明會發會」, 『매일신보』, 1922년 3월 31일.
6) 「全羅南道儒道彰明會發起文及發起人」, 『彰明』 창간호, 1923, 57쪽.
7) 『長興高氏大同譜』(1954年刊) 卷5, 30~31쪽.

(朴鳳柱, 1869~1936)는 기묘사림인 충주박씨 박상의 후손이다. 기타 다른 군의 인물도 광주와 마찬가지로 대부분 양반 출신의 유림들로 여겨진다.[8)]

이렇게 발기인이 정해지자 본격적으로 유도창명회 결성에 들어갔다. 1922년 3월 25일 전남 도청 회의실에서 거행된 발회식에서 유도창명회의 임원이 선출되었는데, 회장에는 해남 출신의 유생 이재량(李載亮), 부회장에 광주 송정 출신의 박봉주와 장성 출신의 김주환(金肯煥)이 각각 선출되었다.[9)] 유도창명회는 도덕존숭(道德尊崇)과 윤리강명(倫理講明), 향약존시(鄕約尊施), 교육보급(教育普及), 문화향상(文化向上), 시무간예(時務簡隸) 등을 설립 목적으로 하는[10)] 6장 33조으로 된 장정(章程)과 10조(條)의 시행세칙을 마련하였다.[11)]

회장으로 선출된 이재량(1857~1938)은 전주 이씨 종친으로 1894년 8월 양호선무종사관(兩湖宣撫從事官)으로 임명된 이래 의정부주사(議政府主事), 남평현감(南平縣監), 중추원의관(中樞院議官), 비서원승(秘書院丞), 봉상시제조(奉常寺提調) 등을 역임한 인물이었다. 그는 1902년 종2품인 종정원경(宗正院卿)에 임명되어 당시 호남 출신으로서는 보기 드문 고위 관직 경력자였다. 그런 연유로 이재량은 1908년에 호남학회 회장으로 추대되었으나 활동하지 않고 향리에 은거하였다.[12)]

이재량이 유도창명회 회장으로 선출된 것은 당연히 지역에서 그가 지닌 위상과 경력 때문일 것이다. 그러나 그는 유도창명회 회장으로서 공식적인 활동은 거의 하지 않은 것으로 보인다. 유도창명회는 회지인 『창명』 창간호를 1923년 7월에 간행하였는데, 이재량의 글이 보이지 않는다. 즉 『창명』 제1호에 당시 도지사 원응상, 경학원 대제학 성기운(成岐運), 대동사문회 회장 민영휘(閔泳徽) 등이 작성한 축사(祝辭)가 수록되었고, 유도창명회 부회장인 박봉주와 유도창명회 지회장들의 축사도 기재되었는데도 정작 회장인 이재량은 축사조차 남기지 않았다. 『창명』은 1925년 1월에 5호가 간행된 것이 마지막인데, 그때까지 이재량은 『창명』에 한 번도 글을 남기지 않은 것으로 보아 실질적으로 유도창명회에 참여하지 않았다고 볼 수 있다.[13)]

8) 김봉곤, 「일제의 종교정책과 유교」, 『한국종교』 40, 원광대학교 종교문제연구소, 2016, 160~161쪽.
9) 「全南儒道彰明會の創立」, 『朝鮮』 86호, 1922년 5월, 196쪽.
10) 「湖南儒道彰明會感」, 『매일신보』 1922년 4월 11일.
11) 『彰明』 창간호, 1923, 57~61쪽.
12) 박찬승, 「한말 호남학회 연구」, 『국사관논총』 53, 1994, 148~152쪽.
13) 정욱재, 「한말 · 일제하 유림 연구－일제협력유림을 중심으로－」, 한국학중앙연구원 한국학대학원

이재량이 유도창명회 회장으로 활동하지 않자, 결국 1923년 10월 7일 광주향교 명륜당에서 제3회 총회를 개최하고 신임회장으로 부회장이었던 박봉주를 선출하였다.[14] 이때 부회장인 김주환과 총무인 고언주도 사임하였다.[15] 이후 1924년 임시총회를 열어 부회장으로 보성의 박남현(朴南鉉)과 장성의 변승기(邊昇基)을 선출하였고, 그해 말경 다시 총무에 고언주가 선출되었다.[16]

이재량의 뒤를 이어 2대 회장이 된 박봉주는 광주군 송정리 출신으로 대한제국기에 궁내부에서 관직생활을 한 인물이었다. 그는 1904년에 내장원경(內藏院卿),[17] 1905년에 봉상사제조(奉常司提調),[18] 사직서제조(社稷署提調)[19]를 역임했으며, 1906년에 예장원부경(掌禮院副卿),[20] 1907년에 궁내부 특진관[21] 등을 역임하였다. 그는 1912년 일본 시찰 당시, 발전된 일본의 모습에 충격을 받아 생각이 변화한 것 같다. 이후 그는 청년교육과 실업 등에 힘을 쏟았다.[22] 박봉주는 일제와의 협력을 선택한 인물로 보이는데, 전남유도창명회 발기인 및 부회장으로 참여하였을 때 중추원 참의로 재직하고 있었다.[23]

초대 부회장으로 활동하던 김주환(1859~?)은 하서 김인후의 후손으로 장성 황룡면 월평 출신의 대부호였다. 그는 1924년 노사 기정진을 모신 고산서원 창립 시 거금을 내 놓기도 하였다. 당시 유도창명회가 유지들의 의연금과 기타 수입으로 유지되었기 때문에, 회장이나 부회장은 유림 중 가장 부유한 인물들이 뽑혔던 것이다. 전남 도청에서도 이러한 유도창명회의 창립을 축하하기 위하여 300원을 기부하였다.[24]

이렇게 호남지역 인사들이 유도창명회 결성에 힘을 쏟았지만, 앞에서 언급한 것처럼 이

박사학위논문, 2009, 129쪽.

14) 「全南儒道總會」, 『매일신보』, 1923년 10월 13일.

15) 「副會長及總務辭任」, 『彰明』 제2호, 1923, 76쪽.

16) 「會報」, 『彰明』 제5호, 1924.

17) 『관보』, 1904년 12월 20일.

18) 『고종실록』 권45, 1905년 6월 15일.

19) 『고종실록』 권46, 1905년 9월 15일.

20) 『고종실록』 권47, 1906년 8월 29일.

21) 『고종실록』 권48, 1907년 2월 20일.

22) 「可賀할 朴鳳柱氏」, 『매일신보』, 1912년 12월 28일 3면.

23) 박봉주는 1921년 4월 28일부터 1924년 4월 26일까지 3년 동안 조선총독의 자문기구인 조선총독부 중추원 참의(주임관 대우)를 역임하였다(『조선총독부관보』, 1921년 5월 3일, 1924년 5월 3일).

24) 김봉곤, 「일제의 종교정책과 유교」, 『한국종교』 40, 원광대학교 종교문제연구소, 2016, 161쪽.

들 외에 유도창명회를 사실상 주도한 인물은 식민지 조선인 관료이며, 그 대표적인 인물로 원응상·석진형 등을 들 수 있다. 원응상은 충청남도 아산군(牙山郡) 배방면(排芳面) 중리(仲里) 출신으로서 관비유학생으로 도쿄의 게이오의숙(慶應義塾) 보통과(普通科)에서 세무관리국사무(稅務管理局事務)·일본은행사무(日本銀行事務)·각종부기학(各種簿記學) 등을 공부하였으며, 1899년 7월 귀국한 이후에는 주로 탁지부 등 재정관계 부분에서 근무한 인물이다. 그는 대한제국이 일본 제국주의에게 강제 병합된 1910년 10월 총독부 전라남도 참여관이 되었다. 1918년 9월 강원도지사로 승진 발령되어 1921년 8월 초까지 3년 동안 강원도를 다스렸는데, 그는 여러 시설공사를 잘 진행시켰고, 부하들이나 주민들에게 덕화(德化)를 베풀었다고 평가받은 인물이었다.[25] 즉 원응상은 도지사로서 강원도유도천명회와 같은 조직을 통해 상당한 통치효과를 보았다고 생각하였고, 전라남도 도지사로 부임하자 다시 전라남도유도창명회를 결성하도록 조장한 것이다.[26]

석진형은 경기도 광주 출신으로 1902년 7월 일본 동경의 와후쓰법률학교(和佛法律學校: 法政大學 전신) 법률과를 졸업하고 귀국한 후,[27] 1904년 11월 군부 주사를 시작으로 관리의 길에 들어선 인물이었다.[28] 또한 그는 1911년 충청남도 예산에 호서은행을 설립하는 일에 관여하여 취체역이 되었으며, 조선직조회사·조선방직회사·조선제지회사 등의 전무 또는 지배인을 지냈다. 이후 그는 1921년 2월 초 전라남도 참여관으로 임명되었다.[29] 유도창명회가 1922년 3월에 정식으로 조직되었을 때 석진형은 당시 전라남도 도지사 원응상의 명을 받아 유도창명회에 대한 일을 실질적으로 담당하며[30] 일본의 식민통치에 적극 협력한 친일파 식민관료였다.[31] 이런 이유로『창명』에는 석진형을 위시하여 조선인 및 일본인 식민관료의 글이 상당수 수록되어 있다.

25)「元氏 榮轉과 民情」,『매일신보』, 1921년 8월 15일.

26) 김봉곤,「일제의 종교정책과 유교」,『한국종교』40, 원광대학교 종교문제연구소, 2016, 158쪽.

27) 崔鍾庫,「槃阿 石鎭衡」『사법행정』제25권 제5호, 1984, 83쪽.

28)『대한제국관원이력서』, 국사편찬위원회, 1972, 444쪽.

29)「新任 全南參與官 石鎭衡氏」,『매일신보』, 1921년 2월 14일.

30)「世評:본회에 관한 도평의회회의 문답(丁秀泰問, 參與官 石鎭衡答)」,『창명』제1호, 1923, 54쪽.

31) 석진형은 1921년 2월 12일부터 1924년 11월 30일까지 전라남도 참여관(고등관 3등)으로 재직하다가 1924년 12월 1일에 충청남도지사로 승진하였다(『조선총독부관보』, 1921년 2월 18일, 19일, 1924년 12월 8일).

## 3. 『창명』의 체제 구성

유도창명회는 1923년 7월 15일『창명』제1호의 발간을 시작으로 하여 1925년 1월 10일 제5호를 마지막으로 더 이상 간행되지 않았다. 『창명』의 주요 독자층은 전남지역의 유림이다. 유도창명회 회원이 쓴 글은 대부분 순한문으로, 조선인 및 일본인 식민관료가 쓴 글은 주로 국한문 혼용으로 작성되었다. 『창명』의 발행 연월일과 편집 겸 발행인은 다음과 같다.

〈표 1〉『창명』의 발행 연월일과 편집 겸 발행인

| | 발행 연월일 | 편찬 겸 발행인 | 발행소 |
|---|---|---|---|
| 제1호 | 1923년 7월 15일 | 高彦柱 | 전라남도유도창명회 |
| 제2호 | 1923년 11월 15일 | 鄭國采 | 〃 |
| 제3호 | 1924년 4월 30일 | 〃 | 〃 |
| 제4호 | 1924년 9월 10일 | 〃 | 〃 |
| 제5호 | 1925년 1월 10일 | 〃 | 〃 |

『창명』의 편찬 겸 발행인에서도 유도창명회의 성격을 엿볼 수 있는데, 제1호를 간행할 때 당시 유도창명회 총무인 고언주가 편집 겸 발행인으로 되어 있었다. 그런데 위에서 언급한 것처럼 1923년 10월 7일 당시 부회장이었던 박봉주가 신임회장으로 선출되었을 때, 총무 고언주도 부회장 김주환과 함께 사임하였다. 이때 고언주가 총무직을 사임하면서 『창명』의 편찬 겸 발행인도 그만둔 것으로 보인다. 그리고 정국채가 고언주의 후임으로 들어와『창명』제2호와 제5호를 간행할 때까지 편집 겸 발행인으로 활동하였다. 정국채는 당시 전라남도 내무부 학무과 시학(視學)으로 근무하고 있던 조선인 관료였다.[32] 여기에서도 유도창명회가 식민지 조선인 관료를 중심으로 지방 유림이 결합하여 결성된 사실상 관변단체의 성격을 지니고 있었다는 것을 알 수 있다.

『창명』의 내용을 살피기 위해서 우선 제1호부터 제5호까지의 대략적인 체제를 살펴보

32) 정국채의 관직 경력에 대해서는 국사편찬위원회 한국사데이터베이스(http://db.history.go.kr/)에서 제공하는 직원록자료에서 자세히 확인할 수 있다.

자. 논의의 편의를 위해 전체적인 체제 구성을 도표로 작성하면 다음과 같다.

〈표 2〉『창명』의 체제

| | |
|---|---|
| 제1호 | 題字 - 祝辭 - 論說 - 文苑及詞藻 - 世報 - 世評 - 會報 |
| 제2호 | 弔意와 慰意를 表함 - 論說 - 聖蹟記 - 感想 - 文苑及詞藻 - 世報 - 世評 - 會報 |
| 제3호 | 詔勅 - 卷頭辭 - 祝辭 - 論說 - 道政一般 - 儒道觀 - 重要法令改正要旨 - 文苑及詞藻 - 世報 - 世評 - 會報 |
| 제4호 | 卷頭辭 - 論說 - 道政一般 - 儒道觀 - 視察錄 - 重要法令要旨 - 文苑及詞藻 - 雜報 - 會報 |
| 제5호 | 卷頭辭 - 送迎辭 - 論說 - 道政一般 - 儒道觀 - 視察錄 - 重要法令要旨 - 文苑及詞藻 - 雜報 - 會報 |

『창명』 각호의 목차만 봐도 유노창명회의 성격이 어떠한지를 충분히 유추할 수 있다. 우선 제1호부터 제5호까지 간행되면서 「논설(論說)」·「문원급사조(文苑及詞藻)」·「회보(會報)」처럼 변하지 않고 쭉 이어지는 것이 있는가 하면, 「도정일반(道政一般)」·「유도관(儒道觀)」·「시찰록(視察錄)」·「중요법령요지(重要法令要旨)」 등처럼 새로 추가하거나 「세평(世評)」은 없어지고 「세보(世報)」는 「잡보(雜報)」로 바뀌는 것이 있다. 「성적기(聖蹟記)」나 「감상(感想)」처럼 일회적으로 들어간 것도 있다. 특히 『창명』에 「도정일반(道政一般)」·「유도관(儒道觀)」·「시찰록(視察錄)」·「중요법령요지(重要法令要旨)」 등이 수록되어 있다는 점은 유도창명회가 철저히 일제의 식민통치와 보조를 같이 하고 있음을 반영하고 있다는 것이다. 다시 말해 『창명』은 쇠퇴해가는 유도를 창명한다는 간행 목적이 무색하게 일제의 식민정책을 홍보하고 따르도록 만드는, 일종의 조선총독부 홍보지 역할을 한 셈이다. 이런 점은 제1호부터 제5호까지 이어진 논설에서도 확인할 수 있다.

〈표 3〉『창명』의 논설 목차

| 구분 | 논설 | 직책 (*유림의 경우 호나 출신지) | 성명 |
|---|---|---|---|
| 창간호 | 本會與世文 | | 本會 |
| | 儒教說 | 經學院 講士 | 沈璿澤 |
| | 教育振興上 産業奬勵의 必要를 論함 | 道學務課長 | 大塚忠衛 |
| | 第2回總會所感 | 前 道內務部長 法學博士 | 佐佐木正太 |
| | 原儒 | 진도지회장 | 朴晉遠 |
| | 儒教와 外來宗教 | 광주고교장 | 栗野傳之丞 |
| | 文化向上을 何에 求할가 | 도촉탁 | 林晶喆 |
| | 儒林諸士에게 望함 | 道財務部長 法學士 | 松澤國治 |
| | 儒道彰明論 | 본회 총무 | 高彥柱 |
| | 與其進也 不與其退章論 | 突山(*출신지) | 金丙垛 |
| | 儒道眞髓 | 도촉탁 | 吉田勝久馬 |
| 제2호 | 學爾所知論 | 經學院 講士 | 沈璿澤 |
| | 儒者와 責任意識 | 매일신보지국장 | 吳憲昌 |
| | 儒道本義 | 敬菴(*호) | 金漢禧 |
| | 歐美視察談 | 경성고보 교유 | 森爲三 |
| | 儒道何以思之 | 장성지회장 | 邊升基 |
| | 心之力 | 道視學 | 鄭國采 |
| 제3호 | 支那視察談 | 도지사 | 元應常 |
| | 兩班論 | 도평의원회원 | 丁秀泰 |
| | 本道新教育 施設에 就하여 | 道視學官及學務課長 | 大塚忠衛 |
| | 正名分立紀綱論 | 康齋(*호) | 朴晉遠 |
| | 彰明第一義 | 총독부촉탁 | 李覺鍾 |
| | 儒學의 生命 | 전라남도 사범학교장 | 大谷源助 |
| | 儒家之自衛策 | 經學院 司成 | 金完鎭 |
| | 與班族說 | 晦山(*호) | 邊升基 |
| | 風水와 秘訣에 勿惑하라 | 道視學 | 鄭國采 |
| 제4호 | 普通學校 入學을 勸奬함 | 道視學 | 鄭國采 |
| | 地方公共心에 就하여 | 광주군수 | 倉品益太郎 |
| | 現代人과 東洋意識 | 도촉탁 | 黃祐瓚 |
| | 補習教育實施問題 | 全羅南道 學務課長 | 大塚忠衛 |
| | 君子時中 | 경학원 전남강사 | 沈璿澤 |
| | 農村經濟의 現況과 其救濟策 | 全羅南道 農務課長 | 宮本政藏 |
| 제5호 | 師道論 : 懸賞論文一等 當選 | 광주 | 韓貞履 |
| | 師道論 : 懸賞論文二等 甲當選 | 全羅南道 學務課長 | 大塚忠衛 |
| | 師道論 : 懸賞論文三等 乙當選 | 본회부회장 | 邊升基 |
| | 王仁氏와 日本儒道 | 全羅南道 學務課長 | 大塚忠衛 |
| | 支那視察談槪要(第3號續) | 도지사 | 元應常 |

우선『창명』에 논설을 게재한 사람들을 살펴보면, 크게 원응상 · 정기채 등과 같은 조선인 식민관료와 오츠카 다다에(大塚忠衛) · 미야모토 세조(宮本政藏) · 구라시나 마쓰다로(倉品益太郎) 등의 일본인 식민관료, 김완진 · 심선택 같은 경학원 직원, 고언주 · 변승기 같은 유도창명회 회원 등으로 구분할 수 있다. 여기에서 당시 경학원 사성(司成) 김완진과 전라남도 강사 심선택을 주목할 필요가 있다. 일제강점기 조선총독부의 유교와 유림에 대한 구체적인 정책의 실행은 주로 경학원을 통해서 이루어졌다. 이런 기조는 1920년대에도 변하지 않아서 비록 경성과 지방에 유림단체를 허용하였다 하더라도 이 단체들은 어디까지나 경학원을 보조하는 역할[經學院者講明斯道者 儒道會羽翼經學院者也]을[33] 하였다. 이는 경학원 관계자와 경성과 지방의 유림단체 관계자 모두가 공유한 인식이었다. 그러므로 조선총독부의 유교정책을 수행하기 위해 경학원 사성은 경학원 강사들의 지방 순회강연을 시찰하면서 전국 유림의 동향을 살피는 보고서를 올리고, 경우에 따라서는 직접 지방에 가서 강사와 함께 강연을 하기도 하였다.

이런 모습을 『창명』에서도 볼 수 있으니, 경학원 전남강사 심선택은 『창명』 제1호에 「유교설(儒教說)」을 게재하고 경학원 사성 김완진은 제3호에 「유가지자위책(儒家之自衛策)」을 게재한 것이 그것이다. 또한 1923년 10월에 광주에서 유도창명회 총회를 개최할 때에 유도창명회에서 경학원에 직원과 강사의 파견을 요청하여 경학원 사성 김완진과 전남강사 심선택이 참석한 점에서도 경학원과 지방 유림단체와의 관계와 상호 역할을 충분히 알 수 있다.[34]

## 4. 『창명』의 내용과 성격

『창명』에 실린 글들은 『경학원잡지』에 실린 글과 마찬가지로 유교 자체에 대한 학술적 내용보다는 유교를 이용하여 일제의 식민통치를 합리화하는 내용이나 식민정책을 보조하는 내용이 사실상 주를 이루고 있다. 조선총독부의 식민통치에 의해 이룩한 성과를 홍보하거나 그것을 뒷받침하려는 의도에서 나온 글이 대부분이다. 일본인 식민관료가 제4호

33) 『會報』 제2호, 강원도유도천명회, 1923, 15쪽.
34) 『경학원잡지』 제25호, 1924, 39쪽.

에 게재한 보통학교나 보습교육 등의 신교육, 농촌경제 구제책 등이 대표적인 사례이다.

그나마 유교에 관한 내용도 19세기에 고도의 이론적 발전을 이룬 조선성리학을 성찰하기보다는 일제의 식민통치를 인정 · 순응하여 '문명의 발전을 이룩하는' 데 도움이 되게 하는 유교 윤리를 강조하고 있다. 특히 일본인 식민관료가 말하는 유교는 내선융화(內鮮融和)에 기여하고 일본의 식민통치에 복종하는 노예윤리에 불과하다. 이런 점은 창간호에 실린 전남 재무부장 마츠자와 구니지(松澤國治)의 「유림제사(儒林諸士)에게 망(望)함」에서 잘 볼 수 있다.

> 일한병합(日韓併合)과 내선융화(內鮮融和)는 항상 이 점에 고찰함을 요(要)할지며 또 공경히 살펴보건대 천황폐하 조칙(詔勅)에 민중을 사랑하고 돌봄이 일시동인(一視同仁)이라 선언하셨으니 총독 각하도 또한 이 일시동인의 대의를 준봉하여 조선통치를 행하는 이유가 실로 깊고 두텁다. [중략] 제사(諸士)는 위에서 서술한 바와 같이 세계대세를 달관하여 성(盛)히 유교의 현대화와 자기의 일신수양(日新修養)을 한층 노력하여 지방교육 · 산업 · 기타의 진흥을 도모하여 방가(邦家)의 행복을 증진케 함을 간절히 바라는 바이라.[35]

일본천황이 '일시동인(一視同仁)'을 선포하였고 조선총독부는 천황의 큰 뜻을 받들어서 조선통치에 시행한다고 하며 유림에게 협조를 바라고 있다. 일본인 식민관료가 요구하는 유교의 현대화란, 시대적 맥락을 고려할 때 사실상 일본 유교를 따르라는 의미가 숨어 있다. 일본 유교의 특징은 한국이나 중국과 달리 형이상학적 이론보다는 형이하학적 대상에 대한 실천을 강조한다. 즉 성(性) · 리(理)의 추상적인 대상이 아니라 부모와 임금으로 신봉의 대상이 구체화되어 나타난다. 인간의 형이상학적 지향성은 부모에 대한 효(孝)와 군주에 대한 충(忠)으로 현실화되고 형이상학은 형이하학으로 변모된다. 따라서 천명을 안다고 하는 것은 하늘에 의해 운명적으로 부여된 부귀(富貴) · 빈천(貧賤) · 이적(夷狄) · 환란(患難) 등 자신의 명분에 입각하여 하늘을 원망하지 않고 사람을 허물하지 않으며 각자의 명분에 맞게 어울리는 행위를 알아서 한다는 것을 의미한다. 즉 현재의 상태에 의심을 품지 말고 그 상태에 적합한 실천을 하도록 요구하는 실천 중심의 운명론을 띠고 있다.

35) 松澤國治, 「儒林諸士에게 望함」, 『창명』 제1호, 1923, 29~30쪽.

당연히 일본 유교에서 사회의 질서를 대표하는 오륜(五倫)이 특별히 부각되는 것은 자연스러운 일이다.

예컨대 천자부터 서민에 이르기까지 모든 사람이 하나의 유기체를 이루고 있다고 한다면 사람들의 존재 가치는 각각의 주어진 직분에 입각하여 주어진 임무를 적극적으로 수행함으로써 유기체 전체의 생명활동에 도움을 주는 데에서 찾아질 것이다. 우선 집단을 만들고 그 집단의 일원이 되는 데에서 존재 가치를 추구하는 이른바 일본의 집단주의는 이러한 사고방식에서 유래하였다고 볼 수 있으며, 이것은 쉽게 국가주의적 성격으로 갈 수 있다.[36] 결국 일본 유교는 충효의 실천 윤리를 강조하는 방향으로 나가는데, 충효의 원리는 메이지 유신을 거치면서 일본이 천황체제의 강화를 위해 내세운 이념이자 식민지 조선인에게는 복종을 강요하는 노예윤리로 기능하는 것이다.

『창명』 제4호에 실린 경학원 전남강사 심선택의 「군자시중(君子時中)」도 일본인 식민관료의 속뜻에 부합하는 면을 보여주고 있다. 원래 '시중'은 실천하기가 매우 어려운 유교의 가르침이다. 유교에서 오직 성인 공자만이 시중을 하였다고 평가받고 있다.[37] 원래 유교에서 '시중'을 하려는 진정한 목적은 어디까지나 의(義)를 따르기 위함이요,[38] 때에 따라 변역(變易)하는 것도 궁극적으로 도(道)를 따라야 하기 때문이다.[39] 이렇게 유교에서 논하고 있는 '시중'은 단순히 현실을 인정하고 상황에 맞게 최선을 다하자는 상황론적 처세술을 의미하는 것이 아니다. 그러나 심선택은 이 글에서 유교의 경전에서 나오는 '시중'을 일본의 식민통치를 인정 · 순응하고 현실에서 최선을 다하자는 의미로 사용하고 있다. 즉 '시중'을 내세워서 사실상 자신들의 협력 행위를 적극적으로 합리화시키는 한편, 일제의 통치체제에 순응하는 논리를 강화하고 있다.

「문원급사조(文苑及詞藻)」는 주로 식민관료와 유도창명회 회원이 작성한 한시들을 수록한 부분으로, 내용도 식민지 조선의 현실과 민중에 대한 걱정 · 고민, 시대적 아픔에 대한 성찰 등은 전혀 보이지 않고 일제의 식민통치를 긍정하는 바탕에서 한시를 작성하고 있다. 식민관료가 작성한 한시에 이런 경향이 강하게 드러나는데, 뒤에서 보겠지만 근대

36) 이기동 지음, 정용선 옮김, 『동양삼국의 주자학』, 성균관대학교 출판부, 1995, 227~237쪽.
37) 『孟子』, 萬章下. "孟子曰 伯夷 聖之淸者也 伊尹 聖之任者也 柳下惠 聖之和者也 孔子 聖之時者也."
38) 『論語』, 里仁. "子曰 君子之於天下也 無適也 無莫也 義之與比."
39) 『周易』, 易傳序. "易 變易也 隨時變易以從道也."

지식인들이 식민지 조선의 유림이 음풍농월하는 시구(詩句)나 적는다고 심하게 비판한 것도 이 때문이다. 여기에서 석진형이 1923년과 1924년에 지은 한시 두 편을 검토하고자 하는데, 우선 1923년에 지은 한시를 살펴보자.

| | |
|---|---|
| 請看此世是何時 | 이 세상을 바라보건대 어떤 시대인가 |
| 偏感吾人步步遲 | 우리 걸음걸음 더뎌짐을 깊이 느끼니 |
| 若今不仗倫綱立 | 지금 만일 도덕윤리를 세우지 못한다면 |
| 必有將來後悔期 | 반드시 장래에 후회할 때가 오리니![40] |

주지하다시피 3·1운동의 여파를 수습하기 위하여 일본 제국주의는 식민통치를 안정적으로 뒷받침할 수 있는 사상과 협력자를 유교와 유림에서 구하고 있었다. 석진형을 위시한 식민관료와 일제 협력 유림은 당시 일본을 유교의 부흥과 문명의 진보를 동시에 이룩한 나라로 인식하고 있었다. 당시 우리 민족의 독립 열망을 조선총독부가 소요나 사태로 인식한 것처럼 그들도 민족의 독립 열망이 표출된 3·1운동을 한갓 불령선인에 의해 잠시 미혹에 빠져 일어난 우발적인 소요 사건으로 바라보았다. 그래서 석진형은 3·1운동의 여파로 인해 문명의 진보가 그만큼 지체되었다고 느끼고 있는 것이다. 그리고 그 여파를 수습하는 대안으로 도덕윤리[倫綱]의 확립을 들고 있는데, 위에서 언급한 것처럼 석진형이 말한 도덕윤리는 유교의 중요한 가치 중에 하나인 충효 논리를 일본에 대한 충성과 복종 이념으로 치환한 노예윤리이다. 일본의 식민통치를 믿고 따르지 않으면 장래에 후회할 일이 생긴다는 마지막 구절은 식민지 조선 유림에게 일본에 대한 충성과 복종을 사실상 요구하는 것이다. 그리고 이 논리는 천황제와 연결되어 1930년대 후반에 등장하는 일본화된 유교, 즉 '황도유학'의 기본 토대가 된다.

| | |
|---|---|
| 多士相逢花發時 | 꽃이 필 때 많은 선비들 서로 만났는데 |
| 齊齊名下盡吾師 | 모두 훌륭한 명성을 지녀 다 내 스승이라네 |
| 朝鮮南國春先至 | 조선 남국에 봄이 먼저 찾아 왔으니 |
| 莫使人生進步遲 | 인생 진보가 더디다고 하지 말라[41] |

40) 『창명』 제1호, 1923, 39쪽.

1924년에 지은 한시는 1923년에 지은 것과 분위기가 다르다. 3·1운동의 여파를 걱정했던 전작과 다르게 이제 어느 정도 여유를 찾는 점이 눈에 띈다. 석진형은 이제 일제의 통치에 의해 3·1운동의 여파를 수습하고 평온을 되찾은 태평한 시대로 인식하고 있는 것이다. 그는 조선의 남쪽 지방에 봄이 먼저 찾아온 것처럼 일제의 식민통치에 의해 우리가 문명의 길을 걸어가고 있다고 여기고 있다. 시의 근저에 일제의 식민통치를 찬양하는 정서가 깔려 있는 것이다.

조선인 식민관료와 지방 유림의 합작으로 결성된 유도창명회 역시 조선총독부의 식민통치에 부합하고 홍보하는 방향으로 나아갔다. 위에서 언급한 것처럼, 『창명』 제3호부터 「도정일반(道政一般)」·「유도관(儒道觀)」·「중요법령요지」 등이 신설되었는데, 「도정일반」은 전라남도의 행정과 성과, 현황 등을 기록하고 있다. 「유도관」은 경학원 강사를 비롯하여 유도창명회 회원들이 제목 그대로 '유도'에 대해 논한 글이다. 유도에 대한 새로운 발명이나 이론적 발전은 없고 일본의 식민통치를 뒷받침하는 사회교화의 이론으로 전락하는 퇴영적인 모습만 보일 뿐이다. 『창명』 제3호에 수록된 「중요법령개정요지」는 민사령(民事令)의 개정 조문을 담고 있으며, 『창명』 제4호와 제5호의 「중요법령요지」는 각각 임야보존규칙(林野保存規則)·향교재산관리규칙(鄕校財産管理規則)과[42] 조선공유수면매립령(朝鮮公有水面埋立令)을 수록하고 있다.[43] 『창명』 제4호부터 신설된 「시찰록(視察錄)」은 유도창명회 부회장 변승기가 '대정십삼년도유림내지시찰록(大正十三年度儒林內地視察錄)'이라는 제목으로 일본을 시찰한 견문록을 게재한 것으로 『창명』 제5호까지 이어지고 있으나 완결을 짓지 못하였다. 아마도 『창명』이 계속 간행되었다면 변승기의 시찰록이 완결되었을 것이지만, 제5호를 마지막으로 더 이상 간행되지 않았기 때문에 미완으로 남은 것이다. 『창명』 제4호·제5호에 실린 변승기의 시찰록은 1924년 5월 14일부터 5월 25일까지의 여정만 수록되어 있다.[44]

『창명』에 「시찰록」이 새롭게 수록되어 있는 것은 당시 일본 제국주의의 유림 대책과 밀접하게 관련이 있었기 때문이다. 일제가 유림계의 친일세력을 양성하기 위해 유림단체

41) 『창명』 제4호, 1924, 55쪽.
42) 『창명』 제4호, 1924, 47~51쪽.
43) 『창명』 제5호, 1925, 61~66쪽.
44) 邊昇基, 「視察錄:大正十三年度儒林內地視察錄」, 『창명』 제4호, 1924, 43~46쪽; 『창명』 제5호, 1925, 55~60쪽.

결성과 함께 시행한 방법 중의 하나가 바로 '내지시찰'이었다. 일제가 추진한 내지시찰은 일본을 방문하는 식민지 조선인에게 직접 자신의 눈으로 일본의 문명개화된 발전상을 확인하고 자연스레 낙후된 조선의 현실을 비교하게 하여 조선독립의 불가함과 일본통치의 합당성을 식민지 조선의 유림에게 인식시키고자 하는 고도의 정치적인 술책이었다. 여기에 휘말려 1920년대에 일제의 식민정책의 하나인 내지시찰에 식민지 조선 유림이 참여한 것이었다.[45] 변승기의 시찰록도 바로 그런 시대적 배경 속에서 나온 것이었다.

그렇다면 전남유도창명회에 대한 당대의 근대 지식인과 일반 민중의 인식은 어떠했을까? 다음의 언급은 유도창명회에 대해 많은 것을 알려준다.

> 전남에는 3대악질(三大惡疾)과 2대해독(二大害毒)이 있으니 [3대악질은] 나병(癩病), 간질(癎疾), 페디스토마요, [2대해독은] 유도창명회와 모르핀 주사이다. 유도창명회 이외 몇 가지는 당국에서 그 방지를 독려하여 점차 감소되는 경향이 있으나 소위 유도창명회는 문제인 칠면조(七面鳥) 참여관(叅與官)이 남긴 무리들로 그 후 당국자가 극력 원조하여 허다한 부유부자(腐儒富者)의 돈을 거둬가지고 광주에다 커다란 양옥회관을 건축하여 놓고 하는 일은 소 잡아 먹기와, 일본유람 그렇지 않으면 음풍농월 시구(詩句) 짓는 것뿐이다. 이것이 과연 유도의 본질이냐. 그의 무형유형(無形有形)의 해독은 모르핀 중독보다 심하다. 모르핀 주사를 취체(取締)하는 당국은 한번 자성함이 어떨는지.[46]

> 유도창명회는 전남의 명물인 동시에 그 건물도 역시 광주군 내의 하이칼라 대건물이었다. 조선총독부의 대충복(大忠僕)인 소위 칠면조(七面鳥) 참여관(參與官) 석씨(石氏) 당시에 조선 인심을 완화시키는 데는 유교존숭이 제일이라는 대정책 하에 생겨나서 각 군의 케케묵고 썩어진 유생들을 모아가지고 시회(詩會)나 기회(碁會)로 세월을 보내더니 그 뒤를 계승한 현 참여관은 한층 현대식 가미를 하여 하이칼라의 벽돌집을 지어놓고 유생 중에도 부호유생(富豪儒生)만 꼭 망라하여 별별 진기(珍奇)의 일을 한다. 진실로 소위 불공에는 정성이 없고 잿밥에만 정성이 있다고, 유도창명할 일은 하나도 하는 것이 없고 하이칼라의 집이나 지어놓고 부패한 한담용사(閑談冗事)나 하면 사문(斯文)의 효과가 있을까. 유도의 창명을 현대의 우리 조선 사람이 그다지 필요하게 생각지는

45) 성주현, 「1920년대 유림계의 '내지시찰'」, 『한국민족운동사연구』 83, 2015, 103~104쪽.
46) 靑吾, 「湖南雜觀 雜感」, 『개벽』 63호, 1925, 120쪽.

## 제 2 호

## 제3호

## 제4호

## 제5호

# 『창명』 권호별 인명색인

일러두기

1. 인명은 원문 그대로 기입함을 원칙으로 했으며, 가나다순으로 배치하였다.
2. 각 인명 옆의 숫자는 '권호－면수'를 의미한다. 여기서 면수는 『창명』 각 호 원문의 쪽이다. 같은 권호 내에서는 쉼표( , )로 연결했으며, 권호가 다를 경우 기호( / )로 구분하였다.
3. 호나 필명 등의 경우, 파악되는 범위 내에서 기호(→)를 사용해 인명정보를 보완하였다.
4. 원문의 훼손, 결락 등으로 인명 판독이 어려운 경우 ○로 처리하였다.
5. 주로 각 권호의 앞뒤 부분에서 원문에 쪽수가 기입되어 있지 않은 경우 □로 표기하였다.

## ㄹ

## ㅈ

### ㅊ



### ㅌ



### ㅍ

자료원문

# 『彰明』 제1호

(1923년 7월 5일 발행)

大正十二年七月五日

# 彰明

創刊號

全南儒道彰明會發行

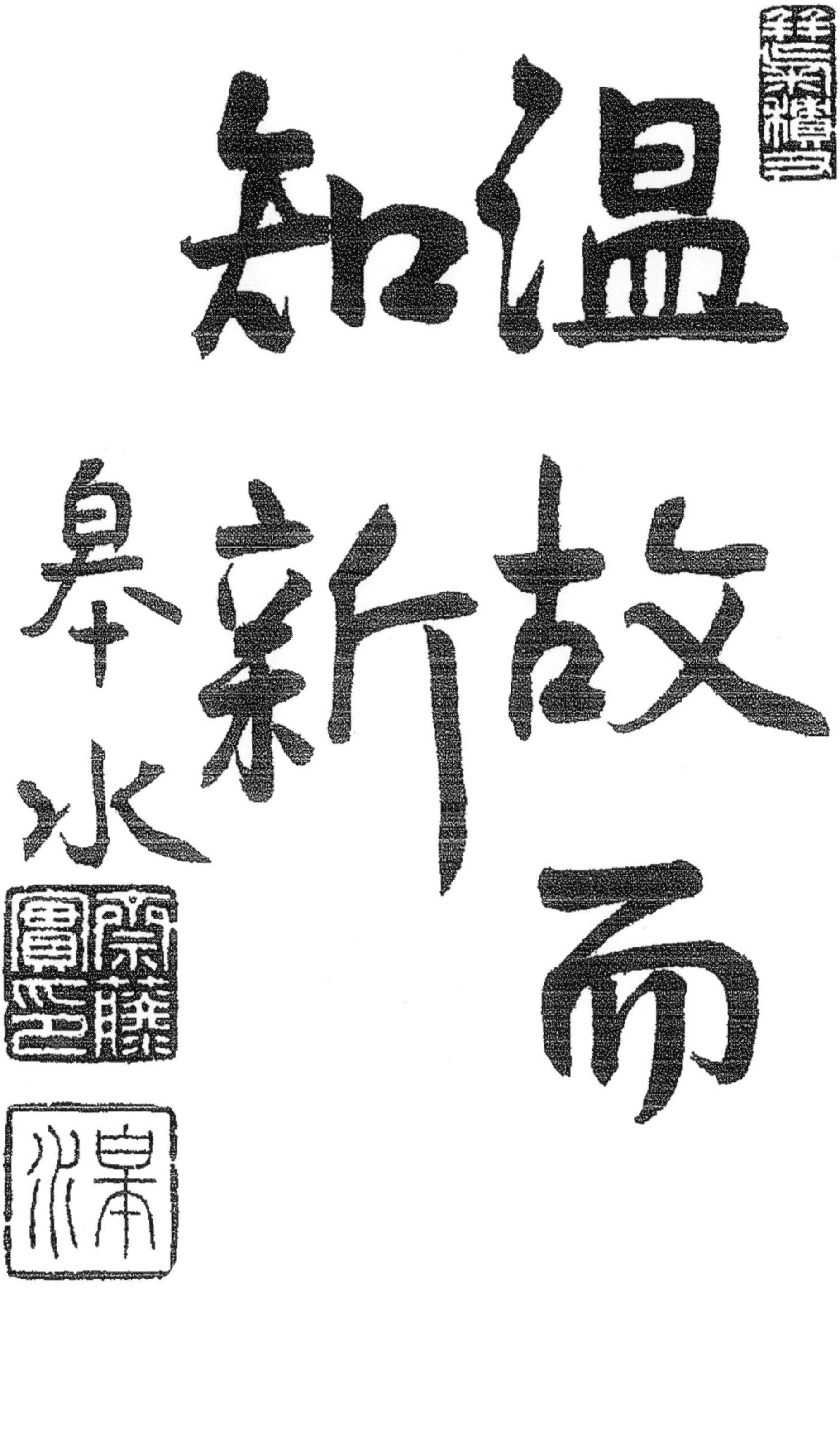
溫故而知新
皐水

# 章程中本會의目的及會員資格에關ᄒᆞᆫ條項抄出

## 本會의目的

第二條 本會는時務의進運을隨ᄒᆞ야儒道의本旨를彰明ᄒᆞᆷ으로써目的ᄒᆞᆷ

第三條 前條의目的을達ᄒᆞ기爲ᄒᆞ야左의事項을踐行ᄒᆞᆷ

一 道統을尊重ᄒᆞ고倫理를講明ᄒᆞᆯ事

一 鄕約을遵守ᄒᆞᆯ事

一 敎育의普及을圖ᄒᆞᆯ事

一 文化의向上을圖ᄒᆞᆯ事

一 時務를嘗識ᄒᆞᆯ事

## 本會의會員

第六條 本會의會員은本道內에住所를有ᄒᆞ고儒道를尊崇ᄒᆞᄂᆞᆫ者及本會의主旨를贊成ᄒᆞᄂᆞᆫ者로써ᄒᆞᆷ

第七條 本會의會員은本會任員各支會의支會長、支會副長、支會總務及前條에該當ᄒᆞᄂᆞᆫ人士로創立總會에參列ᄒᆞᆫ者로써組織ᄒᆞ고支會會員은支會所在郡島內의人으로써組織ᄒᆞᆷ

# 敬告

維我湖南의儒林이率先ᄒᆞ야儒道의發展을期圖ᄒᆞ야彰明會를成立ᄒᆞ고雜誌「彰明」을發刊ᄒᆞ게됨은吾道를爲ᄒᆞ야同慶ᄒᆞᆷ을不已ᄒᆞᄂᆞ이다

此「彰明」을發行ᄒᆞᆷ은吾人儒林의意思를發表ᄒᆞ야廣히世間에紹介ᄒᆞᄂᆞᆫ同時에世間名士의意見도亦此機關에依ᄒᆞ야覺知ᄒᆞᆷ을得코져ᄒᆞᆷ이라故로吾人은彼此를勿論ᄒᆞ고此機關을大切히思치아니ᄒᆞ면不可ᄒᆞᆯ지로다

此雜誌의發刊은我湖南儒林開闢以後의初有ᄒᆞᆫ事인故로祝賀의意義下에서創刊號ᄂᆞᆫ此를無代價로進呈ᄒᆞ오나第二號로부터ᄂᆞᆫ本會에서其印刷費를若干補助ᄒᆞ고極히廉價로ᄒᆞ야此를會員又ᄂᆞᆫ會員以外의人士에게廣頒코져ᄒᆞ오니支會에在ᄒᆞ야ᄂᆞᆫ此購覽人士를豫히聚合ᄒᆞ야其姓名과住所를備ᄒᆞ야本會로通知ᄒᆞ심을要ᄒᆞ며又會員以外의人士께서ᄂᆞᆫ直接으로本會에請求ᄒᆞ심을敬要ᄒᆞᄂᆞ이다

---

# 記事의投稿를歡迎ᄒᆞᆷ

一 記事라ᄒᆞᆷ은論說 文苑詞藻及世報、世評을謂ᄒᆞᆷ이올시다

一 右記事ᄂᆞᆫ直接間接으로儒敎와關係가有ᄒᆞᆫ者를要ᄒᆞᆷ니다

一 次號ᄂᆞᆫ陽曆十月中에發刊될터이오니陽曆九月ᄶᅡ지本會事務所로原稿를 惠交ᄒᆞ심敬望ᄒᆞᄂᆞ이다

一 記事ᄂᆞᆫ可及的楷書로書送ᄒᆞ심을敬要ᄒᆞᄂᆞ이다

一 記事의選拔은編輯人에게在ᄒᆞ오니此點은 惠諒ᄒᆞ심을敬要ᄒᆞᄂᆞ이다

一 原稿ᄂᆞᆫ還交치아니ᄒᆞᆷ니다

全羅南道光州郡鄕校內

全南儒道彰明會本會

# 彰明 陽六月 陰五月 創刊號目次

頁數

## 題字



## 祝辭



## 論說

文苑及詩藻

# 祝辭

## 祝儒道彰明會會誌之發刊

道知事 元應常

今當儒道彰明會會誌之發刊以表心祝其前道盖儒者優也和也言能安人行能服人以其所尊之道學已能踐行及於萬人以作世表者是也故儒而大成則爲天下有益焉儒而不成則反爲懦弱落伍於世未免世之所謂腐儒矣今焉設立本會刊行會誌云湖南之儒林多士以此機關能遂研究與世相應温其舊聞啓發新智互相發表以有益於斯道又有助於社會文化豈不有補於天下國家哉

# 賀儒道彰明會雜誌刊行

經學院 大提學 成岐運

頃讀湖南儒道彰明會長李斯文載亮來函內開自本年擬刊本會雜誌箏語當此世級江河儒道極衰之時見此彰明二字其猝欣不啻如衆蟄之聞春雷不覺肅然起敬湖南山川淸奇自古多特絶賢豪之君子豈今玆亦値其運會歟儒道包含甚大而最重者倫常道德也所望諸君子相與講究切磋克趾前修之美而彰明已衰之緖使斯會有其名而有其實則奚止爲湖南一省之幸抑亦爲域內同志與榮也不揆僭妄略述數語以道賀云爾

# 儒道彰明會雜誌祝辭

大東斯文會長 閔泳徽

狂瀾不障頹綱不扶焉能爲道焉能爲儒、假則桓文岐則莊老大中至正是吾謂道、濟々羣英蔚興南方荒者以闢晦者以彰、彰明斯文異名同情交手相助以濟文明、開發見識雜誌爲最是啓我東文明之會

# 祝賀本會彰明號刊行

副會長 朴鳳柱

惟我湖南士林府庫在昔盛時儒賢相繼唐虞至治鄒魯遺風稱以小華光我大東嗟乎叔季由盛入衰世遠人亡經殘敎弛用夏變夷滔々胥溺言念及此發憤忘食一理循環亂極思治閭惟繼作奠若此時十室之邑必有忠信全省人士豈無展進

會儒論道彰而明之影從響應儒風可期名實相符作誌刊行顯使吾甫大有風聲見所未見聞所未聞紹繹之餘意在必新念茲在茲愼克有終盥手獻祝兼辭一章

# 儒道彰明會贊成文

海南支會長 朴憲奉

儒道即聖人之道也今去聖人之世雖遠而其道布在方策傳之萬世而無弊衣儒冠儒者誦其書遵其行則亦聖人之徒也夫人之生也莫不有秉彝之性性之本即天理也三綱五倫之敍萬事泛應之道畢具於性分之內聖人之道不外乎此聖人之敎捨是而何以哉挽近人文寖變師異道人異說駸々然不入禽獸域者幾希矣嗚呼天監在下豈欲喪斯文乎際茲元公應常氏適知湖南省奮發士氣開會各郡將使儒道復明於世是豈偶然而已哉剝盡復來固其理也斯道也唐虞三代明人倫與禮樂致治乎天下孔孟程朱談仁義說道德垂敎於後世者也豈不重且美哉且夫士不通天下之志無以應天下之事酌古酌今不可不識時務矣或曰世無唐虞三代之治人非孔孟程朱之聖則道之彰明豈不難哉余曰不然李朝 聖祖神孫治敎休明尊崇聖賢培養士氣其來五百年矣典型文物今雖頹敗尙有老師宿儒及見而識之者使之導其後生復尙孝悌忠信禮義廉恥等事則道在斯而期日而復明矣是乃魯一變至於道之謂也歟

# 祝儒道彰明會

和順 林魯學

儒道古彰明今今不明古道則古晝於古而道無所傳古無寄今明則今獨於今而道無繼得其可無彰明於道而道可棄於

不彰明乎余近讀曾傳序大學之道煥然復明於河南程夫子之尊信今之儒道彰明庶近乎此矣嗟呼禮義東方莫先於儒道而儒道敝弛三綱庶斁五倫殄絶人在禽域久矣此世無儒道之禁斷者而人自不由本體之明豈可息乎因其所明而明則明時其有之人亦有之也以此做去入之起脚處必由乎正道蕩爲君子儒而不爲小人儒也夫

## 恭祝儒道彰明會

癸山 金在倫

夫長民爲政者雖有仁心慈惠不圉民於禮義風敎而望其化民成俗則猶燕書而郢說楚而齊語也雖家家曉喩人人說明日不暇及而竟不可得矣猗歟盛哉元公應常氏觴茲南服誠切化民爲善而深歎世降俗叛此儒道彰明會於府下身先行之特設敎人之法且制學則細條理分賜列郡各其鄕校另設此會敎人爲善之要㝠此會若也使三十餘郡累十萬戶家々人々皆知爲學絃誦之聲達于四境仁義禮智忠信孝悌修治平之道不待他求而將由此出焉羲經所載開物成務化民成俗曾傳所云明德新民止於至善寔在於是會中做出來豈不盛哉豈不美哉然不以誠心篤實則徒法而已嗟我全省俊彦體此宣化奬勵之勸意孜孜爲工則庶幾爲文明世界化育中義士矣

且銘曰

天降斯民賦與彝性如何中間物遷情動私慾交蔽乃厥聰惟聖斯憂建學立師敎之誨之以覺以知古來聖賢敎誨不倦展也元公南湖巡宣慨此世衰以學爲先厥學斯何儒道彰明先設府下以身先行爲學之法細陳條理分賜列郡各遵是義孰謂道遠遺經是在宣化之政自茲尤浩非徒人和謠頌載路嗟我全省僉彦俊士體此諴勸爲學孜孜使我南省以爲先導忠孝義烈比屋相望風化不變禮俗相尙一國模範後世效則熙皞世界堯舜日月恭惟我公行善之德永永不替萬古無極

# 祝儒道彰明會

同福 丁秉燮

今之儒道는卽古之王道也라何以言之오剖判以來로生民이雖衆이나聖神之人이首出庶物ᄒᆞ사作爲君師ᄒᆞ야繼天而立極ᄒᆞ시니此五帝三王의所以治天下之大法也라究其立法則順天理合人心ᄒᆞ야或精一執中ᄒᆞ며或建中建極ᄒᆞ야治若無爲나然이나其時則君聖臣良ᄒᆞ야敎化刑政이咸得其中正故로三代以上에天下治平이러니及周之衰ᄒᆞ야聖王이不作ᄒᆞ고民俗이益渝ᄒᆞ야敎化難成ᄒᆞ고刑政이失宜則王道遂不振矣라時則有若孔子之聖이사도而不得君師之位ᄒᆞ사以行其政敎故로作春秋ᄒᆞ사尊王道黜覇功ᄒᆞ사以存萬世之大防ᄒᆞ시니於時王道之托이始歸於儒者而向所謂今之儒道는卽古之王道者ㅣ此也라自是之後로大學之八條와中庸之九經과孟子之七篇이無非紹述王道之要而爲儒家之宗旨也라後世帝王이有志於王道則必採儒述而興行焉ᄒᆞ고否則雖有間世之才와學天之學이라도不能自行이라故로王道不明ᄒᆞ고天下不治ᄒᆞ야吾儒大道反屈於功利之說ᄒᆞ야爲時俗之所鄙也라今日彰明之會는寔出於奮厲作成之意則當講明先王之道可也라程子ㅣ曰周公沒에聖人之道不行ᄒᆞ고孟子ㅣ死에聖人之學이不傳ᄒᆞ니道不可이라百世에無善治ᄒᆞ고學不傳이라千載에無眞儒로다無善治라도士猶得以明夫善治之道ᄒᆞ야以淑諸人ᄒᆞ야以傳諸後라ᄒᆞ시니惟願同志諸君子는十分努力ᄒᆞ야使聖人之道로煥然復明於世是區々之望也로소이다

# 儒道彰明會文

樂安 曹勉承

儒之道何道其所學者何人而必稱之以儒耶道是堯舜之道孔子之所祖述者儒是祖堯學孔之徒然則儒之大小不同顏

曾儒也思孟儒也其餘諸子皆儒也各得守天賦扶人紀者天不亡人不滅則儒之道終不亡滅而其有晦明理也常也雖匡之侮欲晦此道曾聖焉轍環為其彰明也楊墨之教欲晦此道鄒聖焉廓闢亦為其彰明賴其聖々相傳賢々相承世知此道之為正彼學之為邪雖洪水滔天之世風雨昏黑之夜人知依歸及夫嬴秦坑焚道其墜地若無儒名焉漢興而猶有儒行者雖不足以彰明陸生之前說酈生之誦傳是也漢祖溺冠之人尚知宰祀孔廟則此非儒道彰明之漸耶楊雄之徒雖不善終而其初則儒也廣川之策能知道之出天則其非當時之賢儒在唐而韓文公之原道拓佛即近眞儒豈徒曰學文章此僅存而若無終未至於彰明之境然天之道必然有寒而暑夜而晝之理故宋運復回於五季之後其治學三代並隆而濂洛群賢叢出就中程朱尤得孔孟之嫡傳而彰明儒道者也然吾東之稱以小中華者實由於崇儒右文而淑之於何世明之於何人安文成數間之廟實淑後來列邑之校鄭先生圃隱之殉國亦啓 我朝諸儒之忠義又繼程朱之嫡傳者嗣退栗沙尤而其外彬々焉莫與之上下者前後相望難以數記者如非儒道之彰明何能如是乎輓近則邦之不幸文亦不幸華夷雜處衣介難別而加之東西之教仙佛之學惑儒道蠱人心其為害甚於雖匡楊墨而世無轍環廓闢之聖則以我椎黴之儒道胡不淪胥而晦然則今日彰明云者正如隻手扶廈一葦坑河雖知未濟猶為此說者欲付線陽於剝復之間而為聖人徒之意也今冠儒服儒者孰不為賀於此會也

## 儒道彰明會贊成文

突山 金才燮

儒道自上古聖神繼天立極相傳之心法也以來孔顏曾思孟繼往開來傳受之大道也家有塾黨有庠州有序國有學人生八歲皆入學自灑掃應對以至修齊治平皆用此道故治隆於上俗美於下及周之衰學校之政不脩教化之源否塞君子不

得開大道小珉不得蒙至澤矣宋德隆盛以若周邵程朱講此道敎人之法復設世敎復明以及吾東有圃隱沙尤華賢蔚興治敎休明矣挽近庠序學校名雖存而敎法不古功名之說百家衆技之類惑世誣民充塞仁義之路壞亂禮樂忠信之門嗚泣慨歎矣何幸元石雨公來巡南湖設立儒道彰明會使吾人各修其道文風漸振然蓋儒道開明心靈使愚昏者復賢明惟在於一心則正心誠意實所以下工昨日之昏愚爲今日之賢明則豈不美哉豈不盛哉若否則書自我自亦非愧怍哉社會之稱徒然而已曰我僉彥勉旃々々

## 祝彰明發刊

濟州 金河鍊

夫道也者人之所共由而人以不知道之自在求諸高遠難行處道不遠人人遠道者此也而況輓近新風潮之侵入大陸來免沈淪歧路縱橫衆莫知所向矣惟我太守視民如傷各安其堵然斯道墜地斯民左衽夙夜憂歎成一會名曰儒道彰明習本會於光州分支會於各郡吾道復興儒化亦與治蹟餘風復覩於湖南而際玆會誌刊行敢將蕪辭以表微忱四韵亦成

詩

天氣陰々雨未晴、仲春將半近淸明、如狂自笑飄風蝶、求友堪憐喬木鶯、沂水冠童前日事、闘溪花柳此時情、昇平有像民安堵、家有讀書野有耕、

## 祝儒道彰明會

光陽 鄭容瑾

百千代我東儒斥異端衛吾道、身漸修氣益彰實悟地道以明、德不孤以文會斯道斷斷不離、善終始必有誌盡歸來

君子類

由來吾道萬斯年興廢隨人亦在天、 從古祈神何所爲至今事佛豈罔然、 羣生修學藝書見召伯甘棠布政傳、 終始惟新胡不信光明瑞石月長懸

## 祝儒道彰明會

光州 李東燮

夫儒道者卽聖人之道也在於日用行事之間不出於倫理之外故孔子曰道不遠人人自遠矣又曰誰能出不由戶何莫由斯道人若不由斯道則響褐徒在厥養何殊古今之設爲庠序學校敎育子弟者皆發明斯道者也自近世以來吾道不一千派萬流各立門戶雖曰道也敎也會也皆不由斯道或出於倫理之外豈不慨歎哉否往泰回天理之常也今元伯石侯莅玆南省勸奬儒道遠近士林一齊奮發首倡彰明之會於是投啣入會者不可勝記願我同會之人溫古以知新舊學商量而勿忘新知培養而不遺則豈非彰明斯道之本意乎窮蔀儒生不勝觀感之歎故敢擧微衷以陳述又繼之以詞曰

玉蘊於斯　不攻不光　道在於斯　不修不彰　道非別件　孝悌忠良　新知研究　舊學勿忘　切磋琢磨　克己有方　所以君子　斐然成章

## 祝彰明會

麗水 崔錫柱

湖南刱會、 喚起儒林、 二十二郡、 靑襟合心、 春回杏樹、 無處不陰、 棠軒品石、 如遇知音

# 論說

## 全羅南道儒道彰明會與世文

我湖南의儒林이遠히高麗의金良鑑氏以來로未嘗不朝鮮文化事業에對ᄒᆞ야其名을著ᄒᆞ고其範을垂ᄒᆞᆷ은吾人後生으로ᄒᆞ야곰益히其名譽를感케ᄒᆞ고益히其自信의觀念을與ᄒᆞᄂᆞᆫ도다觀ᄒᆞ라金河西、李一齋、柳眉巖、朴訥齋奇高峯、朴思菴、高霽峯、金健齋、鄭松江、安牛山諸先生의道德文章은是何也요卽今日湖南多士의名譽라ᄒᆞᆷ을得ᄒᆞᆯ지로다

元來吾道ᄂᆞᆫ堯舜禹湯文武周公時代에其質이具備ᄒᆞ얏스나孔夫子에至ᄒᆞ야此를大成ᄒᆞ야道德의宗統이尤益確立ᄒᆞ고綱常의樞機가尤益明然ᄒᆞ얏스며我朝鮮은新羅高麗朝鮮을通ᄒᆞ야設令時代的浮沉은有ᄒᆞᆯ지라도全혀吾道가一貫ᄒᆞ야近代에셔지至ᄒᆞᆷ은贅言ᄒᆞᆯ必要가無ᄒᆞᆯ지로다是以로朝鮮에在ᄒᆞ야ᄂᆞᆫ吾道와相殊ᄒᆞᆫ宗敎가有ᄒᆞᆯ지라도其腦裏의根本的道德觀念과其外形的行事方法은直接間接으로此儒道의知與不知와信與不信을勿論ᄒᆞ고自然히成慣成習ᄒᆞ야日常의動止를作ᄒᆞᆷ은數千載以來의根底를有ᄒᆞᆫ事實이라

然而當今世上의一部人士가儒道에對ᄒᆞ야想像ᄒᆞᄂᆞᆫ點을假定的으로推測ᄒᆞ건ᄃᆡ

第一 儒敎ᄂᆞᆫ腐敗ᄒᆞᆫ敎라ᄒᆞᄂᆞᆫ도다

或者一部의言論과如히假使儒敎로써腐敗ᄒᆞᆫ敎라ᄒᆞ면此儒敎를腐敗케ᄒᆞᆫ者ᄂᆞᆫ是誰며是誰咎오畢竟은吾人이此

에遂케ᄒᆞᆫ者이며又ᄂᆞᆫ吾人의最近祖上으로此에對ᄒᆞ야其責任者되ᄂᆞᆫ多數人中의一人됨을免치못ᄒᆞᆯ지로다然ᄒᆞᆫᄃᆡ吾人으로ᄒᆞ야곰感情的觀察과好奇的思想의支配ᄅᆞᆯ離ᄒᆞ고我身을顧ᄒᆞ야靜坐ᄒᆞ야心을觀ᄒᆞ고冷靜히此ᄅᆞᆯ論ᄒᆞ면儒敎의自身이根本的으로非ᄒᆞ다ᄒᆞᆷ은決코不得ᄒᆞᆯ지로다假令儒敎로ᄒᆞ야곰數千年前의敎라ᄒᆞ야時代에不合ᄒᆞ다ᄒᆞ면卽此ᄅᆞᆯ時代에適應ᄒᆞ도록ᄒᆞᆷ도吾人의責任이오此ᄅᆞᆯ改良ᄒᆞ야新儒敎ᄅᆞᆯ成立ᄒᆞᆷ도吾人의行事오此敎ᄅᆞᆯ舊式대로維持ᄒᆞᆷ도吾人의能力이어ᄂᆞᆯ此ᄂᆞᆫ不爲ᄒᆞ고一曰腐敗라ᄒᆞ며二亦無用이라ᄒᆞ야獨人不爲ᄒᆞ고已亦不行ᄒᆞ야一不顧見ᄒᆞ고視若尋常ᄒᆞ되自他的敎ᄂᆞᆫ怍之賂之歡迎ᄒᆞ니儒敎ᄂᆞᆫ外人의布ᄒᆞᆷ이아니면不可ᄒᆞᆯ가不然ᄒᆞ도다吾人은陳力就列ᄒᆞ야持危扶顚ᄒᆞᆯ뿐이라一部人士ᄂᆞᆫ姑舍ᄒᆞ고擧世皆曰腐敗라ᄒᆞᆯ지라도吾人은此에察ᄒᆞᄂᆞᆫ바이有ᄒᆞ도다

第二　儒者ᄂᆞᆫ無所用이라ᄒᆞᄂᆞᆫ도다

用無用의意義ᄂᆞᆫ客觀的觀察이라我儒者의自體로言ᄒᆞ면用無用을勿論ᄒᆞ고此宇宙間에存在ᄒᆞᆫ者이라存在ᄒᆞᆫ以上은空間과歷史ᄅᆞᆯ占領ᄒᆞ고空間과歷史ᄅᆞᆯ占領ᄒᆞᆫ以上은스사로存在ᄒᆞᄂᆞᆫ法이라此存在에對ᄒᆞ야孰能此ᄅᆞᆯ不存在라ᄒᆞ며孰能此ᄅᆞᆯ無用이라ᄒᆞ리요何物을勿論ᄒᆞ고有則有用ᄒᆞ고無則無用이어ᄂᆞᆯ孰能此原理에違背ᄒᆞ야有者ᄅᆞᆯ無라ᄒᆞ며無用이라ᄒᆞᆷ을得ᄒᆞ리오若吾人으로ᄒᆞ야곰有者ᄅᆞᆯ無用이라ᄒᆞ며無用케ᄒᆞ면是ᄂᆞᆫ卽吾人이無用ᄒᆞᆫ者이오無能ᄒᆞᆫ者이라謂치아니치못ᄒᆞᆯ지로다吾人은設或吾人의長處가有ᄒᆞᆯ지라도此ᄅᆞᆯ伐치아니ᄒᆞ며短處가有ᄒᆞᆫ時ᄂᆞᆫ內自訟焉ᄒᆞ야憚改ᄒᆞᆷ을圖ᄒᆞᆯ뿐이며焉必他의用無用을希圖ᄒᆞᄂᆞᆫ바이리오義가아이오所用됨은於吾人에浮雲과如ᄒᆞ도다

第三　儒敎ᄂᆞᆫ兩班의敎요四民統一의敎ᄂᆞᆫ아니라ᄒᆞᄂᆞᆫ도다

儒敎의本義가엇지此에在ᄒᆞ리요如此ᄒᆞᆫ世評이有ᄒᆞᆷ은畢竟朝鮮近代의政敎가分離치아니ᄒᆞ얏든關係로因ᄒᆞ야如此ᄒᆞᆫ評을下ᄒᆞᄂᆞᆫ人士가有ᄒᆞᆯ듯ᄒᆞ나此ᄂᆞᆫ誤也로다孔子ㅣ曰ᄒᆞ사ᄃᆡ太宰ㅣ我를知ᄒᆞᆫ뎌吾ㅣ少也에賤ᄒᆞᆫ故로鄙事에多能ᄒᆞ다ᄒᆞ셧스니天縱의將聖이신孔子께셔도其少時에賤ᄒᆞ심을言ᄒᆞ셧스니孔子게셔ᄂᆞᆫ朝鮮의兩班이신가曰否라又曰ᄒᆞ사ᄃᆡ犂牛의子라도騂且角이면雖欲勿用이나山川이其舍諸아ᄒᆞ셧스니此敎의本旨가何必一部人士에限ᄒᆞ야此를奉信ᄒᆞᆯ바이리요四民을勿論ᄒᆞ고倫綱之下에此를布ᄒᆞ고廣ᄒᆞᆷ은吾人의義務요將又世人의義務됨을感치아니치못ᄒᆞᆯ지로다

第四　又一部의世人은謂ᄒᆞ되儒敎도朝鮮에셔發祥ᄒᆞᆫ敎ᄂᆞᆫ아니라ᄒᆞᄂᆞᆫ도다

然ᄒᆞ다儒敎도朝鮮에셔發祥ᄒᆞᆫ敎ᄂᆞᆫ아니로ᄃᆡ箕聖以來로八條의敎와眞興王以來로今日에至ᄒᆞ기ᄭᆞ지朝鮮의歷史를一貫ᄒᆞᆫ者ᄂᆞᆫ儒敎가卽是라何事를勿論ᄒᆞ고於我에行之ᄒᆞ야半萬年의長歲月을經由ᄒᆞᆫ時ᄂᆞᆫ卽我物이니라覺ᄒᆞ라朝鮮에何敎가在ᄒᆞ야此에適ᄒᆞᆫ者ㅣ有ᄒᆞ리요其敎가本來非ᄒᆞᆫ者ㅣ아니요於祖於父에行之信之ᄒᆞ야如此ᄒᆞᆫ歷史를有ᄒᆞᆫ以上은吾人에계도亦權威가有ᄒᆞ고信仰이有치아니치못ᄒᆞᆯ지로다能近取譬ᄒᆞ면可謂仁者之方也已라ᄒᆞ시니他邦의遠事를謂ᄒᆞ기보다歷史가有ᄒᆞ고祖上이慣信之ᄒᆞ든此儒敎를信ᄒᆞ야其本旨를發揮ᄒᆞᆷ이事半功倍가아니리요

第五　又一部壯年者間에ᄂᆞᆫ儒者와並肩ᄒᆞᆷ을不肯ᄒᆞᄂᆞᆫ態度를持ᄒᆞᄂᆞᆫ者ㅣ有ᄒᆞᆷ을見ᄒᆞᄂᆞᆫ도다

或壯年者卽新學問의皂白을知ᄒᆞᆫ다ᄒᆞᄂᆞᆫ人士로ᄒᆞ야吾吾人儒者를觀察ᄒᆞ면或以上과如ᄒᆞᆫ感想을抱ᄒᆞᆫ者不無ᄒᆞ리라然이나此ᄂᆞᆫ誤의大者ㅣ也니라彼ᄂᆞᆫ儒者의剛毅木訥ᄒᆞᆷ과泰ᄒᆞ고驕치아니ᄒᆞᆷ을見ᄒᆞ고或然ᄒᆞᆫ感想을抱ᄒᆞᄂᆞᆫ지未知케라間ᄒᆞ노니諸賢은吾人의敝縕袍을衣ᄒᆞ고狐貉을衣ᄒᆞᆫ者로더부러立ᄒᆞ야耻치아니ᄒᆞᄂᆞᆫ態度를知也否

야勇을好ᄒᆞ고貧을疾ᄒᆞᄂᆞᆫ者여諸君의禍福을爲ᄒᆞ야此의徭差이有ᄒᆞᆷ을望ᄒᆞ노라

思ᄒᆞ노니輓近以來에風紀가頹敗ᄒᆞ야父子昆弟之間에爭訟이日起ᄒᆞ고夫婦之間에離婚이相繼ᄒᆞ며虎兕가押에서出ᄒᆞ고龜玉이櫝中에서毁ᄒᆞ야祝鮀의佞과宋朝의美를有치아니ᄒᆞ면到底히世에免ᄒᆞᆷ을得치못ᄒᆞᆷ에至ᄒᆞ니噫라我朝鮮半萬年文化의骨體가엇지此에在ᄒᆞ리요當世에所謂文明과文化를云爲ᄒᆞᄂᆞᆫ者ㅣ有ᄒᆞᆷ을見ᄒᆞᆫ젼ᄃᆡ末如之ᄒᆞᆫ無識階級은文明과文化라ᄒᆞ면削髮着洋服洋眼鏡ᄒᆞ고揮洋短杖ᄒᆞ고眼下에無人ᄒᆞ야長幼를不足關ᄒᆞ며洋々然用錢如水ᄒᆞ면是可謂文明이요文化인줄노思量ᄒᆞᄂᆞᆫ者ㅣ不無ᄒᆞ도다然나幸히아즉此種類에屬ᄒᆞᄂᆞᆫ者ㅣ少ᄒᆞᆷ은朝鮮의幸事인줄思ᄒᆞ노라

又朝鮮에在ᄒᆞ야新文明과新文化의輸入者로自任自許ᄒᆞᄂᆞᆫ人士ᄂᆞᆫ曰文明、文化라ᄒᆞ면是ᄂᆞᆫ全혀歐洲를中心으로ᄒᆞᆫ文明과文化를意義ᄒᆞᄂᆞᆫ도다是ᄂᆞᆫ全혀此等人士가自腦에서做出ᄒᆞᆫ者이아니요卽歐洲人의說法과歐洲人의說法을仲介ᄒᆞ고傳播ᄒᆞᄂᆞᆫ者의傳說을又分傳ᄒᆞᄂᆞᆫ信仰說이로다然則歐洲人은文明에對ᄒᆞ야何라謂ᄒᆞ나요歐洲人은曰文明은歐洲의文明이아니면文明이아니라ᄒᆞ며耶蘇敎를信ᄒᆞᄂᆞᆫ國이아니면文明國이아니라ᄒᆞ며其風俗慣習이歐洲의風俗慣習과同一치아니ᄒᆞ면文明國民이아니라ᄒᆞᄂᆞᆫ도다歐洲人되ᄂᆞᆫ學者와歐洲의社會를指導ᄒᆞᄂᆞᆫ者가此를謂ᄒᆞᆷ은當然ᄒᆞᆫ事이로ᄃᆡ我東洋人이此를咀嚼ᄒᆞᆷ에ᄂᆞᆫ必히我의半萬年에近ᄒᆞᆫ根本的歷史를顧慮치아니ᄒᆞ면不可ᄒᆞ도다엇지顧慮ᄒᆞᆯᄲᅮᆫ이리요此에根底를置ᄒᆞ고彼의長을取ᄒᆞ야我의短을補ᄒᆞᆯᄲᅮᆫ이니若吾人이此의中心을失ᄒᆞᄂᆞᆫ時ᄂᆞᆫ彼支那에西洋的共和國을建設ᄒᆞᆷ과如ᄒᆞᆯ지로다

然而一部人士ᄂᆞᆫ此를不爲ᄒᆞ고儒敎를疾之已甚ᄒᆞ니是ᄂᆞᆫ其思想의誤ᄒᆞᆷ이大ᄒᆞᆫ者이요又其思想이亂에近ᄒᆞᆫ者이라

休하고來하지어다倫綱의旗幟下에來集하지어다此旗幟下에는四海之內皆兄弟也어니來集하지어다速히來集하지어다

# 儒敎說

經學院講士 沈璿澤

人有是形而性亦具焉故不能無人心亦不能無道心人心是人身上發出來如飢食渴飮之類道心是義理上發出來如惻隱辭讓之類飢食渴飮是口體之所急卽人欲之萠也萠多不正而易入於不善惻隱辭讓是性命之所禀卽天理之奥也奥則微妙而易至於難見惟聖人能精一執中使無過不及之差若衆人則但從一身之所安而飮食男女皆不得其正以千百載一出之聖人何以救滿天下林々葱々之衆人乎暴亂恣睢橫侵魚肉靡所不至若專以法律爲治則人皆緣法作奸苟免無恥以是而爲國猶雕朽木以攀廣厦泛膠舟以渡大海不待風雨波浪之崩蹋洶湧而其傾其覆指日可期也是以大地萬邦莫不以敎導之也政治敎化物質如車之兩輪鼎之三足不可缺一也語曰道之以德齊之以禮其恥且格此言使民日遷善而不自知矣聖人豈欺余哉若反是而上不好仁下不好義亂日常多治日常少雖與之天下不能一朝居而其不爲洪水猛獸者幾希矣以此推之苟非生于空桑長于孤島與禽獸同處與草木同腐者雖欲須臾離敎不可得也然則敎之於人無論何地方無論何人種當急於飮食急於男女使上下皆知寧可百年無人不可一日無敎然後人可爲人國可爲國居是國敎是人當從何敎敎亦多門當審其風俗之所宜人心之所安者而敎之不當以風俗之所不宜人心之所不安者而敎之順則治逆則亂觀其順而易歸者而爲人身涵泳之所此積數千載聰明睿知作之君作之師勞其心焦其思經驗之立證之自近而遠自卑而高浹洽貫徹習與性成然後可以修己可以治人可以接物彼非異言他敎喧豗滋蔓一朝一夕而變人之俗

安人之心也如釋迦其說雖近理而寂滅亂眞未詳于人道之條理不合于民生之日用如耶蘇尊天愛人靈魂懺悪在歐米雖有功效之可言而亦非斯土斯民之所宜所安則不可遽行於此也然則斯土斯民之可以奉而爲敎者惟有先聖孔子之遺敎也斯敎卽倫理也道德也政治也其道自學而時習以孝悌爲本而溫良恭儉讓而得之祖述堯舜憲章文武上律天時下襲水土與天地合其德與日月合其明與四時合其序與鬼神合其吉凶故動而世爲天下道行而世爲天下法言而世爲天下則遠之則有望近之則不厭夫子其一太極仲尼爲萬世士此所謂集大成而聖之時者也其敎化流於東土斯民飮食男女動靜云爲無一不出於其中今若卒廢是敎而不講則環東土所謂敎化一朝掃地而父不父子不子夫不夫婦不婦人不可以爲人家不可以爲家國不可以爲國目爲標準前路黑暗不知所宗莫適所向風俗頹敗人心解弛將一世盡化病風喪心之人矣使斯民雖家々奉金佛詣崩無人人爲牧學稱文老衆生不得普濟魂靈不得不滅安得不大可懼哉然則爲孔子學者通名爲儒可乎原本儒字之義似未盡然也禮記世漢以後追編而儒行一編特其一部分也夫子嘗曰汝爲君子儒毋爲小人儒儒字乃士之通稱實非單稱孔子以儒道也以此論之帝王而爲孔子學者聖帝聖王而非儒也公卿而爲孔子學者聖人之在位者而非儒也內而大夫士外而牧伯州郡爲孔子學者奐不皆然其曰儒者乃是不得位而縫掖章甫摟摟遑遑如孔子布衣轍環時之行色而已乎大抵語儒則不可不曰學孔子也論孔子則不可只以儒一事目之也蓋自西京儒林以後曲學阿世之公孫弘亦稱爲儒劇秦美新之楊雄亦稱爲儒末至學附門牆撥拾糟粕者莫不曰吾儒也吾孔子道也以是而孔子之道反爲儒所損者亦不鮮焉信乎前所謂聖人之言女爲君子儒毋爲小人儒者此也儒字之本義固如是而至東土非無異言他敎之可儒稱之者而皆不以儒稱之獨於學孔子者稱之以儒抑儒行一編記孔子之言故以孔子爲儒而只稱儒於學孔子者其他使不得與於儒耶全南儒道彰明會亦其一也斯會以闡明孔子之道爲準的雖謂之孔子道彰明會亦可矣豈有他哉或謂孔子道德迂濶難行於今請以新道德易舊道德爲此說者多在於新進少年中此不深思之故

池蓋人無敎化則與牛鼻之不穿馬頭之不絡同何由責其耕責其馳乎若從其言人爲無敎化之人綱紀日頹秩序紊亂民不得了生新學之說一出而言談文字之間侮蔑聖賢詆毁經傳甚至攻擊父母無所不至此固天地間大變亂而不惟恬不爲意反欲易而化之此不能精察內外之政俗見彼一時之强而沉惑之見此一日之弱而冷笑之並與敎化而美惡之將東土由來之至德要道可以爲師於泰西者欲以滅絕之打破之雖有孑遺於是以孔子道德謂迂濶難行何其謬妄一至於此也今日科學部自西而來者不得不行於斯土而亦不過經傳中一言一事也但經傳略而詳不聖賢之言常大而無外豈其詳於藝術之科目如有司者哉今人見此而謂之迂濶此所謂奴隸之性服從於强主人而不知道德之適於此適於彼而折衷而損益之也鮿生亦乃所願之徒而常懷憂念幸全南知事元應常氏謀于道儒設儒道彰明會參與官石鎭衡氏賓左右之人人之樂如水就下今於雜誌創刊號敢陳一言僭且棄也

## 敎育振興上産業奬勵의必要를論ᄒᆞᆷ

全羅南道學務課長　大塚忠衛

輓近敎育의向上振興에就ᄒᆞ야朝鮮의人士가或舌或筆로日을逐ᄒᆞ야雜誌와新聞等에揭出ᄒᆞ야其旺盛ᄒᆞᆷ이前古未有의狀態를呈ᄒᆞ며特히歐洲大戰後에各國이共히敎育에全力을注ᄒᆞ야其進展을圖ᄒᆞᆷ은各種報道에依ᄒᆞ야窺知ᄒᆞᆯ바이로다

我朝鮮도旣히此機에逢ᄒᆞᆷ은不必更提이어니와本道도數年以來敎育熱이勃興ᄒᆞ야各地에學校設置를要望ᄒᆞ며旣設學校에ᄂᆞᆫ就學希望者가夥多ᄒᆞᆷ으로昨年度에ᄂᆞᆫ其收容者四割九分에不過ᄒᆞ고其他公立學校의設置가無ᄒᆞᆫ地方에서ᄂᆞᆫ或은私立學校를設ᄒᆞ고或은學術講習會를興ᄒᆞ고或은改良書堂을新設ᄒᆞᄂᆞᆫ等子弟敎育에深甚ᄒᆞᆫ注意를

傾注ᄒᆞᆷ은實로慶賀ᄒᆞᆯ바이오一般이文化에漸進ᄒᆞ는覺醒이有ᄒᆞᆷ은本道將來를爲ᄒᆞ야欣喜難堪이로다往年을回顧ᄒᆞ니本道는三十七校의公立普通學校가設置되야其數가八面一校에相當ᄒᆞ야當時八面一校는全道中黃海道와本道가有ᄒᆞᆯ뿐이더니爾來官民共力ᄒᆞ야學校의普及를圖ᄒᆞᆷ으로大正十一年度ᄭᆞ지에五十四校의公立普通學校를增設ᄒᆞ야本府計畫에依ᄒᆞᆫ三面一校에學校數에達ᄒᆞ야僅히各道의水平線에上ᄒᆞ게되엿도다然ᄒᆞᆫ딕普通學校經營에最히必要ᄒᆞᆫ것은經費와敎員인딕其中에敎員은本府敎員養成機關及本道의養成者를需用ᄒᆞ고更히十二年度부터는師範學校를本道에設置ᄒᆞ야良敎員의養成을企畫ᄒᆞᆷ으로敎員補充에는障碍가別無ᄒᆞ고又는每年敎員試驗이有ᄒᆞ야多數ᄒᆞᆫ合格者가出ᄒᆞᆯ뿐不啻라內地로부터轉任ᄒᆞ야來ᄒᆞ는者가有ᄒᆞ니敎員不足에對ᄒᆞᆫ甚ᄒᆞᆫ憂慮는無ᄒᆞ나經費에至ᄒᆞ야는今後其財源을如何ᄒᆞᆫ點에求ᄒᆞᆯ乎至重ᄒᆞᆫ問題라ᄒᆞ겟도다

今에其經費에就ᄒᆞ야槪述ᄒᆞ면經常費가一學級에對ᄒᆞ야千五百圓、臨時費가一敎室에對ᄒᆞ야二千五百圓을要ᄒᆞᆷ으로四學級의學校를設置ᄒᆞ랴면每年經常費六千圓과臨時費敎室、事務室附屬建物敷地等을合ᄒᆞ야一萬四五千圓의金을要ᄒᆞ며建築物을極히簡易實用的으로設備ᄒᆞᆯ지라도一萬圓內外를要ᄒᆞᆯ지니學校經營은經費支出이最히困難ᄒᆞᆷ을感ᄒᆞ노라

本道에在ᄒᆞᆫ普通學校九十一校에經費는臨時費三十八萬五千餘圓經常費五十八萬五千餘圓인딕其中에國庫、地方費의補助(恩賜金利子를含ᄒᆞᆷ)財産收入、授業料等을除ᄒᆞ고殘餘約七十萬圓은地稅戶稅家屋稅의附加稅金으로道民에게徵收ᄒᆞ니此負擔을每戶에平均ᄒᆞ면約二圓이되며今後三面一校의學校를設置코져ᄒᆞ면更히百八十校의學校增設을要ᄒᆞᆯ지니此를最少限度로算出ᄒᆞᆯ지라도一戶平均約五圓六十錢의負擔이無ᄒᆞ면一面一校는實現키不能ᄒᆞᆯ지니卽道民은現今의約三倍되는重ᄒᆞᆫ負擔을甘受치아니ᄒᆞ면不可ᄒᆞᆯ지라然이나一戶平均約六圓의負擔

은本道의現狀을鑑ᄒᆞ야ᄂᆞᆫ過重ᄒᆞ야幾年後에此를負擔ᄒᆞᆯ만ᄒᆞᆫ能力이生ᄒᆞᆯ가極히愼重ᄒᆞᆫ調査를要ᄒᆞᆯ지며更히朝鮮敎育令이改正되야六學年을本體로ᄒᆞᆷ에至ᄒᆞ엿슨즉各校에五六學年을設置ᄒᆞ면更히一戶平均約二圓의負擔이增加될지니新敎育令은內地와同一ᄒᆞᆫ制度가됨으로一視同仁의主義를遺憾이無케實施코저ᄒᆞ나此의基礎될만ᄒᆞᆫ經費가上述ᄒᆞᆷ과如히困難ᄒᆞᆫ즉此難關을如何히通過ᄒᆞᆯ가最히精思愼重ᄒᆞᆫ調査를要ᄒᆞᆯ지로다

本道에셔ᄂᆞᆫ年長不就學者의救濟에關ᄒᆞ야廿一校의附設學校를設케ᄒᆞ야二年程度로實用的學科를敎授ᄒᆞ야相當ᄒᆞᆫ效果를收ᄒᆞ며其他法規範圍內에셔地方의敎育施設을認容ᄒᆞ야就學不能者에게普通敎育을施코저ᄒᆞ나此等은所謂應急的手段에不過ᄒᆞ고完全ᄒᆞᆫ公立學校를各面에新設ᄒᆞᆷ이理想으로思ᄒᆞ나經費의負擔은到底히急遽히此를增大ᄒᆞ야民力의涸渴ᄒᆞᆷ을無視ᄒᆞ기不能ᄒᆞᆫ지라嗚呼라敎育의振興은徒히道民의希望에止ᄒᆞ고實行키不能ᄒᆞᆯ가

玆에一案이有ᄒᆞ니卽敎育의振興은産業의獎勵를徹底히ᄒᆞ야民力을涵養ᄒᆞ야如何ᄒᆞᆫ負擔이던지綽々히堪當ᄒᆞᆯ만ᄒᆞᆫ餘裕를作케ᄒᆞᆷ에在ᄒᆞ니米、麥作棉作의改良、養蠶의獎勵、植桑의實施、副業의勸獎、畜牛의增飼、豚鷄의改良增飼、未墾地의開墾、水利灌漑設備의完成、林業의鼓吹、漁業의振興、其他道民의經濟力을豐富케ᄒᆞᄂᆞᆫ諸般施設에就ᄒᆞ야官民이協力一致ᄒᆞ야最善의努力을盡ᄒᆞ야民度를向上케ᄒᆞ며敎育施設에多額의經費를投得ᄒᆞᆯ만ᄒᆞᆫ實力을培養ᄒᆞᆯ策이不立ᄒᆞ면現下勃興ᄒᆞᆫ向學心을滿足케ᄒᆞᆯ時期가無ᄒᆞᆯ줄로信ᄒᆞ노라

嗚呼라敎育振興에對ᄒᆞ야産業의獎勵를實로絶叫치아니키不能ᄒᆞ도다

## 儒道彰明會第二總會에際ᄒᆞ야所感을披瀝홈

前內務部長　法學士　佐々木正太

昨年에元知事閣下ᄭᅴ서本道에赴ᄒᆞ신지居無何에本道儒林의振興을策ᄒᆞ시고石參與官ᄭᅴ서ᄂᆞᆫ專히其衙에當ᄒᆞ야此를輔佐ᄒᆞ신結果로玆에全道를通ᄒᆞ야儒林의連絡統一을觀ᄒᆞᆷ에至ᄒᆞᆫ지라今般에第二次總會를開催ᄒᆞ게됨은實로慶祝ᄒᆞᆷ을不禁ᄒᆞᄂᆞᆫ바인ᄃᆡ余亦本道의內務部長으로衷心으로ᄡᅥ此를歡迎ᄒᆞ야一言蕪辭로賀意를表코저ᄒᆞ노라

夫漢文은支那六千年以來의人蹟이라然而儒道ᄂᆞᆫ漢文의中樞로其價値의偉大ᄒᆞᆷ은更히言을不要ᄒᆞᆯ바이거날儒道가近世에至ᄒᆞ야廢頹에傾ᄒᆞᄂᆞᆫ故로支那에在ᄒᆞ야ᄂᆞᆫ勿論我朝鮮及內地에셔도世人이此를輕視ᄒᆞ야其精華가將次堙滅될傾向이有ᄒᆞ며甚至於或人은腐儒ㅣ何事를能成ᄒᆞ리오ᄒᆞ야罵蔑ᄒᆞ기를不憚ᄒᆞ니엇지憤慨치아니ᄒᆞ리오是ᄂᆞᆫ大抵儒道自體가世에不容ᄒᆞᆷ이아니라此를祖述ᄒᆞᆷ에其人이乏少ᄒᆞᆷ이며或은其祖述이機械的이오精神的이아닌所致라儒道에ᄂᆞᆫ生命이存ᄒᆞ고活力이有ᄒᆞ거ᄂᆞᆯ此를死物과如히看做ᄒᆞ며或은骨董과如히思惟ᄒᆞ며或은玩弄物과如히取扱ᄒᆞ면何等王道에資ᄒᆞᆷ이無ᄒᆞᆯ지며又世道人心에裨益될者ㅣ無ᄒᆞᆯ가ᄒᆞ노라

儒道ᄂᆞᆫ文化의中軸이요文化ᄂᆞᆫ時代에適應ᄒᆞ야進步ᄒᆞᄂᆞᆫ것인故로儒道ᄂᆞᆫ文化를指導ᄒᆞᄂᆞᆫ同時에時代의先驅者가되지아니치못ᄒᆞᆯ지로다然而現今儒林의實況은如何ᄒᆞᆫ가果然三代의意氣가有ᄒᆞ며果然其盛期에在ᄒᆞᆷ과如히潑剌ᄒᆞᆫ邁往心이有ᄒᆞᆫ가余ᄂᆞᆫ玆에多少의疑念을抱치아니치못ᄒᆞ노라今에儒道가漸次衰殘ᄒᆞ고西洋文明은世界를風靡코저ᄒᆞᄂᆞᆫ지라西洋文明이라ᄒᆞᆯ지라도元來此를異端으로觀ᄒᆞᆯ바ᄂᆞᆫ아니라其長所ᄂᆞᆫ此를擷取ᄒᆞ고其短所ᄂᆞᆫ此를排斥ᄒᆞᆯ而已라然이나儒道ᄂᆞᆫ東洋固有의文明이라何가西洋文明에比ᄒᆞ야劣ᄒᆞᆯ者ㅣ有ᄒᆞ리요否라儒道ᄂᆞᆫ東洋文化의中樞인즉吾人은東洋固有의文明을保有치아니치못ᄒᆞᆯ지라西洋文明은오즉此를利用ᄒᆞᆷ에不過ᄒᆞᆯ지니若吾人으로ᄒᆞ야곰今日儒道의刷新을怠慢히ᄒᆞᆯ진ᄃᆡ東洋의文明은結局滅亡ᄒᆞᆷ에至ᄒᆞᆯ진져엇지可鑑치아니ᄒᆞ며엇지可戒치아

니ᄒᆞ라요
本道儒林은일즉玆에意를用ᄒᆞ야大爲ᄒᆞᆷ이有코저ᄒᆞᆷ에際ᄒᆞ야儒道彰明會의提議가起ᄒᆞᆫ바이라向後儒道의復興을計圖ᄒᆞᆷ은實로余意를益勉케ᄒᆞᆷ이요東洋文明을爲ᄒᆞ야感謝ᄒᆞᆫ意를禁치못ᄒᆞ노라

# 原儒

珍島 朴晉遠

周禮曰太宰之職以九兩繫邦國之民四曰儒以道得民鄭註曰有六藝以敎民者也儒之名始於此大凡以文學之道化民成俗降至春秋之世文學化民成俗之盛莫若孔子於是世遂以孔子之敎爲儒道焉善乎近古宋金華七儒辨曰才以溺之信以結之是謂游俠之儒引繩吐絲頃刻萬言是謂文史之儒三才以混萬物以齊是謂曠達之儒沈鷙寡言逆料事機是謂智數之儒以句求章無微不探是謂章句之儒澤被當時烈垂後世是謂事功之儒備陰陽之和極鬼神之秘言爲世法行爲世則是謂道德之儒游俠之儒田仲王猛是也文史之儒司馬遷班固是也曠達之儒莊周列禦寇是也智數之儒張良陳平是也章句之儒毛萇鄭玄是也事功之儒管仲晏嬰是也道德之儒孔子是也千萬世之所宗也必學孔子然後無愧於儒之名也然則儒亦有異乎曰有之三皇儒而皇五帝儒而帝三王儒而王臯夔伊傅周召儒而臣孔子儒而師其道未嘗不同也雖然未有盛於孔子也詳味此辨以儒一字包括萬世籠罩百家發前人所未發自古說儒道者未有若是至廣至大至明至快爲世間儒與非儒分流同源所共取則而並歸者也司馬子長以儒爲九流之一者誠淺淺矣豈足與論於吾儒之大歟因是而論之則四書三禮始終條理說儒門宗旨而卲虞夏商周渾噩聱牙之書上而郊廟朝廷之樂下而閭巷歌謠之紛然雜進者皆當謂之儒家之文西京之宗黃老淸淨無爲而其與民休息致其寧壹則黃老而有合乎儒者也雖至漢季及二晉

之名理究其妙詣精解亦往往有可以叅乎吾道者如是然後吾儒之學廣大無外而素位而行者與不學而闇與道合者皆可以在門墻而進之也斯吾儒道之以彰明立會而按月刊報以淑世風以興儒敎也歟

詩

彰明會報太平春、吾道南來有主人、一變光山靑來了、棠陰宣化舊維新(此維新二字原稿落書故編者妄補之)

紅塵咫尺一團春、更見樂阿舊碩人、報道新明新事業、新聞新誌日新新

# 儒敎와外來思想

光州高等普通學校校長 粟野傳之丞

## 一 儒敎主義의敎育

孔子의敎ᄂᆞᆫ哲學宗敎의外에超越ᄒᆞᆫ(後에ᄂᆞᆫ變化ᄒᆞ얏지만은)一種의世間的道德敎라故로儒敎主義의敎育은卽德本主義의敎育이라

余ᄂᆞᆫ昨年七月부터八月에至ᄒᆞ기ᄭᆞ지北部支那旅行의際에北京에到ᄒᆞ야敎育部(內地文部省)를尋訪ᄒᆞ야勅任叅事官에相當ᄒᆞᄂᆞᆫ湯中氏를面會ᄒᆞ고敎育上에關ᄒᆞ야約二時間半의談話를ᄒᆞ얏노라其談話中敎育方針과倫理修身科敎授의主義方針을問ᄒᆞ얏더니湯中氏ᄂᆞᆫ「民國은共和國인故로國民으로共和國의國民되게ᄒᆞᆯ性格의思想을涵養ᄒᆞᆯ目的으로ᄡᅥ敎科書를編纂ᄒᆞᆫ다고」答ᄒᆞ더라

然이나北京에셔小學校並中學校에使用ᄒᆞ고잇ᄂᆞᆫ修身國語의兩敎科書ᄂᆞᆫ何者든지儒敎를中心으로ᄒᆞᄂᆞᆫ者뿐이오强히이求ᄒᆞ면米國에셔實施ᄒᆞᆷ과갓치國旗를尊重히역임이可ᄒᆞ다ᄂᆞᆫ件을讀本中에셔見ᄒᆞᄂᆞᆫ外에ᄂᆞᆫ조금도共

和民國의國民될만ᄒᆞᆫ思想과性格을涵養ᄒᆞ는材料를發見ᄒᆞ기不能ᄒᆞ도다

支那에서敎育部의主義方針如何를不拘ᄒᆞ고如此히儒敎中心主義의敎材를選擇ᄒᆞᆷ은敢히怪異히思ᄒᆞᆯ바ㅣ아니라儒敎는二千四百年의歷史가有ᄒᆞ고今日至오히려支那一般國民思想을支配ᄒᆞ는것은隱蔽키不能ᄒᆞᆫ事實이라卽其風俗習慣은儒敎를中心으로ᄒᆞ야成立ᄒᆞ고其環境裏에成育ᄒᆞᆫ國民이敎科書를編纂ᄒᆞᆫ다ᄒᆞ면其敎科書는儒道中心主義思想을離ᄒᆞ기不能ᄒᆞᆷ은理致의當然ᄒᆞᆫ바이로다

元來東洋思想은家族을中心으로ᄒᆞ야此를國家에及ᄒᆞᆷ이요西洋思想은個人을中心으로ᄒᆞ야此를社會에及ᄒᆞᆫ者ㅣ니其根本이相異ᄒᆞᆷ은勿論이라支那에敎育의實況은木에竹을接ᄒᆞᆫ것과如히前後에矛盾이多ᄒᆞᆫ敎育을施行ᄒᆞᆷ으로써敎育部의要求ᄒᆞ는結果를得ᄒᆞᆯ事는不可能이라確信ᄒᆞ노라

我帝國의敎育方針은明治二十三年에明治天皇께서國民에게御下賜ᄒᆞ신敎育勅語의趣旨에依ᄒᆞᆫ바이라此敎育勅語는我國의建國歷史를基礎로ᄒᆞ고此에儒敎中心의德目을加ᄒᆞ야敎育의大方針을示ᄒᆞ신者인즉엇던意味로부터此를見ᄒᆞ면現代化된儒敎中心主義敎育方針이라謂ᄒᆞᆷ이可ᄒᆞᆯ지나實로中外에施ᄒᆞ야相悖치아니ᄒᆞᆯ經典이라謂ᄒᆞᆷ이可ᄒᆞᆯ지라我國의敎育方針은此勅語에依ᄒᆞ야確乎不拔ᄒᆞᆫ者이되얏나니라

然而我國의敎育을見ᄒᆞ건ᄃᆡ明治初年新敎育施行의際에는米國敎育을模範ᄒᆞ야失敗ᄒᆞ고中年에는佛國의敎育方針을參考ᄒᆞ얏스나好結果를見치못ᄒᆞ얏도다於是에明治二十三年의敎育勅語에依ᄒᆞ야大方針을示케됨을不拘ᄒᆞ고獨逸國의知識萬能主義의敎育에憧憬ᄒᆞ야智育에傾注ᄒᆞ고德育을閑却ᄒᆞᆫ結果로國民의思想이堅實을缺ᄒᆞ고輕佻浮薄에流ᄒᆞ야實로憂慮ᄒᆞᆯ現象을呈ᄒᆞᆷ에至ᄒᆞ얏도다

於是乎迷夢을豁然히覺醒ᄒᆞ야德本主義에敎育이아니면忠良ᄒᆞᆫ國民을養成키不能ᄒᆞᆷ을自覺ᄒᆞ기에至ᄒᆞᆷ은實로

慶賀ᄒᆞᆯ事이라信ᄒᆞ노라

## 二 支那에在ᄒᆞᆫ儒敎의變遷發達

孔子의敎ᄂᆞᆫ修身齊家治國平天下의道를講ᄒᆞ야人格完成의段을明케ᄒᆞᄂᆞᆫ一般的道德敎라그러나其後孟子ᄂᆞᆫ性善說을立ᄒᆞ고荀子ᄂᆞᆫ性惡論을唱ᄒᆞ고子思ᄂᆞᆫ中庸을作ᄒᆞ야漸次哲理를論ᄒᆞᆷ에至ᄒᆞ얏도다

其後漢으로부터唐에至ᄒᆞ기ᄭᆞ지數百年間의學者ᄂᆞᆫ徒히章句를追ᄒᆞ야講述ᄒᆞᆷ으로ᄡᅥ儒者의本務라信ᄒᆞ고此를終生의目的이라ᄒᆞ얏스니此時代ᄂᆞᆫ毫末도儒敎의發達成長을認ᄒᆞ자難ᄒᆞ도다

其後宋時代에至ᄒᆞ야ᄂᆞᆫ佛敎가大支那國內에流布ᄒᆞ야其影響의儒敎에及ᄒᆞᆷ이不尠ᄒᆞ도다當時에熱心으로此를反對ᄒᆞᄂᆞᆫ儒者도不少ᄒᆞ얏스나其中에陽으로ᄂᆞᆫ此를反對ᄒᆞ면셔陰으로ᄂᆞᆫ其佛說을愛讀ᄒᆞᄂᆞᆫ者도不少ᄒᆞ얏도다

支那의碩儒朱子의理氣論天地論萬物論作性論과如ᄒᆞᆫ有名ᄒᆞᆫ論文을見ᄒᆞ건ᄃᆡ佛說의影響이不少ᄒᆞᆷ을見ᄒᆞ겟도다又彼有名ᄒᆞᆫ王陽明도亦然ᄒᆞ야飜然히良知良能說을覺悟ᄒᆞᆷ과如ᄒᆞᆫ態度ᄂᆞᆫ禪宗의悟道와頗히類似ᄒᆞᆯᄲᅮᆫ아니라彼一生의心血을搾出ᄒᆞᆫ傳習錄에有ᄒᆞᆫ心卽理와良知良能說과如ᄒᆞᆫ者ᄂᆞᆫ佛說의痕跡이不少ᄒᆞᆷ을認ᄒᆞ겟도다

如此히宋時代의儒敎ᄂᆞᆫ大히其內容을充實ᄒᆞ고至히哲學의仲間에入ᄒᆞ야所謂支那哲學을產出ᄒᆞᆷ에至ᄒᆞ얏스니是ㅣ佛敎의影響이라云ᄒᆞ야도致히不可치아니ᄒᆞᆯ가ᄒᆞ노라

## 三 佛敎及基督敎와新思想

此ᄂᆞᆫ問題外說明上必要ᄒᆞᆷ으로ᄡᅥ一言을付ᄒᆞ노라西洋에셔ᄂᆞᆫ十四五世紀頃ᄭᆞ지「羅馬加特力」卽天主敎ᄂᆞᆫ當時의人心을支配ᄒᆞ야來ᄒᆞ얏스나十五世紀에至ᄒᆞ야ᄂᆞᆫ넘우形式的넘우階級的넘우束縛的인「羅馬加特力」敎로ᄂᆞᆫ人心을支配ᄒᆞ기不能ᄒᆞ기에至ᄒᆞᆫ지라於是에獨逸의有名ᄒᆞᆫ「마ㅡ텐루터」ᄂᆞᆫ自由平等을標榜ᄒᆞ야宗敎改革을唱

道ᄒᆞ야今日의新敎를産出ᄒᆞ기에至ᄒᆞ니라然이나其後科學의進步가殆히科學萬能의世界로變ᄒᆞ야基督敎의奇蹟과如ᄒᆞᆫ것은발서智識階級者ᄂᆞᆫ何人도信ᄒᆞᆫ者ㅣ無ᄒᆞᆷ에至ᄒᆞ니라於是에近者의宗敎家ᄂᆞᆫ超自然的說明을捨ᄒᆞ고自然的說明을採用ᄒᆞ기에至ᄒᆞ니라如此히基督敎ᄂᆞᆫ世運의進步를從ᄒᆞ야改革ᄒᆞ고又其說明의方法을改良ᄒᆞ야써新生命을與ᄒᆞ나니今日基督敎의生命이有ᄒᆞᆷ은此로因ᄒᆞᆷ이로다

次에佛敎ᄂᆞᆫ如何ᄒᆞ뇨佛敎의變遷發達에關ᄒᆞ야ᄂᆞᆫ其材料가乏少ᄒᆞᆷ으로써我國의變遷發達의大要만述코져ᄒᆞ노라

我國欽明天皇朝初에佛敎가傳來ᄒᆞ니其以前에傳來ᄒᆞᆫ儒敎思想과矛盾되ᄂᆞᆫ바이不少ᄒᆞᆷ으로써聖德太子ᄂᆞᆫ我國의固有思想과儒敎及佛敎와의調和를圖謀ᄒᆞ기爲ᄒᆞ야憲法第十七個條를制定ᄒᆞ야其調定을行ᄒᆞ지니此憲法은儒佛思想의調和를主眼으로ᄒᆞ고國民의歸依ᄒᆞᆯ바를指示ᄒᆞᆫ者이라其後空海ᄂᆞᆫ天台宗을創ᄒᆞ고親鸞은淨土眞宗을說ᄒᆞ야我國民思想과佛敎와의協調를行ᄒᆞ야佛敎로ᄒᆞ야吾日本에化케ᄒᆞ야今日에在ᄒᆞ야ᄂᆞᆫ佛敎를學科的으로說明ᄒᆞ고敎育勅語와調和ᄒᆞ야益益佛敎의發展을勉勵ᄒᆞᄂᆞᆫ도다

以上의述ᄒᆞᆷ과如히基督敎던지佛敎던지何者를勿論ᄒᆞ고時代進運에伴ᄒᆞ야變遷發達케ᄒᆞ얏스나其根本原理에至ᄒᆞ야ᄂᆞᆫ毫末도變치아니ᄒᆞ얏고오작時代思想을消化ᄒᆞ야此를我物노ᄒᆞ고又其內容도充實히ᄒᆞ야써新生命을與ᄒᆞ야今日의發展을見ᄒᆞ기에至ᄒᆞ얏노라

## 四　現今의儒敎

我等은東洋思想뿐아니라少ᄒᆞ야도支那朝鮮은勿論이오內地思想의根底를構成ᄒᆞᆫ儒敎의現況을回顧ᄒᆞᆫ時ᄂᆞᆫ진실노寒心ᄒᆞᆷ을感ᄒᆞᄂᆞᆫ도다

今日의現況東洋思想은年月과共히其影이薄ᄒᆞ고此에反ᄒᆞ야西洋思想은日增으로其影이濃厚ᄒᆞ야東洋의思想界를風靡ᄒᆞ니此ᄂᆞᆫ必히大戰後에然ᄒᆞ다ᄒᆞᆯ지로다其善惡正邪의硏究를不爲ᄒᆞ고此金科玉條로信ᄒᆞ야ᄒᆞᆷ부로새롭다ᄒᆞᄂᆞᆫ者ㅣ多ᄒᆞᆷ에至ᄒᆞ야ᄂᆞᆫ誠히痛歎ᄒᆞᆷ을不已ᄒᆞᄂᆞᆫ도다

窃히朝鮮의風俗慣習을見ᄒᆞᆫ건ᄃᆡ實로儒敎에深ᄒᆞᆫ根柢가有ᄒᆞ야成立ᄒᆞ얏고且數千年에歷史가有ᄒᆞᆷ을不拘ᄒᆞ고朝鮮으로셔龍頭蛇尾의貌樣을作코져ᄒᆞᄂᆞᆫ不得要領者ㅣ有ᄒᆞᆷ에至ᄒᆞ야ᄂᆞᆫ其輕擧의甚ᄒᆞᆷ이一笑에付ᄒᆞᆯ外에道理가無ᄒᆞᆯ지로다

如此히西洋의思想이侵入ᄒᆞᆷ에際ᄒᆞ야儒者ᄂᆞᆫ如何ᄒᆞᆫ態度를執ᄒᆞᄂᆞᆫ가보시요엇더ᄒᆞᆫ學者ᄂᆞᆫ此를異端邪說이라ᄒᆞ야全然히耳를傾치아니ᄒᆞ고엇더ᄒᆞᆫ者ᄂᆞᆫ此를對岸의大事로視ᄒᆞ야全無關係라ᄒᆞ나如此者ᄂᆞᆫ儒敎의光을薄케ᄒᆞ고其壽命을短縮ᄒᆞᄂᆞᆫ外에何等의益이無ᄒᆞᆯ뿐이라我等은每日米飯과野菜와魚鳥獸의肉類를食ᄒᆞ야生活ᄒᆞᄂᆞᆫ더인즉依然히我等은我等이라此에依ᄒᆞ야我等도도로혀其體量을增ᄒᆞ며其身長을加ᄒᆞ야卽成長ᄒᆞᆷ이아닌가決코米飯에도無關이며野菜等에도無關ᄒᆞᆷ은아니라

故로我等은外來思想을ᄒᆞᆷ부로危險타ᄒᆞ고視치말고善히硏究ᄒᆞ야取ᄒᆞᆯ者ㅣ잇스면此를消化ᄒᆞ야我等의筋肉骨格을삼고若不消化物과毒物과如ᄒᆞᆫ者有ᄒᆞ거든全然히此를排除ᄒᆞ야卽彼의共產主義와無政府主義와民族自決主義等의毒物은百害가有ᄒᆞᆯ뿐이요一利가無ᄒᆞ니全然히此를排除ᄒᆞᆯ者이니라

이러ᄒᆞ게萎靡不振ᄒᆞᆫ儒敎의振興을圖ᄒᆞᆷ은儒者의責任이라ᄒᆞ노라

## 五 儒者의今後로取ᄒᆞᆯ만ᄒᆞᆫ方針

玆에儒敎에關ᄒᆞᆫ新問題가有ᄒᆞ니卽今後儒敎로生命을삼고且此를活動케ᄒᆞᆷ에ᄂᆞᆫ如何히ᄒᆞ여야可ᄒᆞᆯ가의問題가

是이라

儒敎가生ᄒᆞᆷ은自今二千四百年以前이니當時의社會狀態ᄂᆞᆫ頗히簡單ᄒᆞ야今日과比較ᄒᆞᆯ者ㅣ아니라今日의交通機關에ᄂᆞᆫ汽車가有ᄒᆞ고汽船이有ᄒᆞ며自働車가有ᄒᆞ고飛行機가有ᄒᆞ니從ᄒᆞ야全然히不知ᄒᆞᄂᆞᆫ者와列坐ᄒᆞ야百里나千里나旅行ᄒᆞᄂᆞᆫ事도有ᄒᆞᆫ지니於是交通道德도亦自然昔時와不得不異ᄒᆞᆯ지로다

次에會社組織과如ᄒᆞᆫ것도亦同樣으로頗히複雜ᄒᆞ야公私의團體도有ᄒᆞ며會社도有ᄒᆞ니此等의力에因ᄒᆞ야國家의安寧秩序를維持ᄒᆞ며社會의福利增進을圖ᄒᆞᆯ지라從ᄒᆞ야從來와如ᄒᆞᆫ相知ᄒᆞᄂᆞᆫ道德뿐으로ᄂᆞᆫ不充分ᄒᆞᆷ을感치아니치못ᄒᆞᆯ지로다

要컨ᄃᆡ現代ᄂᆞᆫ社會公衆을對手로ᄒᆞ고此에依ᄒᆞ야生活ᄒᆞᆷ이必要ᄒᆞ며進ᄒᆞ야ᄂᆞᆫ社會를爲ᄒᆞ야奉仕치아니치못ᄒᆞᆯ時代가되얏ᄂᆞᆫ지라

於是에公衆에對ᄒᆞᆫ道德卽公正과公利와公益이라ᄒᆞᄂᆞᆫ卽國體를中心으로ᄒᆞᄂᆞᆫ道德의必要를感ᄒᆞᆷ에至ᄒᆞ얏도다

元來儒敎ᄂᆞᆫ一身에對ᄒᆞᆫ修養과一家庭에關ᄒᆞᆫ道德은大히發達ᄒᆞ고從ᄒᆞ야家庭에在ᄒᆞᆫ訓練도亦周密ᄒᆞ나社會公衆에對ᄒᆞᆫ道德은遺憾이나缺點이多ᄒᆞ도다故로吾人은此點에對ᄒᆞ야儒敎精神이有ᄒᆞᆫ바를能히講究ᄒᆞ고此方面에向ᄒᆞ야其發達를圖ᄒᆞ며其內容을擴充ᄒᆞᆷ은儒敎信者뿐아니라東洋人의責任이라信ᄒᆞ노라

西洋倫理ᄂᆞᆫ一身一家의道德에在ᄒᆞ야ᄂᆞᆫ缺點이有ᄒᆞ다ᄒᆞᆯ지라도社會公衆에對ᄒᆞᆫ道德觀念은大히發達ᄒᆞ얏슴으로써他山의石으로西洋思想을硏究ᄒᆞ야此를食物노ᄒᆞ고儒敎의發達을圖ᄒᆞᆷ은目下의急務이요又儒者의責任이라信ᄒᆞ노라若此를怠히ᄒᆞ야自然에放置ᄒᆞ면儒敎ᄂᆞᆫ遺憾이로ᄃᆡ自滅ᄒᆞᄂᆞᆫ悲境에不外ᄒᆞ리로다

## 六 結 論

近來青年은徒히西洋思潮에心이醉ᄒᆞ야東洋의先哲偉人의大精神과ᄂᆞᆫ儒敎에ᄂᆞᆫ接觸치도아니ᄒᆞ고此를陳腐의說이라ᄒᆞ야不顧홈에至ᄒᆞ며慨히朝鮮에在ᄒᆞ야其甚ᄒᆞᆫ것을보고其說게吾人은大히儒敎의振興에努力ᄒᆞ야國民風敎에此를實現ᄒᆞ고世人의輕佻浮薄의流行을警戒치아니치못ᄒᆞᆯ지로다此와同時에外來新思想도能히硏究ᄒᆞ야其長所ᄂᆞᆫ消化ᄒᆞ야我等의短을所補치아니치못ᄒᆞᆯ지니要컨ᄃᆡ儒敎를現代化ᄒᆞ야現代思潮에順應ᄒᆞᆯ事에努力치아니ᄒᆞ면不可ᄒᆞ도다

## 文化의向上을何에求ᄒᆞᆯ가

道囑託 林晶喆

現代朝鮮의文化를向上홈에必要ᄒᆞᆫ努力은一二에至치아니ᄒᆞ리라然이나모든運動에並行을要ᄒᆞ며恒久를要ᄒᆞ고間斷을不許ᄒᆞᄂᆞᆫ것은吾人이只今다시言及ᄒᆞᆯ餘裕도업시道德을源泉으로ᄒᆞᆫ倫理를根本으로ᄒᆞᆫ儒道의進展이是이며儒道의敎化가是이다此進展에對ᄒᆞᆫ活動과此敎化에對ᄒᆞᆫ盡瘁가正義의熱血이며人道의重力이라謂치아니치못ᄒᆞᆯ지로다何者오曩者華府會議後로各國이一致ᄒᆞ야各社會各種族이共叫共呼ᄒᆞᄂᆞᆫ過去의沈淪된倫理가是로因ᄒᆞ야復活될것이며將來의大行ᄒᆞᆯ道德이是로因ᄒᆞ야維持ᄒᆞᆯ지니斯道의進展이며斯道의敎化여其力이重치아니ᄒᆞ고其功이大치아니ᄒᆞᆫ가噫라輓近我朝鮮에在ᄒᆞ야新敎育을受ᄒᆞ고新文化의先導者로自任ᄒᆞᄂᆞᆫ郎所謂志를社會發展에托ᄒᆞᄂᆞᆫ者意를文化向上에濺ᄒᆞᄂᆞᆫ者ᄂᆞᆫ何人이던지言홈에必히倫理의不明을叫ᄒᆞ며說홈에必히道德의頹敗를呼ᄒᆞ야人道와正義를主張ᄒᆞ나그러나此를講究討議ᄒᆞ야他의指針을表ᄒᆞ며此를躬行實踐ᄒᆞ야他의儀範을示ᄒᆞᆫ者幾何오又、或、此의不明을振興코저ᄒᆞ며此의頹敗를挽回코저ᄒᆞᄂᆞᆫ者ㅣ有ᄒᆞ나擧皆迂遠ᄒᆞᆫ彼西歐文物에서求ᄒᆞ

뿐이오我祖先으로부터履行ᄒᆞ고崇拜ᄒᆞ며風俗慣習에合致ᄒᆞᆫ斯道를棄ᄒᆞᆷ에ᄂᆞᆫ奈何오、風俗習慣히全히相反되ᄂᆞᆫ彼西洋文物에서求코져ᄒᆞᆷ이야말로緣木求魚와何等의差異가 [illegible]ᄒᆞ리오엇지是에만止ᄒᆞᆯ뿐이리오口로ᄂᆞᆫ名論과卓說를吐ᄒᆞ면서反面에ᄂᆞᆫ不人道沒正義ᄒᆞᆫ事가層生疊出ᄒᆞ나니非徒無益이라反以有害에又奈何오、誠히君子의慨歎不已ᄒᆞᆯ바이로다於是에我全南斯道各位셔서厭世의念慮不勝ᄒᆞ야儒道의彰明을唱ᄒᆞᆫ所以니라

遡看ᄒᆞᆯ지어다過去數千年歷史를倫理道德文學政治의各方面의周圍에何物이眞正ᄒᆞᆫ精神과宏大ᄒᆞᆫ勢力을根本的으로占有ᄒᆞ며此를擁護ᄒᆞ며此를支配ᄒᆞ엿ᄂᆞᆫ가雖瘖啞跛躄의不具者이라도儒道를捨ᄒᆞ고ᄂᆞᆫ決코答辨ᄒᆞᆯ材料가無ᄒᆞ거던況乎歷史가昭然ᄒᆞᆷ에世界各國이公認ᄒᆞᆷ이리오然이나世의生이久矣오人의殖이亦多矣라其間에佛老와如ᄒᆞᆫ他敎ㅣ一部의色彩를發揮ᄒᆞ야一時的互相否泰의氣數를呈ᄒᆞᆫ事有ᄒᆞ엿스나現今과如히外來風潮의汎濫ᄒᆞᆷ으로因ᄒᆞ야우리儒道가至危至殆ᄒᆞᆫ狀態에至ᄒᆞ야唯耿々ᄒᆞᆫ一條脈이겨우保存되여有ᄒᆞᆯ뿐임은我東歷史를有ᄒᆞᆫ以來의絶無ᄒᆞᆫ厄會라謂치아니키難ᄒᆞ도다一晦ᄒᆞ면一明ᄒᆞ고一亂ᄒᆞ면一治ᄒᆞᄂᆞᆫ것은理의常이며則의正이라何幸我全南에儒道彰明會出生ᄒᆞ야彼所謂人道正義ㅣ光明正大히行케되나니否往泰來ᄂᆞᆫ天理循環의原則이라孰能拒之며孰能害之리오우리의面目이此로由ᄒᆞ야更新될것이오우리의面目이此로由ᄒᆞ야更新될것이오우리의步趨ㅣ此로由ᄒᆞ야更正될것이니吾道ㅣ奚但全南一省의彰明에止ᄒᆞᆯ뿐이리오將且我全鮮에彰明ᄒᆞᆯ것이며全地球上에彰明케ᄒᆞᆷ을首를擧ᄒᆞ고指를屈ᄒᆞ야期望ᄒᆞ노라

來ᄒᆞ여라來ᄒᆞᆯ지어다人道正義를求ᄒᆞᄂᆞᆫ者여斯會로來ᄒᆞᆯ지어다入ᄒᆞ여라入ᄒᆞᆯ지어다現代文化에向ᄒᆞᄂᆞᆫ者여斯會에入ᄒᆞᆯ지여다修身齊家治國平天下의萬古不易의大訓謨大準則이倫理의根本으로由ᄒᆞᆷ이며道德의源泉으로由ᄒᆞᆷ이아니냐斯道의彰明이여過去ᄒᆞᆫ人道泯滅의雪恥戰에勝捷을期必ᄒᆞᆯ것이며到來ᄒᆞᄂᆞᆫ正義光明의開拓功이多大

ᄒᆞᆯ지로다誰何던지現況을言ᄒᆞᄂᆞᆫ者ㅣ敎政을責ᄒᆞ며未來를說ᄒᆞᄂᆞᆫ者敎育을主ᄒᆞ나니所謂主張ᄒᆞᄂᆞᆫ바敎育은云何오曰道德이며曰倫理ㅣ며曰科學이며曰社會學이라ᄒᆞ다總言ᄒᆞ면卽文化向上의敎育이라萬古에亘ᄒᆞ야利用ᄒᆞ여餘裕잇스며應用ᄒᆞ여適合ᄒᆞᆫ古聖의無用而不適ᄒᆞᆫ敎訓이經典에昭々然藏在ᄒᆞ엿나니現在文化를何의求코저ᄒᆞᄂᆞᆫ가아니來世文化를亦何에求코저ᄒᆞᄂᆞᆫ가

# 儒林諸士에게望홈

道財務部長法學士　松澤國治

夫儒敎ᄂᆞᆫ實로東洋道德의根幹이며萬古不易의眞理를含ᄒᆞ야泰西에對ᄒᆞ야其偉大홈을可誇홀者이라然이나逝者ㅣ如斯夫ᅟᅵᆫ저不舍晝夜라ᄒᆞ심과如히歲月이如流ᄒᆞ야世態人情이變ᄒᆞᆫ孔夫子의時代와不同ᄒᆞᆫ즉於是乎日新의修養이無치못홀지로다日本內地ᄂᆞᆫ當初에朝鮮으로부터儒者及經書를傳來修得ᄒᆞᆫ者이나爾來儒敎의恩澤을蒙ᄒᆞ야此를活用ᄒᆞᆫ事ᄂᆞᆫ朝鮮에不遜홀지며今日에至ᄒᆞ야世界三大强國의一에參列홈은其原因이多有홀지라도蓋儒敎道德의感化가至大ᄒᆞᆫ者ㅣ有ᄒᆞ도다然而碩學鴻儒間에一齊히儒敎의現代化卽儒敎를今日文明社會에適應케ᄒᆞ기爲ᄒᆞ야如何히改善홀가ᄒᆞᄂᆞᆫ問題에對ᄒᆞ야甚히喧然ᄒᆞ나其由來를繹ᄒᆞᆫ젼ᄃᆡ次의二個의事實을看過ᄒᆞ기不能홀지로다

其一은西洋文明이其物質硏究에在ᄒᆞ야遙히我東洋文明을凌駕ᄒᆞᆫ事이라余ᄂᆞᆫ一個의東洋人이라決코彼白色碧眼者流에게心醉屈服을甘히ᄒᆞᄂᆞᆫ者ㅣ아니라特히精神的文明에在ᄒᆞ야ᄂᆞᆫ彼等에優勝홈은有ᄒᆞ나低劣홈은無홀줄로信ᄒᆞᄂᆞᆫ바이라然이나最히遺憾되ᄂᆞᆫ바ᄂᆞᆫ物質的文明에在ᄒᆞ야ᄂᆞᆫ아즉彼等에壘를摩홈에未至ᄒᆞ니例컨ᄃᆡ文明

利器라稱ᄒᆞᄂᆞᆫ汽車、汽船、電信、電話、自動車及飛行機等의妙術은擧皆彼等에依ᄒᆞ야發明된者이라然則人生은單히精神으로만生活홈을不得홀지며반다시肉體와밋物質의協助를要ᄒᆞᄂᆞ니此點에對ᄒᆞ야余等東洋人은西洋文物을學得ᄒᆞ야盛히採長補短의實을擧치아니치못홀지로다

其二ᄂᆞᆫ東西洋兩人種의競爭이나數年長久ᄒᆞᆫ歲月에亘ᄒᆞ야數百萬人이肉彈을損ᄒᆞ며數千億圓의國富를費ᄒᆞ야人生의悲慘이其極度에達ᄒᆞᆫ世界大戰의結果로써或은國際聯盟을創設ᄒᆞ며或은自由平等正義의思潮가旺盛홈에至ᄒᆞ얏스나大勢上東西洋兩人種競爭의色彩ᄂᆞᆫ一層顯著ᄒᆞ야今에ᄂᆞᆫ蔽치못홀現象에至ᄒᆞ얏도다余ᄂᆞᆫ原來恒久的平和를愛ᄒᆞ며全人類의平等自由를重히홈에至ᄒᆞ야ᄂᆞᆫ決코人後에落치아니ᄒᆞᄂᆞᆫ者이라然이나此大勢ᄂᆞᆫ微力으로써奈何히홈을不得홈은切切此를悲憤ᄒᆞᄂᆞᆫ바인즉願컨ᄃᆡ東洋諸國은何國을勿論ᄒᆞ고此에對ᄒᆞ야緊密ᄒᆞᆫ協調로써互相一致ᄒᆞ야眞聖ᄒᆞᆫ東洋의天地와我同胞되ᄂᆞᆫ東洋人으로ᄒᆞ야곰此以上에西人蹄跡에蹂躪이되지아니ᄒᆞ도록努力치아치못홀지로다徒히蝸牛角上之爭에耽ᄒᆞ야或은蚌鷸의爭으로써漁夫의所得됨을免치못ᄒᆞᄂᆞᆫ事가有ᄒᆞ면엇지愚에極홈이아니리요日韓併合及內鮮融和ᄂᆞᆫ恒常此點에考察홈을要홀지며且恭察ᄒᆞ건ᄃᆡ　天皇陛下詔勅에民衆을愛撫홈이一視同仁이라宣ᄒᆞ셧스니總督閣下로亦此一視同仁의大義를遵奉ᄒᆞ야朝鮮統治를行ᄒᆞᄂᆞᆫ所以가實로深厚ᄒᆞ다謂홀진져而今世界形便下에在ᄒᆞ야朝鮮人됨과內地人됨을不問ᄒᆞ고愼重히此를考慮ᄒᆞ야一心同體로써努力홀바이라確信ᄒᆞ노라

由此觀之컨ᄃᆡ余ᄂᆞᆫ太古로부터今日에至ᄒᆞ기ᄭᆞ지儒敎가朝鮮文化에貢獻ᄒᆞᆫ功績이絶大홈을多謝ᄒᆞ며又儒林諸士의地位에對ᄒᆞ야了解ᄒᆞᄂᆞᆫ바가不尠홈을信ᄒᆞᄂᆞᆫ同時에諸士ᄂᆞᆫ上叙와如히世界大勢를達觀ᄒᆞ야盛히儒敎의現代化와自己의日新修養을一層努力ᄒᆞ야써地方敎育産業其他의振興을圖ᄒᆞ야써邦家의幸福을增進케홈을切望不已

ᄒᆞᄂᆞᆫ바이라

論說

# 儒道彰明論

光州春波 高彦柱



儒有君子小人之分道有消長否泰之運君子小人之分存乎心消長否泰之運關乎數蓋心有人心道心之別數有一治一亂之漸危微精一建中建極此聖帝明王傳授之心法而天叙天秩所損所益亦足以驗其盛衰之大槩也夫自三代以前適亭午之隆運王宮國都以及閭巷莫不有學自天子之元子衆子以至公卿大夫元士之適子與凡民之俊秀皆入大學居四民之首格致誠正之工修齊治平之學無不畢具其道君臣父子其則愛敬忠義以此道治天下上行下效捷於影響歷年之久遠亶在乎此矣及周之季惟我孔夫子以天縱之聖集群聖而大成祖述堯舜憲章文武雖道不行於一時而其德敎實被天下萬世是故語其事功則賢於堯舜遠矣自玆以往四聖十哲相繼而作親承薰炙用行舍藏道之名尊托於下焉而不得其位之人達則兼善天下窮則獨善其身而已降至暴秦坑儒焚書之禍作一否之運極矣逮夫漢唐儒風復興然而俗儒之習徒尙文辭愈失其眞上下千載之間以大儒見重於世者董子文中子韓子數人而止宋德隆盛濂洛關閩之間群哲迭興儒道燦然復明於世嗚呼盛哉惟我東邦自檀箕建設以來聖神繼作文物備具弘儒文昌倡之於羅文成文忠作之於麗至我朝鮮列聖相承文敎休明眞儒輩出黌士三千歷年五百家孔孟而戶程朱絃誦之聲洋々盈溢大綱之正與趙宋相侔矣物盛而衰固其理也輓近風潮一變自西敎之遍滿各以敎會擁立門戶日新月盛不可勝記大要泛以兼愛慈悲爲主蔑倫悖理似有而實無不得聞大道之要且以新學觀之不過乎繁文末技謂之練習時務則僅可而輕佻浮薄之輩從此而起傷風敗俗不使有至治之澤嗚呼曷勝歎哉說者皆以爲儒道或腐敗不振或泥古難行都歸於無用之地此亦不思之甚也

道何嘗腐敗之有泥古之有只在乎更張損益之如何耳竊爲天下生靈計立綱正俗不出於儒道蓋非儒無道非道無儒君子道長則小人道消小人道長則君子道消大易之理如是而已惟願儒之隱微者彰之道之晦盲者明之此吾會之所以作而彰明之刊號以廣一世之耳目也詩曰靡不有初鮮克有終惟我一省諸君子相與勉之勗之哉

## 與其進也不與其退章論

突山 金丙埰

子夏之門人問交於子張子張曰子夏云何對曰子夏曰可者與之不可者拒之子張曰異乎吾所聞君子尊賢容衆嘉善而矜不能我之大賢與於人何所不容我之不賢與人將拒我如之何其拒人也以二子說觀之子夏有迫狹之病子張有過高之弊至若孔子則不然雖互鄕童子之難與言者必見之而曰人潔己以進與其潔也不保其往也與其進也不與其退也唯何甚於是乎可見聖人之量與天地同大天不以惡卉而不降雨露地不以荒陬而不生草木一團愛物渾然之仁無間矣盖聖人之道以明德新民爲本其於人也若一一以既往之愆來後之惡繩之則子路之好俠於少日而安至升堂之位冉有之聚斂於他日而豈在高弟之列乎一則貴改過也一則不逆詐也誘之掖之俾各遷善所謂立之斯立道之斯行綏之斯來動之斯和者也今人則不然其恕己則昏責人則明其於人也輒曰是乃前日之不善者也又曰是必來頭之不善者也如是責備斷人則其全德君子幾多乎哉吾儕汎愛衆而親仁自是師門之規而尤當拳拳於導人向善之地此章之義宜加三復也

## 詩

明德新民下、均霑雨露甘、大道無爲化、家家頌二南

# 儒道眞髓

全羅南道囑託 吉田勝久馬

此一篇은論者가普通學校在職中書堂敎育의况을實調査ᄒᆞᆫ바其敎育方法이專히漢文의文字文章敎授에不過ᄒᆞᆷ을慨歎ᄒᆞᆷ으로써訓長等을招致ᄒᆞ야儒敎特히孔子敎의精神을講話ᄒᆞᆫ者의大要이라

現在鮮人의思想狀態가漸次複雜ᄒᆞ고混亂ᄒᆞᆫ傾向이有ᄒᆞᆷ은何人이던지憂慮ᄒᆞᄂᆞᆫ바인ᄃᆡ特히靑年輩에至ᄒᆞ야ᄂᆞᆫ其思考가沈着을缺ᄒᆞ야맛치空中에飄ᄒᆞᄂᆞᆫ旗와如히往々突飛ᄒᆞᆫ急進者ᄭᆞ지現出ᄒᆞᆷ으로思想上은勿論生活習慣上에도急激ᄒᆞᆫ變化를生ᄒᆞ야新舊思想의衝突을이르키고次次劇甚ᄒᆞᆫ形勢가有ᄒᆞᆷ은實로深慮를禁치못ᄒᆞᆯ事이라此際에千有餘年間半島ᄂᆞᆫ勿論이오內地에서도上下人心의進步와安定에多大ᄒᆞᆫ貢獻을呈ᄒᆞᆫ儒敎의根本思想을闡明ᄒᆞ야穩健優厚ᄒᆞᆫ思想의復活을圖ᄒᆞᆷ은半島에對ᄒᆞᆫ民心의安定上決코無益의事가아닐을信ᄒᆞ노라今左에大正八、九二個年에亘ᄒᆞ야珍島에서書堂敎員에게講話ᄒᆞᆫ大要를陳述코저ᄒᆞ노라

## 一 人類와環境

宇宙間에羅列ᄒᆞᆫ萬有의一部類로天地間에包擁되야生을營ᄒᆞᄂᆞᆫ吾等人類ᄂᆞᆫ決코人類單獨의生을遂得ᄒᆞᄂᆞᆫ것이아니오人類ᄂᆞᆫ實로日月星辰河海草木禽獸蟲魚則萬有와相交ᄒᆞ고相接ᄒᆞ야서生을遂得ᄒᆞᄂᆞᆫ것이니仔細히點檢ᄒᆞᆯ진ᄃᆡ吾等의環境과吾等과ᄂᆞᆫ何物이던지生存上沒交涉되ᄂᆞᆫ者ᄂᆞᆫ認定ᄒᆞᆯ수업도다然則吾等人類ᄂᆞᆫ此의背景이업고ᄂᆞᆫ決코生을遂得치못ᄒᆞᆯ지라故로人類ᄂᆞᆫ勿論이오何物이던지此世界에生을有ᄒᆞᆫ者로ᄂᆞᆫ環境에順應ᄒᆞᆫ즉榮ᄒᆞ고逆抗ᄒᆞᆫ즉亡치아니ᄂᆞᆫ者ㅣ無ᄒᆞ나니所以로人間의生存이라ᄂᆞᆫ것은巧密히此의環境에順應ᄒᆞᆯ것이며又人類의

文明이라ᄂᆞᆫ것은此의環境을研究闡明ᄒᆞ야天地自然의微妙를顯彰ᄒᆞ고人類의生存的順應을ᄒᆞ야此보다深甚ᄒᆞ고此보다密切ᄒᆞ도록ᄒᆞᄂᆞᆫ것이니라

## 二 人類의進化와道

人이라ᄂᆞᆫ것이直히神의造作이라ᄒᆞ면當初부터完全에近ᄒᆞᆫ生活을營ᄒᆞᆯ지라然이나吾等人類가下等動物의狀態로부터今日의形狀ᄭᆞ지到達ᄒᆞᆫ經路ᄂᆞᆫ決코單純ᄒᆞᆫ바이아니니進化論者가吾人에게가르침만음으로도人類가今日所謂人이되기ᄭᆞ지費ᄒᆞᆫ歲月은數萬으로ᄡᅥ헤아릴지라然則人間으로ᄂᆞᆫ日이尙淺ᄒᆞᆫ吾等人類의心的狀態에ᄂᆞᆫ오히려多量의獸性을有ᄒᆞ고一面에所謂人間인範圍에進入ᄒᆞ엿스다去來가아즉定치못ᄒᆞᆫ故로吾人의精神界에ᄂᆞᆫ反撥的이오殘忍ᄒᆞᆫ色彩를帶ᄒᆞᆫ獸的性情과協調的이요相依相助ᄒᆞᄂᆞᆫ人的性情과의兩面을有ᄒᆞᆫ事가明白ᄒᆞᆷ으로ᄡᅥ先儒의所謂人心惟危道心惟微(書經)라ᄒᆞᆷ은此二面의消長을論ᄒᆞᆷ에不外ᄒᆞ니라然ᄒᆞᆫ디人心에ᄂᆞᆫ旣히進化의高度에達ᄒᆞᆫ部分과아즉進化가低ᄒᆞᆫ動物性의部分이서로錯綜ᄒᆞ야存在ᄒᆞᆷ으로一見ᄒᆞ면一體兩頭의蛇와ᄀᆞᆺ치各其方面을異히ᄒᆞᆷ과如ᄒᆞ나仔細히考察ᄒᆞᆯ時에ᄂᆞᆫ決코不然ᄒᆞ야只其道程을異히ᄒᆞᆯ지니此에吾人은人間性에對ᄒᆞᆫ矛盾의一致ᄒᆞᆫ語에深히興味를有치아니치못ᄒᆞᆯ지로다

## 三 宇宙間에對ᄒᆞᆫ絕對權威의認識

自然은默々ᄒᆞ도다그러나四時가行ᄒᆞ고百物이成ᄒᆞ나니誰가此의實在를否定ᄒᆞ리오日月星辰의運行과河海草木의消長과禽獸國土의榮枯盛衰가다此에絕大勢力의命令그대로이며ᄯᅩ그勢力一部分의變化에不過ᄒᆞᆫ것이라儒教라ᄂᆞᆫ것은實로此의絕大力의存在를認識ᄒᆞ야協調的方面으로見ᄒᆞ야此에或仁或忠等의名을附與ᄒᆞ야其精神을人間生活上에適用ᄒᆞᆫ것이니孔子의努力은正히此의基礎의上에築ᄒᆞᆫ것이라實로此의絕大勢力을認識ᄒᆞ야

道德的方面이던지又ᄂᆞᆫ科學的方面이던지是를人間生活上에調和코져ᄒᆞᆫ孔子의道ᄂᆞᆫ天地道로써人間道에調和ᄒᆞᆷ에不外ᄒᆞᆷ이라

## 四 儒教의根本思想과其活用

天、天은階ᄒᆞ야昇키不可라ᄒᆞᆷ은器械的으로본天이라그러나儒教의尊重ᄒᆞᄂᆞᆫ天은宇宙萬有를包有ᄒᆞ고貫通ᄒᆞ고運用ᄒᆞ고勤止케ᄒᆞ고榮枯케ᄒᆞ고生滅케ᄒᆞᄂᆞᆫ絕大力이有ᄒᆞᆫ즉人類를包擁ᄒᆞ야人類의目前이던지將又精神界던지貫通展開ᄒᆞᄂᆞᆫ自然이오又時々刻々間斷업시秩序的이며又意義가有ᄒᆞᆫ것과如히行ᄒᆞᄂᆞᆫ바에依ᄒᆞ야無始無終且無限의力을有ᄒᆞᆫ것인故로萬有卽勢力이오人類도亦渺茫ᄒᆞᆫ一部分이니吾等은此에自己라ᄂᆞᆫ것을思ᄒᆞᆫ時에此絕大權威에包擁됨을思ᄒᆞᆫ時에無限의心强을感치아니ᄒᆞᆯ수업나니라

性、儒ᄂᆞᆫ天命之謂性率性之謂道라人性은實로天의賦與ᄒᆞᆫ것인ᄃᆡ가ᄅᆞ침을밧지안ᄂᆞᆫ心의活用이니則本能이라孔子ᄂᆞᆫ先히第一로人類의群居性을發見ᄒᆞ야性은相近ᄒᆞᆫ本能을看破ᄒᆞ고此에道德의根本을求ᄒᆞ야絕大權威의天道와調和를求ᄒᆞ시엿도다食色、名譽、羞恥等과如ᄒᆞᆫ도亦是有力ᄒᆞᆫ本能이라그러나道德的으로此를引導ᄒᆞᆷ에ᄂᆞᆫ群居本能을根本으로ᄒᆞ고其他本能을無視ᄒᆞᆷ이업슬지며거기에矛盾의一致를求ᄒᆞᆯ지니라

道、人類의本能이一面에ᄂᆞᆫ破壞的、利己的、差別的이오一面에ᄂᆞᆫ平和的、協調的、平等的인것을反覆ᄒᆞ신孔子ᄂᆞᆫ夙히此兩面을看破ᄒᆞ사協調的方面으로ᄂᆞᆫ仁(內容은忠恕)差別的方面으로ᄂᆞᆫ人倫五常君子小人의別을明히ᄒᆞ야各種本能의調和를圖ᄒᆞ며天地가現示ᄒᆞᄂᆞᆫ生生發達의恩惠的一面을仁의本體로ᄒᆞ고雷霆風雨寒威肅殺의一面을仁의權威로ᄒᆞ야(孟子此를義라云ᄒᆞᆷ)此를人事上에按排ᄒᆞ고人間의依ᄒᆞᆯ處、安ᄒᆞᆯ處를示ᄒᆞ야人類로ᄒᆞ여곰幸福이圓滿ᄒᆞᆫ秩序的發達을遂케ᄒᆞ도록ᄒᆞᆷ이니此秩序的活動이卽儒教의道니라

敎、孔子ᄂᆞᆫ人道ᄅᆞᆯ天地自然의大法에셔採來ᄒᆞ야此ᄅᆞᆯ人間의行爲에充當ᄒᆞ얏ᄉᆞ니故로人으로말ᄒᆞ면天命에從ᄒᆞ고天運을御ᄒᆞ야써天地自然의化育을補ᄒᆞ야自然과人과共히向上치아니ᄒᆞ면아니될지라是ᄅᆞᆯ爲ᄒᆞ야先人은後人에게賢者ᄂᆞᆫ愚者에게強者ᄂᆞᆫ弱者에게此無上의大道ᄅᆞᆯ皷吹ᄒᆞ고宣傳ᄒᆞ고指導ᄒᆞ야人間相互의秩序ᄅᆞᆯ維持ᄒᆞ고人類의幸福과進化ᄅᆞᆯ圖치아니ᄒᆞ면不可ᄒᆞ니是의實際的施設은卽是ᄅᆞᆯ敎라稱ᄒᆞᆷ이니라

## 五　儒敎와書堂

學校ᄅᆞᆯ設ᄒᆞ고科目을定ᄒᆞ야子弟ᄅᆞᆯ敎育ᄒᆞᆷ은儒敎活用의一部分이라書堂은名과如히六藝中에書의一科만을授ᄒᆞᄂᆞᆫ處인ᄃᆡ實際에就ᄒᆞ야此ᄅᆞᆯ見ᄒᆞᆫ즉其敎育이라ᄂᆞᆫ것은專히文字에만拘泥ᄒᆞ고儒敎의根本精神ᄒᆞᄂᆞᆫ何等의考慮가無ᄒᆞᆫ듯ᄒᆞᆫ지라此와如ᄒᆞᆫ狀態ᄅᆞᆯ百年이나千年이나墨守ᄒᆞᆫ들何等의利益이無ᄒᆞᆯ것이라世界ᄂᆞᆫ夜가明ᄒᆞ얏ᄂᆞᆫᄃᆡ自己單獨히燭火로物을搜索ᄒᆞᄂᆞᆫ類가아니리요

## 六　儒敎와新敎育

書堂의徒ᄂᆞᆫ아즉明瞭히新敎育을了解치못ᄒᆞᄂᆞᆫ져라新敎育은實로儒敎의精神을參酌ᄒᆞ고六藝ᄅᆞᆯ原體로ᄒᆞ야硏究ᄒᆞ고改良ᄒᆞ고洗鍊ᄒᆞ고塡補ᄒᆞ야時勢와環境과에順應ᄒᆞ고儒道의精神을實現코져ᄒᆞᄂᆞᆫ方法이라新敎育에셔養成코져ᄒᆞᄂᆞᆫ人物은一面에ᄂᆞᆫ仁義忠孝의德을具ᄒᆞ야人類의協調ᄅᆞᆯ進케ᄒᆞ고一面에ᄂᆞᆫ科學的知諒에依ᄒᆞ야天地의化育을補ᄒᆞ며人類의幸福을增進ᄒᆞᆷ에力을不惜ᄒᆞᄂᆞᆫ人物이니儒敎의要求ᄒᆞᄂᆞᆫ人物과何等의差異가有치아니ᄒᆞᆫ니라

## 七　敎育勅語와儒敎

聖勅三百餘言一貫의精神은忠孝의二字라忠은中心이니人類가社會ᄅᆞᆯ組織ᄒᆞ야相互의福利ᄅᆞᆯ增進ᄒᆞ고平和의

生活을遂ᄒᆞᆷ에ᄂᆞᆫ强固ᄒᆞᆫ中心에一致ᄒᆞ지아니ᄒᆞ면아니될지로다恒星이太陽을中心으로ᄒᆞ고運行ᄒᆞᆷ과如히森羅萬象이自然의力에一貫되여活動ᄒᆞᆷ과如히又禽獸蟲魚라도진실로群居生活를ᄒᆞ기ᄭᆞ지進化ᄒᆞᄂᆞᆫ者ᄂᆞᆫ거긔中心업시ᄂᆞᆫ秩序잇ᄂᆞᆫ生活을遂得지못ᄒᆞᄂᆞ니라吾人은살지아니ᄒᆞ면아니되ᄂᆞᆫ故로環境에順應치아니치못ᄒᆞᆯ지로다吾人은生存차아니ᄒᆞ면아니되ᄂᆞᆫ故로天道에一致ᄒᆞ고人間社會에도中心을求치아니치못ᄒᆞᆯ지로다是部儒敎에忠의根本思想일뿐아니라先人은後人을愛ᄒᆞ고後人은先人을尊敬치아니ᄒᆞ면不可ᄒᆞᆷ이니라如斯히儒敎의道가强ᄒᆞᆫ力으로ᄡᅥ繼續되여人類의幸福은益益安全히人類의進化ᄂᆞᆫ益益善良히行ᄒᆞᆯ것이며吾人의精力은精力을發揮ᄒᆞ야天地의道와一致치아니ᄒᆞ면不可ᄒᆞᄂᆞ니一家에셔도父母를中心으로ᄒᆞ야家族의繁榮을圖ᄒᆞᆯ것은其根本觀念에忠과同ᄒᆞᆫ故로儒敎의思想은忠孝一本이니라

## 八　儒敎의新使命

來ᄒᆞ라儒敎의信者여孔子의弟子여吾等의信ᄒᆞᄂᆞᆫ敎理ᄂᆞᆫ此를科學的으로見ᄒᆞ던지此를信仰的으로見ᄒᆞ던지眞이오善이며美로다其思想은渾厚雄大ᄒᆞ고其主張은正正堂堂ᄒᆞ야佛의空疎에墮치안코邪의奇矯에流치아니ᄒᆞ며그러코또此의行司者이신孔子의게至ᄒᆞ사ᄂᆞᆫ圓滿ᄒᆞᆫ常識과熱烈ᄒᆞᆫ研究心과純潔ᄒᆞᆫ獻身的精神과其言行一致等이吾人에模範을與치아니ᄒᆞᆫ者無ᄒᆞᆫ지라學ᄒᆞ여라學ᄒᆞᆯ지여다孔子를學ᄒᆞᆯ지어다紙를食ᄒᆞᄂᆞᆫ蠹蟲은有害無益이며空疎ᄒᆞᆫ論과雕蟲篆刻의末枝와ᄂᆞᆫ世道에對ᄒᆞ야何等의利益이無ᄒᆞᄂᆞ니奮勵ᄒᆞᆯ지어다儒敎의信者여吾等은山이던지川이던지海이던지陸이던지又ᄂᆞᆫ空中에儒敎의大道를體ᄒᆞ야天地의化育에參與ᄒᆞ고宇宙의進化를날개ᄒᆞ야ᄡᅥ人類의幸福을增進식히지아니ᄒᆞ면아니될지니近時澎湃ᄒᆞ야半島에侵入ᄒᆞᄂᆞᆫ各種異端의想波에漂流ᄒᆞ야前途를迷惑ᄒᆞᄂᆞᆫ後進者를救ᄒᆞᆷ에ᄂᆞᆫ三千餘年不滅의燈臺에向ᄒᆞ야更히萬斛의油를注치아니치못ᄒᆞᆯ지니라

# 文苑詞藻

## 興陽郡學重修記

金寗漢

湖南興陽之學屋老支柱者久矣自經滄桑無所賴焉則鄉章甫慨然出力鳩工庀材頹者起之不正者正之缺者完之朽者易之黯昧而不鮮者煥然新之經始於壬戌之春孟秋而落成耽耽翼々不侈不陋於是儒生宋君箕浩申君瑞求馳書於寗漢俾記文焉虖聖人之似不可以企及然其致也不離倫夫人皆可以行之其言也亦在乎方策夫人皆可以知之何待乎不佞之贅乎諸君子旣爲宮室之役矣請以宮室喩之大匠必有規矩繩尺梁也棟也桷也欂櫨也居楔也長者不得不長短者不得不短圓者不得不圓方者不得不方廣者宜廣而狹者宜狹十仞之高萬間之大不差毫釐咸中厥度庸工則不然宜長而短宜狹而廣取杗爲榱取杙爲楹架漏牽補顚倒昌披卒不成厥功大抵聖人之規矩已耳繩尺已耳一語黙一動止近而一身一家遠而國與天下無出乎規矩繩尺之外學者當蹈焉遵焉無違而無歷焉則免矣夫何功利也爲酖毒權謀也爲膏肓氣稟之拘不能變焉外物之誘不能遏焉如醉如狂頹波滔滔姚姒以來相傳之一脉殆將剝喪而無餘是豈非有識之竊歎者乎今日諸君子之擧固盡美矣然崇嚴其殿廡蠲潔其俎豆猶屬第二擧盍於夫子之規矩繩尺是講是究乎所謂規矩繩尺者何也父子君臣也夫婦也長幼也朋友也如斯而已倘不歸之以迂儒之陳腐奚獨一方之幸抑天下之幸又奚獨一時之幸抑萬世之幸

## 高興郡士林出義錄序

李商永

玉不琢不成器人不學不知道苟欲學也當先尊聖欲尊聖也當先修學宮欲修學宮也同聲相應不惜其力如子趨父則豈非慕道之士而善俗之鄉哉高興郡去湖南素稱上文之鄉而不幸近者夫子俎豆之宮未免上雨防風之患一鄉章甫庸是發歎遂發重修之議則爭先出義幾至七千圓之夥於是自大成殿明倫堂以至東西齋內外三門凡附屬乎學宮者莫不重理今春幾唱偉而梧秋將落之此誠吾道之幸士林之慶也遂列書欲助人姓名于策以備他日學中故事名之曰出義錄千里走書請余序其首嗚呼道固不能無盛衰理也而衰未有如今之甚者其衰也必先從學宮始也故環東土三千里三百餘郡所在滿庭春草之句皆可誦也當是時也高之士林迺有此舉賢於人遠矣吾知工完之後享焉而牲酒豐潔學焉而絃誦洋溢次第事也群陰下一陽此之謂乎宋君箕浩申君瑞求尸其事者也高之鄉俗雖善不有以唱之孰能和之不有幹之豈有成也二君之勸可謂大矣而後之覽此錄者見諸先輩用心用力之勤如此亦將曰吾儕何獨不然思所以踵其美也然則高之學宮永無頹圮之慮而將與天壞俱斃矣未有學宮存而道廢不講者也斯錄豈非後生觀感之資而有補於斯文者耶余為是之重也不敢辭遂書之如此

## 儒道彰明會第一回定時總會席上口呼韻

凡石 元應常

滿座無非老大時、自多經驗不疑遲、持今誠意能前進、文運隆昌足可期

槃阿 石鎭衡

請看此世是何時、偏感吾人步步遲、若今不仗倫綱立、必有將來後悔期

光州 春波 高彥柱

道之變易亦隨時、莫恨南州期會遲、徵古援今無二致、的知體用是前期

光州 龍山 奇京燮

吾道晦明正有時、願公且莫挽回遲、伊今振作能無已、快見前頭進步期

光州 崔相鎭

師門吾道復明時、講樹高壇白日遲、欽仰千年先聖德、儒風此會有前期

潭陽(昌平) 德菴 朴智陽

泗水復清時、源流流亦遲、伊後盈科日、也看達海期

潭陽(昌平) 松崖 高冕柱

趁將累牘講前時、往事悠悠感慕遲、頹風破俗元無定、不惜勞身與子期

潭陽(昌平) 夢齋 李奎朋

種杏開何時、壇前春色遲、枝葉漸榮發、從看結果期

潭陽(昌平) 高在勳

吾道沈淪問幾時、彰明此會亦云遲、有志南州多少士、繼開儒獎永相期

潭陽 達坡 金斗淵

大興儒道彰明時、司馬文章亦不遲、舉世同歡如許事、年年此會更留期
光陽 湖洲 鄭容瑾

尼山降彩正斯時、璧水洋洋瑞日遲、吾道講明千載後、後生相說好襟期
麗水 保晩堂 丁忠燮

億千年去有來時、留待昏衢月上遲、瑞石山高瞻仰久、二南風化一方期
麗水 鶴樓 崔錫柱

瑞石山前九月時、黃花一醉夢遲遲、秋風更賀文翁意、吾會湖南第二期
突山 池軒 禹鶴峰

聖生此月會爲時、殿角秋晴白日遲、二南風化令人感、吾道彰明誓可期
順天 梅軒 趙忠材

宣尼固是聖之時、動止惟中有速遲、斯道復明千載下、循環天運庶可期
樂安 李駿休

儒道晦明亦有時、甘棠樹下日遲遲、講論能使鄉邦化、此會年年不負期
寶城 忍澤 宋光勉

斯文興替有其時、八月光山瑞日遲、好是棠陰宣化處、湖南將與召南期
寶城 小波 宋明會

盛會光山莫此時、甘棠宣化一何遲、一車當日先文致、振我儒風政有期

寶城 陽亭 朴南鉉

蒹葭八月雁來時、天爲伊人白日遲、儒道彰明今有會、記占夫子誕生期

寶城 竹圃 任周鉉

一理消長縱有時、在人可速在人遲、若將此會同心進、達的何難指定期

和順 南江 曹秉善

挽回吾道際玆時、來束衣冠去亦遲、白髮靑襟圓滿席、相酬相愛有前期

和順(綾州) 韋堂 朴基休

吾道文明正有時、甘棠宣化昔何遲、千年杏壇春長在、此會年年不負期

和順(綾州) 三川 鄭淳綱

別往復來此時、甘棠化日遲遲、五百年一事、二八月兩期

長興 謙齋 文桂泰

彰明吾道亦天時、講話棠陰白日遲、聖誕會儒非偶爾、年年此日更留期

長興 梧軒 魏啓龍

仲春儒會復斯時、杏樹壇高白日遲、如今日日常今日、庶可三英指日期

康津 石南 尹三夏

講會閉開有定時、欲將遊日故遲遲、夫子誕生千載後、仲秋明月又餘期

海南 隱湖 朴憲泰

葭蒼露白雁來時、士會如林講話遲、吾道湖南消息好、甘棠風化浩無期
靈巖 朴 燦 錫

陰剝微陽際此時、戀棠宣化更何遲、講論竟日多興感、斯道復明從可期
務安 一檜雲 吳 晦 根

吾生空老夕陽時、自恨彰明已太遲、從今文化湖南展、講會年年有定期
智島 金 琬 培

千載斯文又一時、南郡三十圈無遲、賴吾知事宣傳說、次第彰明各有期
羅州 止齋 李 敏 璿

此會重來際此時、講論藹日故遲遲、大興儒化棠陰下、同樂年年勿負期
羅州(南平) 翠軒 任 濡 宰

大東千一時、溫古發新遲、檀域從今後、前程亦可期
咸平 安 鍾 泰

大開儒會仲秋時、講話從容日亦遲、祝賀非徒南一省、吾東文物有前期
咸平 金 錫 煥

遠慕麟生感此時、三千餘載去遲遲、請若往見黃河水、吾道彰明復有期
咸平 靖山 李 啓 翀

大道彰明自有時、在齊何速在魯遲、泰山爲礪黃河帶、此會吾東萬世期

百草繁榮各有時、堪歎籬菊太遲遲、鷄林一夜霜初落、晩節寒花我所期

長城 肯東 沈璐澤

此日適來夫子時、彰明一會亦云遲、年年八月光山下、多士相逢有定期

長城 邊鎭旭

儒林慶節適來時、杏樹壇邊白日遲、盛事非徒今一會、春風泳活有前期

靈光 李康烈

難再盛筵又此時、相逢意氣語遲遲、文化復起伊誰助、滿地棠陰結好期

莞島 亭村 孫契國

文運衰頹凡幾時、無人可惜挽回遲、今逢斯道復興日、洙泗源源不盡期

濟州 笑鵬 金河鍊

## 題彰明會

多士吾州道可明、須令此會完如城、若能漸磨敷天敍、鴂舌秀言那得聲

長城 敬菴 金漢禧

## 咸平鄕校講會韻

市隱 安鍾泰

學宗洙泗道吾東、叔世絃歌尙美風、異說百端紛覲裡、斯文千載晦明中、舊日衣冠今闕里、遐鄕山水是咸豊

此行不畏狂瀾起、只有眞源一脉通

李 馨 行

淵源正學獨華東、鎭日絃歌見美風、鹿洞遺篇千載後、藍田閭約一鄕中、己私自有春氷渙、師敎化如時雨豐
天地久爲長夜半、今後陽脈漸流通

鄭 寅 瑢

道源萬折必吾東、繼往開來講聖風、千卷遺篇尊案上、一團和氣滿堂中、當今禮俗還生儉、從古衣冠盡備豐
文物復明斯世界、將令諸士紀綱通

晩雲 鄭 乃 根

明倫堂北廡西東、此會何曾畏雪風、闕里春秋詩禮上、箕城山水畵圖中、大冬乃識松筠節、近日倘看人物豐
幾個宮墻千古在、諸生揖讓姓名通

稼亭 朴 文 相

河山淑氣穎箕東、復覩杏壇夫子風、白首講師居座上、靑衿多士會鄕中、賴扶陽脈占來復、養得心田願有豐
斯文不喪明儒道、天運循環庶泰通

## 儒道彰明會酬唱

羅州(南平) 花菴 宋 濟 萬

典五綱三道益明、布衣林巷抱居聲、魯城士獨絃歌習、燕代俠多劒筑鳴、嗟彼人間時醉夢、慨然天下志澄淸

召南感化湖南又、一轍同歸道路平

羅州(南平) 杏亭 洪承復

東方奎運更蘇明、暮衢秉燭欣賀聲、活源在水觀魚躍、和氣滿林聽鳥鳴、書中有味身猶穩、塵外擇棲心自淸
墜緖近尋幽情裏、到斯誰不遂生平

羅州(南平) 後碧 洪光熹

斯世重儒大義明、劈頭破腦儘高聲、坏蟲寒禦絲思發、幽鳥春情可假鳴、湖南捷從相應地、林樊崛起獨全淸
恒衰長旺元無理、理有循環一太平

羅州(南平) 市隱 宋海初

含花歕草瑞暉明、濂畔光風度柳聲、沼底游魚乘氣躍、林間巢鳥盡情鳴、悔晦意思知眞守、醒後精神獨自淸
玩物尋常行處得、四時佳興也應平

羅州(南平) 黎軒 任濡宰

吾道更東明、喜聞絃誦聲、扶綱立紀日、天下一昇平

光陽 鄭容瑾

金吾酣夢罷丁東、一夜明光四海同、入世無塵瑤鏡朗、天衢如洗水晶空、千門火樹紛成市、萬縷銀花細點風
依舊廣陵橋上夕、仙歌若聞五雲中

務安 吳晦根

杏樹亭亭聖廟東、幾經霜雪始春風、一絲陽脈於斯復、吾道將明無極中

求禮 權鳳洙

雨歇風微夜霽晨、靑鞋布襪更尋春、武夷岩下花香細、程子川邊柳色新、已有方塘開寶鏡、須從正路闢荒榛
不愁窮巷門如洗、努力同扶大雅輪

求禮 李鍾守

道窮歎叔季、何處門前津、一線儒風發、南州社會新、昏衢重秉燭、陰谷可尋春、歷落千秋下、相逢化裡人

求禮 尹鍾均

範金追覺素王尊、尊攘于今永不諼、楚子盟成深有感、周公夢斷欲無言、三英禮樂人何遠、一統春秋道尙存
泗水洋洋時雨過、尋芳幾日溯眞源

咸平 俞寬濬

仰贊伊來道在東、靑靑講樹動春風、聖道流行元氣裡、吾生學在太和中、德合乾坤千古泰、文如菽粟萬年豐
懼生誅死春秋法、寶鑑昭昭洞照通

麗水(突山) 金顯龜

奎花瑩月更同東、與履鄕殊擧廟同、千古淵源洙泗脈、一時文物洛閩風、排楊拒墨鄒賢力、繼往開來思傳功
圖事在人非在數、莫將衰旺付天工

麗水(突山) 鄭興鏞

惟我相公保赤心、粤茲儒道會彰深、細陳學則諸條理、興起南湖衆士林、陽春漸藹榮窮谷、瑞日方昇解宿陰
諸君愼勿工虧簣、及早宜登九仞岑

濟州 金根蓍

春來佳與與人同、物色熙熙化育中、廿四番風惟淡蕩、萬千絲雨正空濛、蝶鶯兩兩歌還舞、桃李層層白間紅
近日湖南昔時異、賴吾太守費心功

朴浩震

秋風吹散萬家春、吾道湖南喜復看、喚醒時人歸正路、仁天明月映高欄

任應善

東方吾道擬西周、士氣由來與國休、詩禮敎風遵聖訓、鳶魚至理靈醫流、人情飜覆三千里、世敎紛紜六大洲
消息虹橋今復到、菁莪春色滿原頭

李士洪

湖南亦幟拂春風、歸正士林敎化中、聲徽巍然瞻北斗、家家絃誦樂無窮

尹龍夏

依舊春光八士林、講明吾道破窮陰、晨鐘何處能醒夢、蔽芾甘棠宣化深

祝儒道彰明會

和順 林魯學

此會年來恨未會、昏衢惟見是提燈、如今吾道難於蜀、努力相扶登復登

# 世報

## 朝鮮總督府訓令第二十七號

道知事
府尹
郡守
島司

儒道는古來東洋에在혼道德의根源이라併合初에政府는特히經學院을設立ᄒᆞ야文廟를祀ᄒᆞ고經學을講케홈은畢竟儒敎로ᄒᆞ야곰民風의作興에資코자홈을期홈에在홈이라爾來星霜을閱홈이玆에九載이라其敎化를裨補혼바不尠ᄒᆞ나近時世局의影響은思想界에一大變動을與홈으로或은徒히新奇를衒ᄒᆞ고矯激에走ᄒᆞ며空論橫議로妄히古來의善風良俗을排斥ᄒᆞ야社會人倫의大本을壞코자ᄒᆞ는者有ᄒᆞ며或은舊株를墨守ᄒᆞ야時勢의推移에順應홀바를不知ᄒᆞ고反히社會의進運을阻格케홈이有홈으로人心의歸嚮을惑케ᄒᆞ야綱常이地에漸墮코자ᄒᆞ니是는實로東洋敎化를爲ᄒᆞ야憂慮에不堪ᄒᆞ는바이라此를救濟ᄒᆞ는方法이元來不一ᄒᆞ되東洋道德의根源되는儒敎의本義를闡明ᄒᆞ며또혼智識을廣히世界에求ᄒᆞ야採長補短으로能히時世에處ᄒᆞ는途를講ᄒᆞ야써彝倫의扶持에貢케홈이最히緊要ᄒᆞ다認ᄒᆞ노라

今回鄕校財産管理規程을改正ᄒᆞ야文廟의祭祀를鄭重히ᄒᆞ고更히地方敎化振興의資源에供케홀途를開ᄒᆞ는것

도亦是如上의趣旨에不外홈이라地方各官은克히此旨를體ᄒᆞ야徒히祭儀의形式에泥ᄒᆞ고論議의末節에拘치말고儒敎의精神을發揚ᄒᆞ야時代의趨勢를鑑ᄒᆞ고地方의情況을察ᄒᆞ야適切有効ᄒᆞᆫ敎化의施設로써人心을啓發케ᄒᆞ고國家進運에貢獻홀바를期홈이可ᄒᆞ도다

大正九年六月二十九日

朝鮮總督 男爵 齋藤 實

## 大東文化協會

兩院有志로組織(儒敎思想鼓吹)

貴衆兩院의有志가發起ᄒᆞ야大東文化協會를設立ᄒᆞ고十一日夜華族會館에서發會式을擧ᄒᆞ얏ᄂᆞᆫᄃᆡ同會創設의目的은東亞固有의文化振興을圖홈에在ᄒᆞ다

一 我皇道에順ᄒᆞ야國體에醇化ᄒᆞᄂᆞᆫ儒敎에依ᄒᆞ야國民道理의扶植을圖홀事

二 本邦現時의情勢에鑑ᄒᆞ야漢學者養成에對ᄒᆞ야應急의手段을講ᄒᆞ고追而大學을設立홀事

三 文書講演其他의方法에依ᄒᆞ야前項의目的達成에努力ᄒᆞ며時宜에依ᄒᆞ야ᄂᆞᆫ海外에亘ᄒᆞ야斯學의振興을圖홀事

四 高等敎育에對ᄒᆞᆫ漢學의敎科에關ᄒᆞᆫ編成竝敎科書及敎授法의改善을圖홀事

五 前諸項이其緖에就홈을待ᄒᆞ야更히東亞의美術音樂等의維持發達을圖홀事業에着手홀事를事業의要項으로ᄒᆞ고會頭以下役員은左와如히決定ᄒᆞ얏더라

會頭 伯爵大木遠吉
副會頭 江木千之
同 小川平吉
理事 伯爵松平賴壽 大島健一
同 子爵八條隆正 仲小路廉
和田彥次郞 男爵杉溪言長
男爵船越光之丞 北條時敬
山本悌二郞 木下成太郞
下岡忠治 小久保喜七
大津淳一郞 古島一雄
副島義一 市村瓚次郞
江木衷 牧野謙次郞
內田周平 三島毅
藤山雷太

## 東洋文化院設立

東京에在ᄒᆞᆫ大東文化協會에서ᄂᆞᆫ漢學振興에關ᄒᆞᆫ建議案을帝國議會에提出ᄒᆞ야大多數의賛成을得ᄒᆞ야通過ᄒᆞ

얏ᄂᆞᆫ데政府로百七十五萬圓豫算中으로本年度에十五萬圓을支出ᄒᆞ기로決定ᄒᆞ얏ᄂᆞᆫ바大正七年組織以來에其存在를不認ᄒᆞ얏든大東文化協會ᄂᆞᆫ政府를援助ᄒᆞ야漢學振興의實을擧ᄒᆞ고兼ᄒᆞ야東洋文化의復興運動을起ᄒᆞᆯ次로其協議會를華族會館에開催ᄒᆞ고會頭大木鐵道大臣以下貴衆兩院各派代表者가出席ᄒᆞ야外務陸軍兩省의對支外交失敗에鑑ᄒᆞ야東洋文化에依ᄒᆞ야日支의融和를圖ᄒᆞ고爲先文部當局의智的教育의誤謬를德育에依ᄒᆞ야矯正코저ᄒᆞᄂᆞᆫ主意로今秋十月頃부터東洋文化院이라ᄒᆞᄂᆞᆫ官民合同學校를假校舍로開校ᄒᆞᆯ事와其他各種文化運動에關ᄒᆞ야協議를遂ᄒᆞ고散會ᄒᆞ얏다더라

# 世評

## 本會에關ᄒᆞᆫ道評議員會의問答 (速記에依ᄒᆞᆷ)

二十六番 丁秀泰 問

儒道彰明會에關ᄒᆞ야 一言코져ᄒᆞ나이다儒道彰明會ᄂᆞᆫ兩班의團體인ᄃᆡ儒道로써社會를指導ᄒᆞᄂᆞᆫ任에當ᄒᆞᆫ者로思量ᄒᆞ나이다我도兩班은아니로ᄃᆡ儒敎指導下에生長ᄒᆞᆫ緣由로無論敬意를表ᄒᆞ나이다然이나此儒道彰明會라ᄒᆞᄂᆞᆫ것이成立되야何로써社會에盡力ᄒᆞ며如何ᄒᆞᆫ利益을齎來ᄒᆞ얏ᄂᆞᆫ지吾人은不疑ᄒᆞᆷ을不得ᄒᆞᄂᆞᆫ데이올시다彼等이宗敎上의關係로부터此彰明會를組織ᄒᆞ고何를爲ᄒᆞ나잇가但只鄕校에集合ᄒᆞ야무엇인지白日場이라ᄒᆞᄂᆞᆫ主催를始作ᄒᆞ야詩를作ᄒᆞᆫ다든가又ᄂᆞᆫ各種所用업ᄂᆞᆫ事를行ᄒᆞᆯ뿐인ᄃᆡ是가一般에對ᄒᆞ야何의利益을與ᄒᆞ나잇가此를認ᄒᆞ기不能ᄒᆞ나이다

他의佛敎든지或은基督敎와如ᄒᆞᆫ敎ᄂᆞᆫ如何ᄒᆞᆷ잇ᄭᅡ社會에對ᄒᆞ야各種必要ᄒᆞᆫ事를研究ᄒᆞ야體操와如ᄒᆞᆫ事ᄭᆞ지라도敎ᄒᆞ지아니ᄒᆞᆷ잇가又現在의靑年의學生은普通學校로부터中學大學ᄭᆞ지漸次前進ᄒᆞ야敎授치아니ᄒᆞ면不可ᄒᆞᆫᄃᆡ彼等은鄕校에多數聚集ᄒᆞ야了解不得ᄒᆞᆫ事를行ᄒᆞ고演劇과如ᄒᆞᆫ事를行ᄒᆞ야酒를飮ᄒᆞ고妓生을呼ᄒᆞ야喜々喧々然騷擾ᄒᆞᆷ을彼靑年學生에게見케ᄒᆞ면如何ᄒᆞᆫ感을持ᄒᆞ겟슴잇가社會의指導者되ᄂᆞᆫ儒林은如彼ᄒᆞᆫ事를ᄒᆞᄂᆞᆫ者이라ᄒᆞᄂᆞᆫ惡結果를與ᄒᆞᆯ것이올시다如此ᄒᆞᆫ事가社會에對ᄒᆞ야何等의利益을與ᄒᆞ오릿가何如間現在의儒林等의行ᄒᆞᄂᆞᆫ

事는一般으로부터厭ᄒᆞ는바이옵시다當局은此에對ᄒᆞ야深히調査를不爲ᄒᆞ고社會에對ᄒᆞ야裨益을與ᄒᆞ는好團體로思ᄒᆞ실잇가我는此機會에在ᄒᆞ야此團體가社會에對ᄒᆞ야何의利益을與ᄒᆞ며又敎育保護에對ᄒᆞ야如何ᄒᆞᆫ効果가有ᄒᆞᆫ가를聞코져ᄒᆞᄂᆞ이다或如何ᄒᆞᆫ點에對ᄒᆞ야利益되는事가有ᄒᆞ다ᄒᆞᆯ지라도總히舊式事만行ᄒᆞ는故로所用이無ᄒᆞᆫ가ᄒᆞᄂᆞ이다當局이如此ᄒᆞᆫ團體에對ᄒᆞ야補助코져ᄒᆞ는理由는不可解로思ᄒᆞᄂᆞ이다

將來에相當ᄒᆞᆫ行動을爲ᄒᆞ는境遇에는相當히補助ᄒᆞᆯ지라도無妨ᄒᆞᆯ듯ᄒᆞ나現今에在ᄒᆞ야는補助ᄒᆞᆯ必要가無ᄒᆞ다ᄒᆞ나이다此補助는削除ᄒᆞ고他有益ᄒᆞᆫ方面에使用ᄒᆞᆷ이可ᄒᆞ다ᄒᆞᄂᆞ이다

參與官 石 鎭 衡 答

知事閣下의命에依ᄒᆞ야儒道彰明會事에關ᄒᆞ야答辨코져ᄒᆞᄂᆞ이다本員은數日間一言도不發ᄒᆞ고默坐ᄒᆞ얏든關係上甚히無聊ᄒᆞᆷ을感ᄒᆞ얏든터이온ᄃᆡ幸히開口ᄒᆞᆯ機會를得ᄒᆞ와光榮으로思ᄒᆞᄂᆞ이다

本員이本會議에出席ᄒᆞ야于今三回를答辨ᄒᆞ옵는ᄃᆡ第一回는桑苗에關ᄒᆞ야第二回는本道在來工業에對ᄒᆞ야若干答辨ᄒᆞᆫ바이有ᄒᆞ얏ᄉᆞ오며第三回는今番이올시다可及的單簡히ᄒᆞᆯ터이올시다(簡單々々聲이起ᄒᆞᆷ)

緖方氏는關係가無ᄒᆞᆫ는지不知ᄒᆞ거니와大部分의評議員은關係가有ᄒᆞᆫ터이온즉暫間靜聽ᄒᆞ심을敢望ᄒᆞᄂᆞ이다

本道에在ᄒᆞ야는道廳에셔儒道彰明會에對ᄒᆞ야非常ᄒᆞᆫ形勢로써非常히奬勵ᄒᆞ는樣으로思ᄒᆞ시는듯ᄒᆞ나반다시然ᄒᆞᆫ바는아니올시다或世上에셔는此에對ᄒᆞ야知事閣下의特別ᄒᆞᆫ方針으로石參與官이其衝에當ᄒᆞᆫ다ᄒᆞ야多少의批評이有ᄒᆞ다ᄒᆞᆷ을聞ᄒᆞᆫ바이오며特히新聞紙上에셔는此事件으로써知事閣下及石參與官에對ᄒᆞ야相當히批評을試ᄒᆞᆫ樣으로記憶ᄒᆞ는터이올시다然이나本道에셔此儒道彰明會에對ᄒᆞ야此를等閑히思치아니ᄒᆞᆷ은事實일는지도不知ᄒᆞ겟슴니다

然ᄒᆞᆫᄃᆡ吾等이何故로此會의發達에對ᄒᆞ야用意ᄒᆞᄂᆞᆫ가ᄒᆞ면이것은特히元知事閣下의別方針도아니요又石參與官의意思中으로부터出來ᄒᆞᆫ者도아니요卽我朝鮮의總政治를統裁ᄒᆞ시ᄂᆞᆫ總督閣下의方針으로부터來ᄒᆞᆫ것이올시다此에關ᄒᆞ야ᄂᆞᆫ大正九年總督府令第二七號를參照ᄒᆞ시면自然히分明ᄒᆞᆯ듯ᄒᆞ옵니다總督閣下께셔ᄂᆞᆫ鄕校財產管理規定이改正될時에訓令을發ᄒᆞᆫ事가有ᄒᆞ온ᄃᆡ其前半에曰「儒敎ᄂᆞᆫ東洋에在ᄒᆞᆫ道德의根源이라併合初에政府ᄂᆞᆫ特히經學院을設ᄒᆞ야文廟를祀ᄒᆞ고經學을講케ᄒᆞᆷ은畢竟儒道로ᄒᆞ야곰民風의作興에資케ᄒᆞᆷ을期ᄒᆞᆷ에在ᄒᆞᆷ이라爾來星霜을閱ᄒᆞᆷ이玆에九載이라其敎化를稗補ᄒᆞᆷ이不尠호ᄃᆡ近時時局의影響은思想界의一大變動을與ᄒᆞ야或은徒히新奇를衒ᄒᆞ고矯激에走ᄒᆞ며空論橫議로妄히古來의善風美俗을排斥ᄒᆞ야社會人倫의大本을壞코자ᄒᆞᆷ이有ᄒᆞ며或은舊株를墨守ᄒᆞ야時勢의推移에順應ᄒᆞᆯ바를不知ᄒᆞ고反而社會의進運을阻格케ᄒᆞᆷ이有ᄒᆞᆷ으로人心의歸趨를惑케ᄒᆞ야綱常이漸々地에墮코져ᄒᆞ니是實東洋의敎化를爲ᄒᆞ야憂慮에不堪ᄒᆞᄂᆞᆫ바이라此를救濟ᄒᆞᄂᆞᆫ法이元來不一ᄒᆞᆫᄃᆡ東洋道德의根源되ᄂᆞᆫ儒敎의本義를闡明ᄒᆞ며且廣히知識을世界에求ᄒᆞ야取長補短ᄒᆞ야善히時世에處ᄒᆞᄂᆞᆫ道를講ᄒᆞ야써彝倫의扶持에資케ᄒᆞᆷ이最緊要라信ᄒᆞᆷ」이라ᄒᆞ얏도다

元來元知事閣下ᄂᆞᆫ總督閣下의此大方針을體ᄒᆞ야用力코져ᄒᆞᄂᆞᆫᄃᆡ比較的事務가閑散ᄒᆞᆫ本員에게對ᄒᆞ야其衝에當ᄒᆞᆯ事를命ᄒᆞᆫ터이올시다이러ᄒᆞᆷ으로本員은如何히ᄒᆞ야儒敎로ᄒᆞ야곰進展케ᄒᆞᆯ가ᄒᆞᆷ을思ᄒᆞᄂᆞᆫ터이온ᄃᆡ果然二十六番의ᄒᆞ시ᄂᆞᆫ말삼도事實이올시다舊式이며且如何ᄒᆞᆫ效果도未見ᄒᆞ얏스나將次此를善導ᄒᆞᆯ必要가有ᄒᆞ다고認ᄒᆞᄂᆞᆫ當局의方針이올시다

質問ᄒᆞ신分은補助ᄒᆞᆯ必要가無ᄒᆞ다ᄒᆞ시되假令他方面靑年會에在ᄒᆞ야ᄂᆞᆫ年々히地方費로써七八千圓의補助가有ᄒᆞ온ᄃᆡ此東洋道德의根源되ᄂᆞᆫ儒敎方面會에對ᄒᆞ야ᄂᆞᆫ何等의補助가無ᄒᆞᆷ니다補助가無ᄒᆞᆯ뿐아니라도로혀鄕校

財產으로부터幇助를受ᄒᆞᄂᆞᆫ現狀에在ᄒᆞ나이다

儒道彰明會가呱々의聲을發ᄒᆞᆷ으로부터于今一年에未滿ᄒᆞᄂᆞᆫᄃᆡ其間에若干의事業을經營코져ᄒᆞᆷ이아님은아니로ᄃᆡ經費의關係上不可能ᄒᆞᆫ狀態에在ᄒᆞ얏스나來年度에在ᄒᆞ야ᄂᆞᆫ多少의事業을經營ᄒᆞᄂᆞᆫᄯᅡ닭으로甚히僅少ᄒᆞ나三百圓을補助ᄒᆞ라ᄒᆞᄂᆞᆫᄃᆡ이올시다二十六番께셔ᄂᆞᆫ此를不可ᄒᆞ다ᄒᆞ시되此三百圓은決코儒生等이酒를飮ᄒᆞ고妓生을呼ᄒᆞᄂᆞᆫ費用이아니요社會를指導啓發코져ᄒᆞᄂᆞᆫ事業計劃上에對ᄒᆞ야其幾部分을補助코져ᄒᆞᆷ이올시다

此會에셔幾者에世上에在ᄒᆞ야發表ᄒᆞᆫ意見書가有ᄒᆞᆫᄃᆡ幸히本員도一張을得ᄒᆞᆫ것이此에在ᄒᆞᆫ바要컨ᄃᆡ其趣旨ᄂᆞᆫ時勢에應ᄒᆞ야進步ᄒᆞᆷ을希望ᄒᆞᄂᆞᆫ文으로思ᄒᆞ얏나이다然이나如此ᄒᆞᆫ思想을持ᄒᆞᄂᆞᆫ者ㅣ其會內에多數를占ᄒᆞᆯ가與否에對ᄒᆞ야ᄂᆞᆫ無論少數에不過ᄒᆞᆯ줄노思ᄒᆞ나其中一部의先導者가今日의時勢에鑑應ᄒᆞ야進展코져ᄒᆞᄂᆞᆫ希望이有ᄒᆞᆫ事ᄂᆞᆫ確實히忖度ᄒᆞᆷ을可得ᄒᆞᆯ가ᄒᆞ나이다또그ᄲᅮᆫ아니라此儒林도國民의一分子인以上은如此히進展ᄒᆞ도록指導치아니ᄒᆞ면不可ᄒᆞᆯ듯ᄒᆞ나이다然ᄒᆞᆫᄃᆡ此先導者의意見이如右ᄒᆞᆫ以上은吾人도此에對ᄒᆞ야助力코져ᄒᆞᆷ이오當局에셔도此를善導코져ᄒᆞᄂᆞᆫ터이올시다아마諸彥께셔도異議가無ᄒᆞᆯ가ᄒᆞ나이다

그러ᄒᆞᆫᄃᆡ來年度에在ᄒᆞ야聞ᄒᆞᄂᆞᆫ바에依ᄒᆞᆫ젼ᄃᆡ各種의事業을計畫ᄒᆞᄂᆞᆫ中就中此三百圓金은有識ᄒᆞᆫ學者와研究ᄒᆞ야論語를通俗的으로發行코져ᄒᆞᄂᆞᆫ計畫인줄思量ᄒᆞ옵나이다ᄆᆡ우進步된思想으로아ᄂᆞᆫᄃᆡ이올시다論語ᄂᆞᆫ元來東洋道德의根源된ᄯᅡ닭으로婦女子에게든지누구든지諺文을了解ᄒᆞᄂᆞᆫ人에게ᄂᆞᆫ讀ᄒᆞ야其意義를解得케ᄒᆞ고져ᄒᆞᆷ에在ᄒᆞ다ᄒᆞ더이다아시ᄂᆞᆫ바와갓치論語라ᄒᆞᄂᆞᆫ冊은其襟進讀ᄒᆞ면非常히難解ᄒᆞᆫ冊이올시다又或論語中에ᄂᆞᆫ今時代에不合ᄒᆞᄂᆞᆫ句節도不無ᄒᆞ온ᄃᆡ此等處ᄂᆞᆫ删之ᄒᆞ고携帶에便ᄒᆞᆯ만ᄒᆞᆫ小冊子를作成ᄒᆞ야大文漢字에諺文을附ᄒᆞ고또諺文으로解釋ᄒᆞ야兒孩던지婦人이던지能히可讀ᄒᆞᆯ冊子를發行코져ᄒᆞᄂᆞᆫᄃᆡ此事業에對ᄒᆞ야若干의補助를請ᄒᆞᆫ

다ᄒᆞᆯ터이다當局은此計畫에對ᄒᆞ야敬意를表ᄒᆞᄂᆞᆫ同時에儒林이如此히進步ᄒᆞᆫ思想을抱持ᄒᆞᆷ에對ᄒᆞ야ᄂᆞᆫ未嘗不驚服ᄒᆞ얏슴니다그러ᄒᆞ면當局은略少ᄒᆞ나若干을補助코저ᄒᆞᆫ다ᄒᆞ고此를豫算에計上ᄒᆞᆫ터이올시다賢明ᄒᆞ신道評議員諸氏여僅히此三百圓에對ᄒᆞ야斧鉞을加코저ᄒᆞ시지말고贊成ᄒᆞ야주심을望ᄒᆞᆷ니다、最終의말ᄉᆞᆷ이올시다此三百圓의補助를受ᄒᆞ게되면從來의方法이改善도되고又儒者에陳述ᄒᆞᆫ바通俗的論語도發行ᄒᆞᆷ을得ᄒᆞᆯ터이오니그러ᄒᆞ야라주심을願ᄒᆞ오며賢明ᄒᆞ신諸氏와共히此事業을助長ᄒᆞ야주고셥슴니다過去만生覺ᄒᆞ시지말고社會的으로時代的으로助長ᄒᆞ시ᄂᆞᆫ方針으로滿場一致로써贊成ᄒᆞ셔셔僅少ᄒᆞᆫ此三百圓의補助로通俗的論語가出來ᄒᆞ면엇지有益ᄒᆞᆫ事가아니오릿가賢明ᄒᆞ신諸君의滿場一致의贊成이有ᄒᆞ심을望ᄒᆞ야不已ᄒᆞ나이다

二十六番 그만일이면贊成ᄒᆞᆷ니다

參與官　그러ᄒᆞ십닛가

各評議員席에서贊成의聲이起ᄒᆞ다

# 會報

## 全羅南道儒道彰明會發起文及發起人

夫道之大原出乎天而存乎人人存則道存人亡則道亡天地不可一日無人人不可一日無道以若天地而無人則只是洪荒一塊殼而已以若人而無道則只是螻蛄一禽獸而已是以人之一心與道俱生參爲三才而應萬事者也蓋自上古以來有國之治亂盛衰皆莫非由於斯道之存不存如何耳惟我孔夫子以天縱之聖不得其位集群聖而大成遂爲我儒道之宗自是以往四聖十哲相繼而作述夫濂洛群哲迭興燦然復明更無餘蘊暨我東方歷代相傳諸賢輩出斯道盛行有君子國之稱久矣夫何世特叔季風氣漸渝無一可觀於斯道雖曰歸之時數使然而胡爲委靡不振之至於此甚噫吾儕當此剝極之時豈可閉戶結舌逡巡退縮而已乎所以鄙等不揆賤劣只將滿腔誠忱遍告于我同胞諸君子伏惟暗盲者啓發之否塞者疏通之期使斯道復明而已明之維何文以會之學以習之本乎倫理參之時宜知所本末之先後則吾儒之能事畢矣斯豈非世道之大幸歟

大正十一年卽孔子誕生二千四百七十三年壬戌二月　日

發起人

光州　高彦柱　奇京燮　朴鳳柱

潭陽　李光秀　宋增　呂志三

昌平　鄭雲東

谷城　安容燮　趙明植　玉果　沈胤澤

求禮　李鉉守　張在昌

光陽　安坰鎭　黃承珽

麗水　丁忠燮　徐丙斗　突山　金在倫

順天　趙忠材　申晳休　樂安　曹勉承

高興　申瑞求　宋基厚

寶城　任周鉉　宋光勉

和順　林魯學　曹秉善　綾州　梁在璟

朴基休　同福　閔龍鎬　丁秉燮

長興　李敎根　文致烈　魏啓龍

康津　尹三夏　李基柱

海南　尹定鉉　李興鎭

靈岩　愼宗鳳　崔秉斗

務安　吳晦根　柳寅奐　智島　金[illegible]培

羅州　朴熙陽　李敏據　南平　任鴻宰

咸平　安鍾泰　李啓華　金鳳來

靈光　申克容

長城　邊昇基　金鶴重　金肯鉉

莞島　黃燃侗　黃燃周　孫與國

珍島　朴晋遂　薛良三　朴吉培

濟州　金基銖　金根著　金河鍊

金熙殷　李時雨

## 全羅南道儒道彰明會章程

### 第一章 總則

## 會報

第一條 本會ᄂᆞᆫ全羅南道儒道彰明會라稱ᄒᆞᆷ
第二條 本會ᄂᆞᆫ時勢의進運을隨ᄒᆞ야儒道의本旨를彰明ᄒᆞᆷ으로써目的ᄒᆞᆷ
第三條 前條의目的을達ᄒᆞ기爲ᄒᆞ야左의事項을施行ᄒᆞᆷ
一 道德을尊重ᄒᆞ고倫理를講明ᄒᆞᆫ事
二 鄕約을遵守ᄒᆞᆫ事
三 敎育의普及을圖ᄒᆞᆫ事
四 文化의向上을圖ᄒᆞᆫ事
五 時勢을順應ᄒᆞᆫ事
第四條 本會ᄂᆞᆫ全羅南道光州鄕校에置ᄒᆞ고支會를各郡島鄕校에置ᄒᆞᆷ
支會ᄂᆞᆫ全羅南道何郡島又ᄂᆞᆫ何面支會라稱ᄒᆞᆷ
第五條 本會의經費ᄂᆞᆫ一般有志의義捐金及其他收入으로써此에充ᄒᆞᆷ

### 第二章 會員

第六條 本會의會員은本道內에住所를有ᄒᆞ고儒道를尊崇ᄒᆞᄂᆞᆫ者及本會의主旨를贊成ᄒᆞᄂᆞᆫ者로써組織ᄒᆞᆷ
第七條 本會의會員은本會任員、各支會長、支會副長本會總務及前條에該當ᄒᆞᄂᆞᆫ人士로郡立聯合會에參列ᄒᆞᆫ者로써組織ᄒᆞ고支會々員은支會所在郡島內의人士로써組織ᄒᆞᆷ
第八條 本會에在ᄒᆞ야ᄂᆞᆫ本會々員名簿、支會에在ᄒᆞ야ᄂᆞᆫ支會々員名簿를備置ᄒᆞᆷ을要ᄒᆞᆷ

### 第三章 任員

第九條 本會ᄂᆞᆫ左의任員을置ᄒᆞᆷ
一 會長 一人
一 副會長 二人
一 總務 一人
一 事務員 若干人
一 評議員 若干人
第十條 會長은本會의會務를統轄ᄒᆞ고又本員을代表ᄒᆞᆷ
第十一條 副會長은會長을補佐ᄒᆞ고會長이有故ᄒᆞᆫ時ᄂᆞᆫ此를代理ᄒᆞᆷ但副會長이數人이有ᄒᆞᆫ境遇에ᄂᆞᆫ年長者가會長을代理ᄒᆞᆷ
第十二條 總務ᄂᆞᆫ會長의指揮를承ᄒᆞ야一般事務를掌理ᄒᆞᆷ
第十三條 事務員은總務의指揮를承ᄒᆞ야所定事務에從事ᄒᆞᆷ
第十四條 評議員은本會의重要事項을審議ᄒᆞᆷ
第十五條 會長及副會長은總會에서選擧ᄒᆞ고總務ᄂᆞᆫ評議員會를經ᄒᆞ야會長이任免ᄒᆞ고事務員의任免은會長이此를專行ᄒᆞᆷ
評議員은各支會長으로써此에充ᄒᆞᆷ
第十六條 會長副會長及評議員의任期ᄂᆞᆫ各二個年으로ᄒᆞᆷ
第十七條 會長은評議員會를經ᄒᆞ야本會의顧問若干人을囑託ᄒᆞᆷ을得ᄒᆞᆷ

### 第四章 部及支會

第十八條 本會에左의四部를置ᄒᆞᆷ
一 道德部
一 敎化部
一 時務部
一 庶務部
前項各部에部長을置ᄒᆞᆷ을得ᄒᆞᆷ
第十九條 道德部의掌行ᄒᆞᄂᆞᆫ事項은左와如ᄒᆞᆷ
一 道德及倫理에關ᄒᆞᆫ事項
一 鄕約에關ᄒᆞᆫ事項
第二十條 敎化部의掌行ᄒᆞᄂᆞᆫ事項은左와如ᄒᆞᆷ

一 敎化普及에關ᄒᆞᆫ事項
一 文化向上에關ᄒᆞᆫ事項
第二十一條 時務部의擧行ᄒᆞᄂᆞᆫ事項은左와如ᄒᆞᆷ
一 法令周知와官公連絡에關ᄒᆞᆫ事項
一 支會에關ᄒᆞᆫ事項
一 他部에屬치아니ᄒᆞᆫ一般庶務
第二十三條 支會에ᄂᆞᆫ左의任員을置ᄒᆞᆷ
一 會 長　一 人
一 支會副長　一 人
一 支會總務　一 人
一 支會事務員　若干人
第二十四條 支會長은支會會務를統轄ᄒᆞ고又支會를代表ᄒᆞᆷ
支會總務ᄂᆞᆫ支會長의指揮를承ᄒᆞ야支會會務를掌理ᄒᆞᆷ
支會事務員은支會總務의指揮를承ᄒᆞ야所定事務에從事ᄒᆞᆷ
第二十五條 支會長及支會副長은支會總會에셔此를選擧ᄒᆞ고任期ᄂᆞᆫ二箇年으로ᄒᆞᆷ
支會總務ᄂᆞᆫ本會長의承認을經ᄒᆞ야支會長이任免ᄒᆞ고支會事務員의任免은支會長이此를專行ᄒᆞᆷ
第二十六條 支會長은本會長의承認을經ᄒᆞ야支會顧問若干人을囑托ᄒᆞᆷ을得ᄒᆞᆷ

## 第五章　總會及評議員會

第二十七條 本會의總會를分ᄒᆞ야定時及臨時二種으로ᄒᆞ되定時總會ᄂᆞᆫ夫子誕生日로셔此를開ᄒᆞ고臨時總會ᄂᆞᆫ必要가有ᄒᆞᆷ으로認ᄒᆞᄂᆞᆫ時에評議員을經ᄒᆞ야會長이此를招集ᄒᆞᆷ總會의議長은會長이此에當ᄒᆞᆷ
第二十八條 總會ᄂᆞᆫ第七條에定ᄒᆞᆫ會員의過半數가出席치아니ᄒᆞ면成立ᄒᆞᆷ을不得ᄒᆞᆷ
第二十九條 評議員會ᄂᆞᆫ會長副會長及評議員으로셔組織ᄒᆞ고議長은會長이此에當ᄒᆞᆷ
評議員會ᄂᆞᆫ評議員過半數의出席이有치아니ᄒᆞ면成立ᄒᆞᆷ을不得ᄒᆞᆷ
評議員會ᄂᆞᆫ書面으로셔此를開ᄒᆞᆷ을得ᄒᆞᆷ
第三十條 評議員會의議決事項은左와如ᄒᆞᆷ
一 豫算及決算
一 諸規則의制定及變更
一 本章程에定ᄒᆞᆷ이有ᄒᆞᆫ事項
一 會長이必要ᄒᆞᆷ으로認ᄒᆞᄂᆞᆫ事項
第三十一條 總會及評議員會의議事ᄂᆞᆫ出席員의過半數로셔此를決ᄒᆞ고可否同數되ᄂᆞᆫ境遇에ᄂᆞᆫ議長이此를裁決ᄒᆞᆷ
評議員會에在ᄒᆞ야書面으로셔可否를定ᄒᆞᄂᆞᆫ境遇에ᄂᆞᆫ擦章의過半數로셔此를決ᄒᆞ고可否同數되ᄂᆞᆫ境遇에ᄂᆞᆫ議長이此를裁決ᄒᆞᆷ

## 第六章　戒　則

第三十二條 會員으로本會의體面을損傷ᄒᆞᄂᆞᆫ行爲가有ᄒᆞᆷ으로認ᄒᆞᄂᆞᆫ境遇에ᄂᆞᆫ評議員會를經ᄒᆞ야除會ᄒᆞᆷ을得ᄒᆞᆷ

## 附　則

第三十三條 本章程을改正코쟈ᄒᆞᄂᆞᆫ時ᄂᆞᆫ總會出席員三分二以上의同意가有ᄒᆞᆷ을要ᄒᆞᆷ

# 全羅南道儒道彰明會章程施行細則

第一條 本細則은原章程의意義를釋明ᄒᆞ고且其不足을補ᄒᆞᄂᆞᆫ者로ᄒᆞᆷ

## 會報

第二條 章程第五條의義捐金이라홈은斯道의有志人士로自進ᄒᆞ야義捐ᄒᆞᄂᆞᆫ金額을謂홈이오其他의收入이라홈은此義捐以外收入을謂홈

第三條 本會入會志願書ᄂᆞᆫ別紙第一號式樣에依홈을要홈

第四條 章程第八條會員名簿라홈은別紙第二號式樣에依ᄒᆞ야製作홈이可홈

一 支會名簿ᄂᆞᆫ本會名簿에準홈

第五條 章程第十九條第一號의事項은左와如홈

一 經義를討論ᄒᆞᄂᆞᆫ事

一 倫理를講明ᄒᆞᄂᆞᆫ事

一 公德을培養ᄒᆞᄂᆞᆫ事

第二號의事項은左와如홈

一 德業을相勸ᄒᆞᄂᆞᆫ事

一 禮俗을相交ᄒᆞᄂᆞᆫ事

一 過失을相規ᄒᆞᄂᆞᆫ事

一 患難을相恤ᄒᆞᄂᆞᆫ事

第六條 章程第二十條第一號의事項은左와如홈

一 斯道敎育機關의設立을圖ᄒᆞᄂᆞᆫ事

二 學齡兒童의就學을勸誘ᄒᆞᄂᆞᆫ事

三 國語의常能을養成ᄒᆞᄂᆞᆫ事

四 講演會及研究會를開設ᄒᆞᄂᆞᆫ事

五 新刊書籍新聞雜誌等을紹介ᄒᆞ야時聞을博케ᄒᆞᄂᆞᆫ事

六 其他敎育普及에必要ᄒᆞᆫ事項

第二號의事項은左와如홈

一 風俗을矯正ᄒᆞᄂᆞᆫ事

二 當世文明을瞭了케ᄒᆞᄂᆞᆫ事

三 雜誌를發行ᄒᆞ고經典을簡易히發行ᄒᆞᄂᆞᆫ事

第七條 章程第二十一條의事項은左와如홈

一 法令周知를圖ᄒᆞᄂᆞᆫ事

二 官公署及學校間의連絡을圖ᄒᆞᄂᆞᆫ事

三 勤儉貯蓄을獎勵ᄒᆞᄂᆞᆫ事

四 實踐躬行을獎勵ᄒᆞᄂᆞᆫ事

五 殖産獎勵에關ᄒᆞᆫ事

第八條 章程第三十二條의會計에關ᄒᆞ야ᄂᆞᆫ別紙三號樣式에依하야金錢出納簿를使用홈을要홈

第九條 各支會에在ᄒᆞ야ᄂᆞᆫ別노規則을定치아니홈

一 各支會에서特別ᄒᆞᆫ事情에因ᄒᆞ야別노規則을擬定ᄒᆞᆯ必要가有ᄒᆞᆫ時ᄂᆞᆫ此를起案ᄒᆞ야本會에承諾을得홈을要홈

一 支會에서必要로認하ᄂᆞᆫ境遇에ᄂᆞᆫ該支會設立區域內에限ᄒᆞ야評議員을置ᄒᆞ고且評議員會를組織홈을得홈

一 支會에關ᄒᆞᆫ事項으로未備ᄒᆞᆫ點이有ᄒᆞᆫ時ᄂᆞᆫ本會章程에準ᄒᆞ야行홈을得홈但此境遇에在ᄒᆞ야ᄂᆞᆫ本會에報告홈을要홈

第十條 章程第二十七條의定時總會ᄂᆞᆫ孔子誕生日陰八月二十七日노定홈

第一號樣式

入會書

本人이貴會의趣旨를贊成ᄒᆞ야入會ᄒᆞᆸᄂᆞᆫ바入會後에貴會章程을確實遵守ᄒᆞᆯ事를誓約홈

大正　年　月　日

孔子誕生二千四百　年　月　日

住　所

入會人

全羅南道衡平彰明會　　貴中

注意　年月日住所姓名을記入ᄒᆞ고捺印ᄒᆞᆷ事

各支會에在ᄒᆞ야ᄂᆞᆫ何郡又ᄂᆞᆫ何面支會라記入ᄒᆞᆷ事

第二號樣式

何郡又ᄂᆞᆫ何面

| 名 | 貫 | 生年月日 | 入會月日 | 住所 |
| --- | --- | --- | --- | --- |
| | | | | |
| | | | | |
| | | | | |

備考

一 本會에在ᄒᆞ야ᄂᆞᆫ郡別로整理ᄒᆞ고支會에在ᄒᆞ야ᄂᆞᆫ面別로整理ᄒᆞᆷ을要ᄒᆞᆷ

一 名簿始面第一張에ᄂᆞᆫ姓名、貫、生年月日、入會年月日等을記入ᄒᆞᆷ을要ᄒᆞ되第二張以下에ᄂᆞᆫ此를略ᄒᆞᆷ이可ᄒᆞᆷ但郡又ᄂᆞᆫ面이變ᄒᆞᄂᆞᆫ時ᄂᆞᆫ此를記入ᄒᆞᆷ을要ᄒᆞᆷ

第三號樣式

一 會員의異動이有ᄒᆞᆫ時ᄂᆞᆫ即時整理ᄒᆞᆷ을要ᄒᆞᆷ

全羅南道衡平彰明會金錢出納簿　支會에在ᄒᆞ야ᄂᆞᆫ何支會出納簿라ᄒᆞᆷ이可ᄒᆞᆷ

| 年月日 | 入金 | 摘要 | 出金 | 摘要 | 殘額 |
| --- | --- | --- | --- | --- | --- |
| | | | | | |
| | | | | | |
| | | | | | |

備考

一 入金欄에ᄂᆞᆫ何金錢을勿論ᄒᆞ고本會에入金이되ᄂᆞᆫ金額을記入ᄒᆞ고其下摘要欄에ᄂᆞᆫ其入金의原因을摘舉ᄒᆞ야記入ᄒᆞᆷ이可ᄒᆞᆷ

一 出金欄에ᄂᆞᆫ何出金을勿論ᄒᆞ고其金額을記入ᄒᆞ고其下摘要欄에ᄂᆞᆫ其原因을記入ᄒᆞᆫ後證憑書類假令領收證과符ᄒᆞᆫ것을必히相合整理ᄒᆞᆷ을要ᄒᆞᆷ

一 殘額欄에ᄂᆞᆫ以上相減ᄒᆞ고其餘額을記入ᄒᆞᆷ

一 時々로檢査ᄒᆞ야違算이無ᄒᆞᆷ을期ᄒᆞᆷ이可ᄒᆞᆷ

## 創立總會錄

大正十一年三月二十六日陰二月二十九日下午二時에全羅南道聯合會議室內에서本會創立總會를開ᄒᆞ다

一 衆望에依ᄒᆞ야朴鳳柱氏가座長席에就ᄒᆞ다

一 本會草案三十三個條를附議ᄒᆞ야可決ᄒᆞ다

## 會報

一 會長及副會長을無記名投票로選定ᄒᆞ니其結果가如左ᄒᆞ다

會長 李載珫
副會長 朴鳳柱
同 金肯煥

一 各郡支會組織期限은二個月以內로決定ᄒᆞ다

一 本會假總務의任免은元總務의決定이有ᄒᆞ기ᄭᆞ지會長에게其任免權을委任ᄒᆞ기로決定ᄒᆞ다

大正十一年三月二十六日
孔子誕生二千四百七十三年壬戌二月二十九日
全羅南道儒道彰明會
會長 朴鳳柱
總務 高彦柱

### 第一回總會錄

大正十一年十月十七日陰八月二十七日下午二時에全羅南道光州鄕校內에서本會第一回總會를開ᄒᆞᆫ바會長李載珫氏ᄂᆞᆫ病氣로因ᄒᆞ야出席치못ᄒᆞ고副會長朴鳳柱氏가代理로會長席에就ᄒᆞ야左의事項을議決ᄒᆞ다

一 創立總會錄을報告ᄒᆞᆫ바異議가無ᄒᆞᆷ으로此를可決ᄒᆞ다

一 儒林誠信表明에對ᄒᆞ야委員二人을選定ᄒᆞ기로ᄒᆞ고此選定에對ᄒᆞ야ᄂᆞᆫ會長에게一任ᄒᆞ기로決定ᄒᆞ다

一 言論機關即雜誌에關ᄒᆞ야ᄂᆞᆫ此를發行ᄒᆞ기로決定ᄒᆞ고其發行方法에對ᄒᆞ야ᄂᆞᆫ此를幹部에一任ᄒᆞ기로ᄒᆞᆷ

一 春秋祭享遵行에對ᄒᆞ야ᄂᆞᆫ經學院祭禮에一遵ᄒᆞ기로決定ᄒᆞ다

一 本會會館建築ᄒᆞ기로決定ᄒᆞ고其建築에對ᄒᆞᆫ設計方略은幹部에게一任ᄒᆞ기로決定ᄒᆞ다

大正十一年十月 日
孔子誕生二千四百七十三年壬戌八月 日
全羅南道儒道彰明會
會長 朴鳳柱
總務 高彦柱

## 長城文會發起文

儒道何道也人人日用當行之道也人而不由是道則三綱絶五倫斁而人類滅亡乃已耳蓋自上古以來唐虞三代之爲政於天下者是道也洙泗濂洛之爲敎於萬世者是道也國之治亂世之隆降係於是道之行不行道也者不可須臾離也三代以上道在於政治人人得而由之三代以後王政不擧異端併起人迷方向浸浸然化入於禽獸之域矣時則惟我　孔夫子生以天縱之聖旣無君師之貴不得行道於天下則乃祖述堯舜憲章文武以修齊治平之道垂敎來世遂爲儒敎之宗逮今上下數千年間賢哲相繼使是道愈久而益彰凡寰東萬國之含生稟育者莫不同歸一轍而逆夫我東聖王繼作賢儒輩出王政行于上儒風興於下以東方君子國見稱久矣夫何世降叔季邪道寖熾儒門分裂色目之爭鬪未息理氣之角戰還起一室之內操戈相尋夫何其然也現今各敎併興一世之稱有智識者莫不靡然歸之將以易天下共爲儒者遂自暴自棄不能進一步屛息於深山窮谷巖穴之間而與世相絶焉嗚呼我儒道豈嘗一日亡也今日東西各國之政治敎育即儒道也各敎之勸人爲善即儒道也儒道非一端宗敎即人人當行之道在一人一家倫理道德是也在天下國家禮樂刑政是也非倫理道德則無以修其身齊其家非禮樂刑政則無以治其國平天下人孰無其身無其家無其國家天下者乎其欲以吾道別立敎柄與各敎對列者不思之甚也顧今風潮漲天世界發運新進後生不知有儒道久矣儒道不行則倫理滅而道

德亡父子相戕夫婦相離兄弟相鬩化入於蠻貊禽獸之域矣可不懼哉然以若淡散之儒力欲爲挽回則無異於發乎障瀾一柱撐及其道無由矣所以道內有志人士設立儒道彰明會遴賓本部鄰賓支部網羅全省之儒道林混成一團而彰明我儒道爲目的何其偉哉願我長城先賢杖屨之所儒林淵藪之鄉其所作興當不後於他郡而亦他郡所期待者也郡等不揆人微依本部定款將欲設立支會望須僉位勿以微視自沮作興而起齊聲合力同征溺於既倒支大厦於將頹復使吾道彰明於世千萬務望

大正十一年六月　日

孔子誕生二千四百七十三年壬戌五月　日

發起人

邊衡起　奇閑燮　沈璟濟　洪鍾轍
林相熙　金相鎬　鄭肯朝　奇東穆
白南相　宋恩植　金瑨鉉　金基烈
邊昇基　金奇中　白南植　高陽鉉
朴漢容　高光鎬　沈璘潑　朴胤相
羅燾淳　金在燦　金昭洙　金光祐
金學奎　金性圭　林廷圭　金敎鉉
趙鏞協　奇宇彩　朴來鉉　辛恆文
柳鎭烈　金肯煥　金堯哲　安奎洛
金晁奎　金泳柰　李錫豐　金肯鉉
朴夏鐺　奇曾衍　沈能九　金詩樂
崔鼎煥　金基尙　金永鎬　金東煥
金瑌煥　潘哲模　邊鎭文　邊東昱
徐厚淑　閔永昱　金相崑　孔學源
金晁洙　柳相能　申昱雨　曹秉彩
金容九　金天洙　金汝奎　鄭漢豐
金相燮　李在白　金鐵植　金始中
金徹洙　劉職容　李燦根　邊鼎基

穌順

入會코져ᄒᆞ시는人士는左記式樣書를提出ᄒᆞ시옵

## 入 會 書

本人이貴會의趣旨를贊成ᄒᆞ야入會ᄒᆞ옵는바入會後에
貴會의章程을確實遵守ᄒᆞᆯ事를誓約ᄒᆞᆷ

大正　年　月　日

孔子誕生二千四百　年　月　日

住　所

入會人　姓　名

全羅南道儒道彰明會　貴中

---

定價 一部 金參拾錢
郵稅 金貳錢
計 金參拾貳錢
一個年分先納ᄒᆞ면春秋二部 金六拾錢(郵稅共)

大正十二年六月三十日印刷
大正十二年七月 五 日發行

全羅南道光州郡孝泉面校祉里二七番地
編輯兼發行人 高彦柱
全羅南道光州郡孝泉面校祉里二七番地
發行所 全羅南道儒道彰明會
全羅南道光州郡光州面東門通五一番地
印刷所 本山印刷所
全羅南道光州郡光州面東門通五一番地
印刷者 濱利瑨三郎

# 『彰明』 제2호

(1923년 11월 15일 발행)

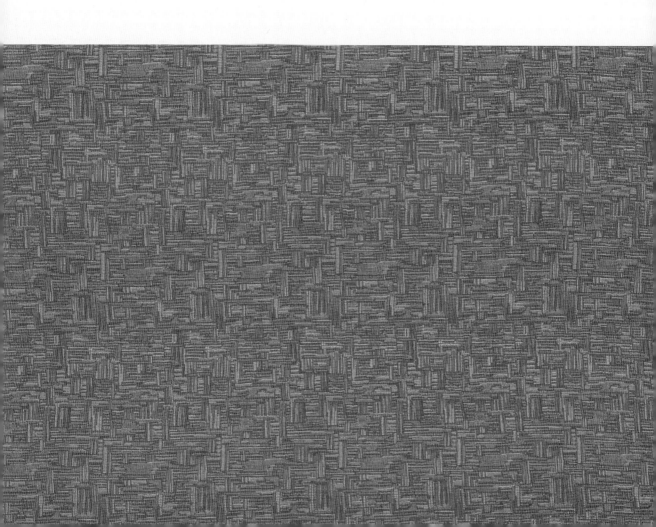

# 彰明

## 第二號

大正十二年十一月十五日發行

重要目次



全南儒道彰明會發行

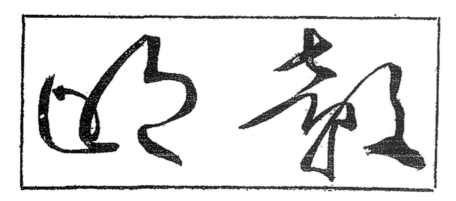

# 章程中本會의目的及會員에關ᄒᆞᆫ條項抄出

## 本會의 目的

第二條 本會ᄂᆞᆫ時勢의進運을鑑ᄒᆞ야儒道의本旨를彰明ᄒᆞᆷ으로써目的ᄒᆞᆷ

第三條 前條의目的을達ᄒᆞ기爲ᄒᆞ야左의事項을踐行ᄒᆞᆷ

一 道德을尊重ᄒᆞ고倫理를講明ᄒᆞᆯ事

一 鄕約을遵守ᄒᆞᆯ事

一 敎育의普及을圖ᄒᆞᆯ事

一 文化의向上을圖ᄒᆞᆯ事

一 時務를諮議ᄒᆞᆯ事

## 本會의 會員

第六條 本會의會員은本道內에住所를有ᄒᆞ고儒道를尊崇ᄒᆞᄂᆞᆫ者及本會의主旨를贊成ᄒᆞᄂᆞᆫ者로써ᄒᆞᆷ

第七條 本會의會員은本會任員各支會의支會長、支會副長、支會總務及前條에該當ᄒᆞᄂᆞᆫ人士로創立總會에參列ᄒᆞᆫ者로써組織ᄒᆞ고支會會員은支會所在郡島內의人으로써組織ᄒᆞᆷ

## 敬 告

維我湖南의儒林이率先ᄒᆞ야儒道의發展을期圖ᄒᆞ야彰明會를成立ᄒᆞ고雜誌「彰明」을發刊ᄒᆞ게됨은吾道를爲ᄒᆞ야同慶홈을不已ᄒᆞᄂᆞ이다

此「彰明」을發行홈은吾人儒林의意思를發表ᄒᆞ야廣히世間에紹介ᄒᆞᄂᆞᆫ同時에世間名士의意見도亦此機關에依ᄒᆞ야覺知홈을得코져홈이라故로吾人은彼此를勿論ᄒᆞ고此機關을大切히思치아니ᄒᆞ면不可홀지로다

此雜誌의發刊은我湖南儒林開闢以後의初有ᄒᆞᆫ事인故로祝賀의意義下에서創刊號ᄂᆞᆫ此를無代價로進呈ᄒᆞ오나第二號로브터ᄂᆞᆫ本會에서其印刷費를若干補助ᄒᆞ고極히廉價로ᄒᆞ야此를會員又ᄂᆞᆫ會員以外의人士에게廣頒코져ᄒᆞ오니支會에在ᄒᆞ야ᄂᆞᆫ此購覽人士를豫히聚合ᄒᆞ야其姓名과住所를備ᄒᆞ야本會로通知ᄒᆞ심을要ᄒᆞ며又會員以外의人士께셔ᄂᆞᆫ直接으로本會에請求ᄒᆞ심을敬要ᄒᆞᄂᆞ이다

## 記事의投稿를歡迎홈

一 記事라홈은論說、文苑詞藻、感想、世報、世評及各支會記事를謂홈이올시다

一 右記事ᄂᆞᆫ直接間接으로儒敎와關係가有ᄒᆞᆫ者를要홈니다

一 次號ᄂᆞᆫ陽曆大正十三年四月中에發刊될터이오니同年陽曆二月ᄭᆞ지本會事務所로原稿를 惠交ᄒᆞ심을望ᄒᆞᄂᆞ이다

一 記事ᄂᆞᆫ可及的楷書로書送ᄒᆞ심을敬要ᄒᆞᄂᆞ이다

一 記事의選拔은編輯人에게在ᄒᆞ오나此點은 惠諒ᄒᆞ심을敬要ᄒᆞᄂᆞ이다

一 原稿ᄂᆞᆫ還交치아니홈니다

全羅南道光州郡鄕校內

全南儒道彰明會本會

# 彰明 第二號目次

四十二月
陰十月

寫眞口繪

本道知事元應常閣下
本會會長朴鳳柱氏
副會長朴南鉉氏
副會長邊昇基氏
至聖先師孔子墓圖
至聖先師孔子林圖

## 世報



## 世評



## 會報

本道知事元應常閣下

本會々長朴鳳柱氏

副會長邊昇基氏　副會長朴南鉉氏

至聖先師孔子廟圖

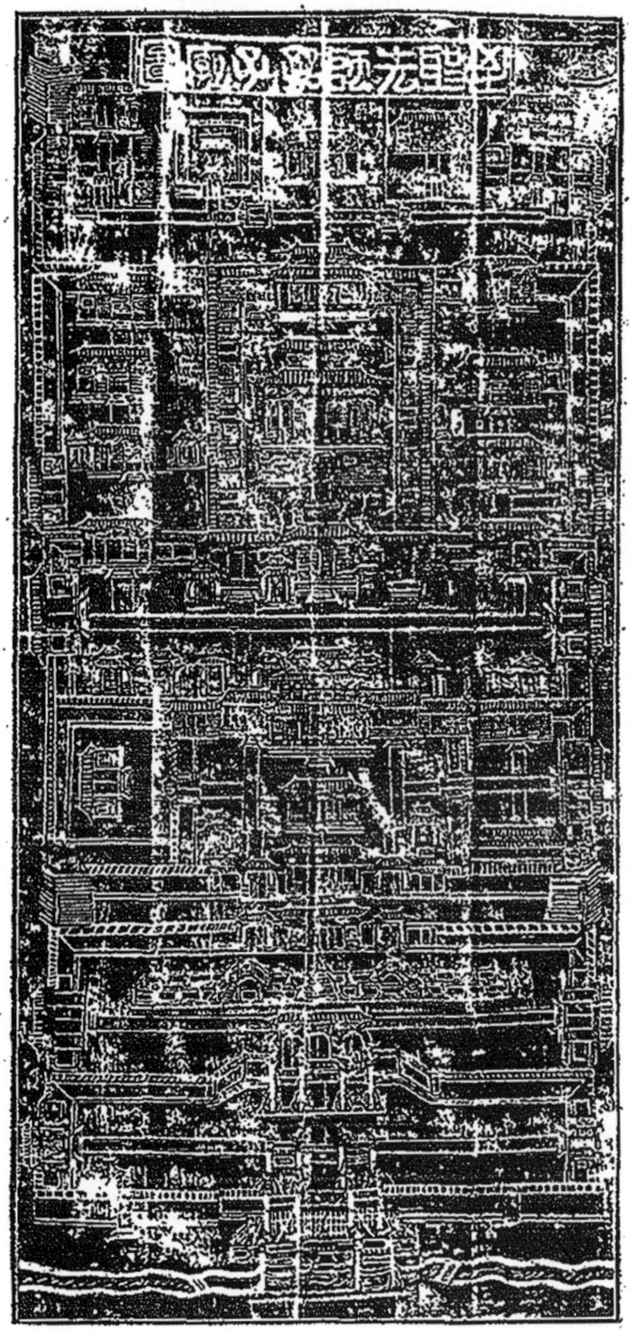

至聖先師孔子林圖

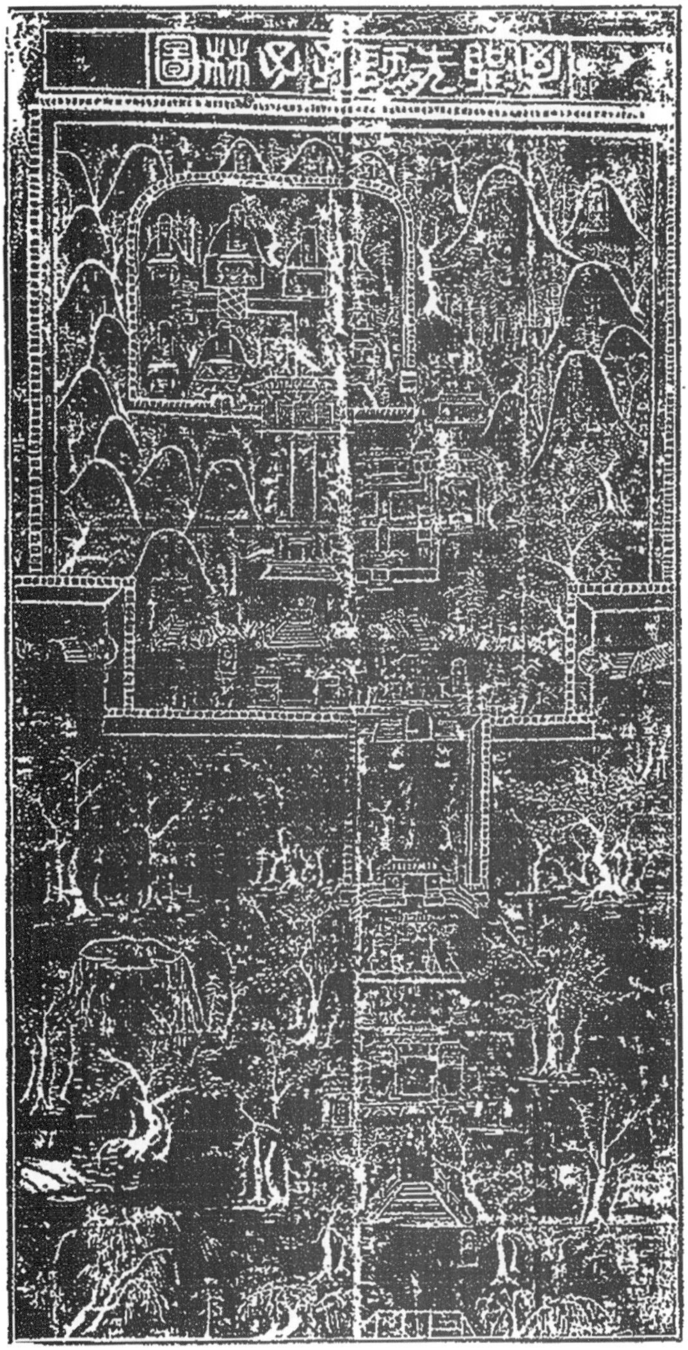

# 弔意慰意

## 弔意와慰意를表ᄒᆞᆷ

本會는去八月十三日以後의西鮮地方大水害와關東地方大地震에因ᄒᆞ야生靈을失ᄒᆞᆫ幾多의同胞를爲ᄒᆞ야謹히弔意를表ᄒᆞ고此際에負傷ᄒᆞᆫ幾多의同胞에게對ᄒᆞ야는　日이라도速히健康을回復ᄒᆞ기를頂祝ᄒᆞ노라

大正十二年十月　日

朝鮮全羅南道儒道彰明會

# 論說

## 擧爾所知論

晋東 沈璿澤

人已之間公私攸判未有從人而不公者未有循已而不私者故欲冀至公者凡於政令施措之間莫不舍已而從人況擧賢政本也當從衆人所知而擧不當循一已所知而擧苟循二已所知而擧則心有所蔽人未必其人其弊也溺於昵近惑於諂諛貪於苞苴至于喪邦而莫之省也仲弓以聖門高弟體認無我之敎而亦知二已聰明之不能遍於天下也故以爲知賢才問之不欲循已緣私而然也然以大聖人廣大之心觀乎人已之間則已亦人也人亦已也我其親其親則親乎我者亦當親其親矣推本乎此此而彼而國而天下而無往而不知何患乎不能盡知一時之賢才所以夫子以擧爾所知答之大哉聖人之言盖人不在於世外才不借於異代以斯人爲斯政君委諸賢才之難知而不擧則政亦不可得而擧矣以自已所知嫌於循已而避之則是內不足也吾之心不公則已苟吾心之公安可舍此所知而求諸不知耶知其賢者才者而不擧則安知不知者之爲賢者才者乎已之心公則人之心亦公矣取舍之分固當在此而不在彼耳祈奚進祈午明道薦伊川此皆至公至私行遠自邇之道也向使祈奚嫌於子而不擧祈午

明道嫌於弟而不學伊川則此遺其所知也祈于伊川其何以舉父兄之所不知耶以此推之人之患在乎知而不能學不在乎不知矣仲弓之問以自己聰明爲聰明而聖人之答以天下之耳目爲耳目故耳嗚呼後之爲政者果能以賢才爲意乎舉而進之者果皆所知之賢才乎以仲弓之問爲問者亦未之聞況聖人之答乎吁

---

子貢問何如斯可謂之士矣子曰行已有恥
使於四方不辱君命可謂士矣
曰敢問其次曰宗族稱孝焉鄉黨稱弟焉
曰敢問其次曰言必信行必果硜々然小人哉
抑亦可以爲次矣
曰今之從政者何如子曰噫斗筲之人何足
算也

# 儒者와責任觀念

愍石 吳憲昌

語에曰호ᄃᆡ定公이問一言而可以興邦이라ᄒᆞ니有諸잇가孔子ㅣ對曰言不可以若是其幾也ㅣ로ᄃᆡ人之言에曰爲君難爲臣不易라ᄒᆞ니如知爲君之難也ㅣㄴ댄不幾乎一言而興邦乎잇가曰一言而喪邦이라ᄒᆞ니有諸잇가孔子ㅣ對曰言不可以若是其幾也ㅣ로ᄃᆡ人之言에曰予無樂乎爲君이오唯其言而莫違也ᄒᆞ니如其善而莫之違也ㅣㄴ댄不亦善乎아如其不善而莫之違也ㅣㄴ댄不幾乎一言而喪邦乎잇가ᄒᆞᄂᆞᆫ大文이有ᄒᆞᄃᆡ此ᄂᆞᆫ定公의問에對ᄒᆞ야夫子의平凡ᄒᆞ신對答이시라然이나此를深히玩味ᄒᆞᄂᆞᆫ時ᄂᆞᆫ卽君臣의責任을簡單히論ᄒᆞ신바인ᄃᆡ大凡世上에治國이라던지治家라던지一會社라던지一團體라던지此를益々히發展케ᄒᆞ고向上케ᄒᆞ고國家、一家、會社、團體의上下分子가皆幸福을享ᄒᆞ며互相의關係가圓滿ᄒᆞ야共同生活에支障이無ᄒᆞ야共存共榮ᄒᆞ게ᄒᆞ고져ᄒᆞ면此ᄂᆞᆫ大小를勿論ᄒᆞ고容易ᄒᆞᆫ事業이아니라國家에在ᄒᆞ야此를善行ᄒᆞᆫ君主ᄂᆞᆫ聖主明君이요一家에在ᄒᆞ야此를善行ᄒᆞᆫ者ᄂᆞᆫ其家를興ᄒᆞᄂᆞᆫ者며又其家를善保ᄒᆞᄂᆞᆫ者며一會社、一團體에在ᄒᆞ야此를善行ᄒᆞᄂᆞᆫ者ᄂᆞᆫ此ᄂᆞᆫ實로善良ᄒᆞᆫ管理者이라如此히積極的으로其幸福을圖ᄒᆞᆷ은卽히言ᄒᆞ면興邦ᄒᆞᄂᆞᆫ事이니此ᄂᆞᆫ難事이라然이나是와相反ᄒᆞ야右와反對로其幸福은我와關係가無ᄒᆞᆷ과如히凡事를自然에依ᄒᆞ고悠々自在ᄒᆞᆷ은易ᄒᆞᆫ事이라此卽事爲에臨ᄒᆞ야難易의分ᄒᆞᄂᆞᆫ點인ᄃᆡ若在上者로ᄒᆞ야곰爲君이難ᄒᆞᆷ을

知ᄒᆞ며在下者로ᄒᆞ야곰亦爲臣이不易홈을知ᄒᆞ게되면其國이興ᄒᆞᆫ다ᄒᆞ심이라又下端에卽無樂乎爲君이요唯其言而莫違也ᄒᆞ니如其善而莫之違也ㅣㄴ댄不亦善乎잇가如其不善而莫之違也ㅣㄴ댄不幾乎一言而喪邦乎잇가ᄒᆞ심은卽萬古에亘ᄒᆞ야貫徹ᄒᆞᄂᆞᆫ哲言이시라居上者가自己의威力과權勢에依ᄒᆞ야衆人을服從케ᄒᆞ고져ᄒᆞ야善과不善을勿論ᄒᆞ고自己의言卽一次發ᄒᆞᆫ令으로ᄒᆞ야곰絶對로服從ᄒᆞ게ᄒᆞ면是는不久에國이면其國、一家면其家、團體면其團體가畢竟은亡ᄒᆞ고已ᄒᆞᆯ지라觀ᄒᆞ라萬古의歷史가此를證ᄒᆞ고近代의某々國의政治가此를證ᄒᆞᄂᆞᆫ도다

要컨ᄃᆡ世上事는亡ᄒᆞ기易ᄒᆞ고興ᄒᆞ기難ᄒᆞ도다國家事ᄂᆞᆫ置之ᄒᆞ고一家事로言ᄒᆞᆯ지라도其家長되ᄂᆞᆫ者又ᄂᆞᆫ戶主되ᄂᆞᆫ者가妻、子與孫及多數ᄒᆞᆫ家族을率ᄒᆞ고其家를治ᄒᆞ야去ᄒᆞᆯ時에其家로ᄒᆞ야곰如何ᄒᆞᆫ方針에依ᄒᆞ야此를繁榮케ᄒᆞᆯ抱負도無ᄒᆞ고又其家를治홈에何等의誠意도無ᄒᆞ고但其家의祖되고父되ᄂᆞᆫ所以로家長과戶主가되야儼然自大ᄒᆞ고天下ᄂᆞᆫ我家外에無홈으로認ᄒᆞ며世上은如何히變遷ᄒᆞᆯ지라도此는全然不關ᄒᆞ고大聲呼兒ᄒᆞ며一次發言ᄒᆞᆫ것은在下者에게對ᄒᆞ야有口無言이라ᄒᆞ고絶對로服從케ᄒᆞᄂᆞᆫ家長이有ᄒᆞ다ᄒᆞ면此家長은其家를興케ᄒᆞ고져ᄒᆞᄂᆞᆫ家長이라홈을得ᄒᆞᆯ가又ᄂᆞᆫ否ᄒᆞᆯ가此를以上夫子의答에對ᄒᆞ야觀ᄒᆞ면或이問一事而可以亡家라ᄒᆞ니有諸인가對曰言不可以若是其幾也ㅣ로ᄃᆡ人之言에曰家長이無樂乎爲家長ᄒᆞ고唯其言而莫違也ᄒᆞ니如其不知時勢之言으로莫之違也ㅣㄴ댄不幾乎一事而亡家乎아ᄒᆞ시니라是는엇치一家長되ᄂᆞᆫ者에限ᄒᆞᆯ것이리오國家에君됨은且置ᄒᆞ고居官ᄒᆞ야一省에長이되며一局一課又ᄂᆞᆫ一郡一院一

面一村一里의長되ᄂᆞᆫ者의皆然ᄒᆞᆫ바이라又何必官吏에限ᄒᆞ리요. 會社의長又ᄂᆞᆫ支配人되ᄂᆞᆫ者도亦同ᄒᆞ며共同的으로臨時集合되ᄂᆞᆫ團體의主務되ᄂᆞᆫ者도亦同ᄒᆞᆫ바이라自己가居上ᄒᆞ야其所率ᄒᆞᄂᆞᆫ分子로ᄒᆞ야금何等의幸福을享케ᄒᆞᆷ을不得ᄒᆞ고自己가家長이라ᄒᆞᄂᆞᆫ看板만先衛로ᄒᆞ고其言其命만莫之違也ᄒᆞ면是ᄂᆞᆫ亡을自招ᄒᆞᄂᆞᆫ바이라世上에一身이던지一家던지一國이던지一社會던지一民族이던지亡ᄒᆞᄂᆞᆫ法은自古로人이亡케ᄒᆞᄂᆞᆫ것보다其亡을自招ᄒᆞᄂᆞᆫ것이라假令現代로言ᄒᆞ더라도世界에對ᄒᆞ야其强을矜ᄒᆞ고其富를誇ᄒᆞ던獨逸과如ᄒᆞᆫ國을見ᄒᆞ라這般世界大戰에其戰爭으로ᄂᆞᆫ決코他國의軍隊의蹂躙을當ᄒᆞᆫ者ㅣ아니요尊히自國의軍隊가佛國과露國々境에侵入ᄒᆞ야乘勝長驅ᄒᆞ얏스며大히其威力을示ᄒᆞᆫ者이라然이나今日에戰敗國이되야前日의其强을不見ᄒᆞ며國境을被奪ᄒᆞ며償金을被徵ᄒᆞ며貨幣馬克은不可形言ᄒᆞᆯ境遇에下落ᄒᆞ야全國民이生活을維持ᄒᆞᆯ道理가無ᄒᆞ기에至ᄒᆞᆷ은各種原因이有ᄒᆞ다ᄒᆞᆯ지라도畢竟은其國의居上者「가이쎄」前皇帝가大聲疾呼ᄒᆞ고一次號令ᄒᆞᆫ戰爭命令으로莫之違也ᄒᆞᆫ所以자아인가ᄒᆞ노라此ᄂᆞᆫ現代의事이어니와又「가이쎄」보다以前佛國大那翁을見ᄒᆞ라無論英傑이아님은아니로ᄃᆡ此亦他國이佛國又ᄂᆞᆫ大那翁을亡케ᄒᆞᆫ者ᄂᆞᆫ아니라보시요佛國歷史에大書特書ᄒᆞᄂᆞᆫ佛國의露國征伐을、佛國皇帝那巴崙이歐洲에셔覇權을執ᄒᆞ고天下를號令ᄒᆞᆯ時에英國이其範圍內에容易히入치아니ᄒᆞᆷ을憎ᄒᆞ야英國으로ᄒᆞ야곰困難에陷케ᄒᆞ기爲ᄒᆞ야平時封港을宣言ᄒᆞ얏ᄂᆞᆫᄃᆡ露國이此를不顧ᄒᆞ고英國과通商ᄒᆞᆷ으로那巴崙皇帝가大怒ᄒᆞ야露國을伐ᄒᆞ얏ᄂᆞᆫᄃᆡ此大戰에佛軍이露國現今都城「모스코」에入ᄒᆞ야大敗ᄒᆞ야那皇帝가單騎로歸來ᄒᆞ야那皇帝의勢力과

信用은一敗塗地ᄒᆞ고遂히「엘바」島에謫客이되얏도다此世界의英傑大那翁으로ᄒᆞ야곰此地境에至케ᄒᆞᆷ은中間的各種原因이有ᄒᆞ다ᄒᆞᆯ지라도那翁의唯其命也莫之違也ᄒᆞᆫ點에在ᄒᆞ다ᄒᆞ노라

以上은古代와現代에關ᄒᆞᆫ事이어니와現在에儒林家에셔子弟를敎育ᄒᆞᄂᆞᆫ事를觀ᄒᆞ라其家長이儼然張威ᄒᆞ고其子弟로ᄒᆞ야곰昏定晨省케ᄒᆞ며父親게告ᄒᆞᆯ事가有ᄒᆞᆫ時ᄂᆞᆫ門外에立ᄒᆞ야低頭向下ᄒᆞ고口不敢出說케ᄒᆞ며終日토록其出入을嚴禁ᄒᆞ야着網着冠ᄒᆞ고侍側케ᄒᆞᄂᆞᆫᄃᆡ其子弟로ᄒᆞ야곰維命是從ᄒᆞ야其規를善守ᄒᆞ다ᄒᆞ면其時에ᄂᆞᆫ世上의棄物이될터이요若不然ᄒᆞ야中途에世上物情에感觸되ᄂᆞᆫ時ᄂᆞᆫ一時에突變ᄒᆞ야新舊間에皆不成ᄒᆞ야一破落戶子弟됨을未免ᄒᆞ나니是其家長의繼其頑固也莫之違也ᄒᆞᆫ點에在치아니ᄒᆞᆯ가ᄒᆞ노라

以上의事實은此를證明ᄒᆞ야無疑ᄒᆞᆫ바인ᄃᆡ邦을興ᄒᆞ고家를興ᄒᆞ고社會를興ᄒᆞ고團體를興ᄒᆞ고民族을興ᄒᆞᆷ은此ᄂᆞᆫ難事이라玆에此를難事라ᄒᆞᆷ은即多數ᄒᆞᆫ人으로ᄒᆞ야곰均衡ᄒᆞᆫ幸福을享케ᄒᆞᆷ이難ᄒᆞ다ᄒᆞᆷ이라此가難事되ᄂᆞᆫ所以로能行ᄒᆞᄂᆞᆫ人은萬古의歷史에遺ᄒᆞ고人類의模範을成ᄒᆞᆷ이라故로如有博施於民而能濟衆이면何如ᄒᆞ니잇고可謂仁乎잇가ᄒᆞᄂᆞᆫ質問에對ᄒᆞ사孔子께셔曰ᄒᆞ시되何事於仁이라요必也聖乎ᅵᆫ뎌ᄒᆞ사고又曰ᄒᆞ사되堯舜도是로쎠病되시니라ᄒᆞ신蚤思ᄒᆞ노라

事ᄂᆞᆫ但其難을知ᄒᆞ고行치아니ᄒᆞ면不可ᄒᆞ며其行ᄒᆞᆷ을知ᄒᆞ고此에樂ᄒᆞᆷ을不知ᄒᆞ면不可ᄒᆞ나니是以로居上者ㅣ其興을圖ᄒᆞᆷ은勿論이어니와此를實行ᄒᆞᆷ을要ᄒᆞ며此를實行ᄒᆞᆷ에ᄂᆞᆫ不得已ᄒᆞ야實行ᄒᆞᄂᆞᆫ것보다其實行ᄒᆞᆷ을樂으로感ᄒᆞ고實行ᄒᆞᆷ이其成績과結果에至ᄒᆞ야顯著ᄒᆞᆫ差異가有ᄒᆞ나니居上者가其職務即幸福을增進ᄒᆞᄂᆞᆫ事를樂ᄒᆞᆷ을要ᄒᆞᄂᆞᆫ바이라樂ᄒᆞ고行ᄒᆞᄂᆞᆫ事ᄂᆞᆫ長久히繼續ᄒᆞ고樂치아니ᄒᆞ고不得已行ᄒᆞᄂᆞᆫ事ᄂᆞᆫ雖勉

## 論說

强ᄒᆞ야行ᄒᆞ다ᄒᆞᆯ지라도此ᄂᆞᆫ繼續ᄒᆞᆷ을不得ᄒᆞᆯ지로다故로其職務에對ᄒᆞ야樂ᄒᆞ다ᄒᆞᆷ은自己의所任을樂而行之ᄒᆞᄂᆞᆫ意로思ᄒᆞᄂᆞᆫᄃᆡ結局은責任을負ᄒᆞ고事를行ᄒᆞᄂᆞᆫ意라孔子께셔ᄂᆞᆫ斯道를闡明ᄒᆞ심으로己任을삼으샤此를行ᄒᆞ실時에發憤忘食ᄒᆞ시며樂而忘憂ᄒᆞ샤老의將至ᄒᆞᆷ을不知ᄒᆞ시고樂ᄒᆞ시면셔己任을行ᄒᆞ신바이나此ᄂᆞᆫ卽其責任을盡ᄒᆞ사死而後에已ᄒᆞ시ᄂᆞᆫ責任觀念이시니라

近來에儒者의責任이如何오總히朝鮮今日에在ᄒᆞ야其責任의觀念이完全ᄒᆞᆫ者ㅣ極尠ᄒᆞᆫ中尤極儒者에在ᄒᆞ야甚ᄒᆞᆷ이有ᄒᆞᆷ과如히感ᄒᆞᄂᆞᆫ點이不無ᄒᆞ도다前々朝以前時代ᄂᆞᆫ姑捨ᄒᆞ고李朝五百年間으로言ᄒᆞ면國政에參列ᄒᆞ고又一般社會에對ᄒᆞ야居上ᄒᆞᆫ者이是誰也오卽儒林의요儒者가是라國家의大小官吏를勿論ᄒᆞ고國祿을食ᄒᆞ고國家의行政、司法、立法、宗敎、山林、道德學者等에從事ᄒᆞᆫ者ᄂᆞᆫ皆儒林中으로브터出來ᄒᆞ얏도다其時에國家의組織이儒林이나儒者卽兩班이라ᄒᆞᄂᆞᆫ範圍以外에셔ᄂᆞᆫ此等事에關係ᄒᆞᆷ을不得ᄒᆞ게되야잇섯든바이라此에對ᄒᆞ야今日에其責任을儒者에게問코져ᄒᆞᆷ은아니로ᄃᆡ事實은如右ᄒᆞ얏고又其外에村々坊々面々에至ᄒᆞ기ᄭᆞ지其勢力은宏大ᄒᆞ얏든터이라李朝中葉以上에在ᄒᆞ야ᄂᆞᆫ或儒者의意義가全然히沒却되얏던것은아니라然이나中葉以下에至ᄒᆞ야ᄂᆞᆫ百弊가層生疊出ᄒᆞ야結局은各種社會를維持ᄒᆞᆷ을不得ᄒᆞ거에至ᄒᆞ얏ᄂᆞ니試思ᄒᆞ라友人이任官ᄒᆞ야外任에赴ᄒᆞ게되면此를祝賀ᄒᆞᄂᆞᆫ言이別言이아니라「히롬지아녀ᄒᆞᆫ자라」라ᄒᆞᄂᆞᆫ도다此言語中에ᄂᆞᆫ其友人이國家의重任을當ᄒᆞ야其地位가任大責重ᄒᆞᆫ故로此를「히롭자아니」ᄒᆞ다고ᄒᆞᄂᆞᆫ意가아니라其官은外任으로言ᄒᆞ면其郡이隱結이多ᄒᆞ고其他의竊食ᄒᆞᆯ材料가多ᄒᆞᆷ을祝賀ᄒᆞᆷ이니官吏가되야國家의先導者로其責任의如何를思ᄒᆞ고云謂ᄒᆞᄂᆞᆫ意ᄂᆞᆫ아니라此時代ᄂᆞᆫ業已經過

ᄒᆞ얏거니와其後에ᄂᆞᆫ全然與世相違ᄒᆞ야世ᄂᆞᆫ世。我ᄂᆞᆫ我로杜門不出ᄒᆞ고甚ᄒᆞᆷ에至ᄒᆞ야ᄂᆞᆫ子弟의敎育ᄭᆞ지誤ᄒᆞ게ᄒᆞᄂᆞᆫ者가不尠ᄒᆞ나其將來ᄂᆞᆫ如何ᄒᆞᆫ點에落結ᄒᆞᆯ가吾輩ᄂᆞᆫ甚히憂慮ᄒᆞᄂᆞᆫ바이라世上은一人의世上이아니요世上은儒敎徒의世上이아니요世上은朝鮮人徒의世上이아니요世上은東洋黃人種徒의世上이아니요其外에도多數ᄒᆞᆫ世上이有ᄒᆞᆷ을記憶치아니ᄒᆞ면不可ᄒᆞᆫ同時에如何ᄒᆞ면我卽儒者에게擔責되ᄂᆞᆫ、儒者에게所任되ᄂᆞᆫ事를發展ᄒᆞ고興起ᄒᆞ고繁榮케ᄒᆞ고傳播ᄒᆞ고堅固케ᄒᆞ고正直케ᄒᆞᆯ事를思量치아니ᄒᆞ면社會에永々히落伍者됨을未免ᄒᆞᆯ지라儒者自己自身이落伍者되고自己自身이棄物됨은姑捨ᄒᆞ고其一族、一家、子孫이皆落伍ᄒᆞ고棄物됨을未免ᄒᆞᆯ지라如此ᄒᆞᆫ地境에陷ᄒᆞ고如此ᄒᆞᆫ地境에陷케될지라또其責任의所在를不知ᄒᆞ고其誰咎됨을不辨ᄒᆞ면是儒道의本意에適合ᄒᆞᆯ가孔夫子敎訓에適當ᄒᆞᆯ가吾ᄂᆞᆫ반다시本意도아니요其敎訓에도適當ᄒᆞᆫ것이아니라斷言코져ᄒᆞ노라

儒敎의本意와孔夫子의敎訓은如右ᄒᆞᆫ것이아니라人類生活에對ᄒᆞ야最히圓滿ᄒᆞᆫ方法을敎코져ᄒᆞ심이라古來로吾人의人倫關係ᄂᆞᆫ東洋의大部分이此에根據ᄒᆞᆫ바인ᄃᆡ彼三綱五倫과如ᄒᆞᆷ은其骨子라謂ᄒᆞᆷ을得ᄒᆞᆯ지로다此를世에廣케ᄒᆞ고此道를世에行케ᄒᆞ고否ᄒᆞᆷ은儒者의活動與否에在ᄒᆞᆫᄃᆡ儒者의而今狀態ᄂᆞᆫ如何ᄒᆞᆫ가或未知커니와現在의儒林이나儒者니ᄒᆞᄂᆞᆫ人物로ᄂᆞᆫ此事를遂行ᄒᆞᆷ을不得ᄒᆞᆯ지라他方面人物이儒界에入ᄒᆞ거나又ᄂᆞᆫ現今儒者를改造ᄒᆞ거나ᄒᆞᆫ가前에ᄂᆞᆫ責任잇ᄂᆞᆫ行動을ᄒᆞᄂᆞᆫ斯界의人을求ᄒᆞ기不能ᄒᆞᆯ가ᄒᆞ노라

自己의責任에樂ᄒᆞ고自己의所擔에樂ᄒᆞ야行ᄒᆞᄂᆞᆫ事가아니면其生命이未久ᄒᆞᆷ을吾人은切言ᄒᆞᄂᆞᆫ同時에孔夫子의言을實行ᄒᆞ라孔夫子의行蹟을模範ᄒᆞ라ᄒᆞᄂᆞᆫ語를大聲附託ᄒᆞ노라

論說

# 儒道本義

敬菴 金漢禧

儒之爲道不過曰順天理安人情而已夫君臣父子兄弟夫婦朋友是源乎天而不容斯須闕焉則爲子而孝爲臣而忠爲弟而恭爲婦而順爲朋友而信然后可以順其理安其情而民生遂天下理矣此豈人爲之所騁私而强名者哉故是道也猶飮食者必飽衣服者必煖平正茂實無一毫荒誕浮虛新奇杳茫之弊矣特其末弊也文耳一自文勝之弊以儒自名者惟修飾邊幅而不究其奥進取者惟圖榮利而未嘗講到修齊治平之方使聖賢立敎本意遂渙散而不復明矣世見其如此爭以儒道腐爛無所用焉侮詈輕蔑上及聖賢而無所顧忌嗚呼豈其然乎是蓋假名遺實者之過也非儒敎眞髓之有欠缺也玆用本意八條述此管見

立綱紀明人倫任賢能均田地薄稅斂省刑罰興學校來百工綱紀立上下定矣人倫明孝悌行矣賢能任君主明矣田地均兼幷無矣稅斂薄百姓富矣刑罰省民心得矣學校興英才育矣百工來財用足矣

綱紀有三父爲子綱君爲臣綱夫爲婦綱非父不生非君不食非夫無所夫孝爲事親之綱忠爲事君之綱貞烈爲事夫之綱綱如網之有綱雖有千萬目無綱不可以爲網可以人而無綱紀乎此國之大政也

右立綱紀

人倫有五父子有親君臣有義夫婦有別長幼有序朋友有信因識而列之下方

父生母育報德無垠惟心其心勿身爾身愉悅承順定昏省晨義理當曉厲責非仁爲慈爲孝是謂有親

君々臣々各正其位治民事君堯舜爲至殘虐無道幽厲得謚諂諛求藤亂賊何忌以禮以忠是曰有義

夫唱婦隨嚴整閨闈萬福生源二姓情結禽獸無恥戒爾淫佚莫爲嫉妬固守貞烈外正內順是爲有別

年高年卑各盡所處以長勿傲以少勿拒溫柔顔貌敬信言語人而無禮詩刺相鼠曰愛曰恭是乃有序

友以其德先施勿吝淡水以交甘蜜是愼歟而斯疏久敬無斁有過相規見善益進會文輔仁是以有信

右 明人倫

孟子曰尊賢使能俊傑在位則天下之士皆悅而願立於其朝矣故舜有五人而天下治湯立賢無方武王有亂臣十人此皆尊賢使能也士皆願立於其朝則雖小國必爲政於天下矣

右 任賢能

夏后殷周之盛五十而貢七十而助九一而徹其實皆十一也今也十一而均民皆仰事俯育而親上死長矣且土地人主之所以養民者也自井田之廢民人擅爲賣買兼幷生焉國之土地民何擅賣計口均田可也夫田有肥瘠每口上土二斗畝中三斗畝下四斗畝一面擇置田畯計數分定以勸農業也每斗畝賦上五斗中三斗下一斗富歲以爲常凶歲不必取盈且勸棉桑以勸女績其他物産海錯自有常貢

右 均田地

孟子曰得天下有道得其民斯得天下矣得其民有道得其心斯得民矣得其心有道所欲與之取之所惡勿施於人故民心無常惟惠之懷明君必取之於民有制十一而賦足以爲用矣如從己之欲以實倉廩浚民之膏澤以肥厩

馬使民仰事俯育因有其日而暴吏索租稱貸而益之怨聲聞天饑莩轉壑民何戴后々非民罔與守邦倉廩雖如坻
如墉何足恃哉故曰財散則民聚財聚則民散民富則君富是故君富藏於民也虐民聚斂藏於何所也孔子曰如有
聚斂之臣寧有盜臣此甚言聚斂之不可也爲人臣者可不戒哉

右 薄 稅 斂

帝典曰象以典刑流宥五刑鞭作官刑扑作教刑金作贖刑眚災肆赦怙終賊刑欽哉々々惟刑之恤哉皐陶曰罪
疑惟輕功疑惟重聖人之制刑是不得已也示民有典刑禁其不正而已豈刑人乎哉是故禹見獄有囚而泣之文王
視民如傷盖其無知犯法情可矜不可加以刑而寬之刑期于無刑也後世人主濫刑無已謂善無益謂暴無傷視民
如草芥非墨則劓非剕則宮辟民無所措手足矣民之所欲天必從之可長也夫

右 省 刑 罰

惟經惟史載道與事精玩熟讀千古惟近修齊治平我亦其人貽謨來學勿墜學業
先讀小學於灑掃應對進退之節禮樂射御書數之文一々講習力行焉
次讀大學於格物致知誠意正心修身齊家治國平天下之道一々玩索而窮理焉
次讀論語於求仁爲己涵養本源之功一々精思而深體之
次讀孟子於明辨義理遏人欲存天理之訓一々明察而擴充之
次讀中庸於性情之德推致之功位育之妙一々誠心而有得焉
次讀詩經於性情之邪正善惡之褒戒一々潛繹感發而懲創之

次讀書經於二帝三王治天下之大經大法一々領要而遡本焉
次讀易經於吉凶存亡進退消長之幾一々翫玩而研究焉
次讀禮經於天理之節文人事之儀則一々講究而有立焉
次讀春秋於聖人賞善罰惡抑揚繰縱之微辭奧義一々精硏而契悟焉
五書五經循環理會不已使義理日明而宋之先儒所著近思錄心經家禮二程全書朱子大全語類及他性理之說宜間々精讀使義理常々浸灌吾心無時間斷而餘力亦覽綱目其他國史通古今達事變以長識見若異端雜儒不正之書不可頃刻披閱也

右興學校

人生在世宮闕家屋不可不造舟車橋梁不可不通律度量衡不可不同耒耜鋤鎛釜鼎器皿不可不備此皆百工之所爲也且通工易事農工相資則上下俱足得用生財得財贍用

右來百工

漢蘼也固陋駑下少日未嘗致力於學問實際而歲月不爲人少借鏡裏頭髮黑白將半豈復有意於當世之事也第見時事大變風潮捲地其行乎身出乎口者激發矯厲欲求見古昔之彷彿而不可得私自憂歎有時仰屋而已今幸凡石元公槃阿石公同莅首府齋爲以救時弊復古道自任遂鄕會而名之曰儒道彰明未論其實而只此名稱已不輕矣於是省中人士皆聳聽而樂道焉余雖極無私猶爲主人邊之一分子安能無欣動感發之思而且被不外屬其一言遂忘其僭拙述之如右焉

# 歐米視察談

京城高普校敎諭 森爲三

此視察談은同敎諭가光州에서開催된公立普通學校敎員夏期講習會에迎聘되얏든時에光州市民의熱望에依ᄒᆞ야同地小學校講堂에서試ᄒᆞᆫ一般視察談인ᄃᆡ特히此ᄂᆞᆫ同敎諭의承諾을經ᄒᆞ야儒林讀者의參考에供키爲ᄒᆞ야玆에揭載홈

如此ᄒᆞᆫ苦熱을不顧ᄒᆞ시고多數히來聽ᄒᆞ심은本人의게無上ᄒᆞᆫ光榮으로思ᄒᆞᄂᆞ이다

元來今次의旅行은視察이라ᄒᆞ기보다出張이얏섯ᄂᆞᆫᄃᆡ此ᄂᆞᆫ動植物硏究의目的이얏섯스나其硏究도充分치못ᄒᆞ고又今夕에話呈코져ᄒᆞᄂᆞᆫ材料도別無ᄒᆞ야或은期待ᄒᆞ시든意思에能副치못ᄒᆞᆯ事ᄂᆞᆫ豫先謝ᄒᆞ오며且又各國을短時日에行盡ᄒᆞ온바實은言語도充分치못ᄒᆞ야或其視察이錯誤된바이有ᄒᆞᆯᄂᆞᆫ지未知ᄒᆞ오나但直接으로見聞ᄒᆞ고又ᄂᆞᆫ感ᄒᆞᆫ事를大體短篇的으로演述코져ᄒᆞᄂᆞ이다

昨年卽大正十一年三月에神戶에서出帆ᄒᆞ야英京倫敦으로向ᄒᆞ야「켐브리취」大學에서六箇月을經過ᄒᆞ고又法京巴里에往ᄒᆞ야三週間을滯在ᄒᆞ고伊太利國의各地古跡을訪問ᄒᆞ고瑞西國을經ᄒᆞ야「알프쓰」大山에登ᄒᆞ고「디뉴릿히」「뮨헨」에往ᄒᆞ야三箇月을滯在ᄒᆞ고自此로「쎄루스텐」으로브터新興國「디에그스」「로ㅣ쌔기야」을通過ᄒᆞ야去年大戰에甚히疲弊ᄒᆞᆫ墺地利國의都會「우인나」에入ᄒᆞ야匈牙利國으로브터獨

逸國都伯林으로入ᄒᆞ야又倫敦에逆行ᄒᆞ얏ᄂᆞ이다次에大西洋을渡ᄒᆞ야米國에往ᄒᆞ야三箇月間硏究ᄒᆞ고歸國ᄒᆞ얏ᄂᆞ이다

第一英國에遊ᄒᆞᆫ印象으로브터話呈코저ᄒᆞᆸᄂᆞᆫᄃᆡ今次不肖가視察ᄒᆞᆫ各國中에ᄂᆞᆫ英國이第一整頓되야一般國民이訓鍊된貌樣으로感ᄒᆞ얏ᄂᆞᆫᄃᆡ英國民은國民으로ᄒᆞ야理想的으로訓鍊되야잇ᄉᆞᆸ니다勞働者도紳士인ᄃᆡ所謂「젠틀만」이라ᄒᆞᄂᆞᆫ紳士道를遵守ᄒᆞ야잇ᄉᆞᆸ니다人을見ᄒᆞ야도商店에入ᄒᆞ야도又大學을訪問ᄒᆞ야도何處든지甚히沈着寬大ᄒᆞᆫ點이뵈입니다社會道德도英國이其中發達된貌樣인ᄃᆡ英京倫敦最繁華街路十字線上에立ᄒᆞᆫ交通巡査ᄂᆞᆫ手指一本으로其雜沓ᄒᆞᆫ交通을整理ᄒᆞ야잇ᄂᆞᆫ事ᄂᆞᆫ有名ᄒᆞᆫ談話올시다世界各國도皆此事를行ᄒᆞ고잇ᄉᆞ나事實上法京巴里「샨제리제」通에셔ᄂᆞᆫ自働車等의高速度交通機關이頻繁ᄒᆞᆫ往來로因ᄒᆞ야村人等의路上橫斷이甚히困難ᄒᆞ지마ᄂᆞᆫ英國에셔ᄂᆞᆫ交通機關이充備ᄒᆞ야何等의念慮가無ᄒᆞ고英國에ᄂᆞᆫ地中의鐵管을「디고부」라ᄒᆞᄂᆞᆫᄃᆡ其中으로電車가通行ᄒᆞ며其深은地中三百五十英尺에達ᄒᆞ야잇도다此地中의交通網은其文字와如히網과如히되야잇고地上의交通으로言ᄒᆞ면殆히地上鐵線이無ᄒᆞ고全部乘合自働車인ᄃᆡ乘合自働車와如ᄒᆞᆫ것도乘客이滿員되ᄂᆞᆫ時ᄂᆞᆫ事務員이滿員이라ᄒᆞᄂᆞᆫ一言에追後로乘車ᄒᆞ얏든人이順位로皆下車ᄒᆞ며我國에셔電車에乘降홈과如ᄒᆞᆫ狀態ᄂᆞᆫ不見ᄒᆞ겟고又暫間衣服에接觸되ᄂᆞᆫ時ᄂᆞᆫ「아넘쏘리」라ᄒᆞᄂᆞᆫ言을發ᄒᆞ며低頭ᄒᆞ야陳謝ᄒᆞ며勞働者도亦然ᄒᆞᄂᆞ이다然ᄒᆞᆫᄃᆡ其陳謝을受ᄒᆞᆫ人은「네브마인」이라謙辭을用ᄒᆞ야實로好紳士의態度을示ᄒᆞᄂᆞ이다日本의某處을言ᄒᆞ면如此ᄒᆞᆫ境遇에卽時「쎄라

ᄒᆞ며」라ᄒᆞᄂᆞᆫ下等語를發ᄒᆞ고又腕을拔ᄒᆞ며聲을高ᄒᆞ더인ᄃᆡ如此히紳士的言語로交換되야其境을終ᄒᆞᄂᆞᆫ도다演劇場과如ᄒᆞᆫ處所에坐ᄒᆞ야도入場ᄒᆞᆯ時에互相推々ᄒᆞᆷ과如ᄒᆞᆫ事ᄂᆞᆫ絶無ᄒᆞᆫᄃᆡ八時頃브터始演ᄒᆞᆯ時에ᄂᆞᆫ六時頃브터入場케ᄒᆞᄂᆞᆫᄃᆡ規則이整齊ᄒᆞ게一列縱隊을作ᄒᆞ고待在ᄒᆞᄂᆞᆫ故로此時에掛床等을持來ᄒᆞ야幾錢의賃金으로此를貸ᄒᆞᄂᆞᆫ事가有ᄒᆞ며又其場所를保存ᄒᆞ면셔新聞等을見ᄒᆞᄂᆞᆫᄃᆡ實로其氣色의悠然ᄒᆞᆫ點이有ᄒᆞᆷ을認ᄒᆞ겟더라又演劇이終了ᄒᆞ야退場ᄒᆞᄂᆞᆫ時라도何時에演劇이終了ᄒᆞ얏ᄂᆞᆫ지不知ᄒᆞᆯ만ᄒᆞᆫᄃᆡ日本으로言ᄒᆞ면一幕以前브터履物을持來ᄒᆞᄂᆞᆫ等其雜沓이不一ᄒᆞᆫᄃᆡ英國의人民은常識이十分發達ᄒᆞ야잇ᄂᆞᆫ事ᄂᆞᆫ欽羨ᄒᆞᆷ을不已ᄒᆞᄂᆞᆫ바이라

「하이드싸ㅣ크」와如ᄒᆞᆫ處에셔ᄂᆞᆫ每日四組乃至十組의演說者가有ᄒᆞᆫᄃᆡ本人이此處에往ᄒᆞ얏든其時에「만쥬스다」의勞働爭議가有ᄒᆞ든當時인ᄃᆡ勞働者가盛히氣焰을擧ᄒᆞ야大大的屋外路上演說을行ᄒᆞ고又一便을見ᄒᆞ면英國의道德이墮地ᄒᆞ얏다此ᄂᆞᆫ上帝를不信ᄒᆞᄂᆞᆫ所以라ᄒᆞ야宗敎家의熱辯이有ᄒᆞ며又一便을回顧ᄒᆞ면南阿戰爭의負傷軍人即廢兵等이熱心으로群衆에向ᄒᆞ야我等南阿戰爭關係者ᄂᆞᆫ這回大戰關係者에比較ᄒᆞ면其優遇方法이公平치아니ᄒᆞ다고不平을訴ᄒᆞᆫ다又這便을見ᄒᆞ면或人이盛히英國의帝王을攻擊ᄒᆞᄂᆞᆫ者도有ᄒᆞᆫᄃᆡ聽衆은皆靜肅히端立ᄒᆞ야此를聽ᄒᆞ고冷靜히此를批評ᄒᆞᄂᆞᆫᄃᆡ自己의意見에不合ᄒᆞᄂᆞᆫ點이有ᄒᆞ면此를質問ᄒᆞ고直時此에共鳴ᄒᆞ야附和雷同ᄒᆞᄂᆞᆫ事가無ᄒᆞ며演說에醉치아니ᄒᆞᄂᆞᆫ事를感心ᄒᆞ얏노라然ᄒᆞᆫᄃᆡ英國民은勤務時間과遊ᄒᆞᄂᆞᆫ時間과의區別이非常히嚴重ᄒᆞ야일ᄒᆞᄂᆞᆫ時ᄂᆞᆫ其力을盡ᄒᆞ야此를行ᄒᆞ고遊ᄒᆞ

ᄂᆞᆫ時間에ᄂᆞᆫ亦徹底的으로遊ᄒᆞᆯ時오六時가되면商店은皆閉鎖ᄒᆞ고夕飯을喫ᄒᆞ고八時브터ᄂᆞᆫ演劇場이나活動寫眞館에往ᄒᆞᄂᆞᆫ듸土曜日은半休요日曜日은勿論이라商店中에ᄂᆞᆫ飮食店、烟草店、菓子店外에ᄂᆞᆫ皆閉鎖ᄒᆞᆫ다三井物産會社倫敦支店과如ᄒᆞᆫ處所에ᄂᆞᆫ百人假量의事務員이有ᄒᆞᆫ듸其中에五十人은英國人이라皆上衣을脫ᄒᆞ고其力을盡ᄒᆞ야事務를執ᄒᆞ며電車의車掌과如ᄒᆞᆫ人도歸宅ᄒᆞ면「오ᅳ간」이나「피아노」一臺ᄂᆞᆫ皆備置ᄒᆞ야趣味가有ᄒᆞᆫ生活을營ᄒᆞᄂᆞᆫ터인듸其生을樂ᄒᆞᄂᆞᆫ風이有ᄒᆞ야用事가終ᄒᆞᄂᆞᆫ時ᄂᆞᆫ愉快히遊ᄒᆞ야運動이던지音樂이던지此의趣味을有ᄒᆞ야其生을樂ᄒᆞᄂᆞᆫ도다

輓近歐洲의風俗이甚히頹敗ᄒᆞ얏스나英國은大陸에比ᄒᆞᆫ즉尙今嚴格ᄒᆞᆫ貌樣이라假令酒을賣ᄒᆞᆷ에도其時間을定ᄒᆞ야十一時가되면一齊히電燈을消火ᄒᆞ고酒을賣치아니ᄒᆞ더라一時相從ᄒᆞᆷ에ᄂᆞᆫ如此히紳士的態度을維持ᄒᆞ나金錢問題에至ᄒᆞ야ᄂᆞᆫ甚히嗇ᄒᆞ며或은不體裁의事도演ᄒᆞᆷ이不尠ᄒᆞ도다金錢이라ᄒᆞ면顔色을變ᄒᆞᄂᆞᆫ되此ᄂᆞᆫ特히大戰以後로브터甚ᄒᆞᆫ貌樣이라彼大戰은如此히金錢에對ᄒᆞᆫ觀念을重케ᄒᆞᄂᆞᆫ結果를齎來ᄒᆞ얏다金錢을購着ᄒᆞᄂᆞᆫ事도實로不尠ᄒᆞᆫ貌樣이다日本人은細音關係에剩餘金을調査치아니ᄒᆞ고其機籤에入ᄒᆞᄂᆞᆫ慣習이有ᄒᆞᆷ으로此를知ᄒᆞᆫ彼等은日本人을見ᄒᆞ면不正當ᄒᆞᆫ事를行ᄒᆞ야困難ᄒᆞᆫ事도不無ᄒᆞ도다汽車의切符等을買ᄒᆞᆫ時에其剩餘金을購着ᄒᆞᄂᆞᆫ事가恒有ᄒᆞ도다此基督敎國되ᄂᆞᆫ英國에서도近來의靑年等은非常히墮落된貌樣이라從來ᄂᆞᆫ敎會에서ᄂᆞᆫ道德을尊崇ᄒᆞ던터인듸近來ᄂᆞᆫ道德이微弱ᄒᆞ야老人等은嘆息ᄒᆞ며今의靑年等은日曜禮拜日에郊外에去ᄒᆞᆯ뿐이오或日曜日에敎會에去ᄒᆞᄂᆞᆫ靑年은結婚의準備에不過ᄒᆞᄂᆞᆫ도다

青年이 敎會에 去ᄒᆞ야 在ᄒᆞᆷ을 見ᄒᆞᆫ 時ᄂᆞᆫ 彼ᄂᆞᆫ 結婚ᄒᆞᆫ다 云ᄒᆞᆫ人도잇다　次에 青年少女等의 無節裁ᄒᆞᆫ 貌樣은 又可憐ᄒᆞᆫ만ᄒᆞᆫ데 普通、人의 前에셔 煙草를 吸ᄒᆞ며 英國에 在ᄒᆞ야ᄂᆞᆫ 今回 大戰에 男子가 多數 戰死ᄒᆞᆫ 故로 女子數가 男子보다 百五十萬人이 多ᄒᆞ다 ᄒᆞᄂᆞᆫ데 萬物百貨店等에 往ᄒᆞ야 見ᄒᆞ면 實로 女子뿐이오 又大路에 通行ᄒᆞᄂᆞᆫ人을 見ᄒᆞ야도 四分의 三은 女子라 結婚이 非常히 極難ᄒᆞᆫ데 女子ᄂᆞᆫ 道路上에 通行ᄒᆞᆯ 時에 盛裝ᄒᆞ야 男子의 眼에 留ᄒᆞ도록 ᄒᆞᄂᆞᆫ 貌樣이라 彼地의 法律에ᄂᆞᆫ 離婚이 極難ᄒᆞᆫ 所以로 一次結婚ᄒᆞᆫ 以上은 女子가 大端히 强ᄒᆞ다 ᄒᆞᆫ다 大槪 朝夕食事時에도 女子ᄂᆞᆫ 正面에 坐ᄒᆞ고 男子主人이 飯을 盛ᄒᆞ야 正面에 坐ᄒᆞᆫ 婦人女子에게 進呈ᄒᆞᄂᆞᆫ데 食後의「홉케ーㄱ」은 女主人이 分配ᄒᆞᆫ다「쌰ー」에 가면 女子가 盛히 麥酒를 飮ᄒᆞ며 其中에「휘스기」、麥酒를 傾ᄒᆞᄂᆞᆫ 等 實로 怪異ᄒᆞᆫ데 如此ᄒᆞᆫ 所致로 稅金의 高ᄒᆞᆫ 事ᄂᆞᆫ 一驚을 喫ᄒᆞᆯ 일이 다 博物館의「브로페사」의 年俸이 一萬圓 안데 六千圓의 稅金을 支撥ᄒᆞᆷ이 普通이 다 新聞紙上에ᄂᆞᆫ 米國에 報償ᄒᆞᆯ 金額을 減ᄒᆞ라고 喧囂ᄒᆞ나 內實은 計劃이 有ᄒᆞᆫ 貌樣인데 苦心慘膽으로 償却을 期圖ᄒᆞᆷ은 感心ᄒᆞ얏노라 英國의 談話ᄂᆞᆫ 此로 써 終了ᄒᆞ고 次에ᄂᆞᆫ「되ー쌰ー」海峽을 渡ᄒᆞ야 佛國에 入ᄒᆞ얏ᄂᆞᆫ데 第一로 佛京巴里에 入ᄒᆞ얏노라 此를 大觀ᄒᆞ야 其大體를 知ᄒᆞᆷ에ᄂᆞᆫ高處로브터 俯瞰ᄒᆞᆷ이 必要ᄒᆞᆯ가 ᄒᆞ야「엣펠」塔에 登ᄒᆞ야 觀察ᄒᆞ얏노라 巴里의 市街ᄂᆞᆫ 中心點으로브터 放射的으로 大道路가 規則的으로 整頓되야 規畫이 整然美麗ᄒᆞᆫ 理想的市街이라「서느」河에 橫在ᄒᆞᆫ 幾多大小의 橋梁을 見ᄒᆞᆫ건데 一이라도 同一ᄒᆞᆫ 形體가 無ᄒᆞ며 總히 其周圍의 建物은 地形과의 調和를 取ᄒᆞ야 建築ᄒᆞᆷ은 此國의 人이 如何히 美術觀念에 富ᄒᆞᆷ을 可窺ᄒᆞᆯ 것고 又「오페라」에 往見ᄒᆞ얏ᄂᆞᆫ데 果然 其名에 負치 아니ᄒᆞᄂᆞᆫ 美人과 流行

의本場이라此「오쎄라」보다도劇場의散步場에셔散步ᄒᆞᄂᆞᆫ美人을見ᄒᆞ니實노目眩ᄒᆞ더라古人詩에孔雀徐開扇影還이라ᄒᆞ더니孔雀의羽로써製造ᄒᆞᆫ扇子을手에持ᄒᆞ고徐々히淸風을送ᄒᆞ면셔奇麗ᄒᆞᆫ女子等이混雜ᄒᆞ야往來ᄒᆞᆷ은實로天上雲間에仙女等이往來ᄒᆞᆷ과如ᄒᆞ더라然이나佛國에도村里에入ᄒᆞᄂᆞᆫ時ᄂᆞᆫ其質素ᄒᆞᆷ이朝鮮人과如ᄒᆞᆫ點도有ᄒᆞᆫ듸木靴卽木屐을着ᄒᆞᆫ人이多ᄒᆞ더라其次에伊太利國에往ᄒᆞ얏ᄂᆞᆫ듸此國은一人의旅行이危險ᄒᆞ다ᄂᆞᆫ故로友人中同行者ᄅᆞᆯ募集ᄒᆞ야同伴ᄒᆞ야旅行ᄒᆞ얏다此伊太利旅行에ᄂᆞᆫ何物이던지二三個被盜치아니ᄒᆞᆷ이無ᄒᆞ다ᄒᆞᆫ다寫眞機等을被盜ᄒᆞᆷ이多數됨을聞ᄒᆞ얏노라「나보리」에ᄂᆞᆫ有名ᄒᆞᆫ下位氏가在ᄒᆞᆫ듸此人은一家을擧ᄒᆞ야伊太利에往ᄒᆞ야日伊의親睦接近을圖ᄒᆞ며又眞正ᄒᆞᆫ伊太利國의紹介에當ᄒᆞᆷ으로써己任을삼ᄂᆞᆫ人이라此人의家에ᄂᆞᆫ「안도니ㅣ」라ᄒᆞᄂᆞᆫ日本人을好ᄒᆞᄂᆞᆫ少年이有ᄒᆞᆫ듸日本으로브터來ᄒᆞᄂᆞᆫ旅人等을案內ᄒᆞ야名所舊蹟을觀光케ᄒᆞᆫ다「베스쎄오」火山에登ᄒᆞ야「게ㅣ블가」에往ᄒᆞ얏든時에人山人海ᄒᆞ야多數ᄒᆞᆫ時間을待치아니ᄒᆞ면不可ᄒᆞ게되얏ᄂᆞᆫ듸此「안도니ㅣ」가大聲으로「자쌘나」卽日本人이라ᄒᆞᄂᆞᆫ語을發ᄒᆞ얏드니其係員等이急히親切히辟人ᄒᆞ고本人等을車에率先案內ᄒᆞ야觀光케ᄒᆞ얏다英米人等은不平을鳴ᄒᆞ얏스나痛快ᄒᆞ얏다伊太利國에ᄂᆞᆫ火山이多ᄒᆞ고各種點에就ᄒᆞ야日本과類似ᄒᆞᆫ듸伊太利國에ᄂᆞᆫ天才的으로世界의偉大ᄒᆞᆫ人物이出ᄒᆞᆫ다假令世界的聲樂家「가루소」도「나보리」의人이라感情的又ᄂᆞᆫ天才的되ᄂᆞᆫ點은羅甸民族의特徵인듯ᄒᆞ다

其次에獨逸에來見ᄒᆞ니旅館은滿員이오「쌔ᄋᆞ」에셔ᄂᆞᆫ盛히酒ᄅᆞᆯ賣ᄒᆞᄂᆞᆫ듸表面으로甚히盛況을呈ᄒᆞ나個人

의家庭에入ᄒᆞ야見ᄒᆞᆫ던大端히困難ᄒᆞᆫ貌樣을感ᄒᆞᄂᆞᆫ도다就中中產階級以上及智識階級이非常히困難ᄒᆞᆫ貌樣이오勞働者ᄂᆞᆫ比較的困難치아니ᄒᆞᆫ듯ᄒᆞ다馬克에信用을置치아니ᄒᆞᄂᆞᆫ故로商去來ᄂᆞᆫ全然히馬克으로써行치아니ᄒᆞ고他人의名義로外國銀行을通ᄒᆞ야此를行ᄒᆞᆫ다然홈으로銀行에坐見ᄒᆞ면金錢은一分도無ᄒᆞᆫᄃᆡ英佛이如何히積金을徵收코져ᄒᆞᆯ지라도金錢이無ᄒᆞ면無益이라ᄒᆞᆫ다그리ᄒᆞ야馬克貨幣를無數히賣出ᄒᆞ면馬克의時勢ᄂᆞᆫ尤益下落ᄒᆞᄂᆞᆫᄃᆡ工場等의勞銀은益々騰홈으로實業家等은其騰ᄒᆞᆫ勞金으로物品을製造ᄒᆞ야金貨去來를外國에對ᄒᆞ야行ᄒᆞ야鉅利를得ᄒᆞᄂᆞᆫ貌樣이오一便으로國內의物價ᄂᆞᆫ非常히騰貴ᄒᆞ야俸給生活者等은大困難인ᄃᆡ大學校敎授等이十五萬馬克의月給을受ᄒᆞᄂᆞᆫᄃᆡ日本貨로ᄒᆞ면十五圓이라勞働者와如ᄒᆞᆫ者ᄂᆞᆫ馬克의時勢에應ᄒᆞ야去ᄒᆞᄂᆞᆫ故로官吏와如ᄒᆞᆫ困難은無ᄒᆞᆫ貌樣이다馬克의時勢가如此히下落ᄒᆞ기前에ᄂᆞᆫ相當ᄒᆞᆫ生活을營ᄒᆞ든大學校敎授等이全히營養이不足ᄒᆞ야顏에菜色이有홈과如ᄒᆞ고電車賃金은百五十萬馬克인ᄃᆡ日本貨로換算ᄒᆞ면一錢五厘라伯林都에셔吾人의眼에留ᄒᆞᄂᆞᆫ事ᄂᆞᆫ露西亞人이多ᄒᆞᆫ事이다戰後에陸續流入ᄒᆞ야現在에ᄂᆞᆫ實로三百萬人에達ᄒᆞᆫ바馬克貨의下落은各種喜悲劇을演ᄒᆞᄂᆞᆫᄃᆡ公債와銀行利子等으로生活ᄒᆞ던者의困難은實로慘憺ᄒᆞ다本人이寄留ᄒᆞ고在ᄒᆞᆫ家의主婦ᄂᆞᆫ四十假量의婦人인ᄃᆡ元來大金滿家의女息으로大戰前百五十萬馬克卽其時에日本貨로七十萬圓假量을其親家에셔受ᄒᆞ야相當以上에生活을營ᄒᆞ던터인ᄃᆡ本人이寄留當時ᄂᆞᆫ一百五十圓財產에不過ᄒᆞ얏ᄂᆞᆫᄃᆡ其後에又新聞을見ᄒᆞᆫ건ᄃᆡ更大下落이라ᄒᆞ니現今時勢로ᄂᆞᆫ僅히三圓財產에不過ᄒᆞᆯ터이라若今如何히生活ᄒᆞᄂᆞᆫ지同情을不禁ᄒᆞᄂᆞᆫ바現今獨逸國에셔流行ᄒᆞᄂᆞᆫ言에節用貯蓄과濫用多飮이何者有利ᄒᆞᆫ가ᄒᆞᄂᆞᆫᄃᆡ結局은濫用多飮이得이라ᄒᆞᄂᆞᆫ도다何故

오혼면 酒百本을 飮혼 後其空瓶을 置혼 後空瓶一個에 百馬克卽日本貨로 一錢五厘도 ᄒ니 百本에 一圓五十錢
金은 徹宵ᄒ야 剩餘ᄒ나 銀行等에 貯金ᄒ얏든 者도 飮酒치 되아 ᄒ야 ᄒ고 節用ᄒ다가 不知中에 馬克時勢가 暴落ᄒ도
時ᄂᆫ 一錢도 無ᄒ다 物件은 馬克의 時勢와 如히 急速下落치 안ᄒ나 ᄒᆫ 故로 新聞을 見ᄒ고 馬克의 時勢가 下落ᄒ
얏다 ᄒ면 市街ᄂᆫ 大繁昌을 呈ᄒ야 百貨萬物店은 人山人海를 成ᄒ고 飮食店도 大繁昌이라 左右間 迅速히 馬克
을 物品으로 變ᄒ야 置코져 ᄒᆷ이라 普通料理店에 往ᄒ야도 其代金이 七千幾百馬克인ᄃᆡ 此ᄂᆫ 日本貨로 ᄒ면 僅
ᄒ 七十錢이라 一包의 紙幣를 負行치 아니ᄒ면 不可ᄒ다 然이나 獨逸國의 學生等은 非常히 率直ᄒ고 勉强ᄒ도
다 大背囊을 負ᄒ고 旺盛히 登山ᄒ며 天幕旅行等을 行ᄒ야 流汗鍛鍊을 試ᄒ며 學生이 되지 商人이 되지 汽車
의 乘合客이 되지 日本人을 見ᄒ면 日本은 何故로 參戰ᄒ얏ᄂ냐 問ᄒ다 此에 對ᄒ야ᄂᆫ 本人도 未嘗不其答에 窮
ᄒᆫ 事가 有ᄒ며 其後에 名譽等을 思ᄒ야 互相批判ᄒᆫ 聞이 有ᄒᆫ 時도 獨逸은 何故로 三國干涉을 行ᄒ얏ᄂ냐 ᄒ면 彼
도 亦答辭가 無ᄒ다 「루—루」의 占領은 獨逸合國에 對ᄒ야 異樣의 緊張을 與ᄒ얏스며 博物館에 去ᄒ얏든 時에
其書記가 突然問曰 貴下도 「루—루」의 占領을 知ᄒᄂᆫ가 ᄒ며 方今은 大砲가 無ᄒ고 復讐ᄒᆯ 志願者가 有ᄒᆷ이
라 ᄒ도다 日後에 有事ᄒ면 「佛國과 如ᄒᆫ 者」도 이라 ᄒ고 言語를 發ᄒ면서 憤慨ᄒ다 今後에 若獨逸國이 佛蘭西
와 戰爭ᄒ면 貴國은 又參戰乎아 ᄒ다 汽車中에서 本人等이 談話ᄒ면 在傍ᄒᆫ 人이 憤慨ᄒ며 初次에ᄂᆫ 其理由
를 不知ᄒ얏드니 聞ᄒᆫ즉 吾等의 談話ᄒᆫ 日本語를 佛蘭西語로 誤解ᄒ고 我獨逸國內에서 佛蘭西語로 談話ᄒᆷ
을 憤慨ᄒᆷ이라 ᄒ다 如此히 佛國에 對ᄒᆫ 敵愾心이 强壯ᄒ다 伯林大都市의 巡路도 複雜ᄒ야 不能ᄒ고 巷路小路
等은 危險이 多ᄒ다 ᄒ야 夜間에ᄂᆫ 巡査를 巡行ᄒ되 人이 一人도 無ᄒ다

其次에米國에渡航ᄒᆞ얏ᄂᆞᆫ대左右間米國은新社宅의氣分이有ᄒᆞ고官吏ᄂᆞᆫ大概親切ᄒᆞ야一般人民에게極히便宜를與ᄒᆞᆷ과如ᄒᆞᆫ感을抱케ᄒᆞᄂᆞᆫ도다其時에本人이某官廳을訪問ᄒᆞ얏더니其所管局長이卽時接見ᄒᆞ고其來意를問ᄒᆞ야直接으로自己가案內의勞를辭치아니ᄒᆞ며又學校等에訪問ᄒᆞ야도亦然ᄒᆞ야實로自己ᄂᆞᆫ公僕되ᄂᆞᆫ意義를表現ᄒᆞᄂᆞᆫ도다獨逸國에在ᄒᆞ야ᄂᆞᆫ一學校를參觀코져ᄒᆞ면各種節次를要ᄒᆞᄂᆞᆫ所以로約三時을要ᄒᆞᄂᆞᆫ데此米國에在ᄒᆞ야ᄂᆞᆫ責任者가卽時直接으로案內ᄒᆞ야其時間을要치아니ᄒᆞᄂᆞᆫ點을感心ᄒᆞ얏노라旅館、停車場、博物館等은皆其規模가宏大ᄒᆞᆫ데假令「레스토란、쵸리」와如ᄒᆞᆫ旅館은旅客三千人을入ᄒᆞᆯ能力이有ᄒᆞ며中學校와如ᄒᆞᆷ은一個所에八千人을敎育ᄒᆞ니此로써其宏大ᄒᆞᆷ을可得ᄒᆞᆯ지로다

外聞에ᄂᆞᆫ米國은「데모그라시」라ᄒᆞ나實際에往見ᄒᆞᆷ에ᄂᆞᆫ其評判과ᄂᆞᆫ相副치아니ᄒᆞᄂᆞᆫ點이不尠ᄒᆞ도다學校學生이軍服을着ᄒᆞ며資本家ᄂᆞᆫ非常히跋扈ᄒᆞ야到處에其差別이顯著ᄒᆞ며學校의生徒等은實彈射擊이盛行ᄒᆞ며少年軍은土曜日에天幕夜營을行ᄒᆞ며市街地占領演習과交通整理를實習ᄒᆞ며在鄕軍人等의軍人養成學校經營等이며大學生은心理經驗上으로兵種을分ᄒᆞ야實習ᄒᆞᄂᆞᆫ軍事敎育에相當히意를用ᄒᆞᆷ이事實에發現ᄒᆞᆷ을見ᄒᆞ얏도다米國의排日問題ᄂᆞᆫ漸次調和되ᄂᆞᆫ貌樣인데華盛頓會議中에ᄂᆞᆫ排日이甚ᄒᆞ더니今日에在ᄒᆞ야ᄂᆞᆫ表面上으로此聲을不聞ᄒᆞ고本邦人에게對ᄒᆞ야甚히親切ᄒᆞ더라西岸의漁業問題와日本語學校問題와如ᄒᆞᆫ小問題가不無ᄒᆞ나甚히平和的이요親切ᄒᆞ며布哇에在ᄒᆞ야ᄂᆞᆫ日本人督學官을置ᄒᆞᆫ貌樣이더라歐米의各國을巡回ᄒᆞ야見ᄒᆞᆫ건데國家의治安狀態ᄂᆞᆫ我日本과英國이世界에冠됨을感ᄒᆞ얏노라順序가不同ᄒᆞᆫ談話를甚히靜肅히傾聽ᄒᆞ심을感謝ᄒᆞᄂᆞ이다.

# 儒道何以思之

晦山 邊昇基

孟子曰天下之生久矣一治一亂天下之治亂卽儒道之盛衰也儒道之所行果何事而有關於天下之治亂耶儒從人從需卽人需用之道其爲道也至大至實在一身爲修身之道在一家爲齊家之道在天下國家爲治平之道推而言之身修而後家齊家齊而後國治國治而天下平天下　治亂在乎人々家家之修齊與否而倫理道德卽修齊之本也以孔子之聖在鄕黨申々如也夭々如也爲委吏會計當而已爲乘田牛羊茁長壯及而已爲大司冠三月魯大治而其爲政也曰孝悌而已忠恕而已曰爲政以德曰聽訟吾猶人也必也使無訟此皆實行實事非高遠難行之事也若近日所謂各宗教專主迷信宗仰而以靈魂爲根據以脫離塵世爲目的以來世禍福爲法門此於人日常需用之道天下國家之治亂相越秦矣故余謂儒敎非一段宗敎卽人々需用之道也

今人以謂儒道是漢文主義漢文非我國文排斥之詆毁之甚者至爲廢止論併與儒道而侮滅之噫人之不思若是之甚也如以非我國産而排斥之豈惟漢文人種與物産亦然我國人種推其祖先自中國渡來者十居八九穀種物産農工器械衣服飮食等物品推其溯始原因自中國渡來者亦多數矣果如今人之論則人種與物品併與漢文而排斥之然後可也漢文之渡來未知爲何時而想與人種併時矣何者檀君時代文憲莫徵無以推考箕聖率五千人東來始設八條敎當時以中國人宜用中國文中國文是今日漢文也至于今三千餘年居是土者因用是文國號用

是文王號用是文億兆人民氏名用是文都市城府郡面洞里及山川原野大小地名用是文個人家族倫理上稱號皆用是文是文我東洋數千年常用之文也今日英文爲西洋通行文而未聞其他西洋諸國以非國產而排斥之噫爲此說者不過今日而不知昨日今年而不知昨年者之臆說也今欲從其說人種與物品排斥之個人氏名家族稱號及大小地名改革之然後漢文乃可廢止矣諸君試思之其能之乎且儒道非關於國漢文卽實踐實行之正義人道也其文則於國於漢隨意着用可也

今人以謂儒道是朝鮮亡國之器在昔則以東西南北四色之黨鬨自相殘賊一黨得勢則一黨敗亡今年得勢則明年失勢勝敗相送殺戮如麻而此徽彼曰斯門亂賊彼徽此曰儒林反逆是非不明善惡無分滔々二百年間事也皆是也近來則又有一種主理主氣之說出而互相攻擊猶恐不及其禍燄以蔓延天下何幸實質文明自外而來所謂論色之餘聞理氣之空談遂風飛雹散矣以此觀之我邦民族不和之原因皆儒林罹之責也噫爲此說者豈足與言儒道也四色黨論理氣紛爭其人雖儒名其事非儒道也孔子之門弟子三千餘人而未嘗有黨論其學六藝而理氣不入敎科耳儒道以倫理道德爲實行修齊治平爲實事彼四色黨論理氣紛爭儒道不明之所致也豈可以是歸責於儒道乎

或曰儒道是儒林之敎儒林文人書生之標榜也不文不讀者不可入儒會惡是何言也古者八歲入小學十五入大學小學卽今之普通學校大學卽今之大學校也此入小學校學小學敎科入大學校學大學敎科者也近世儒道寖微學規廢止只以讀書爲敎科八歲受小學書十五受大學書而誦了百遍讀了一秩是謂儒業成功豈非有其名而

無其實者乎稷契不讀書爲唐虞賢臣顏閔無遺傳而爲孔門高弟儒道豈局於文人書生乎
或曰儒道有山林丈庵然後乃可彰明也今日吾道寄廬涉田良齋皆廢其誰爲國中矜式振興儒風扶植倫綱乎此
大不然凡長民者不閑民於敎化之中其勢不得家諭而戶說也堯舜率天下以仁天下與仁堯舜之率天下惟以政
治敎化也非如近世山林丈庵之立門聚徒口授面詔者也今仁明道知事賢哲恭與官欲以敎化圑民而糾合道內
儒林使之設立本會撫刊會報復闡儒道於世此率我南道以仁也無是以往則廬涉良齋之賢亦將蹶起於草野矣
嗚乎自堯舜以來四千餘年之間歷代之興亡相尋或歷年久或歷年短歷年久者皆尊孔子崇儒道歷年短者反是
也三代以上尙矣秦以焚坑卽亡漢以祀孔子基業長久終以黨獄亡自晋唐以降迹其興亡莫不皆然而宋相趙普
嘗有言曰余讀論語一部以半部佐太祖定天下以半部佐太宗治天下宋之得天下治天下皆儒道之效也宋亦及
其末指程朱以僞學排斥儒道而已亡焉此皆實史古今所傳不可誣也故曰天下之治亂卽儒道之盛衰也今日之
儒道盛耶衰耶使之盛之者誰也衰之者誰也皆吾儒林之責也吾人盍勉旃乎

曾子曰吾日三省吾身爲人謀而不忠乎與朋友交而不信乎傳不習乎

# 心之力

修養團員 鄭 國 采

此卽修養團員之讀誦者也修養團則以第一流汗鍛錬第二同胞相愛第三獻身報國第四倫理運動爲主而發起者每日未明早朝行國民體操回市街者是也其主義之徹底斷行之確實可以警醒一世足可以範也而團員恒常讀誦此心之力也故玆譯其文以供儒者之一般

## 第一章 一

天高而日月懸、地厚而山河橫、日月之精山河之靈、鍾在我心 高天厚地對人爲三、無人何爲天無人何爲地、人之心之靈可以動鬼神、人之心之妙可以叅天地、燦 彼日月遙照我心、我心之凝動、能貫日月、峨々者山漫々者河、常通我心、我心之遠朔、能包山河、我心非徒限乎六尺之肉身、非可盡乎五十年之生涯、見彼雲有色花有香、聞彼風有音鳥有聲、托生於此中吾人有此心、至大至剛者是心之力、至玄至妙者是心之靈、於人有此心焉故至上至尊也、夫限前之小天地、離合聚散無常、我與我身及心、只限于此中者、不見天之日月之精、不知地之山河之靈、不覺鍾其精與靈者之我之尊焉、拂遮眼之影、去塞耳之塵、消其影絕其塵、心澄如鏡、湛然如淵限彼小天地之昨日之我以外、更知有至上至尊之我矣

## 第二章

心雖有力、不養日泯、心雖有靈、不磨日昏、力泯靈昏徒寄六尺之肉身於天地間、可不哀哉、世俗之人、無所守我、無所恃我、隨遇移心、因物搖心、得則喜失則泣、勝則驕敗則怨、喜亦生煩、泣亦生煩、驕則拂雖於人怨則作難於世、現而使我身勞、夢而與我心閧、徒送無益之今日、不知活於明日之希望、可不悼哉、如斯之間五十年生涯盡焉、若知心之力心之靈、備在乎我則養之磨之之道、於玆可開、呼天而天無聲、訴地而地不答、寒往暑來一春秋、花開花落一朝暮、不求天地於心中、求心之平和於天地、只因一念之惑、不覺由我八闇、若自養自磨、我之此心、爲我作新境遇、爲我開新生活、不假鬼神之力、鬼神之力在我、莫羡雷霆之威、雷霆之威存我、苦我者我之心、救我者亦我之心、因有此而我雖腦、亦因有此而我獨尊

## 第三章

覩之、明覩、天地是我家、鳥之飛、彼蒼々之天、獸之走、是漠々之地、地有草木而常榮、天有星辰而高輝、陰晴天之節、溫冷地之時、時不差節不渝、萬物亭生於此、聽之、靜聽、萬有是我友、颼飀者風之音乎、澎湃者水之聲歟、澎湃乃地之歌、颼飀乃天之樂、有生與無生者、合調而和之、春秋相代、朝暮雖移、如斯而天地不歸寂寞、吾人共向此具備之萬象而立、我之此生、豈不尊也、我之此世、豈不樂哉、不知其樂之樂、不見其尊之尊、外其在內之寶、人求有形之寶、所求頗多、所失愈繁、以自絅之索、縶其身與心、無德則雖居堅城、堅城不足護身、無心則雖著錦衣、錦衣不足飾身、權勢徒增其惱、富貴

徒護其類、如斯而雖相譏相爭、不是虛夢耶、實我與天地爲三之此心、養之能篤、擴之不息則充溢於所業、靈發於所語、不朽之生命、於玆具焉、此可謂眞人

## 第四章

心力一凝 所向皆靡、逢鬼々服、逢魔々降、彼水之溺也、能浸乎鉄之間、惟我心不動、高立於怒濤之外、彼火之燒也、能燎百里之原、惟我心不騷、笑於紅蓮之焔中、猛虎之猛、不得爲害、蛟龍之靈、難可潜地、惟我心之所向、無可敵者故、能使雲高翔、能賛地深潜、放則彌六合、收則藏於密、彼炎帝之鞭火龍、極熱之氣包天地、金石是鎔、草樹是燃、江海俱涸、鳥失其翼之力、魚盡轉于地、惟我心一凝、念註炎熱則淸涼之境忽開涼風萬斛環身、彼寒沍封天地、氷雪鎖山河、日無熱月無影、黯然物盡歸寂、血凍不流、肉裂欲墮、惟我心一凝、叱咤其寒苦則元氣溢於四體、陽春之候忽現、心虛則體危、動則發行則喘、心凝而不動、體胖而氣不餒、行千里而足猶輕、荷萬鈞而身猶安、悠々而立、怡々而坐、貴哉我心之力

## 第五章

心是身之王、王有威而國泰、帥其心、養其心、總攝於體、瘦瘠不襲此人、毒蛇亦不螫此人、甞無煩而居泰、夜無夢而睡穩、呼氣合律、吸氣叶呂、精液溢乎毛髮之末、顏色常如嬰兒、眼不暈足不迫、駿奔乘蹈太虛、行則瑞氣護此、妖氣安敢狙之 語則其聲徹雲、天童傾聽、夫心能御物、不爲物之所御、引

弓向我、我靜對之、其箭射虛、不透我身。敵就迫我、我徐避之、刃雖加我、決不染我血、我擧手麾之、霧開而鴻雁來、嶺分而麋鹿聚、欣々親我、我揮手退之、豺狼垂其尾 鷙鳥斂其爪、惶々避我、羣皆譽我、我心不援、衆能毀我、我心不激、置我於玉樓金殿、我悠々爲何猬、囚我於深山窮谷、我怡々爲何痛、身雖飢心不飢、身雖飽心不飽、得如斯而始我獨尊

第六章

心靈一耀、向物皆照、不廣宇宙之廣、不微毛髮之微、繞我萬象、色相素無限矣、形亦無限、聲亦無限、香亦無限、味亦無限、備此無限之性、於此無限之時間、示無限之變化、我立萬象之中、我心之靈、照此無漏、或分之或比之、或自外或自內、求異於同之中、提同於異之間、由有推無、因來察去、以無窮微妙之作用、照盡此萬象、於我三寸之胸臆、藏斯無限之相 雖寄在六尺之身、此心所翔、超海超陸、出乎天地之外、雖享五十年之生、此心所遊、及於幾萬年之前幾百劫之後、我不見古人之面、可觸古人之心、心與心相觸、無異乎相見相語、我友雖在海外、友之心能感我、心與心相感、無異同居、時隔古今、地分東西、以制此身、唯此心則不受制、心與心相合之際、無古今無東西、茲開無限之境、妙哉我心之靈

第七章

心是身之王、王聖而國平、心若無疵、森羅萬象自見、觀得森象之象而後、對有象者則雖一滴之雨、風雲月露之象具焉、聽得無聲之聲而後、向有聲者則雖一葉之落、有自然之歌謠、翔九萬之大鵬、是大著

之美、安桑榆之尺璧、是小者之美、彼北海之洪濤、是大者之妙調、簷端之點滴、是少者之妙調 蚜蟒之一朝命、彭祖之千歲壽、相對相竢而示我宇宙之調和、顯撕精疎、舉悉來映這心之境、收之爲一、誠是人之貴也、持此心臨事、事皆極精、執鍬而耕、功德之穗、可植於地、立市而商、利人復利己、學則必究其蘊、說則必鑿其秘、合節奏而歌、揮筆而成詩則得讃天地萬有、至妙之靈感、純留於人、把刀雕石、合彩注帛則能寫天地萬有之神、誘人於寰宇之外、戰則勝、攻則取、麾之則翕然人集、得如斯而始我獨尊

## 第八章

知夫無限之心之力、知夫無限之心之靈、且見迷冥所作之天地外、更有眞天地、我能造境遇、決不爲境遇所制生於神之所關之國、事其神之後之君、一世無雙之國光、常照我所踐之道、賴親之恩愛、我庭常潤、享得之幸保在我心、須不依他、亦不疎他、悠々而立、怡々而居、平思安動則物皆親我、人皆友我、獨在我獨樂、共在人共樂、在家々榮、環戶鳥鳴、在村々營、而山而邱、惠風滿溢、進叅國事、克樹百年之計、退而處野、風改俗移、犖々其胸宇、昂々其風貌、仰而向天、天神遙笑、俯而視之、地靈共讃、雖享有限之生、能留無限之力於後、雖置身於所限之地 放不限之光於長遠、誰與此力、力之泉在我、誰與此光、求則是我心之光、嗚呼、天高地厚而我有心靈、三者永爲相照、美哉偉哉

---

子曰巧言令色足恭左丘明恥之丘亦恥之匿怨而友其人左丘明恥之丘亦恥之

# 聖蹟記

記者有一友人遊於曲阜者持一冊而歸示於記者閱之則是孔夫子聖蹟圖也其事蹟爲一般儒林有司叅考者故玆記其文

聖行顏隨、顏子聖門之高弟也凡聖人之一言一動往往默識心融故于聖人之行止多不離乎左右焉

尼山致禱、周靈王之十九年實魯襄公之二十年是年聖母顏氏禱于魯尼邱山明年乃生、孔子旣生首上圩頂象尼邱因名字仲尼

麟吐玉書、孔子未生有麒麟吐玉書于鄹大夫家其文曰水精之子繼衰周而爲素王顏母異之以繡紱繫麟角信宿而去

二龍五老、魯襄王二十二年十一月庚子孔子誕生之辰有二龍繞屋五老降庭

鈞天降聖、顏母之房聞鈞天之樂空中有聲云天感生聖子降以和樂之音故孔子生有異質凡四十九表胸有文曰制作定世符

俎豆禮容、孔子五六歲時爲兒嬉戲常陳俎豆設禮容與同歲群兒迥異蓋天植其性不學而能也由是群兒化效相與揖讓名聞列國

入平仲學、世傳孔子七歲入晏平仲學按平仲治東阿意或孔子幼學之時嘗入平仲所設之鄉學也
職司乘田、孔子嘗爲季氏司職吏而畜蕃息蓋孟子所稱乘田則牛羊茁壯長也
職司委吏、孔子旣長嘗爲季氏委吏料量平蓋孟子所謂委吏而會計當也
命名榮貺、孔子生子適魯昭公以鯉魚賜之孔子榮君之貺故名其子曰鯉字伯魚
學琴師襄、孔子學琴于師襄子十日不進襄子曰可以益矣孔子曰丘未得其數也有間曰可以益矣曰未得其志也有
間曰可以益矣曰未得其人也有間曰有所穆然深思焉有所怡然高望而遠志焉曰丘得其爲人黯然而黑頎然
而長眼如望洋非文王孰能爲此也襄子避席再拜曰君子聖人也蓋文王操焉
太廟問禮、孔子嘗助祭太廟每事問或曰孰謂鄹人之子知禮乎入太廟每事問子聞之曰是禮也
大夫師事、孟僖子曰吾聞聖人之後若不當世必有達者今孔子年少好禮其達者與我卽歿汝必師之故孟懿子
與南宮敬叔師事孔子
問禮老聃、孔子與南宮敬叔入周問禮于老子朱子曰老子曾爲周柱下史故知禮節文所以問
訪樂萇弘、孔子訪樂萇弘旣退萇弘與劉文公曰孔子有聖人之表言稱先王躬履謙讓洽聞强記博物不窮抑聖人與
劉文公曰聖將安施弘曰堯舜文武之道或弛而墜禮樂崩喪正其統紀孔子聞之曰吾豈敢哉亦禮好樂者也
在川觀水、孔子在川觀水子貢問曰君子見水必觀何也孔子曰以其不息者似乎道之流行而無盡矣水之德若
此故君子必觀焉

觀器論道、孔子觀魯桓公之廟有欹器焉曰吾聞虛則欹中則正滿則覆明君以爲至戒謂弟子注水試之信然嘆曰夫物惡有滿而不覆者哉子路進曰敢問持滿有道乎曰謙而損之又損可也

獵較從魯、孔子仕魯々人獵較孔子亦獵較孟子曰孔子先簿正祭器不以四方之食供簿正

退修詩書、孔子年四十二歲魯昭公卒定公立季氏僭公室陪臣執國命故孔子不仕退而修詩書禮樂弟子彌衆

韋編三絶、孔子自衛反魯魯終不能用孔而喜易序彖繫象說卦文言讀易之勤韋編至于三絶曰假我數年以學易可以無大過矣

拜胙遇塗、陽貨欲見孔子孔子不見歸孔子豚孔子時其亡也而往拜之遇諸塗謂孔子曰來予與爾言曰懷其寶而迷其邦可謂仁乎曰不可好從事而亟失時可謂智乎曰不可日月逝矣歲不我與孔子曰諾吾將仕矣

晝息皷琴、孔子晝息乎室而皷琴閔子自外聞之以告曾子曰鄕也夫子皷琴音淸徹以和淪入至道今更爲幽沉聲夫子何所感而若是二子入問孔子曰然固有之矣吾見猫方鼠而欲得之狀故爲此音可與聽音矣

論穆公霸、齊景公與晏嬰適魯問曰昔秦穆公國小處僻其覇何也孔子曰秦國雖小其志大處雖僻行中正身擧五穀爵之大夫以此取之雖王可也景公說

觀鄕人射、孔子觀鄕射喟然嘆曰修身而發不失正鵠者其惟賢者乎若、不肖安能以中詩云發彼有的以祈爾

泰山問政、孔子適齊過泰山聞婦人哭而哀曰此似重有憂者使子貢問之婦人曰昔舅死于虎夫與子亦然子貢曰何不去婦人曰無苛政子貢以告子曰苛政猛於虎也

景公尊讓　孔子在齊景公讓登孔子降一等景公三辭然後登曰夫子降德辱及寡人以爲榮也降階以遠是絶寡
人未知罪也孔子曰惠顧外臣之賜也然以匹夫敵國君非所敢也雖君私之其若義何

晏嬰沮封、齊景公問政孔子曰政在節財景公說欲封以尼谿之田晏嬰進曰夫儒者滑稽而不可軌法倨傲自順
不可以爲下君欲用之以移齊俗非所以先民也景公曰吾老矣不能用也孔子接淅而行

知魯廟災、孔子在陳陳侯就燕之子游聞路人云魯司鐸災及宗廟以告孔子曰災必桓釐乎陳侯曰何以知之曰
禮云祖有功宗有德故不毁其廟焉夫桓釐功德不足以存其廟而魯不毁是以天災加之旣而魯使果以桓釐報
災陳侯謂子貢曰吾今乃聖人之可貴

不對田賦、季氏欲以田賦訪諸孔子孔子不對而私語冉求曰君子度于禮施取其厚事取其中斂取其薄若貪冒
無厭則雖以田賦將又不足何訪焉

受饋分惠、季桓子以粟千鍾饋夫子受而辭旣而以頒門人之無者子貢進曰季孫以夫子貧致粟今受而施人無
乃非季孫意乎子曰吾得千鍾受而不辭者爲季孫惠且鑑也與季之惠一人豈若惠數百人哉

射矍相圃、孔子習射于矍相圃觀者如堵使子路執弓矢踰之曰僨軍之將亡國之大夫與爲人後者不得入孝弟
好禮不從流俗者立此去者大半

舞雩從遊、樊遲從遊于舞雩之下曰敢問崇德修慝辨惑子曰善哉問先事後得非崇德與攻其惡無攻人之惡非
修慝與一朝之忿忘其身以及其親非惑與

餽食欣食、魯有儉嗇者瓦鬲煑食自謂甚美以土型器進夫子夫子欣然如受太牢之饋子路曰瓦甂陋也何喜乎夫
子曰好諫者思其君食美者念其親吾非厚饌具也

觀象知雨、孔子行命弟子持雨具已而果雨弟子問曰何以知之子曰詩不云乎月離于畢俾滂沱矣昨暮月不宿
畢乎是以知之

步遊洙泗、魯城東北有洙泗二水夫子立教與弟子遊其上步一步顏子亦步一步趨一趨顏子亦趨一趨

瑟儆孺悲、魯人孺悲嘗學禮于孔子欲見焉孔子辭以疾將命者出戶取瑟而歌使之聞之

農山言志、孔子遊于農山命子路子貢顏淵各言志子路志在闢地千里子曰勇哉子貢志在陳說利害子曰辨哉
顏淵志在敷五教修禮樂子曰不傷民不繁詞惟顏氏之子矣

四子侍坐、子路曾晳冉有公西華侍坐子曰盍各言爾志三子以富强貧相對獨點有春風沂水之趣夫子喟然嘆
曰吾與點也

過庭詩禮、孔子嘗獨立鯉趍而過庭曰學詩乎對曰未也不學詩無以言鯉退而學詩他日又獨立鯉趨而過庭曰
學禮乎對曰未也不學禮無以立鯉退而學禮

命賜存魯、齊田常欲作亂先伐魯孔子聞之謂門弟子曰夫魯墳墓所處父母之命危如此二三子何爲莫出子貢
請行遊說列國卒之存魯亂齊孔子曰夫其亂齊存魯吾之初願若强晋以儆吳使吳亡而越霸者賜之說也美言
傷信愼言哉

化行中都、孔子爲中都宰制爲養生送死之節長幼異食强弱異任男女別途路不拾遺器不彫僞市不貳價爲四寸之棺五寸之槨依丘陵爲墳不封不樹行之一年而四方諸侯則焉

敬入公門、孔子入公門鞠躬如也如不容

夾谷會齊、定公十年會齊侯于夾谷孔子攝相事獻酬禮畢齊有司請奏四方之樂孔子進曰吾兩君爲好夷狄之樂何爲此與請却之又請奏宮中之樂孔子進曰匹夫熒惑諸侯者誅請命有司加法焉景公慚懼

羵羊辨怪、魯季桓子穿井得土怪硬而若石有獸形使人問孔子曰物各有怪土之怪曰羵羊此羵羊也

歸田謝過、夾谷既會齊侯歸國責其臣曰魯以君子之道輔其君而子以夷狄之道教寡人使得罪于魯奈何有司對曰君子有過則謝以質小人有過則謝以文君若悔之則謝以質

禮墮三都、孔子言于定公曰臣無藏甲大夫無百雉之城今三家過制請損之公曰然于是墮三都焉

義誅正卯、魯定公十二年孔子由大司寇攝行相事七日誅亂政大夫少正卯于兩觀之下子貢問其故子曰天下有大惡五竊盜不與焉心逆而險行僻而堅言僞而辨記醜而博順非而澤五者有一不免君子之誅少正卯兼有之故不可赦也

赦父子訟、孔子爲魯司寇有父子訟者同狴執之三月不別其父請止乃赦季孫不悅孔子喟然嘆曰上失其道而殺其下非禮也不教以孝而聽其獄是殺不辜也

侍席魯君、魯哀公館孔子升其賓階公命以席問政孔子對曰政之急莫大乎使民富且壽也省力役薄賦斂則民

富崇禮敎遠罪戾則民壽

儒服儒行、哀公館孔子問曰夫子之服其儒服與孔子對曰逢掖章甫博其服于鄉丘未知其儒服也公曰敢問儒行孔子對曰遽數之不能終其物悉之乃留更僕未可終也於是以儒行之自立近情剛毅自守寬裕擧賢援能特立獨行者告

貴黍賤桃、孔子侍坐于哀公賜桃與黍孔子先飯黍而後啖桃左右掩口而笑公曰黍者所以雪桃孔子對曰丘知之夫黍五穀之長　祀宗廟以爲上盛果屬有六而桃爲下不登郊廟丘聞君子以賤雪貴未聞以貴雪賤故不敢從貴而雪賤也

骨辨防風、吳伐越墮會稽得骨節專車使問中尼骨何者最大仲尼曰禹致群神于會稽山防風氏後至禹戮之其節專車此爲大矣

因膰去魯、齊人聞孔子爲政懼將霸用黎鉏計選女人八十人衣紋衣舞康樂馬三十駟以遺魯君魯君爲周道遊觀怠于政事孔子猶不忍行以彰其過後因不膰俎遂行

子羔仁恕、子羔爲衛士師刖人之足俄而衛亂刖者守門逃子羔者三子羔惟問其故刖者曰斷足固我之罪昔公欲免臣于法也臣知之當論刑君愀然不悅臣又知之此臣之所以悅君也孔子聞之善哉爲士其用法一也思仁恕則樹德加嚴暴則樹怨公以行之其柴乎

放鯫知德、夫子適衛使巫馬期觀宓子賤之政期入單父封見夜漁者舍小取大問其政漁者曰吾大夫欲長之返

告曰宓子之德至矣使民闇行若有嚴刑於傍夫子曰嘗聞諸曰誠於此者刑於彼

儀封仰聖、孔子適衛封人請見曰君子之至于斯也吾未嘗不得見也從者見之出曰二三子何患於喪乎天下之

無道也久矣天將以夫子爲木鐸

靈公郊迎、孔子至衛靈公喜而郊迎孔子居魯得粟六萬致粟亦如其數夫靈公于孔子接遇以禮如此于是孔子

于衛有際可之仕矣

適衛擊磬、孔子過蒲適衛與弟子擊磬有荷蕢者過其門曰有心哉擊磬乎旣而曰鄙哉硜々乎莫巳知也斯已而

巳矣深則厲淺則揭子曰果哉末之難矣

禮見南子、孔子至衛主遽伯玉家南子使人謂曰君子不辱寡君必見寡小君孔子以禮當見遂見之入門北面稽

首南子帷中再拜環珮玉聲璆然

醜次同車、孔子自蒲反乎衛主遽伯玉家靈公與夫人同車使孔子爲次乘孔子曰吾未見好德如好色者也去矣

靈公問陳、哀公二年孔子自陳反衛靈公問陳孔子曰軍旅之事未之學也明日與之語公見蜚鴈仰視之色不在

孔子遂行復如陳

匡人解圍、孔子去衛適陳過匡陽虎嘗暴于匡孔子狀類陽虎拘圍五日弟子懼孔子曰文王旣沒文不在玆乎匡

人其如予何匡人曰吾初以爲之陽虎也遂解圍

西河返衜、孔子自衛入晋至于河濟聞竇鳴犢舜華之死也臨河而嘆曰美哉水洋々乎丘之不濟此命也竇鳴犢

舜華賢大夫也趙簡子未得志須此兩人而後從政及其已得志殺之夫鳥獸之于不義也尙知避之而況人乎乃還

脫驂館人　孔子之衛遇舊館人之喪入哭之哀出命子貢脫驂以賻之

宋人伐木、　孔子去曹過宋與弟子習禮大樹下宋司馬桓魋欲害之拔其樹弟子曰可以去矣孔子曰天生德于予桓魋其如予何

過蒲贊政、　子路治蒲孔子其境三稱其善子貢問曰未見其政何以知之子曰入其境田疇易草萊辟溝洫治恭儉以信民盡力矣入其邑墻屋固樹木茂忠信以寬民不偷矣至其庭庭甚淸矣諸下用命政不擾矣三稱庸盡其美乎

忠信濟水　孔子於河梁憩焉有懸水三仞圜流九十里魚鼈不能居有一丈夫遂渡而出孔子問曰巧乎有道術乎能入而復出也對曰吾以忠信所以能入而復出也孔子謂弟子曰二三子識之水且猶可以忠信濟而況人乎

楛矢貫隼、　孔子在陳主司城貞子家歲餘有隼集于陳庭而死楛矢貫之石砮矢長尺有咫陳湣問孔子對曰隼來遠矣此肅愼之矢昔武王克商分陳以肅愼之矢試求之故府果得之

微服過宋、　孔子去宋適鄭弟子相失孔子獨立郭東門鄭人謂子貢曰東門有人其顙似堯其項似皐陶其肩類子産自腰以下不及禹三寸纍々然若喪家之狗子貢以告孔子笑曰形狀末也喪家之狗然哉然哉

五乘從遊、　孔子自陳過蒲會公叔氏以蒲叛止之弟子有公良孺者私車五乘從曰吾昔從夫子過難于匡今又過

難乎此命也已吾子夫子再罹難寧鬪而死鬪甚疾匡人懼孔子得適衛

子路問津、哀公四年孔子如葉返于蔡忘其濟渡處見長沮桀溺耦而耕使子路問津焉曰滔々者天下皆是也而誰以易之且而與其從辟人之士也豈若從辟世之士哉耰而不輟

陵陽罷役、陳侯起陵陽臺未畢而死者數十人又執三監吏將殺之孔子既見陳侯與登而觀之侯曰昔周作靈臺亦殺人乎對曰文王與作民如子來何殺之有陳侯慚遂釋吏而罷與作

紫文金簡、吳王閑居有赤雀銜紫文金簡書置殿前不知其義使人問孔子孔子視之曰此乃靈寶方禹嘗服之禹將仙紀封之名山石函中今赤雀銜至殆天授也

在陳絕糧、楚使人聘孔子子欲往陳蔡大夫曰孔子用于楚則陳蔡危矣相與發徒圍之絕糧從者病莫能與孔子絃誦不衰于是子貢使楚昭王與師迎孔子然後免

受魚致祭、孔子適楚漁人獻魚不受漁人曰天暑必棄之不如獻之君子于是再拜受之使弟子掃地享祭門人曰彼將棄之夫子祭之何也子曰吾聞惜其腐餘而欲以務施者仁人之偶也惡有受人之饋而不祭者乎

題季札墓、季札吳王壽夢幼子也能讓國昭公二十七年吳使聘齊其子死旅葬嬴博間孔子往觀之嘉其適旅葬之節通幽明之故曰延陵季子其合禮矣及札卒孔子遊吳時過其墓題曰延陵季子之墓

楚狂接輿、楚狂接輿歌而過孔子曰鳳兮鳳兮何德之衰往者不可諫來者猶可追已而已今之從政者殆而孔子下欲與之言趨而避之不得與之言

子西沮封、楚昭王將以書社之地封孔子令尹子西諫曰王之使臣有如子貢者乎輔相有如顏回者乎將率有如子路者乎官尹有如宰予者乎孔子得據土壤賢弟子爲佐非楚之福也昭王乃止于是孔子自楚返乎衛

觀周明堂、孔子觀周明堂見四門墉有堯舜之容桀紂之象又有周公抱成王朝諸侯圖孔子謂從者曰此周之所以盛也

金人銘背、孔子入後稷廟見右階前有金人三緘其口而銘其背曰古之愼言人也戒之哉無多言多言多敗誠能愼之福之根也曰是何傷禍之門也顧謂弟子曰此言實而中情而信行身如是豈以口遇禍哉

山梁雌雉、孔子過山梁有雌雉欲啄其間曰山梁雌雉時哉時哉子路共之三嗅而作

作歌邱陵、孔子在衛季康子以幣迎歸魯作邱陵之歌曰登彼邱陵峛崺其坂任道在邇求之若遠遂迷不復自嬰迍蹇喟然四顧題彼泰山鬱確其高梁甫四連枳棘充路陟之無緣將伐無柯患滋蔓延惟以唏噓潸淚潺湲

作猗蘭操、孔子自衛返魯隱谷之中見蘭曰蘭當爲王者香今與衆草伍乃止車援琴鼓之作猗蘭操曰習々谷風以陰以雨之子于歸遠送于野何彼蒼天不得其所逍遙九州無有定處世人闇蔽不知賢者年紀逝邁一身將老遂適衛

武城弦歌、子游爲武城宰子之武城聞弦歌之聲莞爾笑曰割雞焉用牛刀子游曰昔者偃也聞諸夫子曰君子學道則愛人小人學道則易使也子曰二三子偃之言是也前言戲之耳

杏壇禮樂、孔子歸魯然魯終不能用孔子亦不求仕日坐杏壇鼓琴與其徒敘傳書禮刪詩正樂贊易是杏壇者爲

萬古立敎之首地也

克復傳顏、顏淵問仁子曰克己復禮爲仁一日克己復禮天下歸仁焉爲仁由己而由人乎哉顏淵曰請問其目子曰非禮勿視非禮勿聽非禮勿言非禮勿動顏淵曰回雖不敏請事斯語矣

孝經傳曾、仲尼居曾子侍子曰先王有至德要道以順天下民用和睦上下無怨汝知之乎曾子避席曰參不敏何足以知之子曰復坐吾語汝于是以天子諸侯大夫及士庶人之孝語之旣而曰自天子以至于庶人孝無終始而患不及者未之有也

琴歌盟壇、孔子出魯東門過故盟壇歷階而上顧謂子貢曰茲臧文仲誓盟之壇也睹物思人命琴而歌曰暑往寒來春復秋夕陽西下水東流將軍戰馬今何在野草閒花滿地愁

讀書有感、孔子讀易至損益而嘆曰子夏問曰何嘆焉損者益益者缺吾是以嘆子夏曰學者不可以益乎曰否非道益謂也道彌益而身彌損者損其自多虛以受人故其益之能久也

望吳門馬、孔子與顏子登泰山顏子見吳閶門馬曰是一匹練前有生藍子曰此白馬蘆芻也蓋馬之光景如練之長也孔子聖之神如此

萍實通謠、楚昭王渡江江中有物大而赤王怪之使使問孔子子曰此萍實可食惟霸者能獲焉王食之大美子游問曰夫子何以知其然子曰昔吾適陳聞童謠曰楚王渡江得萍實大如斗赤如日剖而食之甜如蜜此楚王之應也吾是以知之

商羊知雨、齊有一足鳥飛集于公朝舒翅而跳齊侯怪之使人問孔子孔子曰此鳥名商羊水祥也昔童兒屈脚振肩而跳且謠曰天將大雨商羊鼓舞今齊有之其應至矣急告民治渠修堤頃之大雨水溢諸國傷害惟齊有備免

子貢辭行、子貢爲信陽宰將行辭于孔子孔子曰愼之愼之奉天之時無奪無伐無暴無盜又曰治官莫若平臨財莫若廉廉平之守不可改也言人之善若已有之言人之惡若已受也故君子無所不愼焉

觀蜡論俗、子貢觀于蜡孔子曰賜也樂乎對曰一國之人皆若狂賜未知其爲樂也孔子曰百日之勞一日之樂非爾所知也張而不弛文武弗能也弛而不張文武弗爲也一張一弛文武之道也

聖門四科、德行顔淵閔子騫冉伯牛仲弓言語宰我子貢政事冉有季路文學子游子夏

西狩獲麟、哀公十四年魯西狩獲麟孔子感焉作春秋按孔叢子曰叔孫氏樵而獲麟衆莫之識棄之五父之衢冉有告曰麕身而肉角豈天之妖乎夫子往觀焉泣曰麟也麟仁獸出而死吾道窮矣

沐浴請討、陳成子弑簡公孔子沐浴而朝告于哀公曰陳恒弑其君請討之公曰告夫三子孔子曰以吾從大夫之後不敢不告也君曰告夫三子者之三子告不可孔子曰以吾從大夫之後不敢不告也

世業克昌、夫子閒居而嘆子思再拜曰孫子不修將忝祖乎羡堯舜之道恨不及乎子曰孺子安知吾志子思對曰伋聞夫子之教父析薪子不負荷是謂不肖每思大恐而不懈也夫子笑曰然吾無憂矣世不廢業其克昌乎

跪受赤虹、孔子著作既成齋戒向北斗告備忽有赤虹自天而下化爲黃玉刻文孔子跪而受之

夢奠兩楹、孔子病子貢請見孔子方負杖逍遙于門歌曰泰山其頹乎梁木其壞乎哲人其萎乎子貢聞之曰泰山

頹吾將安仰梁將壞吾將安杖哲人萎吾將安放遂入子曰賜也來何遲夏后殯東階殷殯兩楹丘殷人也夜夢坐奠兩楹今明王不興天下孰宗予殆死也後七日卒

三壠植楷、孔子卒弟子廬墓各攜四方之木植之子貢所植楷在三壠前甬道左高大逾別羣木至今老幹猶存可以徵其神異也

治任別歸、孔子葬魯城北泗上弟子皆服心喪三年畢相揖而去各復盡哀惟子貢廬于冢上凡六年然後去弟子及魯人往從冢上而家者百有餘室

哀公立廟、魯哀公十六年孔子卒哀公立廟置守廟人一百戶

漢高祀魯、魯歲時奉祀孔子冢後世因廟藏孔子衣服琴書至漢二百餘年不絕高皇帝過魯以太牢祀焉

眞宗祀魯、宋眞宗東封還幸曲阜謁孔子廟初有司定儀肅揖而已上特鞾袍稱名酌獻再拜詣叔梁紇堂命近臣分奠七十二弟子遂幸孔林奠拜又詔以親奠祭器俱留廟中加謚孔子爲玄聖大宣王



子曰誨女知之乎知之爲知之不知爲不知是知也

# 感想

## 讀彰明誌感

晦山 邊昇基

蓋自天地剖判으로人文이宣朗ᄒᆞ야培養天下之元氣者ᄂᆞᆫ道學也니道學之實은仁義禮智孝悌忠信이是已라此ᄂᆞᆫ皆天理之本然이요人事之當然이니三代以上은道德이充滿天下ᄒᆞ야君聖臣賢而黎民이皆聖ᄒᆞ니政敎隆於上ᄒᆞ고風俗이美於下ᄒᆞ야君臣은都兪而已요人民은熙皥如也라于斯時也에天下安ᄒᆞ야其國이長久ᄒᆞ고其民이仁壽러니及自周室東遷以後로王政이墜地ᄒᆞ야諸侯ㅣ僭竊ᄒᆞ고夷狄이凌夏ᄒᆞ야遂至戰國世而極矣라時則又有黃老刑名之學과儀秦縱橫之術과管樂孫吳申韓楊墨等百家者流ㅣ紛々然出於其間ᄒᆞ야各以其學其術로鳴於一時ᄒᆞ니于斯時也天下ㅣ乱ᄒᆞ야國無治日ᄒᆞ고民無寧日이라於是에孔子ㅣ作春秋ᄒᆞ사使亂臣賊子로懼ᄒᆞ고而刪詩書正禮樂ᄒᆞ사爲後世法ᄒᆞ시니至于今我東洋民族이得聞聖道ᄒᆞ야免爲左任者ㅣ皆孔子之力也라噫嘻라此世ㅣ何時요列邦之競爭과各敎之擘起와生民之塗炭이可謂第二戰國時代也라世無如孔子之聖之作春秋正禮樂ᄒᆞ야使亂臣賊子로懼而爲後世法者ᄒᆞ니亦將如之何其可也요古人이曰時無不可爲之時ᄒᆞ고人無不可爲之人이라ᄒᆞ니故로聖人은能隨時變易ᄒᆞ야以達其道라我儒道ᄂᆞᆫ即聖人之道也

나孔子時는彼一時也요吾人時는此一時也어늘在今日하야亦欲以作春秋正禮樂으로挽回時代면則是結繩之政이可以治乱秦之緖요干戚之舞ㅣ可以解平城之圍나吾道ㅣ豈其然乎哉아本會之趣旨는以明倫理尙道德으로爲急務하나卽孔夫子之作春秋正禮樂之遺旨也요集會員之言論하야發刊會報하니此는與孔子弟子之集成論語로同視也라今吾人之開會發報也에

蓬門圭竇厭世之士는必愀然發歎曰儒道是聖道也어늘時輩ㅣ安敢妄議乎아邦無道則卷而懷之하야獨善其身이儒者本色也니豈可辱身趨世하야成羣於所謂會員之列乎아且會報는必非理氣性命之論이요皆時輩之怪談異說也리니不可接目이라하야風雨滿牕에鼻鼾이方濃하고雷霆이震宇에耳聾이偏深이라噫噫此會此報는正爲厭世頑固輩之如是而作也요

薙髮洋裝開化之人은必啞然非笑曰社會는開明事業也니腐儒ㅣ安能爲會乎아今以無用之儒道로欲以補世長民이면則無異於枵木撑厦요漏船航海也니立見其狼貝矣리라하고會報는不惟不購讀이라反加詆毁曰此皆腐儒之塵談累說이니何足掛眼乎아하야滿店飮食에元味를已失하고盈庭鼓樂에正音을不知라噫라此會此報는正爲開明輕薄者之如是而作也로다

此報는宜使厭世之士로讀之니讀之면可以知實行實踐之爲儒와隨時變易之爲道而前日之頑迷를豁然改悟矣리라

此報는宜使開化人으로讀之也니讀之면可以知倫理道德之爲重而今日之眩惑을然悅覺惺矣리라

諸公이其讀此報也에若徒文體之奇偉와詞華之富麗而已면卽與不讀으로同也니必須咀嚼其意見ᄒᆞ고斟酌其事理ᄒᆞ야集衆論而廣吾知也니吾知ㅣ廣則亦不能無言ᄒᆞ리니此非意見交換之機關耶아

諸公아其欲寄言也ㅣ딘不必雕飾詞華ᄒᆞ고窮蒐幽僻ᄒᆞ야費精於文章工麗라以國漢文으로直筆直記ᄒᆞ야使讀者로易解其旨意然後에可以普及矣리라

近讀猰刋會報ᄒᆞ니石泰與官對谷城丁評議員答에有論語一部를以國文으로譯爲小册ᄒᆞ야使人便於携帶云ᄒᆞ니此雖今日猰有之事也나使入携帶ᄂᆞᆫ其與朱子所云聖訓을服膺勿失之義로暗合矣라我東洋이自有文以來로文用漢文ᄒᆞ고道用儒道ᄒᆞ니欲知儒道ㅣ딘必須漢文者ᄂᆞᆫ經傳이盡漢文故也라而朝鮮은國語與漢文으로相燕越ᄒᆞ야音讀이甚難ᄒᆞ고演解ㅣ亦難ᄒᆞ야知漢文者ㅣ百不一二ᄒᆞ니知儒道者ㅣ亦稀此矣라中古에以國文으로譯經傳ᄒᆞ나已經數百年之久에方言이多有變易ᄒᆞ야所謂諺解ᄂᆞᆫ不合時用이요文形大ᄒᆞ야不便携帶라今以現行方言으로譯之면婦孺隷儓ㅣ皆可讀論語요且常時携帶로如手帖則聖訓을可以拳々服膺矣리니是足爲儒道彰明會之要訣이라ᄒᆞ노라嗚乎라儒道ᄂᆞᆫ天下之元氣也니元氣凋脫則邪氣侵入ᄒᆞ야百病이交攻ᄒᆞ리니及此時ᄒᆞ야若以治病으로爲先則反受其害라語에曰攻乎異端이면斯害也已者是耳라故로良醫ᄂᆞᆫ對重病投劑에必先補其元氣ᄒᆞ나니倫理道德은亦今日之蔘茸芝朮也라吾會員은各補其內部之元氣ᄒᆞ야惟待外邪之自退而已也니言終에敢以是로爲諸公而期待焉ᄒᆞ노라

子夏曰賢々易色事父母能竭其力事君能致其身與朋友交言而有信雖曰未學吾必謂之學矣

# 文苑詞藻

## 三人對話

靄山 權賢燮

余有友三人一曰狂、二曰狷、三曰鄉愿、狂性率直豪放無矜飾有進取之氣苟有益於社會人衆必努力奮鬪勇往實踐孜々不已不知老之將至人皆謂之以熱狂子、狷性高潔而少氣魄且頭腦偏狹思想固滯其行色臞々凉々閉門讀書謝絶世事人稱之以淸虛子、鄉愿有純厚長者之風峩冠博帶論道講義好讀孔孟之書高談堯舜之治鄉黨推之以鄉夫子一日三人會同一席各自披瀝胸衿談論風發狂率爾發言曰我輩平日氣趣不同落々難合今日偶然同席亦一奇緣盍各言其志以賭一笑、狷曰世遠人亡經殘敎弛邪說盛行名利滔滔其勢駸々然若燎原之火不知伊于胡底非我輩一二人之力所能匡救者也詩不云乎深則厲淺則揭莫己知也斯已而已矣世無知我者寧遯跡于深山窮谷與麋鹿爲友登東皐而舒嘯臨淸流而賦詩獨賢其身與世相忘恬終天命不亦可乎噫今之人不能度其才量其力往々以闡明斯道爲己任曰大東斯文、曰儒道彰明、曰儒道振興、曰太極隨處發起奔走棲屑未見良果徒勞其心血愚亦甚矣吾所不取

鄉愿曰博施濟衆堯舜猶病諸人非堯舜安能行之近來常聞之言必稱曰人道、曰公德、曰公益、曰慈善、曰社會事業林々總々營々役々假美稱而沽虛名甚矣其妄也、凡古之聖人手容恭足容重燕居深思默會終日端座如泥塑人而輓近少年子弟擧止輕爆行動浮薄曰體操、曰運動輕跳疾走謂之以體育揚々爲快樂不勝慨歎彼若失手蹉足折臂落齒毀損其身體則得罪於父母不亦大乎蓋身體髮膚受之父母君子處世戰々兢々如履薄臨深恐其毀傷父母之所受也是故曾子臨終啓其手足以示門人而戒之可不愼哉且學稼治圃是小人之事非君子之所務也夫子指樊遲謂小人職由是也、我韓讀聖人之書行君子之道而近來官憲謂以產業獎勵不問其爲君子小人一律勸之以學稼治圃責之以捆屨織席使我輩不得安閒靜適良可咄歎也

狂聽畢愀然有慍色良久曰謹聞高論予雖不敏亦聽邪說盛行是誰之過歟子曰人能弘道非道弘人道之弘人也道之廢亦人也元來斯道也亙々其直如砥天下古今之人莫不由斯道而世降叔季人不能弘道歸之荒廢財荊棘叢之狐狸棲之使天下萬世之億兆人衆彷徨于道路迷失歸就夫子以是爲憂爲警世之木鐸轍環天下食無求飽居無求安學而不厭誨人不倦不斥于國人厄于極饑餓不屈不撓扶植斯文闡明吾道以啓來學若如君言當時夫子亦悲觀前途不量晦深則必乘桴浮海獨賢其身超然避世何爲是栖々辱于陳困于蔡而自若如此哉凡爲士者不患人之不己知患不知人當修養吾身以誠意對人則人亦必以誠意酬之語曰十室之邑必有忠信又曰德不孤必有鄰今日儒林同聲相應同氣相求挽回衰態之教修斯學之道溫古而知新奮發而進取豈非斯文之慶幸耶宜勿覺冤再惡之、獨不能辨個理々而已

狂。曰敢陳愚見仰質鄕夫子之高明所謂博施濟衆是堯舜專有之物耶若擧世之人效先生之言曰我非堯舜公德公益於予何關社會事業非我所知暴殄天惠荒廢地利知富國殷民之策而抛之不講有博愛濟衆之道而置之不問同胞陷於塗炭赤子匍匐入井視如對岸之火袖手若不見是去禽獸不遠矣蓋四海皆兄弟也兄弟相依遇患難則相救見哀慶則相助相互提携共躋文明之域卽仁之本道之常也人爲萬物之靈卽有是心之故也人而無是心相率爲禽獸矣可不懼哉、 凡人之有四肢爲其活動而盡天職也若墮其四肢忌避勞動害健康而損經濟竟至滅其身亡其國是故吾道六藝之中有射御以敎民輓近文明諸國施敎育於國民而其所謂三大敎育中體育其居一焉使國民修練身體活動于生存競爭之場而得免落伍劣敗之歎也體育之爲必要不待智者之可辨先生之說迂矣且先生以學稼治圃謂小人之事昔帝舜大聖耕于歷山禹稷大賢躬行稼穡未聞後世以帝舜禹稷謂小人者也夫民無恒產無恒心倉廩實而知廉恥故聖人治國樹之以五穀勸之以桑麻使民足衣食然後敎之以禮導之以義民無恒產野有餓殍其國欲治其可得乎語曰士而懷居不足爲士矣居卽安居也夫爲士者安居逸處游衣徒食徒讀孔孟之書而株守其糟粕高談堯舜之治而不能咀嚼其精華退嬰姑息墮怠成性非但誤了其身抑亦賊夫人之子其爲蠹毒于社會甚且大也先生何不察之妄言多罪乞賜海容焉鄕夫子亦唯々而退余在其傍聽三人之對話記其要領供社會僉君子之高覽亦用是而自省

齊景公有馬千駟死之日民無德而稱焉伯夷叔齊餓于首陽之下民到于今稱之

本道元刺史向作支那行到處有詩玆抄其數首以供讀者

凡石　元應常

○大　連

披卷展開渤海邊、千帆萬瓦影相聯、而今幾億輸來去、大市方知有大連

○濟南大明湖　大明湖畔下亭即李杜諷吟之所

大明湖上泛輕舟、細柳香蓮翠欲流、玩賞風光詩又酒、此行何似謫仙遊

○旅　順　登小案子山有露國戰亡將卒慰魂碑即日本政府之建立也

懷古一節訪戰場、頹墻殘壘總荒凉、欲東飛血成何事、短碣忠魂立夕陽

○靑　島

文明都市見膠東、畵不能摹勢又雄、得失始知塞翁馬、華人今日坐收功

○北　京　六月十五日到北京即黎總統逃亂之第二日也人心洶々

四百餘州四億氓、古來統治是皇城、莊嚴廣大無容語。萬丈黃塵蔽日橫

○偶吟二首

聯山　邊昇基

莫羨人之富、不如安吾貧、莫羨人之貴、不如樂吾仁。富貴榮華都是分外物、安貧樂道求之在吾身、盍

彼世人妄求分外物、求之不得反失吾天眞

右爲頑固老儒不關世事而吟

少年作隊來、剝戶問有人、視我若不見 閉戶說無人、豈不知我在、所求非老人

右見輕薄少年無視老人而吟

## 次昨秋儒道彰明會總會時席上口呼韻

鵬山 邊昇基

扶植倫綱卽此時、吾行宜速不宜遲、斯文千載逢今日、爲報諸君莫失期

又

一治一亂亦天時、五百年間此日遲、膽彼尼山青未了、願將吾黨爲相期

又

逸一齋 金演夏

斯文衰廢已多時、挽起猶嫌一日遲、苟欲復明將晦道、其功必賴老儒期

又

明倫堂闢日斜時、多士爭々來莫遲、顧今異說橫天下、盍振頹綱及此時

○滿月臺懷古

石菱 李毓卨

滿月荒凉碧艸生、何人到此不悲情、烏啼古國千年夢、花落前朝一片城、善竹橋邊流水去、杜門洞裏夕陽明、栢櫟銅雀皆如許、歌舞當時各有聲

○贈石槃阿　　　　篠南 李升鉉

本道參與官槃阿石鎭衡氏素與李侍從篠南升鉉氏有不淺之交而今年早春寄一書問起居李篠南寄詩以贈

回憶翰遊已十載、老來堪歎故人疎、山窮書有平安意、向我慇懃問起居

○答李篠南　　　　槃阿 石鎭衡

一別洛陽今二載、交遊已近十年終別洛陽來湖南今二載嗟君負我々無疎、如有親朋消息問、不知老至樂平居

○再贈石槃阿　　　　篠南 李升鉉

海嶠多暇綾幃堂、所過山水總生光、剩得南遊文章好、知是槃阿學子長

○又

讀君詩似對君言、幾燈何時更一樽、風詠古亭曾所賞、可能邀我趁春暄

○再答李篠南　　　　槃阿 石鎭衡

相逢何日對相言、可與題詩可與樽、風詠古亭花滿發、請君莫惜待春暄

○仲春巡于順天泮碧川

今春本道參與官槃阿石鎭衡氏依道知事命以巡察從駕本道最上之福留說到順天泮碧川與該地文士有吟詠者得其稿而揭之

我今來到暮春天、楊柳依々泮碧川、有友詩成兼有酒、江山如昔日如年

○到順天邑

燕子樓前燕子飛、光山詩客拂春衣、官居南國已三載、春去今年又未歸

○經泰安寺到石谷面

大荒江上淨無塵、峽裏山容到處新、可憐今日春歸去、（適陰三月晦日）只喜來斯見故人

○至同福終使命歸光

今我來思三月天、綠楊芳艸滿前川、傳布福音歸去路、鶯歌蝶舞日如年

○平山鄕校與諸生咏壇杏

經學院司成 金完鎭

罷浴歸來沂水春、講壇杏樹蔭靈眞、不經亂斧天生德、永托芳隣知處仁、歲月侵尋幾榮瘁、風霜閱歷尚精神、藹蔥佳氣繁陰遍、萬葉千枝日復新

## 長城文會設立總會時席上口呼

蓮坡 閔象鉉

文明元自五倫明、到處今成不夜城、此會南州良有以、賴將警鐸普傳聲

瞭山 邊昇基

鰲山淑氣鍾文明、從古號稱君子城、扶植倫綱爲急務、願將此會樹風聲

肯東 沈璿澤

大水連天日未明、滔々不見不沈城、鰲山一片嵯峨出、雷發初聞子夜聲

碧麓 金演夏

升堂講說五倫明、春滿鷲山百里城、詩教亦爲儒道一、一々雅作有金聲

華塢 鄭肯朝

切磋萬理寸心明、修道先修防意城、但行長說周公下、又見紛々漲異聲

西坪 金基尙

道不自明由我明、衆心如一可成城、吾儒今日大方策、誓斥淫辭扶正聲

鳳南 邊萬基

吾鄕從此啓文明、戶誦家絃似武城、舊日威儀今復見、棠陰治績有徽聲

滄江 金基翼

彰明喜報耳聰明、白首扶藜十里城、夫子廟前開正路、別岐邪說寂無聲

海隱 宋奎洛

五教分球各自明、師門宗旨守如城、集成斯道同天大、包海汪洋復有聲

金承植

萬國各爭其道明、儒家不戰守空城、終宵風雨長昏睡、始聽今朝木鐸聲

浪斧 高光鏞

文苑附錄

此會一開天地明、欲將吾道守如城、肅淸文廟終依舊、長使儒風不墜聲

[illegible] 金 肯 鉉

吾道彰明適此時、槿花何獨尙開遲 同文同軌同天下、一以貫之倘有期

[illegible] 沈 能 九

風雨初晴白日明、光山瑞色接鰲城、此筵言志誠非偶、詩得天機各自聲

[illegible] 曹 秉 彩

一千年運復回明、絃誦洋々見武城、爲政最難齊變魯、甘棠治化頌化聲

[illegible] 朴 畿 容

吾道南來始彰明、彰明消息自何城、一線微線猶不墜、海東千載尙傳聲

[illegible] 朴 均 哲

吾道久乃明、異言防如城、儒風振南省、絃誦始有聲

[illegible] 奇 貞 度

儒道千年晦復明、深如河海固如城、南州多士皆興作、必有將來大放聲

[illegible] 金 漢 稷

儒道吾東若復明、泰西高等受降城、秖恐虛辭無實得、奈嘲蛪發作蠅聲

小南 遜鎭旭

天地循環晦則明、光山瑞旭照鰲城、春眠始覺東牕際、諸樹嚶々百鳥聲

波南 金璟祜

鄒魯遺風復彰明、莫萌邪意防如城、從玆以往千餘載、絃誦洋々不絕聲

香泉 朴太煥

雲開瑞日明、和氣滿春城、天下喪斯道、更聞絃誦聲

晩泉 金學奎

復見南州吾道明、光山流派及長城、儒林此會緣何事、慕聖丹心共義聲

一松 金堯重

日月有時晦復明、儒風振作各州城、半萬年間文野蹟、誰能溯考著新聲

耕雲 奇宇采

孔夫子敎復回明、繼往開來萬里城、勿使同胞別岐惑、自然區宇遠聞聲

金應文

會以彰明吾道明、泮宮朝日照光城、千年宗敎南來晩、喚起家々絃誦聲

金鍾萬

大道先天如日明、曉來風雨遍王城、士林斯會期興復、一唱相齊萬口聲

金 彩 煥

吾道年來幾不明、絃歌寂々各州城、今朝警起昏衢夢、從此可聞循鐸聲

金 洛 鎬

道非自道得人明、後二千年會此城、東亞西歐安定日、寥々木鐸更聞聲

竹磵 高 陽 鎭

長宵風雨燭微明、一部湖南萬里城、拒楊斥佛是吾道、願使諸賢共應聲

秀岡 洪 鍾 轍

倘或河淸運復明、杏壇槿域一般城、仁風能化炎凉態、異說難侵絃誦聲

參軒 朴 昇 柱

槿花欲發杏壇明、絃誦相聞遠近城、莫說東西紛異說、願將吾道共齊聲

綮下 金 堯 增

儒道沉々久不明、建旗儒將始登城、後生諸子知歸路、自是復聞絃誦聲

月溪 金 炯 淳

南州高會以文明、一片鰲山卽魯城、多士彬々來席上、洋々絃誦更聞聲

安湖 邊亭基

光山一燭夜來明、遍照湖南處々城、吾道坦々知所向、滿天風雨寂無聲

金演

夫子道源萬古明、循環元氣復長城、願將此日講磨力、去作人間擊柝聲

金顯奎

道德如天日月明、儒門復闢是長城、杏壇講樹多春色、夫子遺風萬古聲

金熏奎

湖南形勝產文明、先入長城春滿城、此日復聞夫子鐸、聲々有始有終聲

松岡 金喆煥

海東日月復光明、文物彬々擅古城、至今猶聽仲尼鐸、元氣流行自有聲

南湖 李錫鎣

如日中天萬國明、斯文高會自京城、玆鄉百里數多士、作興一齋相應聲

金渙澈

恨不吾生際聖明、忽聞此會出東城、師門心法由來久、木鐸千年大放聲

朴世吉

文苑詞藻



我東從古擅文明、絃誦家々擅魯城、惜自中間將欲墜、忽聞此會復鳴聲

金鳳燮

我東禮義自分明、逾四千年三百城、何曉湖南開此會、聞風無士不同聲

金禧鉉

聖學蓁蕪道不明、悲秋寒士泣孤城、儒風消息高風起、從此更聞絃誦聲

默齋 趙鍾協

斯文幾喪復光明、來士彬々動一城、講話一場詩一絕、好相揚處豈無聲

瀧嵒 邊鎭澈

吾於新學未開明、耕牧山中遠市城、此會來參多興感、顏琴點瑟滿堂聲

柯亭 辛恒文

斯道元來晦則明、使人知有漢陽城、千秋木鐸有餘韵、長夜驚聽警衆聲

悔隱 李斗煥

秉燭昏衢天欲明、四方觀者立如城、幸逢如日中天日、草野得聞絃誦聲

溟軒 李康年

大道原天燦復明、靡然多士赴長城、壇前杏樹青々立、幾度春秋講習聲

金舜權

明倫堂上夕陽明、觀聽衣冠環似城。河水欲淸千　運、循宣治化載興聲

驪州 邊鎭昇

滔々此世幾時明、愁見囂塵滿市城。回首聖山天欲曙、金鷄唱送萬家聲

平昌 徐厚福

夫子道同日月明、至今遍照萬邦城。盛衰只在維持力、從此吾鄕有誦聲

海山 林冕奎

道爲儒道會彰明、守道吾人若守城。二千年後好消息、闕里笙簧復有聲

靑巖 閔承煜

講論義理復初明、多士光南是武城。昏衢一燭將挑去、吾道從今大有聲

孔子曰益者三友損者三友友直友諒友多聞益矣友便辟友善柔友便佞損矣

# 世報

## 米國의新舊大統領

去八月二日에米國大統領「하ㅣ딩」氏ᄂᆞᆫ其家族과談話中에突然逝去ᄒᆞ고現副大統領「그릿지」氏ᄂᆞᆫ憲法에依ᄒᆞ야當然히新大統領에就ᄒᆞ얏ᄂᆞᆫᄃᆡ氏ᄂᆞᆫ一千八百七十二年에「그리스맛스」에셔出生ᄒᆞ야「안마스트」大學에셔法律을學ᄒᆞ고其經歷은市長、州下院議員、同議長、知事、副大統領으로브터今回에大統領이되얏더라

## 西鮮의大水害

八月十三日以來로平壤、鎭南浦、新義州等地方에洪水及海嘯가來襲ᄒᆞ야河川이漲溢ᄒᆞ고島嶼가沒沈ᄒᆞ야無數ᄒᆞᆫ生靈과財産을島有에歸케ᄒᆞ얏ᄂᆞᆫᄃᆡ

天皇陛下께셔ᄂᆞᆫ此矜恤히ᄒᆞ사內帑金中으로一千圓을下賜ᄒᆞ시고又、勅使를派送ᄒᆞ사此罹災民을慰問ᄒᆞ셧더라

## 新造潛水艦第七〇號沈沒

右潛水艦은最新式으로製造ᄒᆞ얏ᄂᆞᆫᄃᆡ八月廿日兵庫縣淡路假屋冲海上에셔始乘試驗時에무ᄉᆞᆫ原因에依ᄒᆞ얏든지瞬息間에海底로逆向ᄒᆞ야沈沒ᄒᆞᆫ바其艦內에始乘員은八十餘名인ᄃᆡ一時에不幸ᄒᆞᆫ最後를遂ᄒᆞ얏더라

## 加藤首相薨去

八月二十五日午後零時二十六分에薨去ᄒᆞ얏ᄂᆞᆫᄃᆡ國政에盡瘁ᄒᆞᆫ功에依ᄒᆞ야子爵으로陞授되고元帥府에列케되고又大勳位에叙ᄒᆞ고菊花大綬章을授ᄒᆞ셧더라

## 東京附近卽關東地의大地震

九月一日午前十一時五十五分에東京附近及橫濱附近一帶地々에俄然히激震이起ᄒᆞ야大廈巨屋이鱗次倒壞ᄒᆞᄂᆞᆫ同時에百般設備가破壞되면서大火災가起ᄒᆞ야全市가殆히島有에歸ᄒᆞ고又人命의死傷이可驚ᄒᆞᆯ만ᄒᆞᆫ多數의數字를示ᄒᆞ얏ᄂᆞᆫᄃᆡ天皇陛下께셔와

攝政宮殿下께서는此大震災에對ᄒᆞ야極히矜憫히宸慮ᄒᆞ시와宮闕을開放ᄒᆞ시와避亂民을收容ᄒᆞ시고又禁苑의材木을拂下ᄒᆞ시와建築의材料를下賜ᄒᆞ시며內帑金으로一千萬圓을、下賜ᄒᆞ섯시며世界의同情은瞬息間에此罹災民에게集中ᄒᆞ야或은艦隊或은慰問使、食料品又는金錢을寄贈ᄒᆞ야此災難을慰勞ᄒᆞ며或은歌曲遊戲를停止ᄒᆞ야敬意를表ᄒᆞᆫ國도不尠ᄒᆞ더라

## 山本新內閣成立

加藤首相이薨去ᄒᆞᆫ後에各元老間의周旋을依ᄒᆞ야伯爵山本權兵衛氏에게、大命이下ᄒᆞ야去九月二日午後五時에東京市大地震中에內閣全員에對ᄒᆞᆫ親任式이擧行되얏는ᄃᆡ其閣員은

| | | |
|---|---|---|
| 內閣總理大臣兼外務大臣 | | 山本權兵衛 |
| 內務 | 大臣 | 後藤新平 |
| 大藏 | 大臣 | 井上準之助 |
| 陸軍 | 大臣 | 田中義一 |
| 海軍 | 大臣 | 財部彪 |
| 司法 | 大臣 | 平沼騏一郎 |



| | | |
|---|---|---|
| 文部 | 大臣 | 岡野敬次郎 |
| 農商務 | 大臣 | 田健治郎 |
| 遞信 | 大臣 | 犬養毅 |
| 鐵道 | 大臣 | 山之內一次 |

이요其閱歷과家庭은左와如ᄒᆞ더라

後藤新平子는巖手縣平民後藤十右衛門氏의長男으로安政四年六月에生ᄒᆞ야福島縣須賀病院附屬學校를卒業ᄒᆞᆫ後獨逸에留學ᄒᆞ야明治二十六年「뮨헌」大學으로브터「덕머지치비ㅡ」의學位를受ᄒᆞ얏스며明治三十二年愛知縣醫學校監事兼敎諭를비롯ᄒᆞ야同校長愛知縣病院內務省衛生局長臺灣總督府長官等其他를歷任ᄒᆞ야滿鐵總裁를就任ᄒᆞ얏스며明治四十一年七月에第二次桂內閣成立時에臺閣에列ᄒᆞ야遞信大臣이되얏고大正元年十二月第三次桂內閣에도遞相이되얏스며寺內々閣에入ᄒᆞ야副總理와內外相을歷任ᄒᆞ야外交調査委員이된後東京市長을經ᄒᆞ야今日에至ᄒᆞ얏는ᄃᆡ明治卅九年臺灣統治의勳功에依ᄒᆞ야男爵大正十一年子爵으로陞爵ᄒᆞ얏스며長男一藏外一男一女가有ᄒᆞ니女息愛子는鶴見祐輔에게出嫁ᄒᆞ얏더라

井上準之助氏는大分縣平民井上淸太郎氏의令弟로明治二年三月에生ᄒᆞᆫ後에井上簡一氏의養子가되얏더라明治二十九年帝大法科를卒業ᄒᆞᆫ後日銀營業紐育代理店監督橫濱正金銀行副頭取同行頭取等을經ᄒᆞ야現日銀總裁로今日에至ᄒᆞ얏ᄂᆞᆫ데妻千代子ᄂᆞᆫ男爵毛利忠三氏의養妹로嗣子益雄外二男三女가有ᄒᆞ더라

田中義一男은山口縣士族田中信祐氏의三男으로文久三年六月에生ᄒᆞ야十九年陸軍士官學校를卒業ᄒᆞᆫ後步尉에任官되고同二十五年陸軍大學을卒業ᄒᆞ고第一師團副官을비롯ᄒᆞ야日露戰役에際ᄒᆞ야ᄂᆞᆫ滿洲軍參謀로戰爭에從事ᄒᆞᆫ後次에陸軍省軍務局軍事課長同軍務局長參謀總長等을經ᄒᆞ야大正七年九月原內閣에入ᄒᆞ야陸軍大臣에親任되야同十年六月에辭職ᄒᆞ얏더라

財部彪氏ᄂᆞᆫ宮崎縣士族財部實秋氏의二男으로慶應三年四月에生ᄒᆞ야明治二十二年海軍兵學校同二十六年海軍大學校卒業大正八年海軍大將에陞進ᄒᆞ고其間海軍々令部參謀、富士艦長、第一艦隊參謀長、海軍次官、旅順要港部司令官等을歷任ᄒᆞ고本夏에海軍大臣이되다

平沼騏一郎氏ᄂᆞᆫ前早稻大學長平沼淑郎氏의令弟로兄弟共히法學博士인데慶應三年九月東京에서出生ᄒᆞ야明治二十一年帝大法學科를卒業ᄒᆞᆫ後司法省參事官을비롯ᄒᆞ야官界에入ᄒᆞ야大審院檢事兼司法省民刑局長을歷任ᄒᆞ고其後司法次官大審院檢事總長을經ᄒᆞ야大審院長으로今日에至ᄒᆞ얏더라

岡野敬次郎氏ᄂᆞᆫ東京府士族岡野親美氏의二男으로慶應元年二月에生ᄒᆞ야明治十九年東京帝國大學法科에入ᄒᆞ야英法科를卒業ᄒᆞᆫ後大學院에入學ᄒᆞ얏다가獨逸에留學ᄒᆞ야歸國ᄒᆞᆫ後帝國大學敎授、農商務省參事官、同參與官、同官房長、兼法務局參事官、帝室制度調查局御用掛法務局長兼內閣恩給局長、高等捕獲審檢所評定官兼宮中顧問官等에歷任ᄒᆞ고明治四十一年貴族院議員에勅選되얏스며其後更히東京帝國大學敎授帝國學士院會員中央大學長等을經ᄒᆞ야大正十一年六月故加藤內閣成立時에臺閣에列ᄒᆞ야法相이되야今日에至ᄒᆞ얏ᄂᆞᆫ데一男二女가有ᄒᆞ더라

田健治郎男은兵庫縣平民田文平氏二男으로安政

二年二月에生ᄒᆞ야明治九年判事補를拜命ᄒᆞ고爾後高知、神奈川、埼玉諸縣의警察部長을經ᄒᆞ고遞信省에入ᄒᆞ야次官이됨이三回이며大正五年十月寺內々閣成立에際ᄒᆞ야遞相이되얏고明治三十四年衆議院議員에當選된事有ᄒᆞ얏고明治三十九年貴族院議員에當選四十年特히華族에列ᄒᆞ야男爵을被授ᄒᆞ얏더라嗣子篤氏ᄂᆞᆫ早大商科를卒業ᄒᆞ고二女輝子ᄂᆞᆫ男爵安場末喜氏嗣子保健氏에게出嫁ᄒᆞ얏고實業家健吉氏實兄、朝鮮總督府外事課長園田寬氏及海外駐箚財務官田昌氏ᄂᆞᆫ共히其外甥이더라

犬養毅氏ᄂᆞᆫ舊板倉藩鄕士水莊犬養瀨左衛門氏二男으로安政二年四月備中國吉備郡庭瀨町에서生ᄒᆞ야幼時에森田月瀨犬養森窓의門에學ᄒᆞᆫ後慶應義塾을卒業ᄒᆞ고操觚界에入ᄒᆞ야報知新聞記者朝野新聞記者를經ᄒᆞ야東洋經濟雜誌社長이되얏스며三十一年尾崎行雄氏의後를承ᄒᆞ야第一次大隈內閣에入ᄒᆞ야文部大臣이되얏고大正五年寺內々閣成立에際ᄒᆞ야臨時外交調査委員을被命ᄒᆞ고議會開設以來每回衆議院議員에當選되고旭日章을授ᄒᆞ얏스며嗣子健長女미스子ᄂᆞᆫ現에支那公使芳澤謙吉氏에게出嫁ᄒᆞ얏더라

山之內一次氏ᄂᆞᆫ鹿兒島縣士族山之內時習氏의長男으로慶應二年十一月에生ᄒᆞ야明治二十三年帝大法科卒業ᄒᆞ고熊本縣叅事官으로비롯ᄒᆞ야內務省法務局長을歷任ᄒᆞ고青森縣知事가되얏스며更히遞信省鐵道局長、鐵道院理事及大正二年山本內閣의內閣書記官長을歷任ᄒᆞ야大正三年貴族院議員으로勅選되얏ᄂᆞᆫᄃᆡ三男二女가有ᄒᆞ더라

## 東京孔子廟全燒

東京市御茶之水橋之東에聖堂과博物館이有ᄒᆞᆷ은每年本道로브터內地視察時에叅拜ᄒᆞᄂᆞᆫ터임으로儒林多數가詳知ᄒᆞᄂᆞᆫ바이어니와去九月一日東京大震災時에日本의國寶되ᄂᆞᆫ孔子像과其他貴重品全部가燒失되야形跡이無ᄒᆞᆫᄃᆡ特히孔子像과如ᄒᆞᆷ은史蹟保存의國寶되야잇든것이며此處에藏置ᄒᆞ얏든漢文書籍은日本文化의中心이되야잇든바今回에烏有에歸ᄒᆞ얏고其損害ᄂᆞᆫ到底히金錢으로計算ᄒᆞ기難ᄒᆞᆫᄃᆡ建物損害額은約二百六十萬圓假量이라더라

世報

## 山本首相의告示와 丸山警務局長談

山本首相은九月五日에內閣告示를發ᄒᆞ얏ᄂᆞᆫᄃᆡ左와如ᄒᆞ더라

今次의震害에乘ᄒᆞ야一時不逞鮮人의暴動이有ᄒᆞ야鮮人에對ᄒᆞ야頗히不快ᄒᆞᆫ感을懷ᄒᆞᄂᆞᆫ者가有ᄒᆞ다聞ᄒᆞᄂᆞᆫ도다鮮人中의若不穩에涉ᄒᆞᄂᆞᆫ者가有ᄒᆞᆷ에在ᄒᆞ야ᄂᆞᆫ速히取締의軍隊及警察官에게通告ᄒᆞ야其措置를ᄒᆞᆯ것이요各自스사로迫害를加ᄒᆞᆷ과如ᄒᆞᆷ은本來日鮮同和의根本主義에背戾ᄒᆞᆯ쁜아니라世界各國에對ᄒᆞ야決코許ᄒᆞᆯ事가아니로다事ᄂᆞᆫ今回突然히困難ᄒᆞᆫ事態에會際ᄒᆞ얏슴에基因ᄒᆞᆫ다認ᄒᆞ나此非常時에當ᄒᆞ야常히平靜을失치아니ᄒᆞ야써我國의節制와平和의理想을發揮ᄒᆞᆷ은本大臣의此際特히望ᄒᆞᄂᆞᆫ바로民衆各自의切히自省ᄒᆞᆷ을望ᄒᆞᄂᆞᆫ바이라

### 總督府丸山警務局長은右에對ᄒᆞ야如左히談ᄒᆞ얏더라

今回震災ᄂᆞᆫ世界에稀罕ᄒᆞᆫ災禍로世界各國의人士ᄂᆞᆫ一齊히非常ᄒᆞᆫ同情을寄ᄒᆞ며救濟에就ᄒᆞ야도大히盡力ᄒᆞᄂᆞᆫ故로我의國民은衷心으로感謝ᄒᆞᄂᆞᆫ同時에所謂人類愛의美麗ᄒᆞᆷ에感激ᄒᆞᄂᆞᆫ바이라無論國內에셔ᄂᆞᆫ擧國一致ᄒᆞ야不幸ᄒᆞᆫ罹災者의救濟에盡力되지아니ᄒᆞ면不可ᄒᆞ야實際救濟에全力을注ᄒᆞᄂᆞᆫ喜悅ᄒᆞᆯ만ᄒᆞᆫ事實은新聞의報道로充分히周知된바인ᄃᆡ此間에셔東京에셔來ᄒᆞᄂᆞᆫ種々의報道中에在京朝鮮人中에不穩ᄒᆞᆫ行動을敢行ᄒᆞᄂᆞᆫ者가有ᄒᆞ얏다ᄂᆞᆫ一事가有ᄒᆞ야余ᄂᆞᆫ實로意外로感ᄒᆞ얏도다假使平素ᄂᆞᆫ如何ᄒᆞᆫ不平을懷ᄒᆞ고잇섯다ᄒᆞᆯ지라도此非常ᄒᆞᆫ際에互相不幸ᄒᆞᆫ罹災者ᄂᆞᆫ互相援助ᄒᆞᆫ다ᄒᆞᆷ은此ᄂᆞᆫ人類로ᄒᆞ야當然ᄒᆞᆫ事이오橫濱에셔ᄂᆞᆫ地震의際에一千名囚徒를解放ᄒᆞ얏섯ᄂᆞᆫᄃᆡ彼等은多數ᄒᆞᆫ市民中에混入ᄒᆞ야救濟를爲ᄒᆞ야努力ᄒᆞ얏슬ᄲᅮᆫ아니라直히其中에九百餘名은其居所를當局에屆出ᄒᆞ얏다ᄒᆞᄂᆞᆫ도다그런ᄃᆡ善良ᄒᆞᆫ良民으로東京에在ᄒᆞ야次第로生活을營ᄒᆞᆫ朝鮮人이何由로不穩ᄒᆞᆫ行動을敢行ᄒᆞᆯ理由가有ᄒᆞ리오人이된以上에ᄂᆞᆫ決코可行ᄒᆞᆯ바가아니라余ᄂᆞᆫ思ᄒᆞ야確信ᄒᆞᄂᆞᆫ同時에萬一이라도輕率漢이有ᄒᆞ야少毫라도不穩으로思ᄒᆞᆫ行動을敢行ᄒᆞᆯ진ᄃᆡ是ᄂᆞᆫ神人이共히憎惡ᄒᆞ며且慨嘆ᄒᆞᆯ바이라將來에朝鮮人의名은世界何處에

往ᄒᆞᆫ다ᄒᆞᆯ지라도人으로써待遇치아니ᄒᆞᆯ것을恐懼ᄒᆞ는바이라然이余는意外로感ᄒᆞ는報道는全然虛報는안인듯ᄒᆞ야少히罹災者에게對ᄒᆞ야幾分疑懼의念을懷ᄒᆞ게ᄒᆞᆷ과如ᄒᆞᆫ報道를爲ᄒᆞᆫ者가少數잇섯ᄃᆞᆫ듯ᄒᆞ도다此에對ᄒᆞ야罹災者의一部는不快의念을抱ᄒᆞ고잇는것은事實인듯ᄒᆞ며此로因ᄒᆞ야前日에는警視總監의告示가發布되고今에又山本首相의告示가發布되얏는ᄃᆡ實노遺憾에不堪ᄒᆞ는바이라그러나在京朝鮮人의不穩ᄒᆞᆫ行動이라云ᄒᆞᆯ지라도特別大端ᄒᆞᆫ事가안인듯ᄒᆞ며一般罹災者의惡感도如斯ᄒᆞ게深刻ᄒᆞ지는아니ᄒᆞᆯ줄노思ᄒᆞ노라余는此際에朝鮮에서東京의報道를聞ᄒᆞ고事實을甚大ᄒᆞ게想像ᄒᆞ야輕率히推測想定치아니ᄒᆞ도록各人이相戒ᄒᆞ야敢히違誤가無케ᄒᆞ기를ᄒᆞ나니若余의此希望에違背ᄒᆞ는者가有ᄒᆞ면嚴重ᄒᆞ게處分ᄒᆞᆯ것은多言ᄒᆞᆯ바가無ᄒᆞ거니와前에述ᄒᆞᆫ바와如히少數의輕率者流로ᄒᆞ야금我朝鮮同胞全體가世界의全人類에게疎外케됨을憂慮ᄒᆞ는바이라東京에在ᄒᆞ야는流言蜚說取締令이發布ᄒᆞ얏슨즉從此以後로는流言蜚語的報道는漸次로其根跡을絕ᄒᆞ고其眞相이차차明瞭ᄒᆞ게될줄로싱각ᄒᆞᆫ다世人은고요히其時의到來ᄒᆞᆷ을俟ᄒᆞ야我政府가如何히適切ᄒᆞᆫ處置를取ᄒᆞ얏는가를보는것이조켓다云ᄒᆞ더라

## 政務總監의通牒

世報

東京附近의震災狀況에對ᄒᆞ야九月五日에政務總監으로브터 各道知事에게左와如ᄒᆞᆫ通牒을發ᄒᆞ얏더라

東京附近의震災火災는未曾有의慘害를呈ᄒᆞ야人命의損傷建築物의列潰가夥ᄒᆞ며交通々信의機關은損潰되야罹災의狀은酸鼻를極ᄒᆞ는바聖上씌옵셔는甚히此를軫念ᄒᆞ사內帑金一千萬圓을下賜ᄒᆞ옵시고攝政宮殿下씌셔는特히山本總理大臣에게優渥ᄒᆞ신令旨를賜ᄒᆞ섯도다政府는聖旨를奉ᄒᆞ야直히內閣에臨時震災救護事務局을設置ᄒᆞ고救護를爲ᄒᆞ야豫備金九百五十萬圓을支出ᄒᆞ야救護에全力을傾注ᄒᆞᆷ과同時에東京市內及其隣接地에戒嚴令을施行ᄒᆞ야警備를嚴히ᄒᆞ야不時에備ᄒᆞ며周到ᄒᆞᆫ注意로써秩序의恢復에努ᄒᆞ며數日을不出ᄒᆞ야帝都의秩序는憂慮를要ᄒᆞ지아니ᄒᆞᆷ에至ᄒᆞ얏도다交通々信의杜絕에依ᄒᆞ야災害狀況이一時不明ᄒᆞ야或은無稽ᄒᆞᆫ流言蜚語가流行ᄒᆞ야人心을迷惑케ᄒᆞᆷ이無ᄒᆞ다保키難ᄒᆞᆫ바인ᄃᆡ本來今回의災害는帝國의政治經濟의中樞地에起ᄒᆞ야鮮內에在ᄒᆞᆫ災害와其軌가不同ᄒᆞ며損害의大影響이廣汎ᄒᆞᆷ은測知키不能ᄒᆞᆫ바이오此가復舊에는國民의一致ᄒᆞᆫ努力을要ᄒᆞᆯ바가多ᄒᆞ다ᄒᆞ나能히當面의救護의方針이樹立되야秩序亦確立ᄒᆞ얏는故로徒히流言에惑ᄒᆞᆷ이업시意를安ᄒᆞ고各自生業에勵精ᄒᆞ야國力의增進에努ᄒᆞᆷ과同時에罹災者의窮狀에同情ᄒᆞ야同胞相愛의誠을盡케ᄒᆞ도록管內一般에게周知케ᄒᆞ

심을企望ᄒᆞ노라

## 秋期釋奠祭擧行

陽九月十一日은即陰八月初一日에該當ᄒᆞᄂᆞᆫ故로京城經學院을爲始ᄒᆞ야朝鮮十三道各鄕校에在ᄒᆞ야釋奠祭를擧行ᄒᆞ얏ᄂᆞᆫᄃᆡ光州鄕校에在ᄒᆞ야ᄂᆞᆫ午前九時에擧行ᄒᆞᆫ바直員朴鳳柱氏의周密ᄒᆞᆫ指導下에靜肅히擧行ᄒᆞ얏고其日에道廳에셔ᄂᆞᆫ道知事元應常氏、參與官石鎭衡氏、地方課長阿部明治太郎氏、學務課長大塚忠衛氏、道視學市川繁太郎氏、高等普通學校長粟野傳之丞氏、師範學校長大谷原助氏、農學校長中川宮吉氏、警察署長岩橋朝一氏外多數官民이叅拜ᄒᆞ얏고其日에ᄂᆞᆫ多數ᄒᆞᆫ內鮮學校生徒가叅拜ᄒᆞᆯ豫定이얏ᄂᆞᆫᄃᆡ適히雨天을因ᄒᆞ야未叅되얏더라

## 本道儒林內地視察團出發中止

本道各郡儒林二十九名은道廳의主催로同伴人數名과共히十月二日브터往復三週日間의豫定으로써下關、廣島、大阪、京都、東京、日光을視察ᄒᆞ고歸路에京城으로卽向ᄒᆞ야副業共進會를視察ᄒᆞᆯ豫定이던바關東地方의大震災로因ᄒᆞ야此를中止ᄒᆞ고但京城에셔開催ᄒᆞᄂᆞᆫ副業共進會만視察ᄒᆞ얏다더라

## 濟州島大靜儒林代表陳情

首題儒林代表金宜鍾氏ᄂᆞᆫ去八月三十日에光州全南道廳에出頭ᄒᆞ야地方課長內務部長及道知事를訪問ᄒᆞ고大靜地方에關ᄒᆞᆫ儒林의情況을陳述ᄒᆞ고同地方에更히鄕校의復興을願ᄒᆞ얏더라聞ᄒᆞᄂᆞᆫ바에依ᄒᆞᆫ건ᄃᆡ同地方에從來로儒林의數가甚多ᄒᆞᆫᄃᆡ近來에ᄂᆞᆫ在前儒林以外의人士가時代에鑑ᄒᆞᆷ이有ᄒᆞ야多數가儒道彰明會에入會코져ᄒᆞᆫ다더라濟州大靜儒林의本會에對ᄒᆞᆫ通告文

右文本郡邈在絶海未沾南鹽之化雖有北學之人學問孤陋俗尙蚩貿然而崇、聖之道遐邇一般愛國之想大小何異嗚乎時局變遷法令更張本校混入於廢止自濟州島廳祭器押收自普通學校財産移用、廟堂玆在只有滿庭之草田畓全失無立椎之地附屬者四散守直一空望朔拜謁香料已斷春秋祭享費金無由冠儒服儒者孰不痛心哉一自儒林各其義捐廟堂修理祭享崇奉年已久矣今此總督新莅之後廢止鄕校復設財産還付云々故鄙生等伏不勝舞蹈冀蒙一視之澤至于今日終無如何影響痛歎不已矣何幸、貴校諸君子儒道彰明會設立下及於本校可謂回狂瀾於幾倒尋失路於多岐此豈非儒化大興之時乎本校儒生金宜鍾氏上送伏願座下特賜眷顧俯示指揮千萬伏祝

癸亥七月　日

濟州島大靜鄕校儒生金泰純外七八

全羅南道儒道彰明會長　座下

# 世評

## 青柳南溟氏의 儒敎觀

青柳南溟氏著朝鮮統治論中文化政治의新舊思想衝突이라ᄒᆞᄂᆞᆫ題目下에儒敎主義의弊와頑固思想이라ᄒᆞᄂᆞᆫ節이有ᄒᆞᆷ으로此를譯載ᄒᆞ노라

一、老論少論黨閥의結束은要컨ᄃᆡ儒敎의弊라儒敎主義의弊ᄂᆞᆫ總督政治以來에靑年의新學文新智識에依ᄒᆞ야業已其牙城이撼搖되얏도다朝鮮의社會ᄂᆞᆫ今에兩班儒生의天下가아니라儒生의嚴守ᄒᆞ던儒敎主義ᄂᆞᆫ現代朝鮮의新敎育新文明에接觸된靑年에依ᄒᆞ야滔々히破碎되ᄂᆞᆫ中이라余輩ᄂᆞᆫ此를喜ᄒᆞᆯ만ᄒᆞᆫ現象이라ᄒᆞ야特히時代의推移에注意ᄒᆞᄂᆞᆫ도다何故오ᄒᆞ면此儒敎主義의破碎가總督政治根本方針에適合ᄒᆞ야十三道에蟠屈ᄒᆞᆫ閥族黨弊와頑冥ᄒᆞᆫ思想은打破ᄒᆞ기에捷徑인所以라

要컨ᄃᆡ儒敎의勃興을朝鮮一千年의歷史이오其文化ᄂᆞᆫ甚古ᄒᆞ니若朝鮮民族이隣强으로브터輸入ᄒᆞᆫ儒敎本來의敎旨를十分咀嚼ᄒᆞ야形式의末葉에走치아니ᄒᆞ고人倫의正義와儒生의本分을踐來ᄒᆞ얏스면其文明은蓋我東半球에在ᄒᆞ야一種光彩를放ᄒᆞ얏슬지로다然而朝鮮民族은儒敎의殘骸를學ᄒᆞ야虛禮를喜ᄒᆞ고形式에拘泥ᄒᆞ야國民的으로此를活用치못ᄒᆞ고書院에踞ᄒᆞ고鄕校에隱ᄒᆞ며學派에屈托ᄒᆞ며黨을植ᄒᆞ고派를立ᄒᆞ야邪論이遐邇에橫行ᄒᆞ야子弟를誤케ᄒᆞ고靑年을安堵케ᄒᆞᆷ을不得ᄒᆞ니라

二、孔孟老莊의學이其敎旨ᄂᆞᆫ極히深奧ᄒᆞ야此를咀嚼ᄒᆞ야現實히適用ᄒᆞ야其方道를不誤ᄒᆞᄂᆞᆫ時ᄂᆞᆫ誠히君子의國이오忠孝仁義의民으로大히國家의面目을發揚ᄒᆞᆷ을得ᄒᆞᆯ지라然이나儒敎의本家되ᄂᆞᆫ支那에셔此를見ᄒᆞᆫ건ᄃᆡ其文化의遠ᄒᆞᆷ이世界에最古ᄒᆞᆫᄃᆡ儒敎의精神은脫殼ᄒᆞᆫ蟬과如ᄒᆞ야但其殘骸를學ᄒᆞ고形式의末葉을崇拜ᄒᆞᆷ이朝鮮과同機인ᄃᆡ遂히近世의文明과相遠ᄒᆞ야列强對峙의地位를不得ᄒᆞ고常히貪禍劣敗의國民으로指彈輕蔑을受ᄒᆞᄂᆞᆫ도다朝鮮에在ᄒᆞᆫ儒敎의感化도亦此와如ᄒᆞ야其忠孝仁義ᄂᆞᆫ朋黨相爭의一種欛柄이되야黨禍를助長

ᄒᆞᆫ는危險ᄒᆞᆫ媒介物되는以外에는何等朝鮮國民性에對ᄒᆞ야稗益을與ᄒᆞᆯ바이無ᄒᆞ도다

蓋儒敎는朝鮮의中古로부터近世에至ᄒᆞ기ᄭᆞ지朝鮮唯一의敎育이오又一信仰되든것인ᄃᆡ李朝에在ᄒᆞ야는特히儒敎를奬勵ᄒᆞ야各種機關을設置ᄒᆞ얏도다身이一次兩班儒生이된者는終年經書와諸子를諷誦ᄒᆞ며詩에耽ᄒᆞ야ᄡᅧ先哲의遺業을傳承ᄒᆞᆫ다ᄒᆞ며韓末에至ᄒᆞ야는東西南中四學이東西兩班을成ᄒᆞ야老論少論의角逐場이되야老論의是라ᄒᆞ는바는少論의非가되야互相確執不下ᄒᆞ고殿講儒生과如ᄒᆞᆫ者는王前에서經書文字를布衍ᄒᆞ야時務를論ᄒᆞ며人物을品隲ᄒᆞ며名을規正諷諫君德涵養에籍ᄒᆞ야政敵他派를彈劾ᄒᆞ고中傷ᄒᆞ고讒誣ᄒᆞ야廟議是로因ᄒᆞ야朝變夕改ᄒᆞ며上下擧口ᄒᆞ면仁義道德을唱ᄒᆞ나一人도行ᄒᆞ는人은無ᄒᆞ고但政權爭奪에腐心ᄒᆞ야暗殺虐殺等의亂暴ᄒᆞᆫ手段으로ᄡᅧ政敵을仆ᄒᆞ야自己의門地와黨派를盛大히ᄒᆞᆷ에努力ᄒᆞ얏도다

然則朝鮮人의儒敎主義는一이라도朝鮮民族思想에對ᄒᆞ야稗益ᄒᆞᆷ이無ᄒᆞ고植黨ᄒᆞ는話柄으로此



를繼ᄒᆞᆷ에止ᄒᆞᆯ뿐이라此惡弊는併合後十年되는今日에至ᄒᆞ야도滅亡치아니ᄒᆞ고鬱勃ᄒᆞ야新敎育을排斥ᄒᆞ며新文明의靑年과對峙ᄒᆞ야來ᄒᆞ얏스나總督府는每年各道에多數ᄒᆞᆫ普通學校及其他學校를設備ᄒᆞ야新敎育을鼓吹ᄒᆞ고東京에留學ᄒᆞ는中等以上의學生은每年其業을卒ᄒᆞ고歸鮮ᄒᆞ는者ㅣ多ᄒᆞᆷ으로新文明新文化의光輝는漸次各道에浸潤光被코져ᄒᆞ며數百年來朝鮮에殘骸를留ᄒᆞ든儒敎主義에玆에至ᄒᆞ야埋沒되는도다

三、然而獨立騷擾以後에鮮民族思想의混亂을乘ᄒᆞ야猛烈히再次擡頭ᄒᆞ는儒敎發興의聲은老人團에依ᄒᆞ야喧傳ᄒᆞ누니彼等은騷擾라ᄒᆞ는火事場에奔馳ᄒᆞ야其氣勢를復活ᄒᆞ며或은頹敗ᄒᆞᆫ鄕校를復與ᄒᆞ고業已國有에編入ᄒᆞ얏든校田을復코져ᄒᆞ야彼等의因襲되는黨爭私論이勃々吹芽ᄒᆞ야合縱連衡에都鄙奔馳ᄒᆞ야熱狂論來ᄒᆞ니余輩는現在狀態를見ᄒᆞ고心中에此를憂慮ᄒᆞ노라

由來日本帝國의朝鮮統治方針은朝鮮人을同化ᄒᆞ야內地人과同等의文化에向上케ᄒᆞ며同一히日本天皇의赤子로遜色이無ᄒᆞᆫ優良ᄒᆞᆫ臣民을養成코

저홈에在홈이라然則朝鮮文化의根本方針은內鮮人思想의歸一을圖홈에在ᄒᆞ도다朝鮮의文化가內地의文政과何等의連絡이無ᄒᆞ고儒生의書堂과鄕校에셔不徹底ᄒᆞᆫ儒敎主義를子弟에게鼓吹홈은內鮮文化上에輕視치못ᄒᆞᆯ背馳를生ᄒᆞᆯ지라齋藤新總督의文化策은無論朝鮮으로ᄒᆞ야곰內地同樣의文政制度下에統一코저홈이라然則儒生을起ᄒᆞ야儒敎의振興을策홈은矛盾의甚ᄒᆞᆫ者이요儒敎主義의弊害上으로ᄒᆞᆯ지라또又ᄂᆞᆫ文政統一上으로ᄒᆞᆯ지라또決斷코儒敎振興의聲을防遏치아니치못ᄒᆞᆯ지로다全鮮幾千의書堂과鄕校ᄂᆞᆫ儒敎主義의微弱과共히自然消滅에歸ᄒᆞᆯ지라現在의普通學校와將來에施設ᄒᆞᄂᆞᆫ中等敎育機關等은高等敎育의發展에依ᄒᆞ야朝鮮人은不幾에日本의國體及政治에關ᄒᆞ야自覺홈을見홈에至ᄒᆞᆯ지라

四、日本의學者ᄂᆞᆫ動輒朝鮮人이朝鮮의歷史을讀ᄒᆞ고前韓의國體及政治에關ᄒᆞᆫ智識이發生ᄒᆞᄂᆞᆫ同時에危險思想을養成홈에至ᄒᆞᆫ事를憂慮ᄒᆞ야寧히可使由之오不可使知之의政策에依ᄒᆞ야其敎育方針은主로産業開發에關ᄒᆞᆫ科學的智識을養成홈으로써最히穩當ᄒᆞ다ᄒᆞᄂᆞᆫ者도有ᄒᆞ도다此ᄂᆞᆫ掩耳ᄒᆞ고搖鈴ᄒᆞᄂᆞᆫ類라其不徹底홈은無論이라余輩ᄂᆞᆫ日本帝國敎育勅語의方針에依ᄒᆞ야敎育勅語를朝鮮子弟에게도此를授ᄒᆞ야日本天皇과國家의忠勇을勵ᄒᆞᄂᆞᆫ精神을養홈을熱望ᄒᆞ노라其子弟에게朝鮮의歷史를讀케홈에至ᄒᆞ야前韓의國體及政治에關ᄒᆞᆫ朝鮮人의自覺은此를歡迎ᄒᆞᆯ바이니若眞實히朝鮮人으로自覺의域에達ᄒᆞᆫ다ᄒᆞ면朝鮮人은其有史二千年에亘ᄒᆞᆫ朝鮮의歷史가如何히不快ᄒᆞ며險惡ᄒᆞ며如何히卑屈ᄒᆞ고事大主義됨을可知ᄒᆞᆯ지로다

韓國의滅亡은一朝一夕의事가아니라其由來를明瞭히홈은歷史家의一大事業이라然而現今文化政治의在ᄒᆞᆫ總督府의敎育方針이余輩의朝鮮敎育에對ᄒᆞᆫ抱負의敎育策과不期ᄒᆞ고一致ᄒᆞ야來홈을見ᄒᆞ고愉快홈을不堪ᄒᆞ노라到今ᄒᆞ야儒敎主義를挽回코저ᄒᆞ야儒敎의振興을聲援ᄒᆞ고校田을鄕校에歸復ᄒᆞ야儒生兩班의黨派에無意味ᄒᆞᆫ糧을與코저ᄒᆞᄂᆞᆫ者ㅣ有ᄒᆞ면帝國의朝鮮人敎育方針을了解치못ᄒᆞ고時代에逆行코져ᄒᆞᄂᆞᆫ昧者의愚擧라謂ᄒᆞᆯ

지로다余輩는決斷코儒敎主義를排斥ᄒᆞ노라思컨ᄃᆡ余輩의本論에附ᄒᆞ야孺敎主義의弊를論ᄒᆞ고此를排斥홈은是實로朝鮮의閥族黨弊를葬ᄒᆞ고老論少論의舊怨과爭鬪을棄케ᄒᆞ야韓國을滅亡케ᄒᆞᆫ儒敎主義의殘骸를燒棄ᄒᆞ고朝鮮人으로ᄒᆞ야곰速히新時代의新敎育에均霑케ᄒᆞ야ᄡᅥ內鮮同化를精神的으로達成ᄒᆞ야內鮮의墻壁을撤回ᄒᆞ야大日本帝國의傘下에셔內鮮人이一致同化ᄒᆞ야現代的文明의繁榮읍期코져홈에在홈이라

五、世의識者或은余輩의儒敎主義排斥을非難ᄒᆞ는者ㅣ不無ᄒᆞ도다然이나朝鮮의社會는儒敎의精神이夙滅ᄒᆞ고其遺骸만留홀ᄲᅳᆫ이라然而輓近私學의勃興은朝鮮儒生의復活을促ᄒᆞ며儒生復活은朝鮮子弟에게再次儒敎의殘骸를嘗케ᄒᆞ야遂히儒生과新敎育을受ᄒᆞᆫ學生間에思想의衝突을生케ᄒᆞ야文化政治下의新敎化事業은妨害되야其發達을困難케홈에至ᄒᆞ리로다故로余輩는思컨ᄃᆡ新敎育을普及ᄒᆞ야朝鮮人에게現代的文明의智識을與ᄒᆞ야日本人과混一同化케ᄒᆞ고져ᄒᆞ면前途若干年間儒敎의殘骸를朝鮮의社會로브터葬치아니ᄒᆞ면不可홈지로다

明治維新後日本에在ᄒᆞᆫ儒敎는西洋文明輸入以來에殆히沈衰ᄒᆞ야新學文을工夫ᄒᆞ는青年子弟에게는無用의長物로視ᄒᆞ야스나儒敎의精神은其敎學中에嚴然히存在ᄒᆞ얏도다其存在ᄒᆞᆫ部分은僅히道德敎로保存홀ᄲᅳᆫ이니是는不得已ᄒᆞᆫ事情이라若儒敎의多量을取ᄒᆞ고新學問의採用이少量에失ᄒᆞ야二兎를追ᄒᆞ면一兎도不獲홀지로다日本의新文明이今日의勃興을見함은實로二兎를不追ᄒᆞᆫ新敎育策의勝利라故로現今에至ᄒᆞ야新朝鮮社會에儒敎를振興ᄒᆞ고將次死滅코져ᄒᆞ는儒生을復活케홈은新文明의日本的新敎育에對抗케홈이라然則儒敎主義의復活은何等文明政治에稗益홀바이無홀지요若彼儒敎의精神을採擇ᄒᆞ야新敎學科目에編入홈은此를異論ᄒᆞ는바이아니라

# 儒道彰明會評

長城晦山　邊　昇　基

儒道彰明會之成有一青年難之曰儒道是古道也居今之世反古之道斯害也已當此文化競爭之時代理氣

性命之說何補乎敎育記誦詞章之術何益乎政治乎以儒爲名者不知時中爲道墨守舊見詆斥新學民力渙散因儒弊也民智黯黑因儒弊也今日儒道適足爲文明之障碍此會之設宜爲當局者不取焉傍有一老人難之曰儒道是聖道也道原於天而天理循環無往而不復陰剝而陽復亂極而思治卽天理之循環也其或天意佑我東土使三綱五倫復明于世而人人得爲堯舜之民人人得爲孔孟之徒而然歟此身少須臾無死幸見儒道之復與敢爲當局者獻賀焉噫此兩人之言固或然矣皆不知此會之趣旨者也請向青年而供一言今君之所言但見儒道之末弊未知儒道之本源而然也夫儒敎非一段宗敎行之當世堯舜禹湯之政治是已亟之後世孔孟程朱之道學是已政治固有因時而損益道學亦有隨時而變易居今之世反古之道非儒敎之本意也古之三物八刑卽今之政治元則古之四科六藝卽今之敎育根本也但其因時而損益隨時而變易自有古畧今詳之不同此會之設豈欲復襲儒敎之末弊爲哉目今各社會現象新進年少醉生夢死於競爭風潮中倫理道德嘗然不知甚至父子相訟兄弟相奪以少凌長以賤凌貴而曰我自由權利又曰時代然矣擧世滔々莫之挽回此儒道不行之所致也無倫理則秩序紊亂無道德則紛爭不息民族自成戕滅乃已也苟欲明倫理而尙道德莫儒敎若此會之趣旨豈在乎此青年唯々而又向老人而供一言今公之所言其意味莫知矣公若謂此會之設沒却新學專尙舊學使新進年少復讀四書三經諸子百家語爲漢文博士而以理氣性命之說記誦詞章之術爲今日事業而云爾則是誤解也公以謂近世學問從何出來耶皆從儒敎中出來者也今之學校卽三代庠序之遺法也今之敎科卽孔門六藝之遺䂓也彼頑固沒識之人謂新學以非古道搖手掩耳却走而不顧竄身于山林岩穴之間是卽許巢沮溺之輩非孔孟程朱之徒也語曰溫古而知新其新可知而其故不可忘此會之設倫理道德因舊學問學術技能用新學問舊學新學互相輔翼倂進而不悖使新進少年知有方向頑固老儒開釋迷惑則此非吾夫子時中之道耶老人亦唯々而退遂記其問答一通爲儒道彰明會而祝焉

孔子曰君子有三戒少之時血氣未定戒之在色及其壯也血氣方剛戒之在鬪及其老也血氣旣衰戒之在得

# 會報

## ○支會數及支會任員

本全羅南道儒道彰明會支會數는四十二個所其任員은左와如홈

光州支會任員 支會長 朴鳳柱 支會副長 高彦柱
總務 奇京燮
潭陽支會任員 支會長 李圭坤 支會副長 李蘊秀
昌平支會任員 支會長 鄭斗源 支會副長 柳聯圭
總務 吳祖均 事務員 金圭洙
朴淵鎬 曺東燦
谷城支會任員 支會長 安容燮 支會副長 柳寅永
總務 趙泳嘉 事務員 金宅述
鄭俊永 鄭東時
趙正植 梁圭晟
趙哲圭 吳重煥
顧問 黃錫灝
玉果支會任員 支會長 沈胤澤 支會副長 許逖源
總務 金炳錫
求禮支會任員 支會長 李鍾白 支會副長 朴錫鉉
總務 李顯守 事務員 梁圭泳
馬瑞河 吳炳璣
李承能 柳正浩
安在宅 李鍾喜
孫仁穗
光陽支會任員 支會長 安容默 支會副長 鄭容珊
總務 宋夏燮
麗水支會任員 支會長 丁忠燮 支會副長 閔泳鏞
總務 鄭在夏 事務員 吳文燦
朱正國 柳奎烈
金琛斗 崔鳳三
金翊洙
突山支會任員 支會長 金在倫 支會副長 金才燮
總務 禹錫濬 事務員 李秉世
朴克三
順天支會任員 支會長 趙忠材 支會副長 梁錫默
樂安支會任員 支會長 曺勉承 支會副長 裵泳柱
總務 金性根 事務員 李承東
安圭休 朴在休
高興支會任員 支會長 宋柱鉉
寶城支會任員 支會副長 李秉洛 總務 宋光勉
事務員 任泰時 宋明會
安鍾澯 朴重球
李秉時 安圭灝

朴圭鎬

和順支會任員 支會長 曹秉善 支會副長 崔泳朝
綾州支會任員 支會長 梁在璣 支會副長 文鐵浩
同副長 朴基休 總務 閔泳圭
總務 梁在李 事務員 梁在圭
鄭謂鉉 朴炳海
李炳默 梁會潑
吳治旋 鄭淳邦
高光成

同福支會任員 支會長 金昌洙 支會副長 曹重煥
長興支會任員 支會長 李敎根 支會副長 魏啓龍
康津支會任員 支會長 尹三夏 支會副長 李基柱
總務 吳瑩祖
海南支會任員 支會長 朴璨宰 支會副長 閔在鎬
總務 李炳禎
務安支會任員 支會長 朴承龍 支會副長 柳寅昊
智島支會任員 支會長 朴鍾柱 支會副長 金鉎石
羅州支會任員 支會長 羅秉集 支會副長 羅宗模
南平支會任員 支會長 宋濟萬 支會副長 洪承復
咸平支會任員 支會長 安畇鎔 支會副長 鄭寅夏
同副長 李啓璿 總務 安鍾泰
靈光支會任員 支會長 金商基 支會副長 李殷烈
總務 李克喜

---

長城支會任員 支會長 邊昇基 總務 邊鎭旭
莞島支會任員 支會長 黃錫周 支會副長 朴永祿
珍島支會任員 支會長 朴晉進 支會副長 孫炳熙
總務 蘇良三 事務員 李鳳薰
曹秉林 朴仁培
鄭丙文 李南柱
李基發 金鍾桂
濟州支會任員 支會長 金根者 支會副長 玄升圭
總務 金基鉄
靈岩支會任員 報告未到
大靜支會任員 報告未到
旌義支會任員 報告未到

## ○本會館建築에關한陳情

陽九月十七日에本會副會長朴鳳柱氏가當路에出頭ᄒᆞ야內務部長을訪問ᄒᆞ고今年에ᄂᆞᆫ關東地方의震災를因ᄒᆞ야儒林의內地視察을中止ᄒᆞ얏다ᄒᆞᆷ을ᄂᆞᆫ總督府ᄂᆞᆫ承認ᄒᆞ온바今年에ᄂᆞᆫ此視察을中止ᄒᆞ고자ᄒᆞᄂᆞᆫ其旅費를合ᄒᆞ야本會館을建築케ᄒᆞ야주심을望ᄒᆞᆫ다ᄂᆞᆫ意味를陳情ᄒᆞ얏더라

## ○本會及副會長義捐

關東地方震災에對ᄒᆞ야本會에서ᄂᆞᆫ經費의窘絀ᄒᆞᆷ을不顧ᄒᆞ고節略ᄒᆞᆫ節略을施ᄒᆞ야金二十圓也를義捐ᄒᆞ고副會長朴鳳柱氏ᄂᆞᆫ中樞院贊議의一個年間手當을全部義捐ᄒᆞ얏더라

## ○本會關東震災慰問

內地關東地方에 曠古ᄒᆞᆫ大震災가 有ᄒᆞ얏슴은 別報에 揭載ᄒᆞᆷ과 如ᄒᆞ거니와 本會에서ᄂᆞᆫ 副會長朴鳳柱氏 光州支會總務奇京燮氏 光州鄕校掌議朴夏鏞氏 以外有志諸氏가 代表로 道廳에 出頭ᄒᆞ야 道知事閣下를 訪問ᄒᆞ고 今回震災의 非常ᄒᆞᆷ과 天皇陛下, 皇后陛下, 攝政宮殿下, 李王世子, 同妃兩殿下의 安寧ᄒᆞ심 欽賀ᄒᆞ고 同時에 參與官, 內務部長, 地方課長을 歷訪ᄒᆞ고 退出ᄒᆞ얏더라

## ○會報彰明誌購讀請求狀況

一般會員이 周知ᄒᆞᆷ과 如히 會報雜誌「彰明」의 創刊號ᄂᆞᆫ 約八百部를 刊行ᄒᆞ야 此ᄂᆞᆫ 無代價로 一般社會에 分布ᄒᆞ고 第二號以下ᄂᆞᆫ 一部에 代金三十錢으로 分排ᄒᆞᆷ에 對ᄒᆞ야 本會에서ᄂᆞᆫ 各支會에 對ᄒᆞ야 左와 如ᄒᆞᆫ 通牒을 發ᄒᆞ얏더라

前略 今에 湖南의 儒林이 率先ᄒᆞ야 儒道의 發展을 期圖ᄒᆞ야 彰明會를 成立ᄒᆞ고 雜誌「彰明」을 發刊ᄒᆞ게 됨은 吾道를 爲ᄒᆞ야 同慶ᄒᆞᆷ을 不已ᄒᆞ나이다

此「彰明」을 發行ᄒᆞᆷ은 吾人儒林의 意思를 發表ᄒᆞ야 廣히 世間에 紹介ᄒᆞᄂᆞᆫ 同時에 世間名士의 意見도 亦此機關을 依ᄒᆞ야 覺知ᄒᆞᆷ을 得코져 ᄒᆞᆷ이라 故로 吾人은 彼此를 勿論ᄒᆞ고 此機關을 大切히 思치 아니ᄒᆞ면 不可할지로다

此雜誌의 刊行은 我湖南儒林開闢以後의 初有ᄒᆞᆫ 事인 故로 祝賀ᄒᆞᄂᆞᆫ 意義下에서 創刊號ᄂᆞᆫ 此를 無代價로 進呈ᄒᆞ고 第二號로브터ᄂᆞᆫ 本會에서 其印刷費若干補助ᄒᆞ고 極히 廉價로 ᄒᆞ야 此를 會員又ᄂᆞᆫ 會員以外의 人士에게 頒布코져 ᄒᆞ오니 支會에 在ᄒᆞ야ᄂᆞᆫ 此購讀人士를 糾合ᄒᆞ야 其姓名과 住所를 備ᄒᆞ야 本會로 通知ᄒᆞ심을 要ᄒᆞ며 又會員以外의 人士게셔ᄂᆞᆫ 直接으로 本會에 請求케 ᄒᆞ심을 敬要라 ᄒᆞ얏ᄂᆞᆫ대 其後에 各支會에셔 此에 對ᄒᆞᆫ 狀態를 觀ᄒᆞᆫ대 或은 多數를 蒐集ᄒᆞ야 送交ᄒᆞᄂᆞᆫ 支會도 有ᄒᆞ고 全然히 無消息ᄒᆞᆫ 支會도 有ᄒᆞᆫ대 蒐集送交支會ᄂᆞᆫ 極少ᄒᆞ고 無消息ᄒᆞᆫ 支會가 十의 八九에 居ᄒᆞᄂᆞᆫ 模樣이라 此ᄂᆞᆫ 結局支會에셔 努力이 不足ᄒᆞᆫ 듯ᄒᆞᆫ 模樣인대 一層徹底ᄒᆞᆫ 支會의 周旋이 有ᄒᆞᆷ을 望ᄒᆞ더라

## ○地方人士의 入會格式

地方의 人士로서 入會ᄒᆞᄂᆞᆫ 格式에 關ᄒᆞ야 本會誌彰明第一號表紙後面에 其書式을 記載ᄒᆞ얏ᄂᆞᆫ바 此ᄂᆞᆫ 其書式을 示ᄒᆞᆫ바이요 入會코져 ᄒᆞᄂᆞᆫ 人士ᄂᆞᆫ 本會章程第七條末端에 依ᄒᆞ야 其住居府郡島支會에 入會ᄒᆞᄂᆞᆫ 格式을 取ᄒᆞᆷ이 可ᄒᆞ거ᄂᆞᆯ 或地方人士로서 直接으로 本會々員되ᄂᆞᆫ 入會書를 提出ᄒᆞᄂᆞᆫ 人士가 種々有之ᄒᆞᆷ으로 此를 揭載ᄒᆞᆷ

## ○副會長及總務辭任

本會副會長金甯煥氏ᄂᆞᆫ 病氣로 因ᄒᆞ야 辭任ᄒᆞ고 本會總務高彥柱氏ᄂᆞᆫ 將備에 依ᄒᆞ야 辭任書를 提出ᄒᆞ얏ᄂᆞᆫ대 章程에 依ᄒᆞ야 副會長은 今番總會에셔 選定할터이요 總務ᄂᆞᆫ 評議員會를 經ᄒᆞ야 會長이 更任할터이라더라

## 長城支會設立總會々錄

孔子誕生後二千四百七十三年壬戌五月三日에 梁鎭旭外五十九人이 發起ᄒᆞ야 同月十五日에 鄕校明倫堂에서 設立總會를 開催ᄒᆞ얏ᄂᆞᆫ대 當日雨天에 因ᄒᆞ야 出席員이 僅히 百二人이요 來賓은 本會副會長朴鳳柱氏와 本郡守閔象鉉、 警察署長大仁田市太、 普通學校長小澤龍城、 郡屬崔亨奎金承植諸氏가 參席ᄒᆞ야 午后一時에 開會ᄒᆞ고 臨時席長梁昇著氏가 升席ᄒᆞ야 開會趣旨를 說明ᄒᆞᆫ后 會則順序에 依ᄒᆞ야 任員을 選定ᄒᆞᆫ바 無記名投票로 會長은 梁升著氏 副會長은 沈璣澤氏가 從多數次第被選ᄒᆞ고 總務ᄂᆞᆫ 現鄕校直員梁鎭旭氏로 推薦ᄒᆞ고 評議員은 推薦ᄒᆞ기로 動議ᄒᆞ얏스나 本會規則에 無ᄒᆞᆷ으로 留案ᄒᆞ고 顧問은 閔象鉉、 大仁田市太、 小澤龍成、 鄕首弼、 金肯鉉諸氏로 囑托ᄒᆞ고 事務員은 會長이 自辟ᄒᆞ기로 留案ᄒᆞ고 細則은 本部定款을 準用ᄒᆞ기로 可決되야 預定ᄒᆞᆫ 會務ᄂᆞᆫ 全部議決ᄒᆞᆫ后 朴鳳柱氏의 祝辭와 閔象鉉、 大仁田市太、 小澤龍成、 沈璣澤諸氏의 講演이 有ᄒᆞ고 午后六時에 閉會ᄒᆞ다

大正十二年二月現在會員一百三十二人

## ○谷城支會副會長安容變氏別世

全羅南道儒道彰明會谷城郡支會副長安容變氏ᄂᆞᆫ 去陰三月三日에 卒逝ᄒᆞ얏ᄂᆞᆫ대 氏ᄂᆞᆫ 最初에 此彰明會를 發起할時에 谷城方面을 代表ᄒᆞ야 發起人이 되야 本會創立에 盡瘁ᄒᆞ얏스며 其後本會가 創立ᄒᆞᆫ後 谷城에 支會를 創立ᄒᆞᆯ時에 衆望에 依ᄒᆞ야 副長에 選擧되야 將來會務의 發展과 斯道의 闡明을 熱心으로 建策計劃ᄒᆞ고 實行ᄒᆞ던바 天이 其命을 假借치 아니ᄒᆞ사 斯人으로ᄒᆞ야곰 世를 離케ᄒᆞ셧도다 本會의 不幸은 無論이요 特히 谷城支會에 不幸됨은 更言할바 이아니로다 本會에서ᄂᆞᆫ 弔意를 表ᄒᆞ기 爲ᄒᆞ야 若干의 賻儀를 具ᄒᆞ야 其靈魂을 慰ᄒᆞ얏더라

## ○支會長辭任節次

支會의 任員이 辭任코져 ᄒᆞᄂᆞᆫ時ᄂᆞᆫ 章程第二十五條에 依ᄒᆞ야 當初에 選擧ᄒᆞ던 其支會에 對ᄒᆞ야 辭任請을 提出ᄒᆞᄂᆞᆫ 格式인대 支會에서ᄂᆞᆫ 此辭任請을 受理ᄒᆞ야 時急ᄒᆞᆫ 境遇에ᄂᆞᆫ 臨時總會를 招集ᄒᆞ야 此總會에서 其辭任與否를 處決ᄒᆞ고 果히 時急치 아니ᄒᆞᆫ時ᄂᆞᆫ 來定時總會를 待ᄒᆞ야 其時에 處決ᄒᆞᆫ後에 此를 本會에 報告ᄒᆞᆷ이 可ᄒᆞᆷ으로 思ᄒᆞ노라 然ᄒᆞᆫ대 種種地方支會長의 辭任請을 直接으로 本會로 送致ᄒᆞ니 此를 本會에서ᄂᆞᆫ 如何히 할 道理가 無ᄒᆞᆷ으로 其支會로 還送ᄒᆞ게 되오니 此를 注意ᄒᆞ심을 要ᄒᆞᆷ

各支會에入會코저하시는人士는左記樣式書를提
出하시옵

入 會 書

本人이貴會의趣旨을贊成하야入會하옵는바入
後에貴會의章程을確實遵守할事를誓約홈

大正 年 月 日
孔子誕生二千四百 年 月 日

住 所

入會人 姓 名

全羅南道儒道彰明會何郡支會 貴中

---

| | | |
|---|---|---|
| 定價 | 一部 | 金參拾錢 |
| 郵稅 | | 金貳錢 |
| 計 | | 金參拾貳錢 |
| 一個年分先納ᄒᆞ면春秋二部 | | 金六拾錢 |
| | | (郵稅共) |

大正十二年十月十日印刷
大正十二年十一月十五日發行

全羅南道光州郡光州面瑞南里一二一番地
編輯兼發行人 鄭 國 采

全羅南道光州郡孝泉面校社里二七番地
發行所 全羅南道儒道彰明會

全羅南道光州郡光州面東門通五一番地
印刷所 木山印刷所

全羅南道光州郡光州面東門通五一番地
印刷者 濱 村 增 三 郎

# 『彰明』 제3호

(1924년 4월 30일 발행)

# 彰明

## 第三號

大正十三年四月三十日發行

重要目次



全南儒道彰明會發行

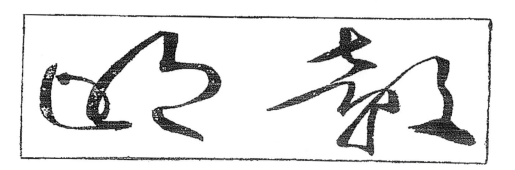

# 章程中本會의目的及會員에關ᄒᆞᆫ條項抄出

## 本會의目的

第二條 本會ᄂᆞᆫ時勢의進運에應ᄒᆞ야本道의本旨를彰明ᄒᆞᆷ으로써目的ᄒᆞᆷ

第三條 前條의目的을達ᄒᆞ기爲ᄒᆞ야左의事項을踐行ᄒᆞᆷ

一 道德을敦厚ᄒᆞ고倫理를講明ᄒᆞᆯ事

一 鄕約을遵守ᄒᆞᆯ事

一 敎育의普及을圖ᄒᆞᆯ事

一 文化의向上을圖ᄒᆞᆯ事

一 時務를審議ᄒᆞᆯ事

## 本會의會員

第六條 本會의會員은本道內에住所를有ᄒᆞ고本道를好樂ᄒᆞᄂᆞᆫ者及本會의主旨를贊成ᄒᆞᄂᆞᆫ者로써ᄒᆞᆷ

第七條 本會의會員은本會任員各支會의支會長、支會副長、支會總務及前條에該當ᄒᆞᄂᆞᆫ人士로創立總會에參列ᄒᆞᆫ者로써組織ᄒᆞ고支會會員은支會所在郡島內의人士로써組織ᄒᆞᆷ

# 彰明 大正十三年 陽四月 [illegible] 第三號 目次

三

## 敬告

本雜誌를發刊ᄒᆞ야第三號에至ᄒᆞ얏ᄂᆞᆫᄃᆡ初號ᄂᆞᆫ八百部, 第二號ᄂᆞᆫ一千部, 今此第三號ᄂᆞᆫ一層ᄒᆞ야二千部를發刊함에至ᄒᆞ야本會가如此히組織잇ᄂᆞᆫ健全ᄒᆞᆫ發達을遂ᄒᆞ야來함은吾會々員諸氏와社會愛讀者僉彦의深甚ᄒᆞᆫ後援에依함이온바本會特히本會雜誌發行部ᄂᆞᆫ[illegible]스럽게感謝ᄒᆞᆫ意를表ᄒᆞᄂᆞ이다

本誌ᄂᆞᆫ從來에年二回發刊ᄒᆞ고一冊에三十錢되ᄂᆞᆫ代金을議領ᄒᆞ얏슴바部數가增加된結果로印刷費가幾許間廉ᄒᆞ게됨으로一冊代金을二拾錢으로減額ᄒᆞ고一年에三回를發行코져ᄒᆞᄂᆞ이다

讀者諸氏의年六十錢에ᄂᆞᆫ關係가無ᄒᆞ고雜誌ᄂᆞᆫ一回를增發ᄒᆞ지게되ᄂᆞ이다

此第三號ᄂᆞᆫ三月中에發刊ᄒᆞ기를豫定ᄒᆞ고各位의投稿를得ᄒᆞ야編纂을終ᄒᆞ야印刷所에送交ᄒᆞ얏더니途中에셔盜難를被ᄒᆞ야其印刷所에셔ᄂᆞᆫ懸賞을ᄒᆞ고極力搜索ᄒᆞ얏스나發見함을不得ᄒᆞ야不得已再次編輯ᄒᆞ얏ᄂᆞᆫᄃᆡ其中에日字關係에因ᄒᆞ야寄稿諸氏에게再次請求함을不得ᄒᆞ고急速히編纂함으로或漏刊된것이有ᄒᆞ오니萬分 恕諒ᄒᆞ심을敢望ᄒᆞ오며特히咸北慶興官金瑞圭氏의祝辭가漏刊됨을謝罪ᄒᆞᄂᆞ이다

## 記事의投稿를歡迎홈

一 記事라함은論說, 文苑詞藻, 感想, 世報, 世評及各支會記事를謂함이올시다

一 右記事ᄂᆞᆫ直接間接으로儒敎와關係가有ᄒᆞᆫ者를要함니다

一 次號ᄂᆞᆫ陽曆大正十三年九月中에發刊될터이오니同年陽曆七月十五日ᄭᆞ지本事務所로原稿를惠交ᄒᆞ심을望ᄒᆞᄂᆞ이다

一 記事ᄂᆞᆫ可及的楷書로書送ᄒᆞ심을敬要ᄒᆞ나이다

一 記事의選拔은編輯人에在ᄒᆞ오니此點은惠諒ᄒᆞ심을敬要ᄒᆞᄂᆞ이다

一 原稿ᄂᆞᆫ還交치아니함니다

全羅南道光州郡鄉校內

**全南儒道彰明會本會**

河西金先生祭粢料傳達式

# 河西金先生麟厚氏略歷

字厚之號河西蔚山人新羅敬順王之別子鶴城君德摯之后也形容端正風秀朗身外之物一不從意惟書籍是好嘗手劈栗皮必盡其心乃己九歲眼齋見而異之曰子當爲世子之臣李朝中宗庚子登文科以說書 仁宗東宮時恩遇日隆或親至直廬從容問難特賜書冊又爲墨竹以寓微意麟厚以修撰上箚論己卯禍之寃枉辭意剴切至 仁宗初服快下伸雪之命蓋發其機焉乞養爲玉果縣監務循民情一境賴安及 上賓天麟厚聞訃驚痛幾絕而甦因以疾解歸每值 仁宗忌辰輒入山谷中慟哭竟夕而返天文地理醫藥算數律曆無不通贈謚文正從祀文宣王廟

# 大詔渙發

國民의風氣를一新케ᄒᆞ시기爲ᄒᆞ야大正十二年十二月十日附로 詔勅을降下ᄒᆞ셧는ᄃᆡ大凡國民된者는此를奉讀ᄒᆞ야道德의頹敗를挽回ᄒᆞ고精神의剛健을涵養ᄒᆞᆷ이可ᄒᆞ도다

## 詔勅

朕은惟컨ᄃᆡ國家興隆의基는國民精神의剛健에在ᄒᆞᆫ이니此를涵養ᄒᆞ며此를振作ᄒᆞ야ᄡᅥ國本을鞏固케ᄒᆞ지아니치못ᄒᆞᆯ지라그럼으로 先帝께옵셔意를敎育에置ᄒᆞ사國體에基ᄒᆞ고淵源에溯ᄒᆞ야皇祖皇宗의遺訓을擧ᄒᆞ사其大綱을昭示ᄒᆞ셧고又國民에게詔를下ᄒᆞ사忠實勤儉을勸ᄒᆞ시고信義의訓을申ᄒᆞ셧스며荒怠의誡를垂ᄒᆞ셧나니此가皆道德을尊ᄒᆞ야國民의精神을涵養振作ᄒᆞ는所以의宏謨가아니리요爾來趨向이一定ᄒᆞ야效果가大히顯著ᄒᆞᆷ으로ᄡᅥ國家의興隆을致ᄒᆞ게되얏도다

朕이卽位以來로夙夜兢兢ᄒᆞ야常히紹述을思ᄒᆞ얏더니遽히災變에會ᄒᆞ야憂悚이交至ᄒᆞᆫ지라輓近學術이益開ᄒᆞ고人智가日進ᄒᆞ얏스나浮華放縱의習이漸萌ᄒᆞ고輕佻詭激의風이又生ᄒᆞ얏ᄂᆞ니今에迨ᄒᆞ야時弊를革치아니ᄒᆞ면或은前緒를失墜ᄒᆞᆯ가恐ᄒᆞ는바이라ᄒᆞ물며今次의災禍가甚大ᄒᆞ야文化紹復과國力의振興은皆國民의精神에待치아니ᄒᆞ면안일것에在ᄒᆞᆫ이리오此로正히上下가協戮ᄒᆞ야振興更張ᄒᆞᆯ時이라

振作更張의道는他에在치아니ᄒᆞ고先帝의聖訓을恪遵ᄒᆞ야其實效를擧ᄒᆞᆷ에在ᄒᆞᆯ것이니宜히教育의淵源을崇ᄒᆞ고智德의並進을努ᄒᆞ며綱紀를肅正ᄒᆞ고風俗을匡勵ᄒᆞ야浮華放縱을斥ᄒᆞ고質實剛健에趨ᄒᆞ며輕佻詭激을矯ᄒᆞ야醇厚中正에歸ᄒᆞ고人倫을明ᄒᆞ야親和를致ᄒᆞ며公德을守ᄒᆞ야秩序를保ᄒᆞ며責任을重ᄒᆞ며節制를尙ᄒᆞ며忠孝義勇의美를揚ᄒᆞ고博愛共存의誼를篤ᄒᆞ야入ᄒᆞ야는恭儉勤敏ᄒᆞ야業에服ᄒᆞ고産을治ᄒᆞ며出ᄒᆞ야는一己의利害에偏치아니ᄒᆞ고力을公益世務에竭ᄒᆞ야써國家의興隆과民族의繁榮과社會의福祉를圖ᄒᆞᆯ지어다

朕은臣民의協翼에依ᄒᆞ야益益國本을鞏固케ᄒᆞ야써大業을恢弘ᄒᆞ기를期ᄒᆞ노니爾臣民은各히朕意를體ᄒᆞ라

御名 御璽

攝政 御名

大正十二年十一月十日

內閣總理大臣

各國務大臣 副署

# 卷頭辭

왓도다、왓도다。봄이왓도다。千方里우리道에봄이왓도다。地球上温帶地方에或先或後ᄒᆞ야、春色이오지아니ᄒᆞᆫ는地方이無ᄒᆞ되、우리湖南地方全羅南道와ᄀᆞᆺ치、春色을몬져밧는地方은無ᄒᆞ리라、清明節이未及ᄒᆞ야無等山과錦城山에花事가正緊ᄒᆞ고、鴨綠江과蟾津江에柳色이軟綠이라、思컨ᄃᆡ北方은同一ᄒᆞᆫ朝鮮內의地方이로ᄃᆡ、아직、이ᄯᅢ에、이봄빗을보지못ᄒᆞ리라。우리는、年々히이러ᄒᆞᆫ봄빗을몬져보는同時에、人事도如此ᄒᆞᆯ것이、先進치아니ᄒᆞ면天理에違反되는事를覺悟치아니치못ᄒᆞᆯ지로다、ᄒᆞ날은우리道우리에[illegible]ᄒᆞ야、[illegible]뎌보이시고、米穀과棉花와其他우리生活에必要ᄒᆞᆫ物品을、만히주시는도다、우리는[illegible]安享ᄒᆞ되人事는遲々ᄒᆞ야進步치아니ᄒᆞ면、恩惠를주시는[illegible]에對ᄒᆞ야、其意를[illegible]受ᄒᆞ는者들의[illegible]名을不得免치로다。

進步ᄒᆞ옵시다、進ᄒᆞ옵시다、[illegible]의理致를順히受ᄒᆞᆫ後文明과道德에對ᄒᆞ야、春色과同히先進ᄒᆞ옵시다。우리千方里道內에居住ᄒᆞ는[illegible]民은、文明과道德의先驅者로進ᄒᆞ옵시다。우리朝鮮十三道의民衆의生活程度와智識程度를[illegible]、이것은[illegible]自覺이오[illegible]道[illegible]民人의生活程度와智識程度[illegible]、[illegible]然ᄒᆞᆫ[illegible]오、우리[illegible]民人과家族의程度[illegible]、우리[illegible]家庭[illegible]婦人[illegible]斷[illegible]張[illegible]對[illegible]相當[illegible]

도못호고쓰지도못호오, 婦人네들은姑捨호고堂堂호男子도不甚相遠이요, 어디를가보든지大多數와如此호狀態에在호中ᄒᆞ야우리儒林이약호團體中에는제일甚호貌樣이요, 이世上에우리儒林은落伍되지아니호準備가必要호고, 自己가落伍되지아니호랴면아니라, 우리의附近의人으로호야곰同一又는同一以上에進步케홈이必要호것이요, 現世와相隔호야萬壑千峰에獨閉門만호랴호면, 이것은世上에罪人이요, 家族에對호罪人이요, 또自己를殺호는無用의人物이라, 未久에自然整理中에編入되야, 淘汰의慘況을見할지라, 하느님의恩惠를偏受호는우리道의모든, 사람은, 春色과同進홈이可호고特히儒林諸氏는舊套의改良홀만호곳을良改호고現世의人類와同進홈이必要호도다, 若不然호면우리는天理를順受호는人이되지못호리라, 世上에仁과道를行호는法은, 모다自己로브터始함이可호故로, 能近取譬호면可謂仁者之方也已라호짐이, 이것이로다

# 祝儒道彰明會

麗水突山 金在倫

人生斯世遇變亂之時溫故而知新酌古而宜今抑能由變爲常返逆爲順得君子儒出則有功於君而德被萬民功業建而名傳天下不遇則退藏於密獨善其身而敎育後生子弟獎勵爲善風俗從而爲仁厚也遇不遇惟在於時而已所以爲法於天下傳萬世也其功業不在無用的地云爾

# 恭祝儒道彰明會

麗水(突山) 金才燮

斯道何道斯會何會卽三綱五常彰而明之之會也三綱五常人類所賴以生而國之所以爲國也上失其道下廢其學則綱常日漸頹敗國將何恃而立民將何恃而生乎然假使禮廢於上而學猶傳於下則庶幾斯道未泯而猶覬其將來之可行也若或上旣無禮下隨無學則邪說暴行幷作而國隨以喪矣本會之設豈不重且大哉

# 本誌祝辭

麗水(突山) 金㳣球

大抵儒者는 國之元氣오 道之宗脈也라 故로 需人而用之者今也ㅣ니 振天下之道ㅣ 在廣求人才오 擇人才之道ㅣ 亦在

倡儒論하야 道德之道義と 如斯之道德이 如乘之而屠ᄒᆞ야 其爲淵也 其爲功果也가 顧何如哉아 國權民福을
將以是而復活之며 道德倫理를 將以是而彰明之며 德業醫藥을 將以是而勸發之며 過失患難을 將以是而救恤
之ᄒᆞ리니 苟能如是면 豈非遵古道名敎歟아 於是乎焚香一炷ᄒᆞ고 齋沐頂祝曰 於戱라 此誌여 爲三綱之精
神ᄒᆞ야 灌注湖南人頭腦ᄒᆞ고 壯哉라 此誌여 爲五倫之聲光ᄒᆞ야 通照湖南人耳目ᄒᆞ며 彰煌哉 此誌여 爲昏衢之
導燭이며 噫噫哉 此誌여 爲夢域之警鐘ᄒᆞ야 其壽永昌ᄒᆞ고 其果碩茂ᄒᆞᆷ을 一願ᄒᆞᆸ고 百拜千拜ᄒᆞ노이다.

# 敬賀儒道彰明會

麗水(突山) 崔順泳

道也者中庸所謂率性之道也德也者大學所謂明德之明也人之生也皆有秉彝之恒故三代時人存政擧道自上
行而治敎休明近世以降宋以來人心不穀邪說多門詔以拙遙昏衢擿埴之徒不擇所從不歸于楊則歸于墨浸浸然
靡然從世敎雖有智慧之士不能其職不謀其政擧然變藝而已何望天下之不變斯文沉公秉常旣有茲南服右公
錢衡氏爲道與官設此彰明一會可謂得其人修其政也崇之於儒化之治不獨專美於古而道郡文會之化湖州
昌黎之敎復覩于今列郡有志人士聞此風聲不知手舞足蹈與起於風化勸奬之域於不盛哉雖然各郡支會不得
其人則彰明一會徒爲文具錯闕振興之士不能憤悱則支部之設亦爲虛事也惟願各地方學古之士體此奬勵之
敎同聲相應終始如一則斯道太明如日中天使海外東魯一變至道者可期日而待矣余雖不德亦有秉彝明德之

必敎以敷行雅辭恭賀文治之下

## 謹祝儒道彰明會

麗水(突山) 尹道興

人之生也均有是性故均有是倫故均有是道然惟聖人能盡其性故爲人倫之至而所由莫不盡其道焉此堯舜之爲君臣所以各盡其道而爲萬世之法猶規矩之盡夫方圓也敎育斯道闡明斯道者烏能無所用乎

## 贊儒道彰明會

和順(綾山) 林魯學

儒之所行者道々之所依者儒非儒道無以廣非道儒無以明明道廣大儒道之大關係而豈可須臾離乎哉嗚乎吾東方儒道之明如中天之日五百年來無處不行無處不立而以其學爲習者此而已不幸近來衰微沈滯趨於頹途嗟乎儒道者十常居九儒道之餘脉庶乎殄絕也矣絃誦之聲何處得聞冠帶之人何處得見若有起儒扶道者道不掃如而彰明之會大振此亦執熱而逝濯惡濕而不居下之道耶煥然扶明於世儒道更必有生於本立矣彰明其儒道之本歟

獻辭

# 祝儒道彰明會

海南 朴鍾元

儒道者堯舜禹湯文武周公孔子之道也惟我東土僻在荒隅因中華文物禮樂而敎導之故曰小中華者此也謂歟在昔殷時箕聖渡東設八條而敎之新羅聖德王十六年丁巳文純公朴裕以通文博士奉使入唐與王子守忠同獻文宣王十哲七十二弟子圖奉安於太學高麗忠烈王三十年甲辰文成公安裕自元朝從王而還建大成殿奉安先聖像使諸生具冠服就學儒風大振我朝中葉諸賢相繼儒道之盛稱爲禮義東方矣顧今世降俗末經殘敎弛殿々然將入於昏夜東西之敎布滿四海或稱佛敎倡敎基督敎回々敎昏衢行人彷徨岐路未知所向此政仁人君子憂世救時之秋也際玆元公應常氏適知南洲奮發士氣培養人材彰明儒道使斯道煥然復明於世則非但爲一省之幸也將有大補於東洋善道矣何不欽羨哉

# 祝賀儒道彰明會

務安(智島) 朴琫柱

儒道者修齊治平是也予斯時斯道沉微三綱九法淪斁豈不慨歎哉一盛一衰天理之常也何幸元伯石侯莅玆南省勸奬儒道雖巖穴之士蹶起不顧遠近如水就下首倡彰明之會豈不盛美哉惟願諸君子誠之勉之盥水獻祝

又繼之以詞曰吾道在於斯不求於他孔孟曾顏之道殷勤諸賢之學發揮道之不明實是在於溫故知新勿忘勿惰立綱正俗斯道之源文化社會天下仰望

# 儒道彰明贊成文

咸平 尹泰洪

儒道者不外乎五常四端而若去此揚墨己仙佛己哉東五百年治敎之休明原於立斯道尙斯文而文物禮俗與周采鄒魯可相上下矣挽近世級己上下人文蠱喪百家衆技之流橫東竪西何處乾坤非長夜風雨耶白頭儒雅徒切悶時病俗之歎靑年小子自謂革舊從新之學則嗤我冠儒冠服儒服者血淚相對無所依歸何幸省內紳襟刱立此會無往不復之運始於今日耶好善樂聞秉彝攸同竊山病夫敢贊一辭只悚僭越

# 祝賀儒道彰明會

濟州(大靜) 姜成鎬

三讀自天降生以來莫不由斯道而治當盛時堯舜禹湯文武刱而演之顏曾思孟周程張朱紹而述之然而微夫子之道則無以繼往聖開來學而衰亂之間含血戴髮之倫覺不免其於禽獸之歸矣有若孔子之聖生乎中間爲吾人之三太極而皆從其道者是吾儒之急先務也惟我東方自倡率以來與諸賢彰明斯道虞秦孔朱之貞

學 錄　　一〇

像國都而建大學鄕邑而設庠序尊而仰之篤而行之使人々知有夫子之道而躬於踐履洽於其身不可須臾離也
體義文物不異於中華之稱矣如何挽近道喪文廢異端並起惑世誣民充塞仁義幾乎禽獸矣當此之時凡在心者
之門誰豈不慨嘆哉惟我元公莅茲湖南發興文化彰明斯道設立一會名曰儒道彰明使列郡鄕校復修儒學講論
不忘各修其道則昨日昏暴今日賢明勿論儒冠儒服者皆有秉彝之良心豈不欲仰哉玆席綴茂微誠

## 祝賀儒道彰明會

濟州(大靜)　梁　奎　銖

夫儒有君子小人之分道有邪正之不同爲其眞儒得其門路之正者固亦難矣然而以儒爲名者皆知尊崇夫子
之道三綱五倫以此扶持矣我東雖曰海外偏邦名儒碩士代不乏賢特闡程朱之學猶有禮義之風及其末流之弊
至於文弱而挽近以來風潮一變倫綱墜地禮俗廢壞岐路百出識者憂之何幸元伯莅任湖南慨然奮發大興儒化
彰明斯道千載一時也冠儒服儒者聞下風而雲集里有絃誦之聲俗尙仁義之行此莫非聖人之遺澤而賢公之盛
德也惟願僉君子贊成此會復見儒道之明千萬敬祝

## 祝賀儒道發明會

濟州(大靜)　金　宣　鍾

夫道者出乎天而在乎人也道非人無以存乎世也人非道無以立乎世也是以人與道爲一而不可須臾離者也

然道之晦明盛衰亦何也蓋聖人雖不世出道之本體如鑑之未垢船之有舵並乎天地之間而不偏不倚并乎日月之明而不隱不惑故自唐虞以來聖聖相承如日中天矣及周之衰賢聖之君不作而化陵夷其時張儀而道晦則有若孔子之聖正王道而異端諸家之說不行成春秋而亂臣賊子懼此夫子之道爲萬世宗教而爲萬世師表者也自是以來曾氏之大學得其宗而作也子思之中庸憂其失而作也孟氏之七篇激諸人而作也此道之統而明也迄及五季之衰宋德隆盛程朱兩夫子出繼不傳之緒使斯道復明於世此道之彰而明之也及我東方檀箕之化流行退栗之賢出禮義復起文物不下於中華者久矣如何中年道喪文廢儒風不振邪說橫行自存將墜地之變矣幸今惟我南道知事元公與參與官石公詢同于諸碩儒以儒道彰明爲會普及於各郡大興儒化此會之大旨在於諸儒雖誌章々講說起人幽隱之知識故敢構荒辭以賛本會之盛意云爾

# 祝賀儒道彰明會

濟州(大靜) 姜斗奎

道者忠信孝弟之本修齊治平之具日用事物之間不可須臾離者也或有晦盲否塞之運而復明之而復晦何者孔子之作春秋亂賊懼孟氏之距楊墨邪道廢儒道之所以明實由乎此也逮夫狂秦焚坑之禍士隨而俗從之嗚可不痛哉漢之初陸賈之前說叔孫之習禮伏生之記傳董子之對策雖不得彰明猶存其道者也後數百年晉以老莊亡梁以佛亡而及其大唐之盛也韓文公出文起八代之衰道濟天下之溺可謂孟子後一人何學術運復回於五

秦之餘濂洛諸賢崛出惟程朱兩夫子以繼夫千載不傳之緒以淑洙泗之家學是之謂先得孔孟之傳而益加彰明者也然而吾東賢君子如安文成鄭文忠李退溪李栗谷諸先生亦得程朱之傳而鄭圃隱首發之路廣開道德之門文物之盛擬不下於中華矣如何世級日降道與文弊禮壞樂崩異端蜂起邪說得合以聖學爲腐敗無用以儒者謂陳世棄物臣而不知忠君之道子而不知孝親之道婦而不知烈夫之道幼而不知敬長之道三綱五倫斁然淪於禽獸之域者幾希矣噫後之人欲聞儒道之如何孰從而求之哉良可歎也傳曰闇然而日彰者君子之道也的然而日亡者小人之道也聖人豈欺余哉幸我玩伯石公刱設儒會講明斯道其設立趣旨及雜誌刊布于各郡鄉校廻狂瀾於既倒扶大厦於將傾雖海隅腐儒敢不傾心欽仰哉謹將數行短詞百拜祝賀

# 儒道彰明會祝賀文

濟州(晉鎭) 姜 昇 治

人生于世不由乎道無以爲人所謂道者初非高遠難行之事也只是孝悌忠信禮義廉恥皆日用動靜之間隨其事而各得其宜者也苟非高飛遠走不在人間者雖欲須臾離也不可得也夫何挽近異說雜出蔑教逆起侮蔑聖誣毀經傳徒說功名之所就不知倫理之所在駸駸然不入於禽獸之域者幾希惟我士林猝足無地莫知其所向矣何幸玩石三公適知南省惻夫斯文之衰微其將危而惟憂以儒道彰明創立一會置本部於道而分支會於各郡細陳條理遍布坊曲斥夫百家衆技之流繼夫千載不傳之緒於是乎冠儒衣儒者若蟄虫之聞雷聲爭相起蹶皆至

願爲聖人之徒豈天不欲興斯文而然歟余亦南州儒林中一個庸生也不敢踰門辭並復撰蕪辭以表微忱焉

# 儒道彰明會祝賀文

濟州(大靜) 姜元錫

夫道卽天理之本然人事之當行也凡有是形而有是性有是性而有是道中庸豈不云乎天命之謂性率性之謂道蓋儒之爲名行之以道化民成俗之謂也然則斯道講明之分固其人之行不行如何耳故古昔三代之隆家塾黨庠州序國學無非講明此道而所以治隆於上俗美於下及周之季敎化陵夷風俗頹敗時則吾夫子以天縱之聖乃祖述堯舜憲章文武以垂敎於天下萬世顔曾思孟皆親承薰炙遂爲吾儒之宗焉降至嬴秦焚坑以後經籍蕩殘文獻無徵以及五季之衰晦盲極矣天運循環無往不復宋德隆盛周張程朱相繼迭興千載不傳之道粲然復明於世可不盛哉惟我東方聖王繼作賢儒輩出國有太學郡置鄕校誦詩書習禮樂於是禮義道德不下於中華名賢君子幷驅於宋朝矣嗚呼世降叔季百家衆技之流日新月盛故云會云者不可勝記而使吾聖賢之道反屈於功利之說焉勝歎哉今元知事閣下莅玆南省謀于石侯訪于儒林刱立儒道彰明會徵者彰之晦者明之此豈非千載一時吾道復明之秋乎武城絃歌文翁儒化將復覩於湖南矣余亦聞風興起不覺手之舞之足之蹈之敢陳微衷焉

# 祝賀儒道彰明會

濟州(大靜) 姜衡奎

夫儒敎之原出於聖道蓋自三代以後世之治亂國之安危在于道之明不明如何耳秦有焚坑之禍而漢唐以來得眞傳而復明逮夫宋與群賢輩出斯道彰明而惟我東邦雖僻在海隅禮義文物侔乎中華然消長之理興廢之運循環無常又何挽近異說并起岐路旁出人不由是道冠儒服儒者幾不慨嘆哉何幸壬戌十一時茹伯若侯從玆南省勸奬儒敎創設儒會名之曰儒道彰明細陳條理列布于列郡支會闡揚儒林十齊發願爲聖人之道猶興湖南庶有斯道復明之望矣以若鄙陋不勝感賀僭述數語盥手獻祝

# 祝儒道彰明會

濟州(旌義) 金京斗

夫道者天理之所當然人性之所固有者其爲體也至虛至靈其爲用也至大至廣在天爲元亨利貞在人爲仁義禮智是而已亘萬世而不易統萬善而不遺故天下之人莫不有是性天下之物莫不有是理其或氣質所拘物欲所蔽一夜之萌梏於十日之寒濯濯然不入於羽毛之域者幾希惟聖斯憫設爲庠序學校使之發而明之以復厥初此羲農堯舜所以繼天立極商湯文武周召所以化民成俗者也惟我孔夫子以天縱之將聖集大成而爲斯文之宗統雖不得行於一時其德敎實被於天下萬世賢於群聖遠矣自玆以往洙泗之學濂洛之師友相繼而作傳之無弊而曁我東槿箕以來歷代相傳諸賢迭興以若薛弘儒崔文昌安文成鄭圃隱至於靜菴退溪沙溪諸先生以闡

明斯道爲己任治致稀明其文質遂彬風俗之美以禮義之國見稱於世久矣嗚呼物盛而衰固其幾也日韓併合前近代朝鮮政治的思想教育上方法未可使歸於有道之域也正自國都市至鄉邑所謂儒服儒者不究德行之源但以討論門閥自稱者儒亦無路救之功而讀以詞章爲務自矜學未流之弊竟至此甚是乃誘毀之不得不如彼稗之謂也至於今日風潮大變教門不十各設旗幟以衆至妄說濃世惑民自謂精神知化而不足以開物成務窮深極微而實則外於倫理紛拏喧鬧未免亂實極矣知之泰西之新文化教育物質精神多致風景十時觸目皆非守道之君子好奇的思想不無矣其說者或云儒道腐敗無用或云時代不合排斥而詆毀之其惑之甚矣大哉聖人之道江漢以濯之秋陽以暴之皓皓乎不可尚乃謂何腐敗不合之有然用與不用明與不明時數然也孟子曰夫道若大路然豈難知哉人病不求耳顔淵曰舜何人余何人有爲者亦若是爲之何哉以孝弟忠信爲本以禮樂射御書數爲科齊之以禮導之以政又從以振德之又於世界有益於吾道者適應於時務者採其長而補其短痛革舊染培養新知取之左右逢其源而明之上實國之振興下使民俗之改善向使詆毀排斥者有所欽羨滅其化而歸仁明德新民之功不外乎此矣然則非徒湖南一省人士之幸實是我東全部家國之幸所以鄙生不揆拙劣敢綴蕪辭以表微衷焉

## 祝儒道彰明會

潭州(旗聲) 友人 金 顯 殷

夫人之有道也如天之有日月也天而無日月則無以分晝夜與時季無異是一空殼而已人而無道也統

論說

以明倫理應事ᄒᆞ야只是一塊肉堆而已라烏可爲物之靈而參爲三才哉아然而天道ᄂᆞᆫ有常不易ᄒᆞ고人心은有邪有正ᄒᆞ며有顯有晦ᄒᆞ니若不講究其本而明之면邪而不正ᄒᆞ고晦而難顯故로儒道之教會所以設也라蓋自堯舜禹之相授와湯文武之相傳과五聖十哲相繼而作ᄒᆞ야一以貫之ㅣ只不外乎闡明斯道也已矣라斯道也者ᄂᆞᆫ何오父慈子孝ᄒᆞ며君義臣忠ᄒᆞ며夫和婦順ᄒᆞ며兄友弟恭ᄒᆞ며信友愛衆이是曰倫理니凡人之有生의所固有而發行之路니不可斯須去身者也라其教有三ᄒᆞ니德曰知仁聖義忠和오行曰孝友睦婣任恤이오藝曰禮樂射御書數니是曰三物이오其目이有八ᄒᆞ니曰格物致知誠意正心修身齊家治國平天下니是曰大學이라教而育之ᄒᆞ야乃成需世之人故로名其道曰儒也라然則儒者之職이且大矣哉라於戲라屆我東方에箕聖以來로列聖主諸賢哲이間世繼出ᄒᆞ샤講明斯道ᄒᆞ고扶植彛倫ᄒᆞ야文化之治와仁賢之俗이寰照界洽ᄒᆞ니以禮義之邦으로見稱於世界ᄂᆞᆫ實非過言也라嗚呼라顧論有特ᄒᆞ야由來萬千年世之治亂安危와國之興替存亡이實在乎斯道之明不明如何ᄂᆞᆫ歷史上昭昭然瞭如指目ᄒᆞ니不必贅言이나現今時代變遷ᄒᆞ야道云道云이不知幾端이오教云教云이不啻百種이라玄玄徵徵ᄒᆞ고奇奇怪怪之說이紛紜雜錯ᄒᆞ야俱曰至聖이라不惟不知其雌雄이라互相攻擊이甚於仇讎ᄒᆞ니蓋其受道而崇信者ㅣ吾道自是ᄂᆞᆫ雖曰茶飯이라言其盡善盡美ᄒᆞ야爲人模範이孰如斯道之彛倫이며至正至大ᄒᆞ야眞實無僞ㅣ孰如斯道之常經哉아有入必行ᄒᆞ고有人耳目者ㅣ不待深究而能辨焉이라或稱外他理化之學과共和之治ㅣ做出新世界ᄒᆞ야文化發達이前世未有云이나其曰理化者ᄂᆞᆫ不過乎大學格致之一事오其曰共和者ᄂᆞᆫ亦不外乎堯舜相授之餘法也오其發揮制物器之器와機械之巧가不其

甚乎아 辭章之璿璣玉衡과 孔明之木牛流馬와 葉谷之龜鏡과 神醫之鍼灸는 無非研究之極而但絶修傳習之未及하오 其曰文化則刑措之世와 讓畔之時을 今復可見耶아 雖歐美之俗이라도 聖人이 復起하사 一以變之면 庶可近矣니 豈可截然脫出於 斯道範圍之外哉아 然則以若經天緯地하고 亘萬世通萬邦推一不易之道로 現在今日則指吾道曰腐敗之道라 하고 指吾儒曰腐儒라 하야 攻擊者紛紛이 前後하고 緩彈이 左右하야 甚至於語逼先聖하니 其咎安在오 是豈非吾徒自棄自侮而取辱乎아 嗚呼惜哉라 今日之吾儒ㅣ皆曰學孔子祖孔子하니 有此假等階級이라 하나 然而反孔子辱孔子者ㅣ不其多乎아 孔子ㅣ曰入則孝하며 出則弟하며 謹而信하며 汎愛衆호되 而親仁이니 行有餘力이어든 則以學文이라 하야시늘 不修弟子之職而但習訓詁하고 尋摘章句로 自以爲通經하며 以修辭詞說詭辯으로 爲斯文之宗旨하고 周禮에 曰以鄕三物로 教萬民하야 賓興之라 하야늘 孔子ㅣ以之하사 門人之身通六藝者七十二人이어늘 不知三物之何事하고 只以攻賦詩傳記語으로 爲賓興之資하고 孔子ㅣ曰祭如在하며 祭神如神在라 하야시늘 其於享祀之節에 但以豐盛俎豆로 爲誠禮하고 酒食集散으로 爲齋沐하야 不過形式을 하고 孔子ㅣ曰君子는 周而不比라 하야시늘 以論色爭權으로 爲政治하야 朋以黨禍ㅣ無所不至하고 孔子ㅣ曰犂牛之子騂且角이면 雖欲勿用이나 山川이 其舍諸아 하야시늘 說論閥閱하야 凌上侮下하고 閥閥班閥者는 雖聰明俊秀라도 必抑而壓之하며 甚者는 以漫民營私로 爲才能하고 武斷詔阿를 爲勢力하니 由是以綱紀掃如하고 倫理紊亂하야 以至於國勢民疲하니 以夫子之道로 反害夫子ㅣ 胡至乎此極가 假使夫子로 在靈이시면 嗚呼痛哉이라 斯豈可容가 有血氣於其間者ㅣ豈不寒膽而痛哭哉아 且今日之道云道云教云教云者

ㅣ各保校利益務ᄒᆞ야漸次進步ᄒᆞᆫ즉惟我儒道ᄂᆞᆫ亦自當局으로經學院을十府改繕增額ᄒᆞ고各府郡鄉校財産을還付ᄒᆞ야 廢郡鄉校라도 次第復設ᄒᆞ니其於援助에可謂不努力이어ᄂᆞᆯ噫吾儒生은固守舊慣ᄒᆞ고醉夢方深ᄒᆞ야反自退縮ᄒᆞ니可勝歎惜哉아蓋言春雷乃發에蟄虫이發動ᄒᆞ고晨鷄先唱에動物이皆醒이어ᄂᆞᆯ至上言攻擊之劍躍이逃於春天之雷ᄒᆞ고當局倡導之鼓吹ᄂᆞᆫ無於司晨之鷄而吾儒ᄂᆞᆫ蟄洞이難曉ᄒᆞ니反不如昆虫動物者乎아然則名儒非儒오行儒是儒라兩班大提學之子ㅣ非儒也오生員進士之子ㅣ非儒也며青襟訓長之子ㅣ非儒也라讀聖人之書ᄒᆞ고行先儒之行이是儒也니雖不讀書라도謹節操守ᄒᆞ면亦可爲儒者之徒어니와雖讀書라도放逸怠傲ᄒᆞ면斯文罪人이라焉可爲儒리오由是로湖南碩儒巨擘이慨然而發ᄒᆞ고奮然而起ᄒᆞ야協得當局之贊助ᄒᆞ고全羅南道儒道彰明會를創立ᄒᆞ야各郡에支會를設ᄒᆞ고期欲挽回斯道於旣墜之地ᄒᆞ니以若遐荒頹廢之餘로秉彝攸感에不能無區々微衷之誠이나語拙筆短ᄒᆞ야只以自訟自過로表示于僉君子ᄒᆞ오니第惟有其名而無其實則反不如無名이오且靡不有初나鮮克有終은萬世誠鑑이라實踐力行ᄒᆞ야到達趣旨目的地라사方可謂有實有終이니欲其實踐力行인댄打破頑固腦髓ᄒᆞ고痛革舊慣ᄒᆞ야奮發新精神思想ᄒᆞ야講究個道上源理而明之라사可達彰明二字之本義矣라更加三思어다且言新教育인댄取其時務之應用而普通教課之目則較諸六藝之習이不甚違背ᄒᆞ고其各業之課則惟我本邦에亦當急務而吾儒輩ㅣ或曰用夷變夏라ᄒᆞ야反對焉ᄒᆞ며拒絕焉ᄒᆞ고新進輩ᄂᆞᆫ謂儒道ᄂᆞᆫ腐敗學文이라今欲扶持ᄂᆞᆫ使我青年으로淪入於灩窒이라ᄒᆞ야侮蔑父老之說이紛々有之ᄒᆞ니不必專責於後進青年이라亦當吾儒之反省歟ㄴ저孔子ㅣ曰溫故而知新

이면可以爲師라ᄒᆞ시니但溫故而不知新이면雖有德義나昧於時局ᄒᆞ고知新而不溫故면趨於浮靡而欠於倫理矣니要之컨ᄃᆡ以舊學問으로爲體ᄒᆞ고以新敎育으로爲用ᄒᆞ야兩相不悖ᄒᆞ야一時幷進이라야乃可爲時中時措之道니經不云乎아孔子난聖之時者也시니라或曰儒道彰明會設立은士林團體를組織ᄒᆞ야權利階級을養成이라ᄒᆞ니亦不知儒道原理而言也로다實踐儒生之本分則權利階級이自立矣니何患乎失之於人이리오惟患自失而已라言其實行方法則各地方鄕校講師를選定ᄒᆞᄃᆡ必以溫故知新者ᄒᆞ야致授俊秀靑年호ᄃᆡ小學孝經等과四書三經之類外에虛誕浮華雜誌ᄂᆞᆫ一切廢止ᄒᆞ고地誌算學等必要者를與兼ᄒᆞ야上言三物之致와八條之目을實地上功已用工ᄒᆞ야琢磨講習ᄒᆞ고又從以面々村々漢文私塾을亦以此例之改善ᄒᆞ야逐朔講于鄕校ᄒᆞ고父兄隨時叅會聽講ᄒᆞ야觀感而興起ᄒᆞ고口傳心授ᄒᆞ며家喩戶說ᄒᆞ야愚夫愚婦라도一致心得實行ᄒᆞ야中外普及이라야侮蔑者悔之攻擊者服之ᄒᆞ야一變至道ᄒᆞ야俾人爲人而俯仰無愧乎三才之列則斯道之彰이如日月幷明於覆載之間ᄒᆞ야萬世有光矣니不其大乎아是所企恩之至

# 論說

## 支那視察談槪要（儒道彰明會席上筆記）

道知事 元應常

余의支那行은本道木浦와大連靑島間의貿易關係를調査ᄒᆞ며又ᄂᆞᆫ山東及南北滿洲에邦人의發展狀況을視察ᄒᆞ고兼ᄒᆞ야支那事情의一班을窺知코져홈에在ᄒᆞ얏ᄂᆞᆫ딕六月六日에長驅鐵道로滿蒙物産의呑吐港되ᄂᆞᆫ大連에至ᄒᆞ야邦人勢力의殷賑홈을見ᄒᆞᆫ後에一日旅順에遊ᄒᆞ야戰蹟을弔ᄒᆞ고海路로靑島에渡ᄒᆞ야繪畵와如ᄒᆞᆫ文明都市를玩ᄒᆞ며日獨의戰蹟을歷訪ᄒᆞ고征衣를更振ᄒᆞ야膠濟鐵道로山東半島를縱貫ᄒᆞ야首府濟南에一宿ᄒᆞ고更히津浦鐵道로黃河의大鐵橋(四千百五十尺)를渡ᄒᆞ며隋帝의開鑿ᄒᆞᆫ大運河(綿里三千餘里)를沿上ᄒᆞ기까지一路兩日間往古齊魯幽燕의興亡과英雄豪士의往事가自然히心中에往來ᄒᆞ야興感되게天津을經ᄒᆞ야北京에着ᄒᆞ얏ᄂᆞᆫ딕此地ᄂᆞᆫ金元明淸의舊都이며現今民國의首府이라約百萬의人口가住居ᄒᆞ며施設經營이壯嚴廣大홈으로써二日間逗遛ᄒᆞ야名所古蹟을訪ᄒᆞ며紛糾ᄒᆞᆫ支那의政情을聞ᄒᆞ고다시京奉鐵道로山海關에셔萬里長城의一端을見ᄒᆞ고奉天에到着ᄒᆞ야滿蒙富源及移住日鮮人의狀況을聞ᄒᆞ고長春을經ᄒᆞ야哈爾賓에到ᄒᆞ야日支露三國經濟的狀況을見ᄒᆞ고旅裝을更整ᄒᆞ야歸途에就ᄒᆞ얏노라

右와如히長途旅行에在홈으로써鴨綠江鐵橋를渡ᄒᆞᆫ後支那領土內에셔鐵道二千五百餘哩海上二百七十哩를驅馳ᄒᆞ고觀察個所가九大都市에及ᄒᆞ얏스나旅程日數는三週間에不過ᄒᆞ야實로走馬看山과無異홈으로써何等注意又는研究가無ᄒᆞ얏스나皮相의觀察과旅中感想의一端을略述코저ᄒᆞ노라

地勢는國境安東至奉天間은山岳이重疊ᄒᆞ야朝鮮과無異ᄒᆞ고山東半部에는若干의峰巒이遙々對立ᄒᆞ얏스나其外는茫々ᄒᆞᆫ一望千里의平野가相連ᄒᆞ야多日電馳ᄒᆞ는車窓에셔마우注目치아니ᄒᆞ면山影을發見ᄒᆞ기難ᄒᆞ야通過ᄒᆞᆫ燕濟至南北滿에一個의隧道가無ᄒᆞ고天際地表가相接ᄒᆞ야汪洋ᄒᆞᆫ大海와如ᄒᆞᆫ지라如彼茫漠ᄒᆞᆫ平野를一見ᄒᆞ미生來비로소廣大ᄒᆞᆫ天地에出ᄒᆞᆫ듯殆히井底의蛙가世間에出ᄒᆞᆫ듯ᄒᆞᆫ感이有ᄒᆞ얏스며同時에古來中原이라稱홈은中國之平原을意謂홈으로始覺ᄒᆞ얏노라

如斯히廣漠ᄒᆞᆫ平野에地質은大概黃土及沖積土에在ᄒᆞ야磽确ᄒᆞᆫ石脈을見치못ᄒᆞ얏고河川도淸流가無ᄒᆞ야所謂著名大河即黃河白河遼河及松花江等이濁流가滔々ᄒᆞ며村落은膠濟及津浦의沿線에는楊柳桑柘가點綴相連ᄒᆞ야殷盛ᄒᆞᆫ風味가有ᄒᆞ나此와反ᄒᆞ야滿鐵沿線에는荒凉ᄒᆞᆫ狀態를免치못ᄒᆞ얏스며耕地는沿線到處에尺寸의空地가업시開墾되야井々有條ᄒᆞ고家屋은農村이라도大概煉瓦製造인ᄃᆡ燕齊地方에는茅葺草葺이多ᄒᆞ고滿洲地方에는瓦葺又土葺이相雜ᄒᆞ얏ᄂᆞᆫᄃᆡ外觀은淸楚饒實ᄒᆞ며都會는新開ᄒᆞᆫ港口及商埠以外舊市街에는道路가狹窄不潔ᄒᆞ야尙此舊日東城의狀態와彷彿ᄒᆞ나商業은大概興旺ᄒᆞᆫ狀況에在ᄒᆞ더라其外各般狀態는地方或은境遇에依ᄒᆞ야更히後次說及코저ᄒᆞ노라

[illegible]

# 支那人의狀態

支那의大陸은面積이四百三十萬方里（朝鮮一萬四千方里）에至ᄒᆞ야露國을除ᄒᆞᆫ外에ᄂᆞᆫ現世界의第一이며人口ᄂᆞᆫ漢滿蒙回藏을合ᄒᆞ야世界總人口의四分之一을點ᄒᆞ얏ᄂᆞᆫᄃᆡ其九割은即支那本部에根據ᄒᆞᆫ漢族이라故로余의遊歷地로言ᄒᆞ면北部支那南北滿洲及蒙古의一隅를經過ᄒᆞ얏스나滿蒙人의狀況은後段에讓侯ᄒᆞ고爲先漢族의狀態를略述코져ᄒᆞ노라

支那ᄂᆞᆫ世界文化의最先發源된老大舊國이라聖賢이相承ᄒᆞ고英傑이輩出ᄒᆞ야禮樂文物과典章法度가燦然具備ᄒᆞ야世界의先進國이라稱ᄒᆞ얏더니晋末五胡의濁亂과近古遼金의遞迭과元淸의入主以來로四夷雜居에風俗이混淆ᄒᆞᆫ所以인지舊日文化의精髓ᄂᆞᆫ衰退無餘ᄒᆞ고近代西歐의文明은아즉吸收치못ᄒᆞ야現狀이非夷非華又ᄂᆞᆫ非歐의曚朧曖昧ᄒᆞᆫ中에在ᄒᆞᆫ지라然이나四民의階級을隨ᄒᆞ야分言ᄒᆞᆫ건ᄃᆡ農民의狀態는其性質이質實且勤儉ᄒᆞ야作業時間은平朝에出働ᄒᆞ야日昏에至ᄒᆞ기까지休息이別無히勤勉홈이常例이며貯蓄心이富ᄒᆞ야相當ᄒᆞᆫ貯金이有ᄒᆞ다ᄒᆞ며飮食은一食에五錢의乾麵包一箇或은高粱粥이며耕地의整理난井々有制ᄒᆞ야一望無際의廣漠ᄒᆞᆫ田圃에雜草의種子ᄂᆞᆫ根絶無餘ᄒᆞ다云ᄒᆞ갯스며各種穀物이繁茂茁長ᄒᆞ야匝地遍陌ᄒᆞ얏스며菜圃等의整理도極히發達되야幾千圓의巨額을投入ᄒᆞᄂᆞᆫ種苗場의栽培와遜色이別無ᄒᆞ고山東沿路의村落은擧皆尤極饒實ᄒᆞᆫ狀態를帶ᄒᆞ얏시며各樣産物의豐富홈과農民의勤勉홈을實로感歎홀바이더라

三

商民으로言ᄒᆞ면國內生産物이豐富ᄒᆞᆷ으로海外에輸出ᄒᆞ며又ᄂᆞᆫ國內有無交易의道가發達되야相當歷史가有ᄒᆞ며沿路各都會商埠及港場等에ᄂᆞᆫ擧皆堂々ᄒᆞᆫ店舖를設ᄒᆞ야日本人及歐米人과並驅爭先ᄒᆞᄂᆞᆫ貌樣인ᄃᆡ店員等은英語를通解ᄒᆞᄂᆞᆫ者多ᄒᆞ며店費의省約과貯蓄方法의長ᄒᆞᆷ으로써各地商人等의內容이充實完固ᄒᆞ야個人商業으로論ᄒᆞ면決코他國에遜色이無ᄒᆞᆯ줄노思ᄒᆞ얏노라

工業方面에도吾人의想像以上에發達되야彼長城運河等의大工事ᄂᆞᆫ姑捨ᄒᆞ고各都會의樓門殿堂甃瓦石材雕刻等의美術的發展은實로歎賞ᄒᆞᆯ만ᄒᆞᆫ處가多ᄒᆞᆫ지라如斯ᄒᆞᆫ古代工業은且置ᄒᆞ고現代의各種器械及建築等製造等工業도比較的發達되야外國人의建築又ᄂᆞᆫ製造等을請負ᄒᆞᄂᆞᆫ事多ᄒᆞ며至於鉄道運輸及電氣技術은他國에讓步ᄒᆞᆫ바無ᄒᆞ고其他勸工場, 物産陳列所等의原料及製造品이豐富ᄒᆞ며精美ᄒᆞ다謂치아니치못ᄒᆞᆯ지라

以上農民의勤儉貯蓄及經驗이며商民의蓄財及施設이며工業의進步發展等諸般狀態를我朝鮮에比ᄒᆞ면實노懸絶相殊ᄒᆞ니彼農商工에從事ᄒᆞᄂᆞᆫ人民等이皆是農商工學校의出身이라稱ᄒᆞᆯ수업고政府의奬勵도亦是徹底ᄒᆞ얏다稱키難ᄒᆞ나如斯히自進自發ᄒᆞᄂᆞᆫᄃᆡ惟我朝鮮도數千年歷史가有ᄒᆞ고最近文明에接觸이頗久ᄒᆞ얏슨되特히隣邦人의最後列에立ᄒᆞ게된것슨何故인고此ᄂᆞᆫ即國民性이懦弱ᄒᆞ야進取力研究力이缺乏ᄒᆞᆷ에根因ᄒᆞᆷ이안인가ᄒᆞ야喟然長歎을禁치못ᄒᆞ얏노라

右에陳述ᄒᆞᆫ바農工商等職業에從事ᄒᆞᄂᆞᆫ者以外에中流以上의人士並官吏階級에在ᄒᆞᆫ者等을言ᄒᆞ면其態

度ᄒᆞᆫ舉習悠長ᄒᆞᆫ大家風儀가儼然ᄒᆞ며辭令과交際에能擇ᄒᆞ고且臨事權變의手段도有ᄒᆞ나其內心을考察ᄒᆞᆫ즉由來文弱的弊習됨에不過ᄒᆞ야都是個人主義를專尙ᄒᆞᆷ이며特히滿淸季世西太后攝政以來로風氣一變에廉防이尤益破壞ᄒᆞ야賄賂成俗ᄒᆞ고苞苴公行ᄒᆞ야習慣成性에恬不知恥ᄒᆞ며政令의不振ᄒᆞᆷ과紀律의紊亂ᄒᆞᆷ이實노併合以前我朝鮮의狀態보다도尙且幾十層甚ᄒᆞᆫ듯ᄒᆞ더라

余가六月十四日에北京에到着ᄒᆞᆫ즉黎大總統이當時政變에因ᄒᆞ야天津으로逃避ᄒᆞᆫ第二日이라人心이洶々ᄒᆞ고總統府及重要各廳은閉鎖同樣이나軍人警官等은秩序維持에極力活動ᄒᆞᆷ으로써何等危險이업시所期의視察을了ᄒᆞ얏노라、北京에ᄂᆞᆫ地勢ᄂᆞᆫ古史에云ᄒᆞᆷ과갓치全國上北에據ᄒᆞ야北控居庸ᄒᆞ고南襟河洛ᄒᆞ며東繞滄瀣ᄒᆞ고西擁太行ᄒᆞ야天下의形勢를点ᄒᆞ야四海統御上優越ᄒᆞᆫ位置라傳來ᄒᆞ얏거니와果然金元明淸의各代帝王이此地에奠都ᄒᆞᆷ을見ᄒᆞ면其言이不誣ᄒᆞᆫ듯ᄒᆞ다都城의面積은約五方里에至ᄒᆞ야東京市와伯仲의間에在ᄒᆞ고百萬人口가居住ᄒᆞ며諸般施設은華麗ᄒᆞᆷ보다雄壯ᄒᆞ다可謂ᄒᆞᆯ너라先히每年冬至에天子가致祭ᄒᆞᄂᆞᆫ天壇에至ᄒᆞ니石階欄干及敷石을全部白潤ᄒᆞᆫ大理石으로築成ᄒᆞ야三層段階에分ᄒᆞ얏ᄂᆞᆫᄃᆡ下層直徑은二十餘丈上層直徑은九丈餘라ᄒᆞ며其右方에天祭壇과略同ᄒᆞᆫ三層大理石壇上에聳立ᄒᆞᆫ高殿은碧瓦金粱가人目을射ᄒᆞᄂᆞᆫ지라予ᄂᆞᆫ壯大ᄒᆞᆫ圜丘와奇麗ᄒᆞᆫ殿閣의築造를嘆美ᄒᆞ고다시宮城을拜觀ᄒᆞ니殿閣이星羅棊布ᄒᆞ야門楯匾額은擧皆漢字滿字를並書ᄒᆞ얏ᄂᆞᆫᄃᆡ古昔所謂五步에一閣十步에一廊이라ᄒᆞᆷ과如ᄒᆞᆫ朱欄畵棟間을無數通過ᄒᆞ니到處에黃琉璃의瓦甍과大理石階橋가壯嚴燦爛ᄒᆞ고其規模之大와繪畵之美가支那中世文化藝術의精華가萃集ᄒᆞᆫ듯ᄒᆞ며就中文化殿武英殿의寶物陳列은殷周以來大藝術의縮圖와無異ᄒᆞ야形言

호기難호더라

神武門北에在호景山（或稱煤山）은一山五峯으로成호얏는딕俗傳에元世祖가後日包圍의不虞之變을備코져호야石炭을積置호고敵軍의諜知를忌호며御苑의美觀을增코져호야其上에覆土호고樹木을植호며樓臺를建호얏다호며中華門內一帶地를炭海라稱호는딕此는煤山의築造와同一호理由로木炭을地中에埋藏호얏다호야炭海라稱호더라

西苑南北에亘호야大池가有하니池中에天子가遊幸호는殿閣이有호處인딕此를太液池又三海（北海、中海、南海）라稱호는지라夏에는蓮花가滿開호야數千宮女等의納凉호는處이요冬에는八旗武士가氷上에鐵騎를驅馳호야射擊을試호는場이라호며又는北京飮料水缺乏의萬一을豫備호기爲호야引水開鑿호얏다云인딕三海中中海南海의各殿閣은現今大總統府副總統府及國務院을置호고北海의殿閣에는約法會議又政治會議等을開催호는處所가되얏다云호더라

다시柏樹綠陰의隧道를驅馳호야萬壽山頤和園에到호즉前面에周圍數里되는洋々한湖水가有호니此는昆明池라萬壽山은即此池를開鑿호土를累積築成호바인딕元明時에도園池의勝觀이有호얏스나乾隆帝는此池를大鑿하야北軍의水戰을練習케호얏다云인딕西太后는海軍擴張費를利用호야頤和園을修繕호며樓塔을增建호야陶々호大遊興을助호얏다호니聞者는今昔帝政의相反홈을慨歎호얏스나當樹翠樓는雲霄에聳出호야金碧이燦爛호고奇花異石은池畔에布列호야錦繡가輝煌홈을見호니天下人工의精華는此頤和園에諸聚호듯호지라岩窟의洞門을穿行호야純銅製의佛香閣에坐호야湖山風景을玩賞호고更히當舫을泛호

야中流로徐下ᄒᆞ니心氣가爽豁ᄒᆞ야羽化登仙의感이有ᄒᆞ더라

喇嘛教寺刹에充ᄒᆞᆫ雍和宮은雍正帝의龍潛邸인ᄃᆡ潛邸ᄂᆞᆫ古來로他人의住居ᄅᆞᆯ不許ᄒᆞᄂᆞᆫ바나登極後에西藏及蒙古의統治上懷柔政策으로喇嘛에喜捨ᄒᆞ야蒙藏僧侶數百人을優待ᄒᆞ얏다ᄂᆞᆫᄃᆡ西藏에셔齎來ᄒᆞᆫ大柱의一木으로ᄡᅥ彫製ᄒᆞᆫ大佛은五丈餘에過ᄒᆞ야奈良大佛과彷似ᄒᆞ야果然傑作이라謂치아니치못ᄒᆞᆯ지며其他陰陽佛又ᄂᆞᆫ腦漿을食ᄒᆞᄂᆞᆫ佛像等이多ᄒᆞ야ᄎᆞᆷ으로奇怪ᄒᆞᆫ것을見ᄒᆞ얏노라

城壁은高大堅固ᄒᆞ야案內者의言이城上에셔五輛馬車의一列並驅ᄒᆞᆷ을得ᄒᆞᆫ다ᄒᆞ니可謂世界에唯一無二ᄒᆞᄂᆞᆫ金城鐵壁이라ᄒᆞᆯ깃스나義和團事件으로米獨兩國은後日다시騷亂이生ᄒᆞ면宮城을砲擊ᄒᆞᆯ깃다ᄂᆞᆫ主義로城上에砲臺를各設ᄒᆞ얏스니外敵을防禦코져ᄒᆞᄂᆞᆫ金城鐵壁이도리혀敵國의砲臺로利用됨을見ᄒᆞ면果然在德不在險이라ᄂᆞᆫ古言이此에確證된듯ᄒᆞ도다幸히四五年前歐洲戰亂後에砲台의撤回ᄒᆞᆷ을得ᄒᆞ얏스나尙히原形復舊에至치못ᄒᆞ얏고砲台建設同時에獨逸公使被害地에謝罪門을高築ᄒᆞ얏든것을亦毁撤ᄒᆞ야中央公園에公理戰勝이라大書ᄒᆞᆫ牌門을改建ᄒᆞ얏스니此亦聯合軍에加擔ᄒᆞᆫ所得이라謂ᄒᆞᆯ너라

教育機關은大學이八校、專門程度가十六校中學程度가二十五校에至ᄒᆞ야稍々設備ᄒᆞ얏스나經費의繼續치못ᄒᆞᆷ과學生等의政治熱이甚ᄒᆞᆷ으로ᄡᅥ教育上沮碍가不尠ᄒᆞ다云ᄒᆞ더라

兩日間自動車를橫驅ᄒᆞ야遊覽ᄒᆞᆫ名所도多ᄒᆞ며名所의奇觀도多ᄒᆞ며奇觀의感想도不無ᄒᆞ얏스나此를枚擧ᄒᆞ기張皇ᄒᆞ야姑此擱過ᄒᆞ고當時最大事件되ᄂᆞᆫ政變에對ᄒᆞ야簡單히一言코져ᄒᆞ노라

當時政變主動者曹錕은本是顯商으로天津等地에行商ᄒᆞ다가袁氏가買盟行呼ᄒᆞᆫ其聲音의奇異ᄒᆞᆷ을聞ᄒᆞ고行伍에編入ᄒᆞ야武備學堂에修業케ᄒᆞᆫ後連爲登用ᄒᆞ야當時直隸、山東、河南三省巡閱使이오又ᄂᆞᆫ湖北、湖南、山西、陝西、江西等省을臨時指揮ᄒᆞᄂᆞᆫ權이有ᄒᆞ며常備兵三十五萬을統率ᄒᆞ얏고其配下河南省督軍吳佩孚ᄂᆞᆫ勇悍果敢ᄒᆞ며謀略이過人ᄒᆞ고歐西의戰略戰術ᄭᆞ지通解ᄒᆞ야兵略이孫吳以上으로自負ᄒᆞᄂᆞᆫ者이라恒常奇兵을善用ᄒᆞ야以寡敵衆ᄒᆞ며轉敗爲勝ᄒᆞᆷ에特長이有ᄒᆞ야湖南、湖北、四川各省戰爭에戰必勝攻必取ᄒᆞ고又晥直戰爭卽段總理의北京安徽福建諸軍을擊破ᄒᆞᆷ으로ᄡᅥ支那에서ᄂᆞᆫ今之孔明又ᄂᆞᆫ常勝將軍이라ᄂᆞᆫ綽名이有ᄒᆞᆫ지라是以로曹錕의威勢가强盛ᄒᆞ야支那大陸을統治코져ᄒᆞᄂᆞᆫ野心을抱ᄒᆞᆫ中인ᄃᆡ此를對抗코져ᄒᆞᄂᆞᆫ者ᄂᆞᆫ北方에雄據虎視ᄒᆞᄂᆞᆫ張作霖一人이라張氏ᄂᆞᆫ奉天、吉林、黑龍江三省巡閱使又ᄂᆞᆫ蒙疆經略使로在ᄒᆞ야雄兵二十餘萬을擁ᄒᆞ고奄然히滿蒙大王의權威를行使ᄒᆞᄂᆞᆫ故로다시北京에勢力을大張코져ᄒᆞ야保護名義로大兵을派駐ᄒᆞ고梁士詒를入閣케ᄒᆞ야直隸派의大官을罷免ᄒᆞ되特히吳佩孚의親戚故舊를多數放逐ᄒᆞ며漸次要害關隘又ᄂᆞᆫ山東省ᄭᆞ지駐兵ᄒᆞ나吳佩孚ᄂᆞᆫ開戰上曹錕의持疑未決ᄒᆞᆷ을抑壓ᄒᆞ고奇兵을各關隘에突馳ᄒᆞ야連戰連破ᄒᆞ니張氏에ᄂᆞᆫ千古의遺恨이나直隸派의威勢ᄂᆞᆫ天下에大震ᄒᆞᆫ지라當時曹錕은戰勝의餘威를仗ᄒᆞ야元首의素慾을貫徹코져ᄒᆞ얏스나人心이不服ᄒᆞᆯ가ᄒᆞ야爲先權謀를好弄ᄒᆞᄂᆞᆫ徐大總統의辭退를强ᄒᆞ야淳實無能ᄒᆞᆫ黎元洪을推戴ᄒᆞ며閣員其他要職을自派로排置ᄒᆞ고形勢를觀望ᄒᆞᆫ지約一年에時機가漸熟ᄒᆞᆷ의閣員은黎總統이責任內閣을無視ᄒᆞᆫ다ᄂᆞᆫ理由로聯名辭職ᄒᆞ고又俸給未撥의理由로軍警이出動ᄒᆞ야

다ᄒᆞ며遊民等이總統邸宅을包圍恐嚇ᄒᆞᄂᆞᆫ等諸般危險이目睫에迫ᄒᆞᆫ지라黎總統은不得已天津租界內自邸로移住ᄒᆞ야亂局을整理ᄒᆞᆯ主義로陪地出發ᄒᆞ얏다가車中에서直隷省長의게抑留되야國璽를見奪ᄒᆞ며總統의職權을國務院에서臨時代理케ᄒᆞᆫ다ᄂᆞᆫ公電을各省에發送ᄒᆞ고自邸에歸ᄒᆞ야서ᄂᆞᆫ職權委任의公電을取消ᄒᆞ며閣員의總辭를北京出發前日字(即六月十三日)로認許ᄒᆞ고唐紹儀,李根源等의新內閣을組織ᄒᆞ야各省及國會에發電ᄒᆞᆫ지라此時에各省長官又ᄂᆞᆫ各種團體ᄂᆞᆫ或政變의歸趨를觀望ᄒᆞᄂᆞᆫ者或直隷派의暴亂ᄒᆞᆷ을攻擊ᄒᆞᄂᆞᆫ者或黎氏를總統으로不認ᄒᆞᄂᆞᆫ者或前內閣에서總統의職權을行使ᄒᆞᆷ이可ᄒᆞ다ᄒᆞᄂᆞᆫ者等이互相攻擊ᄒᆞ야國狀이混沌ᄒᆞ나實力上天津私邸에서發ᄒᆞᆫ總統令은行치못ᄒᆞᄂᆞᆫ狀態에在ᄒᆞᆫ지라其紛紜ᄒᆞᆫ形勢의變遷은支離繁多ᄒᆞ야擱過ᄒᆞ고其政變의原因에對ᄒᆞ야無用ᄒᆞᆫ感想을禁치못ᄒᆞᆷ으로外一言을附述코져ᄒᆞ노라

一、黎總統은大局을統率ᄒᆞᆯ英傑이라謂치못ᄒᆞᆷ

黎氏ᄂᆞᆫ爲人이老成淳實ᄒᆞ고謹愼寬厚ᄒᆞᆫ長者而已라其過去歷史를見ᄒᆞ면距今十二年前에滿淸制軍瑞徵이가不逞輩를檢擧ᄒᆞᆫ다ᄒᆞ고殺戮이狼藉ᄒᆞᆷ으로쎠軍民이革命을激起ᄒᆞ얏슬時에軍民이混成協統黎元洪은寬厚長者라ᄒᆞ야革命軍의主張됨을强迫ᄒᆞ니黎氏ᄂᆞᆫ當時窘迫에不勝ᄒᆞ야中外에義擧를聲明ᄒᆞᆫ지라爾來各省의響應과袁氏의籠絡에因ᄒᆞ야民國이成立ᄒᆞᆫ後에副總統兼湖北都統으로漢口에駐在ᄒᆞᆫ時에一師團長張振武의脅制를不勝ᄒᆞ야北京으로乘夜逃避ᄒᆞ얏고袁氏의帝政計畫이於心에不合ᄒᆞ나抗爭又ᄂᆞᆫ制止치못ᄒᆞ고歸家待死ᄒᆞᆯ뿐이엇스며大總統으로在ᄒᆞᆫ時에安徽,山東,廣東等諸省이自由로相繼宣言ᄒᆞ야南北이分裂되

ᄒᆞ고張勳의復辟運動에從動ᄒᆞ야外舘으로逃避ᄒᆞ고爾來五年間은天津英租界內自邸에潜在ᄒᆞ얏다가奉直戰爭後曹錕等의野心籠絡中에思慮업시就任ᄒᆞ야一年間傀儡曹軍等의牽制를苦受ᄒᆞ다가旣述홈과갓치今日自身의恥辱은姑捨ᄒᆞ고天下의騷亂을釀起ᄒᆞ쳐라此等略歷으로見ᄒᆞ면決코政見武略과權變手段이有ᄒᆞ다謂치못ᄒᆞᆯ지니能히如此ᄒᆞᆫ大陸統治를엇지望ᄒᆞ리오故로今日政變의責任者로認치아니치못ᄒᆞ노라

一 共和政治制度ᄂᆞᆫ中國程度에尙早ᄒᆞᆫ事

中國은數千年來專制政의慣例가有ᄒᆞᆯᄲᅮᆫ아니라國民智識이向上ᄒᆞ고文化가大進ᄒᆞ야美佛의程度와近似以後면共和制가可ᄒᆞ다ᄒᆞ려니와不然ᄒᆞ야村會縣會等도開設ᄒᆞ기尙早ᄒᆞᆫ程度에立憲制度를超越ᄒᆞ야猝地에共和制를實施코져홈은徒히動亂을激起ᄒᆞᆯ本源을作ᄒᆞ얏다ᄒᆞ야도可ᄒᆞ도다曾往帝政時代에ᄂᆞᆫ忠逆分義에多少顧忌ᄒᆞ더니今에ᄂᆞᆫ勢力과財力이有ᄒᆞᆫ者ᄂᆞᆫ四億萬民을統治ᄒᆞ야보고져ᄒᆞᄂᆞᆫ大慾이生홈은必至의勢라爾來南北分裂과督軍跋扈와總統驅逐等奇絶怪絶ᄒᆞᆫ政變이光緖宣統時代보다幾層激甚ᄒᆞ게되얏다以此觀之면袁世凱의帝政計畫과康有爲의保皇主義와張勳의復辟運動을單純ᄒᆞ게自家富貴의欲望에出ᄒᆞ얏다斷言키難ᄒᆞ고力不及ᄒᆞ야失敗ᄂᆞᆫᄒᆞ얏스나政治上有心ᄒᆞᆫ人物이라謂ᄒᆞᆯ수도잇다ᄒᆞ노라

一 上下가愛國心이無ᄒᆞᆫ事

國民一般의公共心團體力等社會觀念은全無ᄒᆞ고生存慾以外에ᄂᆞᆫ何物이無ᄒᆞᆫ지라細民으로論ᄒᆞ면自來國家와相當ᄒᆞᆫ保護와恩惠를受홈이無ᄒᆞᆷ으로何人이君主가되든지何人이官員이되든지吾不關焉으로思ᄒᆞ

고官吏가된者ᄂᆞᆫ國事에盡瘁홈을迄今惡癖으로思之ᄒᆞ고但히自身의富貴를名譽로認ᄒᆞ야姬妾數百과食前方丈의目前欲望을達코져홈으로唯一ᄒᆞᆫ目的을삼으며勢威를利用ᄒᆞ야官文書僞造或은瀆公營私等不正手段으로金錢을聚得ᄒᆞᆫ後安全地帶에避禍策을準備ᄒᆞ야天津上海等各國租界內에廣大宏傑ᄒᆞᆫ家宅을擧皆備置ᄒᆞ고國家興亡은重視ᄒᆞᄂᆞᆫ者甚少ᄒᆞ며如斯히愛國心이無홈이亦政變의一原因이라謂치아니치못홀지라然이나學生等의不條理ᄒᆞᆫ愛國熱은頗盛ᄒᆞ다홀지로다

一、財政의紊亂ᄒᆞᆫ事

中國의近年歲入歲出豫算案을見ᄒᆞ면約六億萬圓內外에不過ᄒᆞ며一回도決算發表홈이無ᄒᆞ야實際上歲入出의槪數를知키不能ᄒᆞ며且前淸時代에年々歲入不足額이激增ᄒᆞ야內外國에起債補用ᄒᆞ든터인ᄃᆡ其中著大ᄒᆞᆫ外國債의未濟額이八億六千餘萬圓이오民國元年以後特著ᄒᆞᆫ外債가四回에五億八千萬圓이오又內國公債發行額이十二回에約四億五千萬圓에至ᄒᆞ며其他內外短期借欵과前淸末의由來負債額을除外홀지라도民國의建國十年以來負債額이大略十億圓에至ᄒᆞ야每年平均起債가一億圓에不下ᄒᆞᆫ지라此十億의內外債ᄂᆞᆫ皆軍費及一般政治的費用에濫用ᄒᆞᆫ바이오別로生産事業에用ᄒᆞᆫ바ᄂᆞᆫ無ᄒᆞ며以上債務中特著ᄒᆞᆫ外債ᄂᆞᆫ海關稅及鹽稅로担保ᄒᆞ얏고其他短期債務ᄂᆞᆫ擧皆國稅의科目이有ᄒᆞᆫ더로引當出債ᄒᆞ얏고尙且担保ᄒᆞᆫ稅目에文剩餘額이有ᄒᆞᆫ者ᄂᆞᆫ更爲引當出債ᄒᆞ얏스며其他交通機關中鐵道의買收及敷設과電信電話의架設郵便의設置等도殆히起債에因ᄒᆞ얏고又其利益金을引當起債ᄒᆞ야歲入各科目中完全入庫ᄒᆞᄂᆞᆫ것이殆無ᄒᆞᆫ中中

央政府의威信이墜地ᄒᆞ야獨立或은自由를宣言ᄒᆞᆫ各省에셔ᄂᆞᆫ中央收入을任意截留ᄒᆞ며其外各省中에도或은任意流用ᄒᆞ고地方補助金으로移款ᄒᆞ기를申請ᄒᆞᆫ則政府ᄂᆞᆫ不得已認可ᄒᆞᄂᆞᆫ事가往々히有ᄒᆞ나中央政府의窮乏ᄒᆞᆷ은去益甚焉ᄒᆞ야每月不足額이其年度收入如何에因ᄒᆞ야不同ᄒᆞ나大略四五百萬乃至千萬圓에至ᄒᆞ나各官吏等月給의停滯ᄂᆞᆫ免치못ᄒᆞᆫ事實이며公館員의게聞ᄒᆞᆫ즉參謀本部職員은今月ᄭᆞ지三十二個月分의月給을不撥云ᄒᆞ니其他各廳도推此可知라所以로軍警의暴動과各廳의嘆願이不絶ᄒᆞ야國中에紛擾動亂이連續不絶ᄒᆞ니以今情況으로ᄂᆞᆫ收拾치못ᄒᆞᆯ破産狀態에在ᄒᆞ도다

一、督軍의跋扈

現今督軍의制度ᄂᆞᆫ殆히獨立과無異ᄒᆞ야督軍이된以上에ᄂᆞᆫ部下將校ᄂᆞᆫ自意任免ᄒᆞ며兵卒을增募或은私發ᄒᆞ며軍餉準備의理由로稅金을徵收ᄒᆞ며營利的工場도設置ᄒᆞ며物貨의貿易興販도ᄒᆞ며甚至於行政又ᄂᆞᆫ訴訟ᄭᆞ지도干涉ᄒᆞ야萬能의勢力이有ᄒᆞᆫ지라淸末ᄭᆞ지ᄂᆞᆫ政府의威信이尙有ᄒᆞ야督軍을任免黜陟ᄒᆞ얏스나今日에ᄂᆞᆫ兵力을持ᄒᆞ고朝命을抗拒ᄒᆞ야或自由를宣言ᄒᆞᄂᆞᆫ者도有ᄒᆞ며互相征伐ᄒᆞᄂᆞᆫ者도多ᄒᆞ야現狀이周季戰國과漢末群雄의時代와如ᄒᆞ야時局收拾에第一難問題라謂치아니치못ᄒᆞᆯ지라其他許多ᄒᆞᆫ曲折이不無ᄒᆞ나政務亂動의主要原因이以上列擧ᄒᆞᆫ數件에不外ᄒᆞ다ᄒᆞᆯ지라然則如何히ᄒᆞ면此等弊端을匡正ᄒᆞ야國勢의回復ᄒᆞᆷ을得ᄒᆞᆯ가ᄒᆞᆷ에對ᄒᆞ야ᄂᆞᆫ當路大官과在野策士등이晝宵研究ᄒᆞ고又ᄂᆞᆫ活動ᄒᆞᄂᆞᆫ바이나尙此尺寸의功이無ᄒᆞ고國勢ᄂᆞᆫ去益岌業ᄒᆞ니如奈ᄒᆞᆫ一時過客으로도同情의歎息이不無ᄒᆞ엿도다當時想起ᄒᆞᆫ政變動亂의原

因되ᄂᆞᆫ數件에對ᄒᆞ야擬人說夢과如히 一言을試ᄒᆞ건ᄃᆡ

一 總統이英傑이아니라ᄒᆞᆷ에對ᄒᆞ야ᄂᆞᆫ實無理의謬責이라況凡人을對ᄒᆞ야君은엇지蓋世의英雄이되지못ᄒᆞ얏ᄂᆞ냐가責ᄒᆞ기難ᄒᆞ며且英雄도相當地位를得ᄒᆞᆫ然後에야英雄이表現되ᄂᆞᆫ것인즉地位에到達키前에ᄂᆞᆫ識別키難ᄒᆞ고又ᄂᆞᆫ多少識別ᄒᆞᆫ지라도時勢와境遇에依ᄒᆞ야推戴키不能ᄒᆞᆷ도有ᄒᆞ니此ᄂᆞᆫ理想的으로ᄂᆞᆫ可期치못ᄒᆞᆯ難事이라張皇說去ᄒᆞᆯ必要가無ᄒᆞ며 一 共和制가尙早ᄒᆞ다ᄒᆞᆷ은理由가有ᄒᆞ나當時各省이蜂起ᄒᆞᆫ革命氣勢에帝政을擧論키不能ᄒᆞ며形勢가一人의化家爲國도不能ᄒᆞᆫ즉共和制의實施됨은自然의勢라然이나有志者ᄂᆞᆫ時代의尙早ᄒᆞᆷ을知得ᄒᆞ야共和制에專制적度를折衝應用ᄒᆞ자ᄂᆞᆫ議論도有ᄒᆞ얏거니와此ᄂᆞᆫ今姑間卒然改革키不能ᄒᆞᆫ事이라革命이起ᄒᆞᆫ지數月間에左右籠絡ᄒᆞ야淸室을讓退케ᄒᆞ고十七省革軍을撫壓ᄒᆞ야大總統의地位를得ᄒᆞᆫ袁總統의英傑手段으로도在位五年에帝政을計劃ᄒᆞ얏스나終然失敗에止ᄒᆞ얏고其他康有爲의保皇과張勳의復辟도水泡에歸ᄒᆞ얏스니如何ᄒᆞᆫ時機가到來ᄒᆞ기ᄭᆞ지ᄂᆞᆫ現制度改革論을遽然提出키難ᄒᆞ며 一、愛國心이無ᄒᆞ다ᄒᆞᆷ은古來歷代의換國과ᄂᆞᆫ政治腐敗에伴ᄒᆞ야愛國思想의薄弱ᄒᆞᆷ은古來通弊라然이나迨此國勢危急ᄒᆞᆫ列强의關係가與古不同ᄒᆞᆫ時代에當ᄒᆞ야有志의人士들은大聲疾呼ᄒᆞ야一般의愛國思想을喚起ᄒᆞ면其功效의遲速은預期키不能ᄒᆞ나絶對不成이라謂ᄒᆞᆫ바아니며 一、財政缺乏에對ᄒᆞ야ᄂᆞᆫ現狀의大難關이라ᄒᆞ고ᄉᆞ나世界에屈指ᄒᆞᄂᆞᆫ大國이라是數十億의國債ᄂᆞᆫ擧有ᄒᆞᆫ즉其國治의如何에在ᄒᆞᆯ뿐이오決코債務로ᄡᅥ悲觀ᄒᆞᆯ바아니라四百餘萬方里의土地와四億萬衆의人口를擁有ᄒᆞᆫ大邦에三十億

의國債와六債內外의豫算은足히顧慮홀價値가無ᄒᆞ도다但督軍의制度를改善ᄒᆞ야國政이刷新되면各種稅源도必多ᄒᆞ며脫稅逋金等의弊도必無홀지며開發홀利源도必多ᄒᆞ며富豪紳商의貢獻도必有홀지며無用의費用等도自然省略되야財用의豐足을可期홀지라然則此財政을完全整理ᄒᆞ라면其國治를根本的整理홈에在ᄒᆞ고且臨時的으로整現ᄒᆞ라면其方策이無홈은아니나徹底ᄒᆞᆫ地境에達키는難ᄒᆞᆯ줄노思ᄒᆞ노라

今此國務發業홈에對ᄒᆞ야以上數件은大問題가아니요오즉督軍制度改善即裁兵事件이最大問題라ᄒᆞᆯ지라故로民國建設以來裁兵論을高唱ᄒᆞ야政府當局은勿論이고其他政客策士等의計劃活動이不怠ᄒᆞ얏스나其功이無홀뿐아니라도로혀兵卒은逐年增加ᄒᆞ야世界에第一軍國主義라ᄒᆞᆯ만치常備兵이百四十萬에至ᄒᆞ니此에對ᄒᆞᆫ經費는國費豫算의大部分을占ᄒᆞ고年々互相征伐ᄒᆞ야同胞兄弟가相爲仇敵ᄒᆞ며十餘年來에全國이兵燹中에沉淪ᄒᆞ니盖裁兵은兵士를減削ᄒᆞ고兵權을中央陸軍部에集中코져홈인ᄃᆡ彼督軍與는兵權이即自己의生命이요威勢를樹立ᄒᆞ야號令天下ᄒᆞᄂᆞᆫ資料인故로聽從치아니ᄒᆞᆯ뿐아니라漸々擴張ᄒᆞ니兵權集中에ᄂᆞᆫ지容易ᄒᆞᆫ뎌요然則兵卒에對ᄒᆞ야同胞가年々自相戰伐ᄒᆞ야血飛肉散ᄒᆞᄂᆞᆫ慘狀과兵權集中의妥當無疑ᄒᆞᆫ理由를新聞에高唱ᄒᆞ며策士等이遊說ᄒᆞ며好生惡死ᄂᆞᆫ人情에同然ᄒᆞᆫ즉軍心의覺悟ᄒᆞ기易ᄒᆞᆯ지나此際에督軍을獄撫勸誘ᄒᆞ야裁兵主義를實行ᄒᆞ면或可能性이有ᄒᆞᆯ가ᄒᆞ며且裁兵이라홈은一邊에減兵主義를包含ᄒᆞ얏스니兵卒이職業關係로不願홀뿐도ᄒᆞ고又一時多數解散ᄒᆞ면馬賊에歸屬홀慮도不無ᄒᆞ니減省홀兵卒은一時屯田兵으로改編ᄒᆞ면滿蒙의荒野를開拓ᄒᆞ야數年後無償讓與ᄒᆞ기로ᄒᆞ면不幾年에解散兵의職

西 國 言

業이 安奏ᄒᆞ고 國土利用이 確實ᄒᆞᆫ지라 理想과 如히 進ᄒᆞ되 만일 動亂의 原因이 根絶되는 同時에 治平의 基礎가 確立됨을 可得ᄒᆞᆯ가 痴人說夢에 近ᄒᆞ니 誰히 疾呈ᄒᆞ얏도다

噫라 疆土와 物産과 民衆이 乏少홈도 아니오 農商工業者의 程度가 低劣홈도 안이오 다만 官吏의 腐敗와 階級의 陵遲로 國勢가 凌夷ᄒᆞ야 殆哉岌岌之中에 彷徨ᄒᆞ니 彼輩는 抑亦何心哉아 아즉 民國의 名義를 維持홈은 列强環視中 弱國의 幸運이라 ᄒᆞᄂᆞᆫ 機會均等主義에 ᄒᆞ야 一强國으로 獨占치 못ᄒᆞ게 ᄒᆞᄂᆞᆫ 互相牽制中에서 生ᄒᆞᆫ 副産物에 不過ᄒᆞ니 如彼大國이 恥辱의 一副産物을 에對ᄒᆞ야 ᄂᆞᆫ 如余者로도 感慨를 禁치 못ᄒᆞ얏도다(未完)

# 兩班論

道評議員 丁秀泰

兩班이라ᄒᆞᄂᆞᆫ言語ᄂᆞᆫ朝鮮에셔創造ᄒᆞᆫ듯ᄒᆞ도다漢文의文字로言ᄒᆞ면兩字도有ᄒᆞ고班字도有ᄒᆞ되此二字를合ᄒᆞ야兩班이라ᄒᆞᄂᆞᆫ意義를持ᄒᆞᆫ言語ᄂᆞᆫ朝鮮에서創造ᄒᆞᆫ言語됨을不失ᄒᆞᆯ지로다兩班이라ᄒᆞ면朝鮮에在ᄒᆞ야ᄂᆞᆫ一種異常ᄒᆞᆫ即普通과ᄂᆞᆫ相殊ᄒᆞᆫ意義와感念을持ᄒᆞᄂᆞᆫ모다異常이라ᄒᆞᄂᆞᆫ言은即人間行事의標準点의以上과以下를表ᄒᆞᄂᆞᆫ意라人間行事가普通標準点以上에居ᄒᆞᆫ時ᄂᆞᆫ此를偉人이라英傑이라英雄이라ᄒᆞᆷ을得ᄒᆞᆯ지오又標準以下에居ᄒᆞᆫ時ᄂᆞᆫ此를痴人이라愚人이라ᄒᆞᆷ을得ᄒᆞᆯ지라然이나其異常ᄒᆞᆫ点은同一ᄒᆞ다ᄒᆞ깃ᄂᆞᆫ뎌朝鮮에此兩班이라ᄒᆞᄂᆞᆫ言語의意義ᄂᆞᆫ朝鮮在來의三千萬民族의標準点을指ᄒᆞᆫ稱號가아니오其以上即特別ᄒᆞᆫ階級의人士를指ᄒᆞᆷ이라假令凡百이恒常一般人上에居ᄒᆞ야其學問이人上에居ᄒᆞ고其行事가人上에居ᄒᆞ고其人格이人上에居ᄒᆞ야衆人을指導ᄒᆞ고衆人의表範이됨을意謂ᄒᆞᆷ이나然則此ᄂᆞᆫ普通人民에比ᄒᆞ야以上되ᄂᆞᆫ異常ᄒᆞᆫ階級의人士이라果然某時代ᄭᆞ지ᄂᆞᆫ或如此ᄒᆞᆫ人類가東西文武兩班에居ᄒᆞ야國政에干與ᄒᆞ고四民의上에居ᄒᆞ야本色을發揮ᄒᆞᆫ時代가全無ᄒᆞ다ᄒᆞᆷ은아니나되朝鮮으로言ᄒᆞ면宣祖朝로브터東西에便黨이分離ᄒᆞ고更히南北에分列ᄒᆞ야互相軋轢ᄒᆞ고其所行이無所不爲ᄒᆞᆷ에至ᄒᆞ야漸次其聲價가下落되ᄂᆞᆫ

論說

同時에西民이此階級을視ᄒᆞ기를一種異常ᄒᆞᆫ感念으로써此를看做ᄒᆞ야今日에ᄂᆞᆫ普通標準以下의種族으로此를看做ᄒᆞ게되얏도다中何故오ᄒᆞ면西洋서ᄂᆞᆫ今日의文明에接觸ᄒᆞᆷ을厭ᄒᆞ고自退ᄒᆞ야隱居ᄒᆞ며其子孫으로ᄒᆞ야敎育에接近치못ᄒᆞ게ᄒᆞ야暗黑世界로引導ᄒᆞ며生産的作業을不爲ᄒᆞ야益々하其生活의困難을免치못ᄒᆞ니其中에ᄂᆞᆫ但其沒落이有ᄒᆞᆯ뿐이오光明을不認ᄒᆞᄂᆞᆫ故로普通人民이此를指ᄒᆞ야社會의落伍者라ᄒᆞᄂᆞᆫ도다落伍者라ᄒᆞᆷ은即標準以下의人類를指ᄒᆞᆷ이라元來兩班이라ᄒᆞᄂᆞᆫ當初言語의意義ᄂᆞᆫ其身이朝廷東西文武兩班列에參與ᄒᆞ야君을事ᄒᆞᆷ에其忠을盡ᄒᆞ며父母를事ᄒᆞ며其孝를盡ᄒᆞ며朋友를交ᄒᆞ되信이有ᄒᆞ며能히學問ᄒᆞ야人을指導ᄒᆞᆯ만ᄒᆞᆫ智識을備有ᄒᆞ야又ᄒᆞ야ᄂᆞᆫ其家를齊ᄒᆞ며出ᄒᆞ야ᄂᆞᆫ人에게幸福을與ᄒᆞ며己를行ᄒᆞᆷ에廉恥가有ᄒᆞ고人을爲ᄒᆞ야謀ᄒᆞᆷ에其忠을失치아니ᄒᆞᄂᆞᆫ人을指ᄒᆞ든바잇다大槪初代兩班이離世ᄒᆞᆫ後에ᄂᆞᆫ其子孫으로初代兩班에不耻ᄒᆞᆯ만ᄒᆞᆫ人이不無ᄒᆞᆷ은아니로ᄃᆡ此ᄂᆞᆫ極少ᄒᆞ고大多數ᄂᆞᆫ其後子孫이初代兩班을看板으로ᄒᆞ고其爲人의如何를不拘ᄒᆞ고兩班의名稱을襲踏ᄒᆞ야來ᄒᆞᆫ者이多ᄒᆞ도다此ᄂᆞᆫ非它라其時代의制度가如此ᄒᆞ되게ᄒᆞ얏든事ᄂᆞᆫ無論이라故로其後에在ᄒᆞ야ᄂᆞᆫ兩班의價値가漸々下落ᄒᆞ야當初兩班意義에反對되ᄂᆞᆫ方面에立ᄒᆞ게되얏스나亦是兩班이라ᄒᆞᄂᆞᆫ所以로鄕谷에居ᄒᆞ야同一ᄒᆞᆫ農業에從事ᄒᆞ면셔一은兩班이라ᄒᆞ고一은常漢이라ᄒᆞᄂᆞᆫ되祖其稍異ᄒᆞᆫ点은言語에在ᄒᆞ야兩班農民은常漢農民에게對ᄒᆞ야「ᄒᆞ게」나「ᄒᆞ라」ᄒᆞᆷ뿐이라

今에古者에朝鮮에셔兩班의其起源을溯究ᄒᆞ건ᄃᆡ而今에此를思ᄒᆞ면實로兒戲와如ᄒᆞᆫ感이不無ᄒᆞ도다宣

三六

祖朝時代에戚臣으로有名한던沈義謙이라하는人이有한데或時에某大臣家에往하얏더니其大臣家舍廊에多數한寢具가有한거늘談話中에其寢具의誰某件임을問하얏드니大臣이答曰此는子의寢具요此는婿의寢具라하야一々히此를指定하는디又一寢具가有한거늘又問한디曰金孝元分이라하거늘沈氏는心中에金孝元이란人은當今未科前이나其名望이朝野에頗高한거늘如此한名士로大臣家에寢具를任置하고求容함이平日에所望한던바이아니라하야暗然히其人格을疑한바이有하얏더라其後에金氏가登科하야吏曹左郎銓郎薦에入하얏는디朝廷이皆曰可라하되沈氏가此를不肯하야承認치아니하거늘衆人이詰問하야其理由를問한디沈氏曰堂下의名士로即大臣家에寢具를藏置하고求容하던事를言하야其人格을論難하얏더니金孝元氏便即少壯派에셔此를不快히思하야沈義謙氏便에對하야直接間接으로對抗케되얏더라然한故로沈氏도亦此를非히思하야自然兩便이對峙함에其人의各其親近人이相隨成便하야漸々便黨을成하얏는데此沈氏는京城西便에居한故로西人이라하고金孝元氏은東便에居한故로東人이라稱하기에至하얏더라其後에勢力家松江鄭澈氏가西人에加擔하고東庵李潑氏가東人에加擔하얏스며西厓柳成龍氏가又東人에加擔하야遂히東西兩便의與黨을成하야每相軋轢하고對抗하야各々一派를成하얏더라

其後宣祖朝末年光海君初年에至하야는東人이太히勢力을張하고西人이沈弱하더니仁祖朝에至하야西人이大히得力하고東人은其勢力을失墜하얏는디然한디宣祖朝時代에東人이更分하야南北人을成하고南人이更分하야淸濁을標하고北人이更分하야大小를成하얏고所謂老少論이라함은西人이肅宗朝에毁하야

尤庵宋時烈氏가老論의宗主가되고明齋尹拯氏가少論의宗主가되야此各派間에는自然數百年來에減縮도有ᄒᆞ고是々非々도有ᄒᆞ고善惡도有ᄒᆞ되世上事가如此ᄒᆞᆫ地境에至ᄒᆞ면各其勢力의擴張을爲ᄒᆞ야는無所不至ᄒᆞ는法이라累百年間所謂兩班家族이此黨爭을是事ᄒᆞ고自己의勢力擴張에沒頭ᄒᆞᆫ結果、大事는誤矣로다

右는所謂朝鮮의兩班이라ᄒᆞ는起源即四色의起源이라此는朝鮮의兩班으로言ᄒᆞ면過去兩班이라홈을得홈지로다其後에今日에至ᄒᆞ기ᄭᆞ지의兩班은如何ᄒᆞ뇨甲午更張以來로國家에셔此弊瘼을認ᄒᆞ야門閥을革破ᄒᆞ고四民을同認ᄒᆞ얏스나累百年來의弊習이一朝에打破되기不能ᄒᆞ야若干表面의融和点이無홈은아니로되亦是互相背馳ᄒᆞ는傾向이不絕ᄒᆞ는中에世上은業已其兩班種族의舞臺가아니게되얏도다世上은前日의世上과相異ᄒᆞ고今世에浴々ᄒᆞᆫ歐洲的文明은日一日萬般社會를風靡ᄒᆞ야進步ᄒᆞ는中에此兩班種族은前日의自己世上되던事만思ᄒᆞ고今日의世上이自己等의世上이아님을悲觀ᄒᆞ야杜門洞裏에閉門隱居ᄒᆞ야與世絕交ᄒᆞ고世上事는我不關焉이라ᄒᆞ야都會에居住ᄒᆞ는時는身은비록城市에居ᄒᆞ나心과意思는萬壑千峰에獨閉門ᄒᆞ고曆日이無ᄒᆞ야歲月을送홈과如ᄒᆞ며不然ᄒᆞ면眞正ᄒᆞᆫ萬壑千峰裏에避入ᄒᆞ야人生五六十年中最히緊要ᄒᆞᆫ時期를虛送ᄒᆞ는도다自己가此를虛送홈은容或無怪ᄒᆞ되其餘殃이子孫에게及ᄒᆞ야擧世가皆知ᄒᆞ는維新一字을不知ᄒᆞ고一次世上에出ᄒᆞ는時는目眩神亂ᄒᆞ야所措를罔知ᄒᆞ고每機他人에게見欺ᄒᆞ야若干의財産을蕩盡ᄒᆞ거나又는自身이虛榮界에陷ᄒᆞ야敗家亡身ᄒᆞ는境에至ᄒᆞ니如此ᄒᆞᆫ子弟로ᄒᆞ야곰一次敗家

ᄒᆞ면更히此世上에서金錢을得ᄒᆞ기는雖上天이라可謂ᄒᆞᆯ지로다故로此等舊式兩班家는漸次世上에信用이墮落되야社會에對ᄒᆞ야何等의力이無ᄒᆞᆷ으로在近에所謂兩班이라ᄒᆞ는言語의實物은昔日의東西南北兩班이아니요財産家即金錢을多有ᄒᆞᆫ人이兩班이라ᄒᆞ는看板을代占ᄒᆞ게되얏도다此는勿論朝鮮에서新發明ᄒᆞᆫ것이아니요內地로브터其實質을輸入ᄒᆞ야此를現今社會上에金力이有ᄒᆞᆫ階級人에게附稱ᄒᆞᆫ것이라此는謂ᄒᆞᆫ바世上에好衣好食ᄒᆞ고使令이足前ᄒᆞ고宜厦大屋에居ᄒᆞ고妻妾이前後를擁衛ᄒᆞ고社會에對ᄒᆞ야不悲人撩猥的寄附를若干行ᄒᆞ는人에게此兩班名稱이附ᄒᆞ게되얏도다此는今日의新兩班이라ᄒᆞ는것이며即兩班이란것이換骨接皮ᄒᆞᆫ것이니라舊日兩班何處在오滔々世界盡黃金이로구나

大槪世界의民族을槪ᄒᆞᆫ진ᄃᆡ上古로言ᄒᆞ면羅馬의民族中에는騎士라ᄒᆞ는制度가有ᄒᆞ얏는ᄃᆡ此는「쉬ᄇᆞᆯ니에」(Chevalier)라ᄒᆞ는것이是라此騎士라ᄒᆞ는것은勿論武士인ᄃᆡ華麗ᄒᆞᆫ服裝을着ᄒᆞ고挺槍乘馬ᄒᆞ고社會表面에往來ᄒᆞ야社會의秩序를維持ᄒᆞ며或은義俠的行動을敢爲ᄒᆞ야當時의民衆兒女로ᄒᆞ야곰皆欽羨不已ᄒᆞ던바이라故로其時代에在ᄒᆞ야는一般民衆이此騎士되기를希望ᄒᆞ얏스며支那中古에在ᄒᆞ얏는君子의稱이有ᄒᆞ야儼然히長者의風이有ᄒᆞ고道德을尊崇ᄒᆞ는故로一般民衆이君子되기를欽望ᄒᆞ얏스며日本古代에在ᄒᆞ야는武士라ᄒᆞ는制度가有ᄒᆞ고武士道라ᄒᆞ는道가有ᄒᆞ얏스니此亦一般民衆의欽仰ᄒᆞ는바이되얏고又近來歐洲美洲諸國으로言ᄒᆞ면英米國의紳士(Gentleman)佛國의(Gentilhomme)이라ᄒᆞ는人類間自然的標準觀念이有ᄒᆞ야大凡人으로ᄒᆞ야곰此의標準에向ᄒᆞ야人格을養成ᄒᆞ는도다習聞英國式紳士의標準点을紹

分호는事 (一)德身體節을善守호는事 (二)秩序의保存에注意호는事(三)他人의感情을重히호는事 (四)自己를利케호고又는我를矜張호는事는競爭치아니호는事等이是라

回顧호건딕各民族中에는各々其民族에標準호는人格的中心이有호딕我朝鮮에는從來에此에類似호言語가何著가有호냐호면他에此를求호기難호고即兩班이라호는語가是라中間에千態萬狀으로變化호兩班은姑捨勿論호고當初의兩班으로言호면君을事홈에能히其忠을盡호고其時의學問으로는學問호고臨事호야謀避치아니호고齊家호고世上에對호야信用이有호고衆人에게幸福되는事는此을競爭호고已遵行호딕兩班가有호人을謂홈이라時代는相殊호지라도如此호人은今日에在호야도또한歡迎홀지언뎡排斥홀바는아니라然이나元來此兩班이라호는言語는朝鮮累百年以來의曲折이有호言語이요又時代가相殊홈으로此에其意義를改良호야吾人의向上的標準을삼고져호노라即換言호면將來의兩班이라호는意義를定호야此를標準으로호고吾人이發展코져홈이라

將來의兩班이라호는意義에는中間的兩班의經過와其他附隨事項은此를除去호고以上에略陳호當初兩班意義에今日世界的新眞人의意義를加호야標準홈이可홀지니將來의兩班은如何호人을指홈이며何如히호人에게對호야此를稱홈가홈이로다

吾人은玆에大聲特書호노라將來의兩班이라홈은門閥이優越호人을謂호야稱홈바이아니오또近來贖金力으로世界를活步코져호는或種階級人에對호야附홈名稱이아니오또往日과如히高官과大爵에居호면即

班人을指ᄒᆞ야兩班이라ᄒᆞ계를故로其門閥이發越ᄒᆞᆫ故로其主人公이眞個의兩班되ᄂᆞᆫ思想이無ᄒᆞᆫ故로發越ᄒᆞᆫ門閥은其人의代에至ᄒᆞ야門閥의終焉을告ᄒᆞᄂᆞᆫ바인즉其人에對ᄒᆞ야世上이何故로相當ᄒᆞᆫ敬禮를與ᄒᆞ리오黃金과權勢의主人公되ᄂᆞᆫ其人이眞個의兩班觀念이無ᄒᆞᆫ時ᄂᆞᆫ世上은反히其害毒을受ᄒᆞᆯ지니此ᄂᆞᆫ決코저眞個의兩班되ᄂᆞᆫ要素가何나뇨. 然則將來의眞個의兩班이라ᄒᆞᆷ은何如ᄒᆞᆫ人을指ᄒᆞᆷ이뇨將來의兩班의歸結点은出ᄒᆞ면世上에對ᄒᆞ야幸福을與ᄒᆞ기에勇猛ᄒᆞ며入ᄒᆞ면孝悌ᄒᆞ고敎理를團欒ᄒᆞ야己를持ᄒᆞᆷ에謙와禮讓을重히ᄒᆞ고自己의力으로自己와自己의眷率을能養ᄒᆞ야他人에게貽累치아니ᄒᆞ고個人으로獨立ᄒᆞ야世上에活步홈을可得ᄒᆞᆫ人格을有ᄒᆞ며世界에立ᄒᆞ야何國人과何處人과競爭ᄒᆞᆯ지라도人後에落치아니ᄒᆞᆷ及能히消ᄒᆞ야自己의民衆을爲ᄒᆞ야幸福을圖ᄒᆞᆷ과如ᄒᆞ며又世界全人類를爲ᄒᆞ야多少를勿論ᄒᆞ고幸福을興ᄒᆞᆯ수잇ᄂᆞᆫ其人에게歸ᄒᆞᆯ지로다.

舊來의門閥兩班과近來의黃金兩班들이여! 聞ᄒᆞ라! 舊來門閥兩班은現今에至ᄒᆞ야世界的常識에缺乏ᄒᆞ고近來黃金的兩班은自己의金力에屈服ᄒᆞᄂᆞᆫ人에限ᄒᆞᆫ自任兩班이니此ᄂᆞᆫ皆眞正ᄒᆞᆫ兩班이아니라朝鮮古來의兩班이世界的光彩를加ᄒᆞ야將來에兩班이라ᄒᆞᆫ者ᄂᆞᆫ以上에略陳ᄒᆞᆷ과如ᄒᆞᆫ者에歸着ᄒᆞᆷ이明瞭ᄒᆞᆫ도다速히舊套를改ᄒᆞ고將來眞個兩班의資格을得ᄒᆞ기에努力ᄒᆞᆷ이可ᄒᆞᆯ지로다.

論說 二三

# 本道新敎育施設에就ᄒᆞ야

道視學官學務課長 大塚忠衛

輓近敎育의進步ᄂᆞᆫ實로顯著ᄒᆞ나內地에在ᄒᆞ야中等에在ᄒᆞ야ᄂᆞᆫ中等學校及專門程度의學校增設과朝鮮에在ᄒᆞ야ᄂᆞᆫ初等學校及中等學校의創設이是也文化發達의淵源된ᄂᆞᆫ敎育이如斯히隆昌ᄒᆞᆷ에至ᄒᆞᆷ은當然ᄒᆞᆫ事이나欣喜ᄒᆞᆯ바이로다我全南新年度에ᄂᆞᆫ時勢의進運에應ᄒᆞ야先年度브터施設ᄒᆞᆫ敎育事業의充實進展을期ᄒᆞ기爲ᄒᆞ야當者에開催ᄒᆞᆫ道評議會에諮問ᄒᆞ고初等과中等의敎育에關ᄒᆞ야道財政을考察ᄒᆞ며地方民力을顧念ᄒᆞ야新施設을試코져ᄒᆞᄂᆞᆫ바適會에財政緊縮을當ᄒᆞ야此經費를捻出ᄒᆞᆷ에多大ᄒᆞᆫ苦心을要ᄒᆞ얏더니幸히評議會ᄂᆞᆫ全員一致로贊成ᄒᆞᆫ지라今에其主要ᄒᆞᆫ者를擧ᄒᆞ면道立師範學校의完成이니即特科生第二學年을增設ᄒᆞ야全校生百五十名이되게ᄒᆞ고校舍ᄂᆞᆫ從來高等普通學校의敎室을代用ᄒᆞ얏더니同校生徒가增加되고學級이完成됨에從ᄒᆞ야收容키不能ᄒᆞ고假使大少利用場所가有ᄒᆞᆯ지라도師範生徒敎育上獨立의校舍를設ᄒᆞᆷ은當然ᄒᆞᆷ으로建築費及設備費三萬七千七百五十六圓을豫算ᄒᆞ야煉瓦製二層으로百坪을建設ᄒᆞᆫ豫定이오木浦商業學校ᄂᆞᆫ從來高等小學校二學年卒業程度者를收容ᄒᆞ야三個年의敎育을施ᄒᆞ얏스나時勢의進運에依ᄒᆞ야商業敎育을徹底히ᄒᆞᆯ必要가有ᄒᆞᆷ으로小學校尋常科及普通學校六學年卒業程度者를入學케

하야五年間教養하야上級學校의入學及實業從事上에便宜케하고저하니此로因하야特別教室建築의必要가生하야裁縫室兼實驗室並實驗室로七十坪建築費一萬二千四百六十圓을豫算하고更히光州農業學校는從來三年程度이엿스나農業教育의進展徹底上此를五個年으로延長하야時勢에順應한教育을施코저하니此는農業技術者又는當農者를養成함에一道에一校의五年程度農業學校設置가緊切히必要함을感한所以라道內에濟州農業學校가有하니同校의卒業生으로更히修學을希望하는者가有한時는此를光州校에收容하야學修케할計畫이요、又麗水水產學校는二年程度의學校이나時代의推移에伴하야水產學校規程을改正하야三年程度의學校로昇格한바其結果로建築費等三千七百十圓을豫算하고次에公立普通學校에對하야는每年學校費의財力을考慮하야學校의增設과學年의延長과學級의增加와女子學級의特設을行하야向學心의旺盛한地方情況에順應하야施設을進하얏스나更히新年度에는二面一校의完成을企畫하야二十校를新設할豫定인바此에要하는經費는學校費의財源捻出은勿論이오地方費補助를增額하고又教育의恩惠를受하는者負擔할授業料을加徵하는等에依하야此를支辨케할豫定이오此外에附設學校를設하야二年程度의教育을施하야年長者의新教育을不受한者를救濟하고且就學不能者를爲하야實用的教育을施하는中인바現在四十三校에生徒數가三千二百餘人에達하고次에重要한問題는普通學校卒業生의指導이니此等卒業生은大概鄕閭에在하야家事에從事한者이나아즉幼弱하고또學力이不充分함으로此를發展善導함은最히須要한事로信하야本道에서는新年度브터補習教員의施設을徹底히하야所謂普通學校教員의效果를發

論　說　　　　四四

判호기爲호야智德의增進을圖호며一面으로는地方業務에關係가有혼智識技能을要호야現今青年의職
되는經理에陷호고無爲徒食호는것을矯正코져호노라　朝鮮의發展上卒業生의多數가産業에從事호고안
는것은至大혼關係가有홈으로此施設의急務됨은識者의認定호는바ㅣ라故로本道各地에在혼實情을察호
야아모조록多數혼補習科를設置케호고又地方經濟의狀況을察호야漸次補習學校로完成홈豫定이다是等
併설이漸次完成되면朝鮮開發上에實로其効果가甚大홈을信호노라其他教育費補助에在호야財政難의
際임을不拘호고此를增額호야教育의施設經營을圓滑히進展케홀方法을講究홈은要컨되朝鮮의文化를促
進호며民衆의幸福을享受케호는데在호되本道를爲호야慶福됨을不已호노라

# 正名分立紀綱論

珍島 康齋 朴 晋 遠

子路問爲政於孔子〻曰必也正名乎周詩述文王之德曰勉勉我王綱紀四方名分綱紀之於爲國其爲綦重爲先務者有如此焉耳何者父子君臣夫婦兄弟長幼尊卑不可易之謂名分禮樂刑政仁義廉耻不可缺之謂紀綱父子之親君臣之義夫婦之別兄弟長幼尊卑之有序非所謂禮樂刑政仁義廉耻則名分無所資而正矣禮樂之具刑政之備仁義之用廉耻之爲效亦非父子君臣夫婦兄弟長幼尊卑則綱紀將安所施而立乎名者號也分者等也旣有名號必有等分綱者張也紀者理也張而不理豈足爲法哉古之聖人以父子君臣夫婦兄弟長幼尊卑之名定父子君臣夫婦長幼尊卑之分以禮樂刑政仁義廉耻爲之綱而以爲徒綱不足以治禮欲其節樂欲其和刑欲其平政欲其修仁欲其愛義欲其正廉耻而欲其不納於邪此所以爲紀也名分與紀綱其指雖殊其相須則如一名之與分綱之與紀其義雖一與爲用則各異是以傳曰父爲子綱君爲臣綱推是而求相須爲用無所闕而不然則可知也豈不爲〻國者之所綦重而所先務乎夫何世降敎弛王道不流所謂名分與紀綱者其名雖存而其用實遠噫亦可惜之甚也苟甚究之蓋有故焉由學術不明耳孟子曰學校者三代所以明人倫學術不明則人倫斁矣人倫旣斁何名分之可言哉紀綱之可論哉學術明然後敎化行敎化行然後信義立夫名分與紀綱始於學校而終於信義故孔子曰民無信不立此所謂立者即紀綱之立也人倫明焉而名分自正信義行焉而紀綱自立苟欲正名分而立紀

綱則豈不修學校而昭民信乎古之爲學校也始教以愛親敬長隆師親友之道次教以正心誠意修身齊家治國之法而其教之之具有六德六任六藝之名凡所謂治國齊家修身誠正之法不出於六德六任六藝之外教之者此勸懲猶恐其未洽也爲之法令程式以示之法令程式者即爲法之標準也必欲使民信之既爲學校以教之又爲標準以示之然後其民信之如是而不信是不可化者也然後尙有未至焉耳豈其民之有不可化者耶背民之無不可化者則何憂乎名分之難正何慮乎紀綱之難立乎亦有可論者今之學異於古之學今也學之者惟士而已昔也不然四民無不學也且今之士異於古之士今也士不過剽章句崇文華而已古也先德行之實而祛浮夸之尙古之教其道廣而其得人多今之教其道狹而其得人少而且難得人多則其爲治也豈不恢恢有裕哉得人少而且難矣其爲治也安得不憂憂乎哉故曰正名立紀也其要在學校以敎之敎民以信之而敎之可行信之可立其要在得人焉

# 彰明의第一義

總督府囑託 李 覺 鍾

## 一

五百年來儒道立國의朝鮮에서、一朝革新運動이勃發된今日에、儒者도ᄯᅩᄒᆞᆫ彰明의旗幟를建ᄒᆞ야、社會運動의序幕에參加ᄒᆞ랴는것은、確實히儒道의一進步이라、넘어나當然ᄒᆞᆫ事業이며ᄯᅩ自然의趨勢이나、이運動의發端에셔는、何人이나異議가無ᄒᆞᆯ것이다. 그러나此運動의將來運命은、그第一步出發點에셔벌셔決定되는것이라、換言ᄒᆞ면그의第一義를어ᄃᆡ다둘가、이것이미우重大ᄒᆞᆫ問題이라ᄒᆞᆫ다

## 二

드러ᄃᆡ湖南의儒家에셔는、이運動으로써、儒林勢力의復活이라ᄒᆞ야誹謗ᄒᆞ며、儒會의指導者는、이로써新儒道의建設乃至儒道主義의救世運動이라ᄒᆞ야高標ᄒᆞ며、靑年一流는、이로써反動勢力을利用ᄒᆞ는非革新阻止運動이라ᄒᆞ야敵視ᄒᆞ랴ᄒᆞᆫ다。그러나以吾觀之컨ᄃᆡ、이것은過度期의副作物에不過ᄒᆞᆫ것이오彰明會의本旨는、決코이갓흔곳에잇지안을것을確信ᄒᆞᆫ다。換言ᄒᆞ자면、彰明의第一義는、儒者의啓蒙運動、儒生自身의現代的覺醒이것이第一이되여야될것이다。假令平에新儒道를建設ᄒᆞᆫ다ᄒᆞ면은이것이爲先

若本作業이될것이나、今諸儒道와世道를合致하가其中에爲先儒者가[illegible]因襲에서解放되야非現代的인煩惱에서脫出되는것이오、其次는大部分이[illegible]다、此는無他라[illegible]道가[illegible]信念이인것을[illegible]興하려할것이라、道者不可須臾離也라[illegible]하는생각을한다

三

○

畢竟歷史는循環ᄒᆞ는것이다、孔夫子는陳蔡의危險人物이오、孟子는齊梁의革命家요、崔孤雲은新羅의過激派요、鄭圃隱은高麗의新思想家라는것과갓치、自由平等의社會共存을主唱ᄒᆞ는現代文明이拿翁以前의階級承順을尊重히ᄒᆞ는儒道에對ᄒᆞ야는許多의危險過激性을含有ᄒᆞᆫ것은[illegible]當然의當然이라할것이라、然而危險이革新되는것에不在ᄒᆞ고、今日儒者의思想과現代文明이恰是對角線을成ᄒᆞᆫ곳에잇다할것갓하야走馬燈갓치變遷ᄒᆞ야온過渡時代에서、無心히落後된儒者의現狀그것이、무엇보다도儒道義務의全面目을말ᄒᆞ는것이되고말앗다

對角線이것이危險이다、如何히ᄒᆞ야이對角線의距離를短縮할것인가、이것이問題이라、先年에鄉校財產管理規程이改正될時에、總督은訓令ᄒᆞ여曰

近時時局의影響은思想界에一大變動을與ᄒᆞ야或은徒히新奇를衒ᄒᆞ야矯激에走ᄒᆞ야空論橫議로妄히古來의美風良俗을排斥ᄒᆞ고社會人倫의大本을壞ᄒᆞ랴ᄒᆞ는者ㅣ有ᄒᆞ며或은舊株를墨守ᄒᆞ고時勢의推移에順

應홀바를不知호야反히社會의進運을阻格호랴는者가有호다 호얏스나, 이는곳對角線의消息을말호것이아닌가, 徒히新奇를衒호야矯激에走호는것이, 近來新個新人의缺点이라호면, 徒히舊株를墨守호고時勢의推移에順應홀바를不知호야反히社會의進運을阻格호랴는것이, 儒者의缺点이아닌가, 그러면, 이儒道運動은, 前者에對호緩衝이되는, 一面으로는後者에對호覺醒이되지아니호면不可호나, 儒者의時勢順應과儒道의現代化가, 곳此点에意味를成호는것이라호다

萬一에저新奇矯激의非를戒홈으로써, 곳墨守舊株의是를承認한줄로誤解호고, 스스로舊態를固守호야, 儒者의特殊階級에서, 더욱그障壁을高히호면, 이는社會의進運이라는軌道上에서逆轉호는것이나逆轉의結果는他方의脫線을招홀뿐이라

四

世에는儒道의現代化라고 儒道로써저耶蘇敎의樣式을模倣호야, 一種의宗敎로取扱호랴는이가잇다 이는朝鮮에서뿐아니라, 洋化에汲々호中華사룸들이, 往年에孔敎會를組織호야, 敎堂을짓고聖經을講케호고日曜說敎를호고禮拜로傳道호는等, 호참耶蘇敎의흉니를니여보다가, 마참니錯誤인줄을自覺호前例가 또잇지안는가

朝鮮에서, 儒道를宗敎로錯認호는것은, 不足可恠이다, 그러나, 儒道가宗敎가아닌것은, 中華의經驗者에게問치안는지라도알것이다, 換言호면儒道는人倫道德의綱領이오, 靈魂의引導가아니며, 修齊

治平의術法이오信仰의對象이아니니、然儒道는儒의道오謂之宗敎가아니다

## 五

그러나儒者로서、저宋明의逸民으로指目ᄒᆞ야現代에서自退ᄒᆞᆫ者를誹謗ᄒᆞ는것은、넘어나苛酷ᄒᆞ다、儒者도또ᄒᆞᆫ二十世紀의朝鮮사름일이無違ᄒᆞ며、新舊長短이모다社會의進運에共處ᄒᆞ엿ᄂᆞ니、아모리退之縮之ᄒᆞ여도、現代에서一步도脫出ᄒᆞᆯ分는업다、그러ᄒᆞᆫ想아니라、近年에至ᄒᆞ야는、儒者도時勢의推移에順應ᄒᆞ기를自覺ᄒᆞ야、그領域內에서는各々相當히改善革新에努力ᄒᆞ엿ᄂᆞ니、곳今日의儒者로서、光武隆熙의儒者를回顧ᄒᆞ면、그變遷의不尠ᄒᆞᆷ을可知ᄒᆞᆯ것이다、儒者인들決코스사로退步코저ᄒᆞᆷ이아니라、儒者의周圍가、너머速히變化되엿슴인이니、方向의相違라하기보다、寧히緩急遲速의差라ᄒᆞᆯ가、그러면、이러ᄒᆞᆫ差異는、그原因이無他라、過去의儒者들은自己를知ᄒᆞ고他人을不知ᄒᆞ엿스며、儒道世界以外에他世界을不知ᄒᆞ든그것이다、그럼으로儒道의現代化는무엇보다、儒者其人의現代的覺醒、곳儒者로ᄒᆞ여곰自己가所有ᄒᆞᆫ儒道以外에、新世界가잇는것을그곳을向ᄒᆞ야眼孔을開케ᄒᆞ는啓蒙運動、이것이彰明의第一義일것이라、儒者여再思ᄒᆞ라、儒道를興隆케ᄒᆞᆯ者는누구?、儒者가아니든가、儒道의衰頹케ᄒᆞᆫ者는누구?、儒者가아닌가、儒道를다시彰明ᄒᆞᆯ者는누구?、儒者가아닐가、儒者여爲先彰明의第一義를밝혀라、그리고、이것을自身에서、闡明을求ᄒᆞ야、新世界로並進ᄒᆞ여ᄂᆞ아오라、그러치아니ᄒᆞ면、今後는儒道彰明會를만드러줄何人도업슬것이라ᄒᆞ다

# 儒學의生命

光州公立師範學校長 大谷源助

此稿ᄂᆞᆫ昨年八月光州鄕校에셔開催된儒道彰明會에셔講演ᄒᆞᆫ것의一端이라

今日此名譽시러운會合의席末에列ᄒᆞ야一言을陳述ᄒᆞ게됨은나의光榮으로녀이ᄂᆞᆫ바이고ᆞ너가碩儒이신各位에게儒學에關ᄒᆞᆫ말삼을告ᄒᆞᄂᆞᆫ것은無用인듯ᄒᆞ나當會合의主旨에基ᄒᆞ야儒學에對ᄒᆞᆫ나의所感을陳述코저ᄒᆞ노라

一

우리人類의生命은甚히短ᄒᆞᆫ듯ᄒᆞ나眞의生命은子孫에傳ᄒᆞ야永久히繼續ᄒᆞ나니形으로現ᄒᆞᆫ身體던지形으로現치아니ᄒᆞᆫ精神이던지生命이잇기셔지ᄂᆞᆫ永久히不滅ᄒᆞᄂᆞᆫ도다다만永久히ᄒᆞᆯ뿐아니라時勢에應ᄒᆞ야漸次進步ᄒᆞ며또ᄒᆞᆫ永久히發達ᄒᆞᆯ뿐도다。又時勢도우리發達에依ᄒᆞ야種々變遷ᄒᆞ고進步ᄒᆞ나니玆에우리人類와時勢와ᄂᆞᆫ서로離치못ᄒᆞᆯ密接ᄒᆞᆫ關係를生ᄒᆞᄂᆞᆫ지라故로人類ᄂᆞᆫ其時代의大勢에適應치아니ᄒᆞ면生存ᄒᆞᆯ價値도업고又存在ᄒᆞᆯ事도不能ᄒᆞ게되ᄂᆞ니라。現今은古昔에업던것이各樣으로出來ᄒᆞ야飛行機와如ᄒᆞᆫ新機械가生ᄒᆞ야人이空中을飛ᄒᆞ고昔에ᄂᆞᆫ至難ᄒᆞ기難ᄒᆞᆫ疾病이全治ᄒᆞ게되얏도다。心의動을說ᄒᆞᆫ學問도

次第로變遷ᄒᆞ고發達ᄒᆞ야今日에至ᄒᆞ얏스나時代에不適ᄒᆞᆫ것은自然消滅되고時代에適合ᄒᆞᆫ것이今日ᄭᆞ지存在ᄒᆞ엿ᄂᆞ니東洋에서精神上事를說ᄒᆞᆫ學問中에今日尙히偉大ᄒᆞᆫ力을有ᄒᆞᆫ것은孔子의敎와釋迦의敎라西洋人도其深遠ᄒᆞᆫ敎를硏究ᄒᆞ고感心ᄒᆞ얏ᄂᆞ니此ᄂᆞᆫ其敎에大ᄒᆞᆫ生命이有ᄒᆞᆫ所以니라。 吾等은日常의行動에就ᄒᆞ야ᄂᆞᆫ孔子의敎를深히硏究ᄒᆞ야道德을修ᄒᆞ야써其大ᄒᆞᆫ生命을體得ᄒᆞᆷ이最히緊要ᄒᆞ도다

## 二

儒學에ᄂᆞᆫ元來二大中心이잇ᄂᆞ니一。은文章이오一。은性天道ㅣ라論語公冶長第五에「子貢曰夫子文章可得而聞也、夫子之言性與天道不可得而聞也」ㅣ라ᄒᆞ얏고其朱註에「文章德之見乎外、威儀文辭皆是也」ㅣ라ᄒᆞᆫ것은文章의說明이오「性者人所受之天理天道者天理自然之本體其實一理也」ㅣ라ᄒᆞᆫ것은性과天道의說明이라

文章이라ᄒᆞᆷ은論語述而篇에도有ᄒᆞᆫ과如히詩書執禮에現ᄒᆞᆫ文辭威儀의類인ᄃᆡ是德의外에表現ᄒᆞᆫ것이니吾等日常의道德卽人이人된道로서常히實踐躬行ᄒᆞᆯ바를云ᄒᆞᆫ것이라孔子께서說ᄒᆞ신文章卽形式的方面은全히子夏로ᄒᆞ여곰解說ᄒᆞ야傳ᄒᆞ신詩禮樂春秋爾雅等에存ᄒᆞ얏도다孔子께서도子夏가此方面에優越ᄒᆞᆷ을認ᄒᆞ시고論語先進篇에「文學子游子夏」ㅣ라ᄒᆞ셧ᄂᆞ니此方面은誰의게說ᄒᆞ던지意味를잘了解ᄒᆞ도록ᄒᆞ기爲ᄒᆞ야孔子께서도常히此方面을說ᄒᆞ신것인ᄃᆡ述而篇에「子所雅言詩書執禮皆雅言也」ㅣ라ᄒᆞ셧ᄂᆞᆫ지라子游以後ᄂᆞᆫ古註學派에依ᄒᆞ야硏究를繼續ᄒᆞ엿ᄂᆞ니라

## 三

天道라ᄒᆞᆷ은天理自然의本體로서天地間에行在ᄒᆞᆫ理法이라性이라ᄒᆞᆷ은人이受ᄒᆞᆫ바天理인ᄃᆡ其實은全혀天道와同ᄒᆞ니라

天道와性은精神的方面인ᄃᆡ普通人의게說ᄒᆞ여도諒解가不能ᄒᆞᆫ故로子罕篇에「子罕言利與命與仁이라ᄒᆞ얏스나命은天道의義仁은性의義인바孔子ᄭᅴ서도오즉了解ᄒᆞᆫ人의게說ᄒᆞ시고普通人의게說ᄒᆞ면誤解ᄒᆞ기易ᄒᆞᆫ故로雍也篇에「中人以上可以語上也中人以下不可以語上也」라警戒ᄒᆞ셧도다。上이라ᄒᆞᆷ은精神的方面의高尙ᄒᆞᆫ理法即性과天道의事이라彼文章篇에僭越ᄒᆞ다孔子ᄭᅦ셔도認定ᄒᆞᆫ子夏로서도此方面은充分理解가不能ᄒᆞ다認定ᄒᆞ시와八佾篇에「商也可與言詩也已」ㅣ라ᄒᆞ셧나니라。然이나孔子敎의眞味의在ᄒᆞᆫ바ᄂᆞᆫ性과天道의方面인ᄃᆡ此點ᄭᆞ지進치안ᄒᆞ면儒學의精神은解치못ᄒᆞᆷ으로孔子가子夏를誡하신말삼이雍也篇에「女爲君子儒無爲小人儒」ㅣ라ᄒᆞ셧나니性과天道가理解되야처음으로君子가儒될事가有ᄒᆞ니라。此性과天道의精神的方面은曾子及其門下의人人에依ᄒᆞ야大學과孝經에傳ᄒᆞ고易經繫辭傳에實노性天道의極意를述ᄒᆞ얏다云ᄒᆞᄂᆞᆫ도다。子思와孟子와ᄂᆞᆫ其後를受ᄒᆞ야中庸孟子에其思想을傳ᄒᆞ고、漢의董仲舒、唐의韓退之、北宋의周濂溪、程明道、程伊川을經ᄒᆞ야朱子에至ᄒᆞ얏나니라

## 四

朱子ᄂᆞᆫ儒學의師로서孔子에次되ᄂᆞᆫ大ᄒᆞᆫ感化를一般人의게與ᄒᆞᆫ쟈라。朱子ᄂᆞᆫ聖人의敎를眞解ᄒᆞᆷ에ᄂᆞᆫ文

章上으로홈보다聖人의心持를自己의心으로極意々지體得ᄒᆞᄂᆞᆫ것이可다思料ᄒᆞ고進ᄒᆞ야太成ᄒᆞ신故로其說은文章方面도包含되얏스나精神方面에專力ᄒᆞ지와程子가禮記에서分ᄒᆞ야別本으로ᄒᆞᆫ大學中庸論語孟子ᄅᆞᆯ合ᄒᆞ야四書라ᄒᆞ야그博識에依ᄒᆞ야新註를大成ᄒᆞ엿ᄂᆞ니라。陸象山은精神上方面一層重히ᄒᆞ고王陽明은此ᄅᆞᆯ繼ᄒᆞ야其後에種々의弊害를殘置ᄒᆞ얏스나道德을修ᄒᆞ야實行ᄒᆞᄂᆞᆫ精神上方面과實行ᄒᆞ기必要ᄒᆞᆫ文章方面으로學問을研究ᄒᆞᄂᆞᆫ形式上方面과를合一ᄒᆞ야一方에偏僻치아니ᄒᆞᆫ中庸을得ᄒᆞᆫ朱子의學流ᄂᆞᆫ實노穩健하야後發ᄅᆞᆯ誤導치아니ᄒᆞᆫ故로支那에서ᄂᆞᆫ勿論朝鮮과日本에서도일즉이傳來되야益々盛行ᄒᆞ야今日에至ᄒᆞ엿ᄂᆞ니라

## 五

朱子ᄂᆞᆫ如此히實로偉大ᄒᆞᆫ人物이엿스나時勢에迂遠ᄒᆞ엿ᄂᆞᆫ故로官吏가되엿슬時에數十回에亘ᄒᆞᆫ上奏가다議論이其時勢에適切치못ᄒᆞ야要用되지못ᄒᆞ엿ᄂᆞ니勿論朱子ᄂᆞᆫ政治家ᄂᆞᆫ아니나誰何던지其時代와形便을解得홈이緊切ᄒᆞ니라。大學中에最初에「格物致知」ᄅᆞᆯ述ᄒᆞᆫ것은此ᄅᆞᆯ爲ᄒᆞᆫ바니라、時勢에迂遠홈은格物致知가不足홈이니格物致知가不足ᄒᆞᆫ人이「誠意正心」과「修身」이充分ᄒᆞᆯ理가有ᄒᆞᆯ리요、時勢에暗ᄒᆞᆫ人은大學第一에述ᄒᆞᆫ一大綱目의「明明德」은不能ᄒᆞᆯ것이요「齊家、治國、平天下」에依ᄒᆞ야第二綱目「新民」도不能ᄒᆞᆯ지니聖人이最大理想으로가라치신「至善」에到達홈은더욱不可能ᄒᆞ니라。大學에「自天子至於庶人壹是以修身爲本、其本亂而末治者否矣」、孟子에「天下之本在國、國之本在家、家之

本在身」이라ᄒᆞᆷ은皆孔子가身、家、國、天下를一體로셩각ᄒᆞ야後進에게說ᄒᆞ신中에도特히「修身」으로써本을삼은것인ᄃᆡ「修身」의本인「格物致知」에依ᄒᆞ야各人이其生存ᄒᆞᄂᆞᆫ時代의形便을熟知ᄒᆞᄂᆞᆫ것이며혹緊切ᄒᆞ도다。此가孔子敎의生命이오今日에셔도盛行되야東洋道德基本으로ᄒᆞ야後人의遵奉ᄒᆞᄂᆞᆫ所以이라。若孔子敎의此生命이업ᄉᆞ면這間何時代던지敎가衰微ᄒᆞ고或은消失되얏슬ᄂᆞᆫ지未知이로라孔子敎의生命도形에現ᄒᆞᆫ形式上文章方面과形에現치안ᄒᆞᆫ精神上性天道方面과의二種이有ᄒᆞ야共히各時代에適應ᄒᆞ엿ᄂᆞᆫ故로今日에至ᄒᆞ야將來永遠히繼續ᄒᆞᄂᆞᆫ것이라맛치人의身體가其時氣候에適合치안ᄒᆞ면病에罹ᄒᆞ야次第로衰弱ᄒᆞ며又食物이其人의身體에適合치아니ᄒᆞ면亦是不消化로因ᄒᆞ야病氣가되야死에近ᄒᆞᆷ과同히外面에不現ᄒᆞᆫ人의精神도其生存ᄒᆞᄂᆞᆫ時代의大勢에適合치안ᄒᆞᆫ時ᄂᆞᆫ他의人과共히活動ᄒᆞ기不能ᄒᆞ니니大凡身體的이나精神的이나適合치아니ᄒᆞᆫ人은生命이危ᄒᆞᆷ과同樣으로「適者生存」이라ᄒᆞᄂᆞᆫ말은西洋의學者도論ᄒᆞ얏고今日은世界人々全體가認ᄒᆞᄂᆞᆫ萬古不易의大原理가되얏도다。此原則도天理의一이라此天理에就ᄒᆞ야ᄂᆞᆫ西洋人의言을借치아니ᄒᆞ여도東洋셔ᄂᆞᆫ일즉셩각ᄒᆞᆫ바로셔此理法을應用ᄒᆞᄂᆞᆫ事에對ᄒᆞ야우리東洋人은決코西洋人에不及ᄒᆞᆷ이無ᄒᆞᆷ을確信ᄒᆞ노라

## 六

孔子敎ᄂᆞᆫ吾等東洋人의道德의根本으로ᄒᆞ야決코異議가無ᄒᆞᆫ事이나今日時勢에適ᄒᆞ도록解釋ᄒᆞ고實行치아니ᄒᆞ면孔子敎의根本에違背되고且其敎를永久히傳行키不能ᄒᆞᆯ지라今論語中으로셔誰何던지諒解ᄒᆞ

ᄂᆞᆫ何節二三例를擧ᄒᆞ건ᄃᆡ

里仁篇에「子曰父母在不遠遊, 遊必有方」이라ᄒᆞ얏스니遠이라ᄒᆞᆷ은何里쯤離ᄒᆞᆫ곳을云ᄒᆞᆷ인가昔에ᄂᆞᆫ何里쯤이라解釋ᄒᆞᄂᆞᆫ人이잇섯스나鐵道가잇ᄂᆞᆫ故로木浦나光州를出發ᄒᆞ면不幾時에京城에到着ᄒᆞ며電車人力車自動車電話等으로事務를畢ᄒᆞ고速히歸着ᄒᆞᄂᆞ니不過數日에父母의膝下를離ᄒᆞ야京城의用務를一日에古昔의幾倍라도能ᄒᆞᆫ지라故로「遊必有方」이라云ᄒᆞᆷ은便에宜을擇ᄒᆞ야說ᄒᆞᆷ이適當ᄒᆞ게되얏도다. 文明이進ᄒᆞᆷ에伴ᄒᆞ야世界各國이近隣과如ᄒᆞᆫ感이有ᄒᆞᆫ지라今日에ᄂᆞᆫ大阪에잇ᄂᆞᆫ無線電信局에서歐羅巴洲의獨逸佛蘭西와自由로通信이能ᄒᆞ게되얏나니라

學而篇에「子曰, 父在觀其志, 父沒觀其行, 三年無改於父之道可謂孝矣」라ᄒᆞ얏ᄂᆞ니若父의道가孔子敎에背馳되거나父가格物이不足ᄒᆞ야今世의事情에不通ᄒᆞ고時勢에不合ᄒᆞ야修身이不能ᄒᆞᆫ人이거나, 孔子께서身, 家, 國, 天下로一體로ᄒᆞ야說ᄒᆞ셧ᄂᆞᆫᄃᆡ國에定ᄒᆞᆫ卽國法에不合ᄒᆞᆫ人이면如何히ᄒᆞ면可ᄒᆞᆯ넌지此解釋에ᄂᆞᆫ父道가人의道에適ᄒᆞᆫ者를셔孔子께셔가르치신말삼으로處理ᄒᆞᆯ者이니라爲政篇에「子曰, 非其鬼而祭之諂也」ㅣ라ᄒᆞ엿ᄂᆞ니此ᄂᆞᆫ不可祭ᄒᆞᆯ邪神을祭ᄒᆞᆷ을戒ᄒᆞ신바이오正ᄒᆞᆫ神이면何든지尊敬ᄒᆞ야祭ᄒᆞ며關係업ᄂᆞᆫ바이라故로八佾篇에「祭如在, 祭神如神在」ㅣ라ᄒᆞ고註에「祭祭先祖」ㅣ나「祭先主於孝」ㅣ라ᄒᆞ며又「神外神」「祭神主於敬」이라ᄒᆞ얏도다. 外神은卽先祖以外의神이라도祭ᄒᆞᆫ神卽尊敬ᄒᆞᆯ偉大ᄒᆞᆫ人의盛을祭ᄒᆞᆯ時ᄂᆞᆫ鄭重히아니ᄒᆞ면不可ᄒᆞᆯ事를敎ᄒᆞ셧나니, 孔子其他의列聖, 釋迦와基督等의大宗敎家,

人格의優越혼人、學問의優越혼人、爲國爲世의功績이잇는人、誰何던지尊敬홀人의靈이면何國人이던지東洋人西洋人을區別치안코尊敬홀지니라、偉大혼人의게對ᄒᆞ야尊敬ᄒᆞ고禮拜ᄒᆞ는것은自然其人格을欽仰홈에不外ᄒᆞ니라

國이라云ᄒᆞ는字도昔에支那에서는魯國齊國等今日의朝鮮一道에도不及혼者ᄭᆞ지使用ᄒᆞ야支那全體를天下라云ᄒᆞ얏스나今日에는昔의天下를支那國이라云홈國字의意味가次第로廣혼者에使用되야世界全體를天下라云ᄒᆞ게되얏도다今日에는支那同等의面積을有혼國에英國美國等이잇서다强國이라我日本은此二國에比ᄒᆞ야三大强國의一이되얏스나國의面積은前二國에不及ᄒᆞ도다、然이나日本의勢力이잇는것은決코天道에背馳혼事를不爲ᄒᆞ는即東洋道德의德을備ᄒᆞ엿는故로體의大小에不依ᄒᆞ고德高혼人이他人으로셔尊敬을受홈과同樣인理由니라今日에는國의字義가昔에使用됨보다廣혼者에使用됨과同樣으로天理에合ᄒᆞ도록德을修ᄒᆞ면東洋人西洋人의區別도업서지고世界全體ᄭᆞ지도融和되여가느니라。今般關東地方의大地震大火災에世界全體의人人이밋듯히同情ᄒᆞ고罹災者를爲ᄒᆞ야非常히夥多혼金錢과品物을寄附ᄒᆞ고救護隊醫師等이來ᄒᆞ야活動혼것은全혀平素에人道를爲ᄒᆞ야日本이友情을頂혼所以니라。論語里仁篇에「子曰德不孤必有隣」이라혼것은此意味라隣字義가廣홈과同樣으로된것이니라。昔晋文公重耳는土塊를推戴ᄒᆞ고天의賜ㅣ라ᄒᆞ고感謝혼事가記錄ᄒᆞ얏느니石이던지草木이던지世間에在혼萬物이皆天의賜ㅣ으天理에依ᄒᆞ야生혼것이라吾人이此에對ᄒᆞ야感謝를表혼것은此理를知혼緣由가아니리요。今世人은或

天이賜物에對ᄒᆞ야不足을唱ᄒᆞ고不幸을嘆ᄒᆞ야任意로된議論을出ᄒᆞᄂᆞᆫ者도잇다。 우리ᄂᆞᆫ此天地間에在ᄒᆞᆫ理法을信ᄒᆞ고天이與ᄒᆞᆫ各物에對ᄒᆞ야常히感謝ᄒᆞ지아니치못ᄒᆞᆯ자니라故로世界各國의最近齎來ᄒᆞᆫ同情에對ᄒᆞ야感謝를表ᄒᆞᆷ이大ᄒᆞ니라。 우리東洋人은人種도同一ᄒᆞ고文化도同一ᄒᆞᆫ系統인故로今後益益協力ᄒᆞ야東洋道德을世界全體에發布ᄒᆞᆷ이必要ᄒᆞ도다 또各位의道德에欽仰ᄒᆞ야本會에叅列ᄒᆞᆫ바이오이다。 今後互相協力硏修ᄒᆞ야期必코儒學의眞生命을益益發揮ᄒᆞ야將來에孔子敎를世界에傳ᄒᆞ야世間의幸福을增進코저思料ᄒᆞᆷ으로玆에貴重ᄒᆞᆫ時間을費ᄒᆞᆫ바올시다

# 儒家之自衛策

## 於全羅南道彰明會總會席上

經學院司成 金完鎭

貴道知事閣下以貴會總會之期請派講師企行講演是以貴道居住之本院講士沈濬澤氏被命派來愚亦以院之一役爲觀盛會兼致敬意今隨沈先生而來得與南州名碩同場相對榮幸極矣然而院派之講師乃沈先生也愚則素昧經學而講演非所能也惟以一辭粗伸禮意而已

經學院與地方鄕校及書院卽古之官公立私立學校而今爲社會敎育之機關以崇祀先聖先師研究經學扶植彛倫裨補風化爲業者也自與普通宗敎社會其趣稍異然言其淵源之由來則無違乎其爲儒敎之本堂也儒敎者講明孔孟之道實踐而躬行之始自修身齊家以及治國平天下者也卽是統理精神界及肉身界者也雖以他敎崇奉者除其形式之若干抵觸於敎法者外率由斯道少無相碍若仁義禮智孝弟忠信等德目所履之行爲是也

惟我朝鮮箕聖施敎以來崇尙禮義正關文明羅麗以降儒賢輩出盟輔國政支配社會人倫明於上敎化行於下以致一代文化之隆盛矣逮乎世級漸降風渝俗汚曖〃然入於膏肓沉痼之域於是往〃有謬說儒敎之弊者盖其

光源綿遠末流不無溜滑大衆依附見解亦多岐路勢固難免理所自然豈其世之衰而學之弛也非其敎之佯而趨之變也

目下社會之狀態舊德旣衰新風未振譬如八月農家舊米旣腐新穀未熟也此皆過渡期中自然之現象也然則吾儒今日自衛之策不可不講也迨天未雨綢繆牖戶其可已乎愚之所謂儒家自衛策者附陳數事老生常談別無新奇然尙冀採聽一致派相安之時則尊尙儒敎以一民心聲討亂賊力排異端而獨制統治數十年間矣至于今日宗敎各家互張門戶群分類聚爭相傳布此若遽加排斥强使去一而歸一則非但犧牲爲可慮抑亦事實不可能也但兆同胞收容一厦勢自不易此其憲法所以認其自由也無論何敎其門雖殊要其歸趣則莫非善心修道以救時濟世者也何況吾儒家法以往者勿追來者勿拒爲要義者乎剏考東西戰史槪多由於敎派之分爭矣不宜以暴言激論挑發衆論攪亂社會也惟當以實踐聖敎躬行實訓自勉自勵務圖立範于世也

一、社會相協　今有一家於此三世同居翁讀古書義理聯中孫學新藝飛將衝天壯者上奉下率其責甚重一日壯者出外幹事翁閒在家與孫關碁未乃爭道相持未決壯者歸來見此光景呵其幼而强之謝翁笑幼泣以此論之壯者所處不可謂之失當而幼之不服亦不可曰無以也目今社會之現狀槪類是焉舊風新潮接觸磨盪調和之疏通之賦非容易以若中年之資格處在社會之中輒承上接下維持家道是其責也不可安故習常以株守死法也不可恬靜自守以放任看過也不可乘風迎勢以趨附煽動也不可强腕激論以急變猛治也惟宜博採審思而明辨之力行之躬行先訓以範流俗啓導後進勿誤方向折衷古今參酌東西以創一代之新文明此其時也

一、産業振興　湖南之鄕沃野千里海陸相錯物産殷富加之蠶桑種棉收利甚厚可知産業發達殆近諧道然蓋深以爲到達理想尙屬遼遠何也觀於稲田稗穗之蕪沒而可證也吾生所賴惟天與地天而不雨吾將無禾無麥矣地而不毛吾將無衣無褐矣迨此生息日蕃之時土地利用亦宜倍蓰審一莖之稗拔苗於良田之中任其耗肥料而損地力乎須念百年之幸福順應當局之指導務本於農增其富力供給公共之事業裝飾文明之世界惟此樂土吾所居也倫敦巴里非所擬也

一、敎育普及　從來儒學之家多有不悅新敎育者矣追隨時代之進步與敎育之普及新風舊慣漸至融化實是可喜之現象也以若社會敎育之機關處乎地方父老之地位獎勵敎育誘掖後進乃其天職也不事其事恬淡自適此其所以招來少壯之反感者也我道各郡既皆設有敎育會矣須於此而率先奮勵築造社會之土臺樹立百年之大計勉盡會員之義務不容自弛也然敎育亦有方針不揆實情馳騖虛榮甚爲今日地方青年界之弊風也須念地方事情及經濟狀態除其資力可及者以外多數收容於實業門中發授智識技能以圖穩健發達區々竊有厚望焉

一、財力涵養　近來地方經濟之狀態金融梗塞産業不振到處恐慌脅威生活而回顧一方則有産者流豪奢成風積弊盛於社會貽害毒於子孫豈不寒心哉須以勤儉致富儲蓄興事業以範一世至於鄕校書院其他祠宇崇奉、之節克遵舊經勿墜厥典而尙其新設復設等事切宜致愼也其或先德之尙關祀典而可合於追蹟或新亭者亦戒擇舉以後百世之公議一方儉金設契借地植林造成儲會之資金藉助鄕校之財産臨時支出毋煩鄕校則豈不甚

徊而望哉不食儒亦死無錢事難成此雖但談實爲理論也養精蓄力循序而進始乎盈科涓滴注海深以爲望焉

一、人材養成　一自鄕校財產管理規則改正以來就其財產利用之方而頗有種々之論案概考其說則曰立孔敎大學於國中也曰設經學講習所於各郡明倫堂也曰新營儒聯大配社也曰擴張儒組織也曰講演會設行也曰白日場開催也曰祭具新備也等件也今按諸道鄕校財產之收入年額總不過三十餘萬圓也於此而控除三百五十餘所之文廟春秋享儒與諸費則以其餘額不足以供大學維持之資況乎其設備之費乎不止此也回顧先年各郡普通學校經費充用之時地方儒林謂之見奪呶々不休矣今爲鄕聚投諸一方則可無復言乎此係儒林事業進展之度而議之未晚也至於講習所則不無有名無實徒費校財之慮矣祭具則逐年按分修補之外一舉新備亦不可能也其他諸件非曰皆無益而亦不足以爲宗也愚之迷見惟企以此而補給學資選派學生使修普通師範及高師帝大之科以養師材也似聞貴道已有學資貸與之例而但姑未聞有學科指定之事也愚之所企以師範定科者其說有由惟吾夫子萬古師範也學其學而志其志學不厭而敎不倦固是儒者之天職也且夫鄕校者古之學校而今之文廟也鄕校財產者地方之公共財產而亞於地方費者也以此利用而致得敎育發達儒道振興則兪該不偏而一舉雙效矣亦將無違於其財產之原性矣挽近各地公普校之增設隨患敎員之不足雖以官公費養之亦難期其能敷矣至於高等之師具資格者絕無而僅有矣於此時而劃出鄕校之財產郡各養普通師範一人則一回出者將爲二百餘名矣道各養高師帝大生若干人則一回出者亦不可數十名矣如是而普通高等之師多出於儒門而掌握敎育則必得好影響於儒林前途也學士博士者旋林立於儒界而支配社會則儒者亦免時代之落伍矣尙且

初學入德之門也室家先入者爲主此又普通師範之多設尤爲有要也但此師範敎育是官業而給費養成者也則似多不便之節然官民協議移劃校財而補足官費鄕貢委托而增員養之則將無不可矣愚之所謂儒家自衛之策者無過是以上數事而陳陋煩瑣無足動聽徒費時列煉甚愧甚幸有洸先生之經學講說在後請洗耳歷

# 與班族說

長城 晦山 邊昇基

近日遐鄕班族이興家者ㅣ少ᄒᆞ고敗家者ㅣ多ᄒᆞ며得時者ㅣ少ᄒᆞ고失時者ㅣ多ᄒᆞ니見其如是而輒曰家運이然矣라ᄒᆞ고時運然矣라ᄒᆞ면此ᄂᆞᆫ無識者之言也로다

夫興敗得失이皆人事之攸致오非運之使然也니果是家運이然矣則奚獨班族乎아班族之如是ᄂᆞᆫ其原因을可知也로다顧班族은皆以名祖後裔로世襲遺蔭ᄒᆞ야兩班之尊號난爲其天爵ᄒᆞ니雖無學識이라도其尊이自如ᄒᆞ고雖無操行이라도其尊自如ᄒᆞ니何事乎學問而廣其智ᄒᆞ며操節而潔其行乎아於是에世居班族家父兄은其習이好安逸ᄒᆞ고子侄은其習이好浪遊ᄒᆞ야放僻奢侈를無所不爲ᄒᆞ나니在昇平無事之時ᄒᆞ야도然而不亡者ㅣ未之有也어든此世ㅣ果何時乎아

余覩各地方學校設立이殆將二十年矣로ᄃᆡ然猶遐鄕班族은墨守舊習ᄒᆞ야寧使子侄浪遊언졍不可入學校라ᄒᆞ야杜門不出에虛送光陰이라가於焉幾年間에回覩世界ᄒᆞ니而江山을不可復識이라於是乎瞿然悔悟ᄒᆞ야一邊同盟斷髮ᄒᆞ고一邊相率入學ᄒᆞ야急進勇進이如潮崩山頹라然而子侄年齡이已過學齡에欲入小學則有制限ᄒᆞ고中學則無資格ᄒᆞ니官公學校ᄂᆞᆫ固爲斷望이오遂以徘徊於京鄕私立學校에以若軒昂靑年으로數

氣族遊ᄒᆞ야不肯修首於初等教科ᄒᆞ고朝東暮西에一無所成而分外思想은不能自裁ᄒᆞ며及其終也에或陷落身分[illegible]ᄒᆞ야有之ᄒᆞ며或傾敗財産者ㅣ有之ᄒᆞ나此皆父兄誤解之責也오非子侄之罪也로다

夫學問成就ㅣ皆有順序ᄒᆞ니古者에入小學ᄒᆞ고十五에入大學ᄒᆞ야自灑掃應對로至修齊治平ᄒᆞ고今日學制도八歲에入小學ᄒᆞ야六年而後에昇中學ᄒᆞ고又五年而後에進大學ᄒᆞ야體力智識이與學問階級으로不相矛盾ᄒᆞ야漸染而馴致然後에乃可作成人材也니라

目今班族家之傾敗原因이皆由子侄之眩惑風潮ᄒᆞ야卒然改面者와壯年入學ᄒᆞ야不得卒業者之浮浪作爲也라子侄入學은必須勿逾學齡ᄒᆞ야初中大學을順序以進則學問競爭之慾이惟日不足ᄒᆞ리니浮浪之心이從何萌出乎아

苟或子侄이已過學齡에將無可及者는使之從事實業ᄒᆞ야持守門戶ᄒᆞ고間讀儒書ᄒᆞ야以倫理道德으로爲後生矜式이면亦爲今世繼節人也ㅣ리니余言이非泛論一世라吾鄕長城이素以班族淵藪로目下情況이在々如是故로略記所感如右ᄒᆞ노라

論說

# 風水와秘訣에勿惑하라

道視學 鄭國采

## 一、緖論

大抵風水說과秘訣을信ᄒᆞᆷ은其原因이何在오人은自己를保存ᄒᆞ며自家를繁榮케ᄒᆞ고子孫의幸福을圖코저ᄒᆞᄂᆞᆫ慾求가有ᄒᆞ야恒常吉運을得ᄒᆞ며時兆를知ᄒᆞ야慾求와目的을遂코저ᄒᆞ나自己의智力으로ᄂᆞᆫ能히此吉運을得占ᄒᆞ며時兆를豫知키不可ᄒᆞᆷ으로써明堂과如ᄒᆞᆫ玄冥界에求福ᄒᆞ며讖書와如ᄒᆞᆫ千里眼에役神ᄒᆞ야非理됨을不覺ᄒᆞ나니此等迷信에惑ᄒᆞᆷ은智識程度가愚稚ᄒᆞᆫ時代의思想이라科學이進步되고人智가發達됨을隨ᄒᆞ야漸次其非理를覺醒ᄒᆞ고弊習을革新ᄒᆞᆷ은當然ᄒᆞᆫ事이로다此에對ᄒᆞ야愚見을畧述ᄒᆞ야賢明ᄒᆞ신諸彥의批評을願得ᄒᆞ노라

## 二。風水說의虛誣

風水說中에特히朝鮮의弊習이된明堂說에對ᄒᆞ야一言을試ᄒᆞ노니風水說에依ᄒᆞ면墓地의如何로因ᄒᆞ야禍福이至ᄒᆞᆫ다ᄒᆞ나陰宅의吉凶과白骨의安否가果然其子孫의禍福을左右ᄒᆞᆯ理가有ᄒᆞ며借使白骨이有靈ᄒᆞ

야能히其子孫을愛護ᄒᆞᆫ다ᄒᆞ면엇지奠參의不備를怨ᄒᆞ야禍를子孫에忍降ᄒᆞᆯ父祖가有ᄒᆞ며或明堂을得ᄒᆞ야白骨이安葬되야子孫을陰助ᄒᆞᆫ다ᄒᆞᆯ지라도其子孫이無能無爲ᄒᆞ면福이自空落來ᄒᆞᆯ理가有ᄒᆞ랴不可信의極ᄒᆞᆫ者ㅣ로다彼火葬만ᄒᆞ는外國人의幸福繁昌ᄒᆞᆷ을見ᄒᆞ야도風水說의虛誕을可知로다

## 三、風水說信者의不敬不法

如斯ᄒᆞᆫ風水說을信ᄒᆞ고明堂을求ᄒᆞ기爲ᄒᆞ야術客을聘ᄒᆞ며父祖傳來의家產을傾ᄒᆞ야昨葬於東ᄒᆞ고今移於西ᄒᆞ야歷々轉葬에遺漏骸骨ᄒᆞ니其不孝不敬이過此者ㅣ何有며或은他人의山地에暗葬勒葬을濫行ᄒᆞ야人의權利를侵害ᄒᆞ고訴訟을不畏ᄒᆞ야非理를敢行ᄒᆞ니不法의極ᄒᆞᆫ者ㅣ라數百年來民間訴訟의大部分은此墳墓로因ᄒᆞᆫ山訟이엿스니吾民族의爲先祖爲子孫의大事業은明堂을求ᄒᆞᆷ에不過ᄒᆞ얏도다

## 四、墓地取締規則의一 와注意

大正元年에總督府에서는此墳墓에關ᄒᆞᆫ弊瘼을救ᄒᆞ기爲ᄒᆞ야共同墓地規則을實施ᄒᆞᆫ以後風水客의營業이空虛되고求山家의事業이縮少되야一部不平의聲이有ᄒᆞ더니墓地取締規則이改正되야墓地의私設을得케됨에於是乎明堂의熱이再熾ᄒᆞ고術客의脚이復忙ᄒᆞ야爲祖爲父의美名을籍ᄒᆞ고奇怪ᄒᆞᆫ手段을搆出ᄒᆞ야墓地以外의地에暗葬ᄒᆞ는犯則者가頻々有之ᄒᆞᆷ을聞ᄒᆞ니痛歎ᄒᆞᆯ바로다左에墓地取締規則二三條를揭ᄒᆞ야注意를喚起코져ᄒᆞ노라

「墓地、火葬場、埋葬及火葬取締規則第十號、死體나遺骨은墓地以外에埋葬又는改葬홈을不得홈、同第二十一條、他人의墓地나墓地以外에埋葬호死體나遺骨은警察署長이改葬을命함을得함、前項의規定에埋葬者를不知할時는土地所有者나其管理者는警察署長의許可를得호야改葬홈을得홈、同第三十二條、他人의墓地나墓地以外의地에擅히死體나遺骨을埋葬호거나改葬호者는一年以下의懲役又는二百圓以下의罰金에處홈」

盖保護를父母에게求홈은幼兒의要望이오吉運을泉壤에求홈은愚夫의所爲라秘密호墓地에父祖의白骨을私로써葬호고誠으로써祭홈은子孫의義務이나爲己爲子孫의野心을懷호야犯則을不顧호며散財를不關호고不敬에陷홈을不覺호면人生所識의常道가아니라可謂홀지로다

## 五、秘訣의種類와趣旨

次에秘訣에對호야一言을試코져호노니現時流行호는秘訣의種類가頗多호나其中에鄭鑑錄、無學傳、道詵秘訣其他鄭北窓、南格庵、杜師聰、李西溪、李土亭諸家의秘訣이最著혼지라此等秘訣을一見호면擧皆半島의山水를相호야時運의否泰를論호고避禍保身의方을示호一種의風水說이라朝鮮에此讖緯之書가生홈은新羅末에僧道詵이唐一行의學을傳來호야三韓山川을論評호고其後에鄭鑑、無學等諸家가此山水之法을推衍호야易國遷都의運과避凶趨吉의方을附說혼것이라

## 六、五行說의起因과秘訣의不足信

箕子가洪範九疇를陳ᄒᆞᆯ새人類生活에最切要ᄒᆞᆫ水火木金土를擧ᄒᆞ야曰五行이라ᄒᆞ니即大禹所稱水火金木土穀이惟修라ᄒᆞᄂᆞᆫ六府中의穀을土에附ᄒᆞ야五府만擧ᄒᆞᆫ者ㅣ라王者ㅣ此五行의性質即潤下、炎上、曲直、從革、稼穡을利用ᄒᆞ야生民을濟함은王道의大法이라故로五行을先言함이어늘其後戰國時代에至ᄒᆞ야騶衍等이五行生克의說을提唱ᄒᆞᆫ以來로後儒가其說을各種으로敷衍ᄒᆞ야此五行을方位、節候、臟腑、干支星宿其他事々物々에强引分排ᄒᆞ야陰陽五行의理氣를推算ᄒᆞ면人生의吉凶禍福과時運의興亡盛衰를測知ᄒᆞᆫ다ᄒᆞ야東洋의一大迷信을成ᄒᆞ니라朝鮮에ᄂᆞᆫ道詵以後此說이一傳됨에佛家儒家를勿論ᄒᆞ고擧皆沈惑ᄒᆞ야其弊莫大라今에秘訣 不足信ᄒᆞᆯ一二例를擧ᄒᆞ면鄭鑑、無學其他諸家秘訣中에鄭氏代李之說이有ᄒᆞ나此ᄂᆞᆫ道詵秘訣中奠邑鷄龍等語에基因ᄒᆞ야起ᄒᆞᆫ줄로思ᄒᆞ노라即道詵一家의豫言을無上히信仰ᄒᆞᆫ結果諸家의說이異口同聲이되야三傳市虎와如히世人의確信不拔ᄒᆞᆫ妄念을作ᄒᆞ얏도다然이나道詵鄭鑑等이果然三易國五徙都를能知ᄒᆞ얏다ᄒᆞ면朝鮮의一大變革인日韓合併에對ᄒᆞ야明確ᄒᆞᆫ記事가無함은何故이며無學은順字의逆順數ᄒᆞᆫ外李朝의運을示ᄒᆞ얏스나李朝歷年이果然此數와符合ᄒᆞ얏ᄂᆞᆫ가又ᄂᆞᆫ李西溪先生藏訣에曰「奠邑率海島之兵與方杜之將甲午臘月直渡錦江則天運回泰當此之時漢都遷于華山深谷而霍將軍率遼東之兵與方杜之將滅倭及西南夷驅逐胡明扶鄭興李則李又濟州避入北境三歲而亡」이라ᄒᆞ얏나니以今思之컨

如此호理由가有호가其說의荒唐無稽함이類皆如斯ㅣ라太宗大王께서陰陽讖書를焚盡케호심은知理不明의後備를警戒호신바로다

## 七、秘訣의流毒

秘訣이我半島民族에如何호毒害를流布호얏는가此를擧論호면一은名儒才士로호야금經國濟民의大道를不究호고陰陽五行의糟粕을研鑽함에汲々케호事이오、二는爲國獻身의勇敢的思想을擊退호고逃身保命의屈辱的行動을誘導호事이오、三은吉凶을暗示호야民情의不安을惹起호고避難을勸호야衆人의恒産을棄擲케호事이오、四는流言蜚說의源淵을作호야事物에觸함에擧皆秘訣에引結호는弊習을釀成호事이오、五는一般이天時到來를期望호고勤勞自活의精神이墮落케된事이라秘訣로因호야數百年間如斯호弊瘼이朝野에蔓延盤據호야一朝에根治홀良劑가無호니一般人士의自覺을促호노라

## 八、結　論

上述함과如히風水說과秘訣을信仰함은未開호時代의慾求이라現今에는實學과實力을養成호야生存競爭에敗北치아니홀對策을講究홀時代이니福을明堂에求호며禍를十勝에避하며時兆를依賴호야前道의光明을得코져호는妄念을一擲호고智識을修호며財産을造호야人格을養호야卑屈호思想을改호고進就의氣像을勵호야自力으로福을招호며自家에서禍를備하며自己가自己의前道를開拓호야旣覆의轍을戒호며旣倒의瀾을回홀覺悟가無호면不可호다호노라

# 道政一般

## 本道地方費豫算

### 合計百七十一萬三千六百餘圓

本道地方費歲入出豫算은一週間의評議會中에質問議論이有ᄒᆞ얏ᄉᆞ나原案에對ᄒᆞ야一錢一厘의削減이無ᄒᆞ고當局의苦心에同情ᄒᆞ야無事케通過ᄒᆞᆫ確定豫算은左와如ᄒᆞ더라

### 歲入

經常部

第一款地方稅 百十八萬一千百九十三圓

一、地稅附加稅 五十二萬一千百九十八圓

二、市街地附加稅 六千百六十八圓

三、戶稅 五十三萬五千二百二十五圓

四、家屋稅 一萬五千七百七十七圓

五、市場稅 二萬五千九百〇三圓

六、屠場稅及屠畜稅 四萬四千四百六十五圓

七、漁業稅 一萬五千五百十圓

八、車輛稅 一萬六千九百三十八圓

第二款臨時恩賜金收入 九萬一千百二十六圓

一、基本金收入 九萬一千百二十六圓

第三款財產收入 九百二十七圓

一、不動產收入 九百二十七圓

第四款雜收入 一萬一千九百十一圓

一、使用料 三萬六千八百八十三圓

二、手數料 五萬五千八十四圓

三、物品賣却代 六千七百五十九圓

四、雜收入 一萬三千百八十五圓

歲入經常部合計 百三十八萬五千百五十七圓

臨時部

第五款繰越金 十三萬六千五百六十九圓
一、前年度繰越金 十三萬六千五百六十九圓
第二款國庫補助金 十八萬二千七百三十七圓
一、勸業費補助金 九萬八千七百八十四圓
二、教育費補助金 八萬一千九百五十一圓
三、衛生費補助金 二萬〇〇二圓
第三款雜收入 七千二百十圓
一、貸下金收入 五千五百十六圓
二、過年度收入 一千六百九十四圓
第四款寄附金 二千圓
一、航路費寄附金 二千圓
二、全采費寄附金 ナシ
歲入臨時部合計 三十二萬八千五百十六圓
歲入總計 一百七十一萬三千六百七十三圓

## 歲出

經常部
第一款土木費 二十七萬五千二百二十二圓
一、道路橋梁費 二十一萬二千五百十圓
二、水道費 一萬五千百九十六圓



三、土木諸費 四萬七千五百十六圓
第二款勸業費 三十八萬七千九百四十圓
一、種苗場費 十二萬四千七十八圓
二、灌漑事業調査費 二萬二千二百十六圓
三、種苗圃費 三千百〇二圓
四、模範林費 二萬六千四百三十圓
五、米豆取檢查費 五萬千百七十圓
六、蠶業取締所費 一萬三千百〇五圓
七、物產陳列館費 二千三百九十五圓
八、水產試驗場費 一萬三千九百五十八圓
九、勸業諸費 二十三萬九百四十六圓
第三款授產費 六萬九千九百九十一圓
一、蠶業技術員費 三萬四千二百三十二圓
二、原蠶種製造所費 一萬五千圓
三、漁業傳習費 二萬〇七百五十九圓
第四款教育費 十二萬八千七百四十三圓
一、全羅南道公立師範學校費 四萬七千七百四十四圓
二、木浦公立商業學校費 二萬五千八百六十四圓
三、光州公立農業學校費 二萬〇五百二十七圓

四、濟州公立農業學校費　一萬五千〇〇六圓
五、濟州公立水産學校費　萬五千五百七十圓
六、國庫納金　四百圓
七、敎員講習會費　一千二百二十圓
八、敎育諸費　一千四百〇二圓
第五款衛生費　二萬〇九百九十六圓
一、種痘費　三千圓
二、屠獸檢査費　一千五百二十六圓
三、衛生講話並展覽會費　三千五百圓
四、地方病調査及治療費　一千二百圓
五、巡回診療費　七千三百八十圓
六、傳染病豫防費　六百圓
七、藥園普及費　八百圓
第六款社會救濟費　四萬二千五十四圓
一、社會事業費　三萬九千〇三十圓
二、凶歉救濟費　九千百十二圓
三、救恤費　二千〇十五圓
第七款評議會費　六千七百十五圓
一、評議會費　六千七百十五圓
第八款財産費　一千七百圓

一、管理費　一千七百圓
第九款地方費取締費　九萬三百六十四圓
一、徵收費　七萬五千七百三十三圓
二、金庫諸費　六百圓
三、出納諸費　一萬四千〇三十一圓
第十款雜支出　二千三百六十圓
一、繰替金　一千五百圓
二、給與金　八百六十圓
第十一款豫備費　二萬〇七百七十二圓
歲出經常部合計　百〇四萬六千八百五十七圓

臨時部

第一款土木費　十萬〇百五十圓
一、道路橋梁費　八萬九千五百圓
二、水路費　八千百五十圓
三、治水費　二千五百圓
第二款勸業費　四千五百五十圓
一、種苗場費　四百九十五圓
二、水産試驗場費　四千〇六十一圓
第三款授産費　九百三十六圓
一、原蠶種製造所費　九百三十六圓

第四款　教育費　五萬四千九百四十六圓
一、全羅南道公立師範學校費、三萬七千七百五十六圓
二　木浦公立商業學校費　一萬二千六百圓
三　光州公立農業學校費　六百五十圓
四、濟州公立農業學校費　二百三十圓
五、麗水公立水產學校費　三千七百十圓

第五款　補助費　四十九萬四千百七十七圓
一、土木費補助　六萬〇二百圓
二、勸業費補助　十三萬二千六百六十四圓
三、授產費補助　二萬八千六百四十圓
四、教育費補助　二十二萬七千九百二十一圓
五、衛生費補助　一萬千六百五十二圓
六、會事業費補助　一萬三千百圓
七、航路補助　二萬圓

第六款　恩賜金繰戾　九千〇五十一圓
一、臨時恩賜金繰戾　九千〇五十一圓

第七款　雜支出　三千圓
一、雜支出　三千圓

歲出臨時合計　六十六萬六千八百十六圓
歲出總計　百七十一萬三千六百七十三圓

## 本道의米作改良

近年日本에在ᄒᆞ야ᄂᆞᆫ全領土에셔年々히九千五百萬石以上의米를生產ᄒᆞ고每年四百萬石內外式의生產增加를示ᄒᆞ나一面에在ᄒᆞ야人口가非常ᄒᆞᆫ速力으로增加ᄒᆞᄂᆞᆫ故로結局需要를滿足케ᄒᆞ기不能ᄒᆞ야年々히五百萬內外의米가不足ᄒᆞᆫ터이라農商務省의調査에依ᄒᆞᆫ딕今後十個年을經ᄒᆞ면一千萬石의不足을生ᄒᆞ고二十年後에ᄂᆞᆫ二千萬石三十年後에ᄂᆞᆫ三千萬石의不足을生ᄒᆞ게되ᄂᆞᆫ도다。如斯히國民의主要食物되ᄂᆞᆫ米가不足하야海外로브터供給을仰치아니ᄒᆞ면不可ᄒᆞᆫ事ᄂᆞᆫ過年世界大戰의實況에徵ᄒᆞ야도實로危險함으로政府ᄂᆞᆫ右不足額을產米增殖計畫의實施即耕地의擴張、耕地의改良、農事의改良、朝鮮及臺灣餘剩米의移入等에依ᄒᆞ야增收充當을圖ᄒᆞ야國家的自給自作을斷行코저함이라。然ᄒᆞᆫ딕內地의經濟的可耕地ᄂᆞᆫ旣히耕盡ᄒᆞ야今後ᄂᆞᆫ技術的可耕地에向ᄒᆞ야發展치아니ᄒᆞ면不可ᄒᆞ도다是以로米價ᄂᆞᆫ必

히此와相伴치아니함으로其實行은決코容易치아니한도다又農事의改良은寧히狹한土地에過한農業을施하야其以上에出하기不能한狀態인대臺灣은供給能力이低함으로問題가되지아니하는도다

於是乎食糧問題를解決코쟈면如何하던지朝鮮을不待치못할지라

朝鮮은一千五百萬石內外의產米가有하나一段步의收量은九斗餘에不過하야將來改良할餘地가多하니一般農家의猛斷的自覺과官廳의熱誠된奬勵로써하면耕地의擴張及耕種의改良에依하야現在總數量을倍加케함은不可能한事가아니오五百萬石內外를移出케함도可能할지로다茲에特히注意를要할것은本道는氣候로言하던지土質로言하던지實로全鮮無二의天惠를有하야將來朝鮮米의眞價를發揮케하고저함에當하야先驅者가됨은本道外에他가無하니願컨대此光榮이有한先驅者됨을自覺할지로다然한대其先驅者가된產米를見하라

近來大端히改良되얏스나異品種의混淆가多하고粒穩不齊할뿐아니라赤米와蝦米와稗와土砂의混入이多하야五色米의感이有하고特히乾燥의惡点이極多한자라此等米가朝鮮米를代表함으로朝鮮米의名稱만聞하야도廉價가아니하면不買하며又米價가廉함으로改良이不能하게되니其因果關係는結局은向天自唾함과同한지라然則今後에는特히當局의奬勵를遵由하야種子更新을完全히하야異品種과赤米와稗의混淆를防하며數箍調製와共히土砂의混入을防止하고제乾又는箍乾을斷行하야蝦米를全滅하는等에依하야全鮮의先驅者로된使命을完成케할지로다

## ()本道蠶業의現況과將來

本道의蠶業은近年에實로可驚할만한進步發達을示하야產繭額과如한것은殆히他에比類가無한高率로써益々增加함은自他를不問하고公認하는喜悅의事實이며、또本道의氣候風土와其他諸般環境이如何히育蠶에適切한가를可히表徵하는證左라謂할지로다、그結果는곳農民의利益이되며幸福으로化하야多年間疲弊하엿던農村의振興을期함에多大한貢獻을致하는中이라、卽蠶業의發達을圖함은、荒廢에瀕한農村을蘇生케하는唯一의方途임으로本道에서蠶業政策에가장留意하는터이로다、然而大正

十二年度의實績의大要를見컨덕養蠶戶數는春及秋를通하야五萬三百五十戶인덕掃立枚數는四萬九千七十四枚에達하얏스며收繭額은實로二萬石을算하게되엿다. 此를六, 七年前의産繭額三千五百餘石에比較할진덕正히隔世의感이不無하나그러나, 他에優越한天惠를所持한本道로하야는決코現況으로서滿足하여질것이아니요一層더各般의施設을完備케홈今日이로다故로玆에蠶業施設의要綱을紹介홈必要도잇스며또其目標는那邊에在한가를互相探究홈必要가잇슬지로다. 以下에順次로各獎勵施設과目標를略述코져하노라。

一、植桑三年計畫의實行

本計畫은蠶業啓發의要諦인桑園의充實을期하야써基礎와는發達의獎勵를企圖코져함인덕, 다要領은可히養蠶할만한農家를其情況에依하야大, 中, 小戶의三種에區分하고大戶에는三百株, 中戶에는百五十株, 小戶에는七十株의桑苗를大正十一年度부터大正十三年度까지에三個年間에植栽케하랴함이엇다. 此計畫인즉距今四百六十七年前, 李朝世祖大王이制定하산種桑法의精神과制度를模倣한것인덕이大戶中戶等歷史的名稱을附한터이로다. 世祖朝와今日에는四百六十餘年이라는年代의差는有하거나와植桑을勸獎한其精神에는何等의逕庭이無할것이로다. 그런딕此三年計畫에依한植桑戶數는十一萬七千八百五十戶, 植桑面積은二千八百六十六町步의豫定이며所要桑苗數는本植補植을合하야一千一百二十餘萬本인딕昨今兩年度에既植한本數가約七百萬本이요, 또大正十三年度即今秋와明春에植桑할決心으로自進하야希望한本數가합셔五百餘萬本에達하엿슨즉結局本計畫의目的은大略完成되리이며一般農家의理解가잇는植桑인以上成績亦是良好할줄自信하노라

二、乾繭場의設備

朝鮮在來의溫突乾繭又는日光乾繭은顯著히繭質을惡變하야써라生産者인農家의所感하는不利는實로鮮少치아니함으로始政以來로此改善에恒常留意하야道內各地에簡易한乾繭場의普及을見하엿스나急激한蠶業發達에相伴한

產繭의增加ᄂᆞᆫ自然小規模의處理機關으로ᄂᆞᆫ到底히其實賣有利케ᄒᆞᆯ수업ᄂᆞᆫ情勢로變ᄒᆞ엿슴으로大正十年度부터셔ᄂᆞᆫ繭의產出이多ᄒᆞᆫ主要ᄒᆞᆫ物資의集散地에地方費補助下에셔大規模의乾繭場을設置ᄒᆞ게된지라、其結果ᄂᆞᆫ產繭處理ᄅᆞᆯ圓滑케ᄒᆞ며安全히蠶業發達을促進케ᄒᆞᄂᆞᆫ好影響을得ᄒᆞ게되엿도다、然이나一層此機關의擴張完備ᄅᆞᆯ行ᄒᆞ기爲ᄒᆞ야大正十三年度에ᄂᆞᆫ道地方費로서一萬六千五百圓의補助金을支出ᄒᆞ야此事業을援助ᄒᆞ기로豫定된지라

三、女子蠶業傳習所의設置

本施設은農家의婦女子에對ᄒᆞ야家庭養蠶에必要ᄒᆞᆫ程度의簡易ᄒᆞᆫ育蠶技術을傳授ᄒᆞᆷ을目的으로大正十一年度부터開始ᄒᆞ얏ᄂᆞᆫᄃᆡ大正十二年度에ᄂᆞᆫ道內六個所의設置ᄅᆞᆯ見ᄒᆞᆫ지라。只今施設의槪要ᄅᆞᆯ述컨ᄃᆡ水原女子蠶業講習所卒業生을雇聘ᄒᆞ야春蠶飼育法栽桑法、蠶具製作及屑繭整理法을敎授ᄒᆞᄂᆞᆫ以外에必要에依ᄒᆞ야秋蠶飼育法、諺文算術、國語等도敎授ᄒᆞ며、生徒食費의一部와敎師의給料ᄂᆞᆫ道地方費로셔補助ᄒᆞ게된지라、然而各傳習所의經營者ᄂᆞᆫ何人을勿論ᄒᆞ고大端ᄒᆞᆫ熱心으로써競爭的으로傳習成績의擧揚에盡力ᄒᆞᆫ結果豫想以外에民間의好評을得ᄒᆞ엿스며修了者에依ᄒᆞ야附近에在ᄒᆞᆫ養蠶改良을促進케ᄒᆞᆫ效果然不尠ᄒᆞᆫ지라、그影響은各處에波及되여入所希望者ㅣ激增ᄒᆞ며또傳習所의新設을希望ᄒᆞᄂᆞᆫ者ㅣ十五箇所에及ᄒᆞ게된지라

四、養蠶巡回敎師의設置

本施設은蠶業思想의家庭化를期ᄒᆞ며農家의婦女子에對ᄒᆞ야改良育蠶術의普及을促進키爲ᄒᆞ야企圖된臨時的奬勵機關인ᄃᆡ、是亦水原女子蠶業講習所卒業生中優良ᄒᆞᆫ者ᄅᆞᆯ採擇ᄒᆞ야養蠶家三十戶以上이集團ᄒᆞᆫ箇所ᄅᆞᆯ巡回區域으로定ᄒᆞ고每日又ᄂᆞᆫ隔日ᄒᆞ야各養蠶家ᄅᆞᆯ巡回ᄒᆞ면서催靑摘桑、飼育、製種、製綱、收繭等必要ᄒᆞᆫ諸般風節을親切히傳授ᄒᆞᄂᆞᆫ지라그런ᄃᆡ此施設이朝鮮의家庭制度에極히適切ᄒᆞᆫ關係上何處에셔던지大々的歡迎을受ᄒᆞ며宏壯ᄒᆞᆫ好評判이有ᄒᆞᆷ으로道地方費에셔ᄂᆞᆫ相當ᄒᆞᆫ補助ᄅᆞᆯ支給ᄒᆞ야大正十三年度에ᄂᆞᆫ十八箇所에擴張ᄒᆞ기로되엿

ᄂᆞᆫ지라、此以外에無補助設置數를合ᄒᆞᆯ진ᄃᆡ實로三十有餘箇所의大盛況을呈ᄒᆞ게되며 ᄯᆞ라셔地方蠶業의改良發達에資ᄒᆞᆷ이不少ᄒᆞᆫ지라、

五、産繭의共同販賣

養蠶家最後의目的인産繭의處理를安全히ᄒᆞ고아니ᄒᆞᄂᆞᆫ것은生産者의利害關係에莫大ᄒᆞᆫ影響이有ᄒᆞᆫ重大問題인故로官民을勿論ᄒᆞ고、가장考慮를要ᄒᆞᄂᆞᆫ焦点이로다、然而少數量의生産品卽一斗二升의蠶繭을各々이不統一ᄒᆞᆫ散賣方法에依ᄒᆞ야處理ᄒᆞᄂᆞᆫ것보다、生産者가一團이되여産繭을相當ᄒᆞᆫ商品으로蒐集ᄒᆞ야써大資本家에게放賣ᄒᆞᄂᆞᆫ것이一層安全ᄒᆞ며生産者의共同利益을增進케ᄒᆞᄂᆞᆫ最善의方法으로認ᄒᆞ야極力으로共同販賣의實行을奬勵ᄒᆞᄂᆞᆫ터이라其方法은地方의情況에依ᄒᆞ야特約指定販賣와現品入札販賣의二樣으로區分ᄒᆞ야道當局의斡旋指導下에저郡島蠶業組合又ᄂᆞᆫ部落蠶業組合으로ᄒᆞ여금實行케ᄒᆞᄂᆞᆫᄃᆡ該團體의大端ᄒᆞᆫ活動은乾繭設備의充實과相提ᄒᆞ야顯著ᄒᆞᆫ好成積을舉揚케되엿스며ᄯᅩ從來懸殊ᄒᆞᆫ手段으로各地에橫綠ᄒᆞ던好商도漸次絶跡ᄒᆞ게된지라、今에大正十二年度의成積을紹介ᄒᆞ면、總共同販賣石數가九千百七石이오、그販賣價額이七十一萬五千餘圓이라、此際의農家情況은極히窮乏ᄒᆞ야經錢一分의收入도업ᄂᆞᆫ써인ᄃᆡ短期間의一副業에依ᄒᆞ야如斯히莫大ᄒᆞᆫ巨額이一般農家에融通되ᄂᆞᆫ터인즉、此困難ᄒᆞᆫ經濟狀態를緩和ᄒᆞᄂᆞᆫ效果ᄂᆞᆫ實로偉大ᄒᆞ다ᄒᆞᆯ지로다

六、製糸講習會의開催

本施設은、絹糸消費가漸次增加ᄒᆞᄂᆞᆫ今日의趨勢에鑑ᄒᆞ야新規의一家庭工業으로其發達普及을助長ᄒᆞ며ᄯᅩ品質이粗惡ᄒᆞᆫ在來絹絲의改良을圖ᄒᆞ기爲ᄒᆞ야、足踏式又ᄂᆞᆫ座繰式製絲機를購入ᄒᆞ야主要ᄒᆞᆫ場所에서蠶業技術員或은斯業에經驗이有ᄒᆞᆫ婦人으로ᄒᆞ여금 一般農家의婦女子에對ᄒᆞ야短期間의講習을行ᄒᆞ엿ᄂᆞᆫᄃᆡ相當ᄒᆞᆫ成績을收得ᄒᆞ얏슴으로此에刺戟되여各處에셔講習會의開催를要望ᄒᆞ며ᄯᅩᄂᆞᆫ製糸機의購入을希望ᄒᆞᄂᆞᆫ等一般養蠶思想의喚起에도不少ᄒᆞᆫ影響이有ᄒᆞᆫ지라、

七、稚蠶共同飼育所의設置

本施設은新規又ᄂᆞᆫ幼稚ᄒᆞᆫ養蠶家에對ᄒᆞ야催靑掃立의方法과、比較的困難ᄒᆞᆫ稚蠶中의飼育方法을實地로敎授ᄒᆞᄂᆞᆫ目的으로써曾從부터道地方費補助로郡島蠶業組合이主體가되여相當ᄒᆞᆫ蠶養이有ᄒᆞᆫ技術者를敎師로定ᄒᆞ야實施ᄒᆞ엿ᄂᆞᆫᄃᆡ各地마다所期의目的을達成ᄒᆞ엿슬ᄲᅮᆫ아니라一方으로品種의統一、改政蠶具의普及乃至蠶室의改良等間接的効果로因ᄒᆞ야蠶業의改良發達을助長함이또ᄒᆞᆫ顯著ᄒᆞ도다。然而大正十一年度의設置箇所數ᄂᆞᆫ百九十八、共同人員이二千八百五十九名、其掃立枚數三千二百六十三枚에達ᄒᆞ엿스며地方費補助額은五千九百餘圓에至ᄒᆞᆫ지라然이나大正十二年度以後로ᄂᆞᆫ地方費財政의形便上此를面事務業에移屬ᄒᆞ야繼續的으로實施中이라。

八、原蠶種製造所와蠶業取締所의設置

道에서ᄂᆞᆫ原蠶種製造所를設置ᄒᆞ야優良ᄒᆞᆫ原蠶種의製造配付를行ᄒᆞ며또蠶業에關ᄒᆞᆫ各種의試驗調査를施行ᄒᆞ야其結果의發表에依ᄒᆞ야當業者의自覺을促ᄒᆞᄂᆞᆫ以外에每年十五名의農家子弟를募集ᄒᆞ야將來蠶業의中堅的人物을養成ᄒᆞ며、蠶業取締所를設置ᄒᆞ야桑苗와蠶種의檢査를嚴密히ᄒᆞ야써其良好ᄒᆞᆫ것은一般養蠶家에配付ᄒᆞ도록ᄒᆞ며、또自家製蠶種의密造、無屆出桑苗의密賣買、蠶種의密移入等違法行爲를嚴重히取締ᄒᆞ며其他法令에依ᄒᆞ야新定의取締事務를取扱케ᄒᆞ야써本道蠶業의啓發에不斷의努力을致ᄒᆞᄂᆞᆫ터이라。

以上의各項을通覽ᄒᆞᆯ진ᄃᆡ、本道의蠶業이如何ᄒᆞᆫ狀態에在ᄒᆞᆫ지 또道當局에서如何히斯業을奬勵ᄒᆞᄂᆞᆫ지를能히窺知ᄒᆞᆯ수잇스며、ᄯᅡ라서其將來ᄂᆞᆫ如何히될지를可히推量ᄒᆞᆯ수잇슬지니更히呶々를不要ᄒᆞ나그러나玆에簡單ᄒᆞᆫ一例를擧ᄒᆞ야參考에供코저ᄒᆞ노라、即大正十三年을中心을삼아前五年後五年의産繭額을比較ᄒᆞᆯ진ᄃᆡ、

過去……大正七年 六、〇六六石 (實績)
現在……大正十二年 一九、八〇四石 (實績)
將來……大正十七年 五二、〇〇〇石 (豫想)

右와如히過去의全南蠶業은極히微々ᄒᆞ엿스나四

五年間의急激호增進은實로可驚할喜의趨勢라產繭額의順位로말호면十三道中第八位로브터第五位에向進호얏ᄂ지라更히四、五年을經過호면植桑三年計畫의完成에依호야桑園面積이約五千町步에達호게됨으로、產繭額은少호야도五萬二千餘石에不下홀지라然則每石平均八十圓으로論之호면라도四百餘萬圓의莫大호金錢이一般農家의手中에收入되여地方金融을圓滑케호며農民의生活을裕足케홀一大動脈이될것이로다。即本道의蠶業은、무엇보다도一層奬勵호ᄂ精神과目標ᄂ、五年後의將來에產繭額을五萬二千餘石에達케호야써全朝鮮蠶業界의覇王이되도록함에不外호도다。身이官野에在함을不拘호고一齊히勇往邁進호지어다。……이精神으로써其目標에向호야!

## 副業品共進會에現훈本道의成績

昨秋京城에서開催된朝鮮副業品共進會에本道管內로브터普通出品으로出陳된点數ᄂ千百二十一点이며其出品人員이八百五十三人으로써全鮮總出品數並人員의約一割에相當호며此에對호受賞点數ᄂ三百五十九点의多數로서出品点數의三割二分에相當호야十三道中京畿道와伯仲之間에在호야一二를爭호ᄂ地位를占호얏슬뿐아니라受賞品中最高位되ᄂ名譽賞은全道를通호야僅히六点에不過함에不拘호고本道에서ᄂ其內의二点을得호얏스니一等亦七点의多數에上호야此를出品点數에比例호時ᄂ實ᄂ他道에二等地를拔호最優位의榮冠을收호ᄂ實를示함은正히喜悅호現象이라云홀지라此로見호時에本道ᄂ他道에比호야顯著히副業이發達호야其의製品이優秀호고또多種多產이여서他道의能히比하를不許함을知함에足호며本共進會에依호야此를江湖에紹介함을得함은實로欣喜에不堪호바이며更히今後의發展을期待호바ㅣ有함을信호노라

即其의成績을他道와比較호야受賞率을示호면左와如함

## 受賞道別比較

| 道別 | 出品点數 | 名譽賞 | 一等 | 二等 | 三等 | 四等 | 五等 | 計 | 受賞步合 |
|---|---|---|---|---|---|---|---|---|---|
| 京畿 | 一、五五六 | 一 | 二 | 三八 | 一二二 | 一八〇 | 一七四 | 五一五 | 三三、二六 |
| ◎全南◎ | 一、一三二 | 二 | 七 | 二二 | 六〇 | 一三三 | 一四七 | 三五九 | 三一、七〇 |
| 全北 | 一、〇〇〇 | 一 | 五 | 一八 | 五〇 | 一〇五 | 一三七 | 三〇五 | 三〇、一〇 |
| 慶南 | 一、〇八八 | 一 | 四 | 三三 | 五八 | 一〇六 | 一三六 | 三三七 | 三一、〇〇 |
| 忠北 | 六七七 | 一 | 三 | 一四 | 三五 | 六三 | 八六 | 一九二 | 二八、六〇 |
| 忠南 | 九〇八 | 一 | 四 | 一六 | 四四 | 八五 | 一〇二 | 二五二 | 二七、七〇 |
| 咸南 | 七六三 | 二 | 三 | 六 | 三九 | 七三 | 八九 | 二三二 | 三〇、四〇 |
| 咸北 | 三八〇 | 一 | 三 | 一〇 | 二〇 | 三三 | 三五 | 一〇二 | 二六、六〇 |
| 平北 | 五七九 | 一 | 二 | 七 | 一四 | 五〇 | 七六 | 一五三 | 二六、四三 |
| 慶北 | 一、四二八 | 一 | 四 | 一九 | 七二 | 一二〇 | 一七七 | 三九三 | 二七、六〇 |
| 平南 | 七四〇 | 一 | 四 | 一五 | 三〇 | 七四 | 六六 | 一八九 | 二五、五〇 |
| 江原 | 九一〇 | 一 | 一 | 九 | 三三 | 六三 | 一三〇 | 二三六 | 二五、九〇 |
| 黃海 | 六八五 | 一 | 二 | 四 | 三〇 | 五一 | 八一 | 一六八 | 二四、五〇 |
| 計 | 一二、八四〇 | 八 | 五三 | 一九四 | 五九九 | 一、一三〇 | 一、四一三 | 三、三九七 | 二八、六〇 |

本道에서名譽賞受賞者ᄂᆞᆫ務安郡高興安(棉花)及潭陽産業組合(竹籠)의兩人이오一等賞은竹製品三点(竹簾、竹製가방及竹籠)竹材一点生糸一点、乾海苔一点及晒布糊一点이라

本副業品共進會를機로ᄒᆞ야從來副業의開發上貢獻ᄒᆞᆫ者를表彰ᄒᆞ얏ᄂᆞᆫᄃᆡ其總數四十二名中本道ᄂᆞᆫ七名의多數에達ᄒᆞ야京畿道에次ᄒᆞᆫ第二位를占ᄒᆞ얏나니即此를道別로比較ᄒᆞ면左와如ᄒᆞ니라

## 副業功勞表彰者比較

| 京畿 | 全南 | 全北 | 慶北 | 忠南 | 忠北 | 咸南 | 慶南 | 平南 | 黃海 |
|---|---|---|---|---|---|---|---|---|---|
| 八 | 七 | 四 | 三 | 三 | 三 | 三 | 二 | 二 | 二 |

| 平北 | 江原 | 咸北 | 計 |
|---|---|---|---|
| 二 | 二 | 一 | 四二 |

即本道管內에此의榮譽잇ᄂᆞᆫ表彰을受ᄒᆞ야銀製花瓶一個式을授ᄒᆞᆫ者을揭ᄒᆞ면左와如ᄒᆞ도다

務安郡棉作組合
靈岩郡産業組合長　李元雨　　朝鮮繩叺株式會社
潭陽産業組合　　石森敬治
麗水郡棉作組合　　長興郡海苔漁業組合

上叙와如히副業品共進會에現ᄒᆞᆫ本道의成績은諸

方面으로보아顯著호好成績을收호얏노니此로畢竟當業者의努力에依호다홀지나官憲의斯業開發上指導獎勵가得宜호結果라謂치아니치못호지라大蓋副業의般否는地方經濟의振否에關係되바ㅣ頗히大多호며地方農村에健實호發達은副業의普及에由호다호야도別로過言이아니라此에仍호야本道에서는極力副業의振興에銳意호야써其發達의迅速함을期호노中이라

## 本道의土木

### 一、道路

| 道路等級 | 總延長 | 改修延長 | 未改修延長 | 摘要 |
| --- | --- | --- | --- | --- |
| | 里 丁 | 里 丁 | 里 丁 | |
| 一等道路 | 三三、二一 | 二二、二六 | 一〇、三一 | 京城木浦線 |
| 二等道路 | 一六一、三〇 | 一五四、三二 | 八、一八 | 七線 |
| 三等道路 | 二五八、〇〇 | 二三〇、三三 | 二七、一四 | 卅八線 |
| 等外道路 | | 九九、二四 | | |
| 合計 | 四五四、二六 | 四八八、三三 | 四六、〇三 | |

本道道路의分布는右表와如히其延長이京畿道와匹敵호는다此等道路에對호常時의維持修繕에關호야는道路規則으로써地元部落에施行호고루規定되야잇슬뿐아니라古來朝鮮에셔는賦役現品等을地元人民에게負擔케호慣習이有호나交通道路發達上에欣喜홀良俗이라不能함으로本道에셔는道路의保全을期호기爲호야三十名의修繕工夫를配置호야賦役의指導를爲케호고更히此等道路工夫에對호야는道內를三分호야土木管區로호야各指揮監督에任케호야道路利用上에遺憾이無호기를期호며

### 二、河川

本道에在호本府所管에屬호指定河川은左와如함

| | 河川名 | 指定區域 |
| --- | --- | --- |
| | 榮山江 | 潭陽郡潭陽以下海에至함 |
| 支 | 光州川 | 光州郡光州以下榮山江에至함 |
| 同 | 黃龍江 | 長城郡長城以下榮山江에至함 |
| 同 | 砥石川 | 和順綾州以下榮山江에至함 |
| 同 | 古幕院川 | 咸平郡羅山以下榮山江에至함 |
| 同 | 咸平川 | 咸平郡咸平以下榮山江에至함 |
| | 蟾津江 | 全羅北道鎭安郡佐里以下海에至함 |
| 支 | 蓼川 | 南原郡南原以下蟾津江에至함 |
| 同 | 寶城江 | 寶城郡寶城以下蟾津江에至함 |

同　西施川―求禮郡本新以下蟾津江에至함
小支同灊川―順和郡同灊以下寶城江至함
備考　指定河川이라함은朝鮮總督의所管에屬ᄒᆞ고其他ᄂᆞᆫ道知事의所管이라

朝鮮에在ᄒᆞᆫ河川은大槪何等整理施設이無ᄒᆞ고舊態로徒存ᄒᆞ야自然의狀態로放任되야在ᄒᆞ나然이나本道와如함은夏期에際ᄒᆞ야各河川의沿岸이種々汎濫함으로多少의被害를蒙함은遺憾되ᄂᆞᆫ바이나元來河川의改修의事業은巨額의費用을要ᄒᆞ야一川으로도幾數百千萬圓을要ᄒᆞ야國家經濟見地로브터政府에서施設치아니ᄒᆞ면到底히貧弱ᄒᆞᆫ地方費의及ᄒᆞᆯ바이아니라是以로本府에셔도旣히朝鮮에在ᄒᆞᆫ主要河川改修의計畫이有ᄒᆞ되東都震災의影響을蒙ᄒᆞ야幾分實施를遲延케ᄒᆞ얏스나近ᄒᆞᆫ將來에此事가實施ᄒᆞᄂᆞᆫ時ᄂᆞᆫ流域沿岸各地의利用價値를顯著히增進ᄒᆞ야地方開發을促進함이不尠ᄒᆞᆯ지로다

三、港灣

本道의沿岸線의延長은二千六百六十二浬인되全鮮의沿岸線延長의三分之一을占하야南은有名ᄒᆞᆫ多島海에臨하야島嶼의數가亦千七百四十七島의多에達하며從하야大小의港灣은枚擧하가不遑하되就中著名ᄒᆞᆫ者로ᄂᆞᆫ開港場木浦港과開港場에進ᄒᆞᆯ만ᄒᆞᆫ麗水、巨文、城山浦三指定港의外에朝鮮郵船會社의沿岸命令航路寄港地가三十五港에達하ᄂᆞᆫ도다此等港灣은天然의良港이로되何者던지多少의人工施設을加함에因하야於是乎其眞價를發揮ᄒᆞᆯ者ㅣ나此等海上施設을要하ᄂᆞᆫ者頗多함으로써當局으로ᄂᆞᆫ陸上道路의略々完成함을依하야財政이許하ᄂᆞᆫ限에서鋭意努力코져ᄒᆞ다더라今日까지ᄂᆞᆫ地方費補助로써施設하ᄂᆞᆫ者ㅣ大正八九年에濟州島別刀港의浚渫幷撤子港內의防波堤築造、十年度에補助五千圓을支出하야光陽郡下浦港에荷揚棧橋를築設하고十一年度에同地方費로一萬圓을補助하야海南郡於蘭鎭港을二萬餘圓의總工費로써防波堤를築造케하고尙引續하야十二年度에ᄂᆞᆫ長興郡水門浦港의防波堤築造工費二萬圓에對하야一萬圓을補助하야目下工事實行中에屬하고또今十三年度에ᄂᆞᆫ同面의三ケ年의繼續事業으로써總工費約二十萬圓을投하야麗水港의浚渫並陸上設備를施ᄒᆞᆯ豫定이요또將來緩急을圖하야順次施設을加하야海陸運輸의圓滑을企圖하더라

# 本道의金融組合現況

本道의金融組合은明治四十年初에光州濟州順天羅州及靈巖五個所에設置됨을濫觴으로ᄒᆞ고其後每年數個所의增設을見ᄒᆞ얏스며大正七年에規則에一大改正을加ᄒᆞ야新히商工業이盛ᄒᆞᆫ都市에ᄂᆞᆫ別로都市組合을設ᄒᆞ게되얏도다且村落組合의增設에付ᄒᆞ야도從來보다更히一步을進ᄒᆞ게되야現在에ᄂᆞᆫ都市組合七個所村落組合四十五個所合計五十二個所에達ᄒᆞ야五面二弱一個所의比例로組合의設立을見ᄒᆞ게되얏도다組合員은當初에ᄂᆞᆫ組合의趣旨가徹底치못ᄒᆞᆷ으로募集에不尠ᄒᆞᆫ困難을感ᄒᆞ얏스ᄂᆞ漸次組合의目的과趣旨의諒解를得ᄒᆞ야組合員이增加ᄒᆞ야最近에ᄂᆞᆫ一組合에서最多ᄒᆞᆫ者一千名을超過ᄒᆞ야道內全部에三萬三千九百一名을算ᄒᆞ고戶數가百戶에對ᄒᆞ야約九名의比例를見ᄒᆞ게되얏도다預金은當初에極ᄒᆞ더니最近에至ᄒᆞ야急激히增加ᄒᆞ야二百三十六萬八千圓에至ᄒᆞ고又貸付金은四百三十四萬五千圓에達ᄒᆞᄂᆞᆫ盛況을示ᄒᆞᆷ에至ᄒᆞ얏도다

朝鮮에在ᄒᆞᆫ金融組合은早히下層金融機關으로地方産業의開發에偉大ᄒᆞᆫ效果가有ᄒᆞᆯ뿐안이라金融에潤澤치못ᄒᆞᆫ下層生産業者에對ᄒᆞᆫ社會的施設로貢獻ᄒᆞᆫ바이顯著ᄒᆞ도다然이나民間에셔ᄂᆞᆫ今尙多額의高利資金이散布되야最近의統計ᄂᆞᆫ四百三十三萬의額에達ᄒᆞᆷ으로써道當局에셔ᄂᆞᆫ現狀에滿足ᄒᆞ지아니ᄒᆞ고今後更히組合을增設ᄒᆞ고又ᄂᆞᆫ出張所를新設ᄒᆞ야組合員도少ᄒᆞ야도現在의二倍에達ᄒᆞ기ᄭᆞ지擴張ᄒᆞ야下層階級의經濟의發達을計畫ᄒᆞᆷ이라唯玆에注意ᄒᆞᆯ바ᄂᆞᆫ道當局에셔如斯히金融組合의擴張을圖ᄒᆞᄂᆞᆫ所以ᄂᆞᆫ專히下層階級의經濟發達을圖ᄒᆞ야個人生活의安定으로브터國家의富强을求코져ᄒᆞᄂᆞᆫ趣旨에不外ᄒᆞᄂᆞᆫ디資金融通의途가開ᄒᆞᆷ을奇貨로思ᄒᆞ고何等成算이無ᄒᆞᆫ資金을借受ᄒᆞ고期限에至ᄒᆞ야此를辨濟치못ᄒᆞ고遂히祖先傳來의田畓을人手에渡케ᄒᆞᆷ은不信意의甚ᄒᆞᆫ者이라實로遺憾이不尠ᄒᆞ도다如斯ᄒᆞᆷ은暴飮暴食을爲ᄒᆞ야胃腸을損ᄒᆞ야遂히一命을隕ᄒᆞᆷ에至ᄒᆞᆷ과同樣이라組合의理事者ᄂᆞᆫ智識經驗이深ᄒᆞᆫ者로써此에充ᄒᆞᆷ으로써資金을借受코져ᄒᆞᄂᆞᆫ際에ᄂᆞᆫ其必要의事由及返濟方法에就ᄒᆞ야協議를遂ᄒᆞ야資金을無用의로費消치아니ᄒᆞ도록充分注意ᄒᆞᆷ이可

호도다組合理事者는亦審호야其相談에應홀지시니如斯히호야資金을最히有效호게使用호야多大호利益을擧호야一面으로는家業에勤勉호고且日常生活上에可及的챵約을行호야此少의金錢이라도此를組合에貯蓄호야一步々々로產을治홈에用意할지니可호도다組合은組合員의預金에對호야는銀行郵便局等보다高호利息을附호고且安全確實홈이郵便局과何等變홈이無호즉此를最히有效호게利用호야各自의家를救濟호는途를講홈이要호도다

## 朝鮮內에通貨流通高

大正十二年十二月現在

| 種類 | 金額 | 備考 |
|---|---|---|
| 金貨 | 五,五〇〇圓 | 一、朝鮮銀行券은朝鮮外의流通高도含홈 |
| 補助金 | 一一,五一〇,三〇八 | 本年數以外에日本銀行券의流通이有호나正確호統計資料를得치못홈으로此를除外홈 |
| 朝鮮銀行券 | 一一〇,三三三,〇六八 | |
| 計 | 一二一,八四八,八七六 | |

## 本道產業의大勢

本道는朝鮮最南端에位置호얏시나其廣袤東西가六十四里오南北이八十四里이며全面積은九百方里이니東은蟾津江으로서慶尙南道에接호고北은全羅北道에隣호며西는黃海에臨호야遙々히支那山東江蘇의兩省과相對호고南은朝鮮第一의島嶼인濟州島에서一葦帶水을隔호야本土九州와呼應之間에在호니東經百二十五度로부터同百二十七度에北緯三十三度로부터同三十五度에亘호얏시며氣候가甚히溫和호야關東地方과比等호고東方部慶南、全北의道界에는山嶽이重疊호고地勢가稍々險峻호나榮山江과其他江河가縱橫貫流호야平野가相連호고舟楫의便과灌漑의利에富호며地味大槪肥沃호야農耕에適호고沿海에는所謂多島海라稱호는風光이明眉호千七百有餘의島嶼를抱擁호야海岸線의延長이實로二千六百餘浬에達호야朝鮮全海岸線의約三割二分을占호얏스며此外海運의便도展開되야其間에良港이不乏호며且本邦有數의漁港의臨所에散在호港等地勢上及地理的關係上或은農產水產에或은工業、

林業에其他各種産業發達進展의素地가海陸山河到處에甚多ᄒᆞ도다然이나溯ᄒᆞ야始政以前의狀態를回顧ᄒᆞ건ᄃᆡ如斯히他에其比類가稀少ᄒᆞᆫ天惠地福도此를運用利達ᄒᆞᆷ을不得ᄒᆞ야産業은萎靡荒廢ᄒᆞ며交通運輸、敎育、衛生、警備에徵ᄒᆞ던지將又財政經濟의狀態를顧ᄒᆞ야도實로萎縮不振ᄒᆞ야何等의可觀ᄒᆞᆯ者가無ᄒᆞ얏도다施政爾來十三星霜을閱ᄒᆞᆫ今日에尙히創刱之期를未脫이나新政의基礎가漸次鞏固ᄒᆞᆷ을隨ᄒᆞ야諸般의施設經營이愈々進陟되야産業의發達、敎育의普及、治安의維持、衛生機管의充實、交通運輸의進展‧制度文物의改善等廉續이現著ᄒᆞ며山川草木도亦容姿을改ᄒᆞ야面目을一新케ᄒᆞ며富力도急擄히增進되야同仁의惠澤이將次全土에普洽ᄒᆞ랴ᄒᆞᄂᆞᆫ도다

卽本道産業의情勢를觀察ᄒᆞ건ᄃᆡ主要農産物인米ᄂᆞᆫ始政當年인明治四十三年에ᄂᆞᆫ僅百十萬石에不過ᄒᆞ던것이大正十一年에ᄂᆞᆫ二百二十一萬石에倍加ᄒᆞ고麥은七十九萬石으로부터百四十八萬石에陸地棉은僅々히六十三萬斤이라ᄂᆞᆫ寡少ᄒᆞᆫ數로一躍四千五百萬斤의多數를算ᄒᆞ며家蠶繭은千石으로一萬八千石에、畜牛四萬頭로十三萬頭에漁獲高ᄂᆞᆫ百二十三萬圓으로七百九十八萬圓에工業製品은百六萬圓으로부터實로六千三百萬圓의多額에激增ᄒᆞ고耕地面積과如ᄒᆞᆫ도亦二十四萬町步로부터四十一萬町步에達ᄒᆞᄂᆞᆫ盛況을示ᄒᆞᆫ結果山麓、河邊、干潟地等은開拓되야饒沓美田으로化ᄒᆞ고荒廢禿裸의山岳이亦鬱草되야美裝을呈ᄒᆞ며茫洋ᄒᆞᆫ多島海의漁利도啓發되야內地ᄂᆞᆫ勿論遠히東洋諸外國의食膳을賑케ᄒᆞ며全南移出米ᄂᆞᆫ內地優良米에伍ᄒᆞ야何等의遜色이無ᄒᆞ며陸地棉은本道特有의産物로서其品質의優秀와撒量의多額으로有名ᄒᆞ니라上叙와如히本道의生産額은可驚ᄒᆞᆯ만ᄒᆞᆫ累增을示ᄒᆞ야始政當年엔僅二千八百萬圓에不過ᄒᆞ더니大正十一年에ᄂᆞᆫ約一億圓의巨額에達ᄒᆞ야旣往十二箇年間에實로一億七千餘萬圓의激增으로七倍餘에達ᄒᆞ얏나니此를一戶當으로見ᄒᆞᆯ時에난八十六圓이던것이五百三十四圓이되엿시며一人當으로觀ᄒᆞᆯ時에ᄂᆞᆫ十八圓이던것이百餘圓에增加되야何者를勿論ᄒᆞ고六倍以上에增進되얏ᄉᆞ니此로ᄡᅥ本道二百萬蒼生의富力의增進이며經濟의伸暢된程度를窺知ᄒᆞᆯ지라始政當年以降의各年別生産力

을比較對照ᄒᆞ야指數로써其增加率을示ᄒᆞ면左表와如ᄒᆞ니라

## 生産力累年比較

| 年次 | 生産額 | 指數 |
|---|---|---|
| 明治四十三年 | 二八、〇八五四二九 | 一〇〇 |
| 明治四十四年 | 三四、三六六八八八 | 一二二 |
| 大正元年 | 三三、一四七〇三七 | 一一八 |
| 大正二年 | 四〇、七八四二九九 | 一四五 |
| 大正三年 | 四三、二一七六二一 | 一五四 |
| 大正四年 | 四五、九六一二八七 | 一六四 |
| 大正五年 | 五五、五七二三五八 | 一九八 |
| 大正六年 | 七六、四一一四〇三 | 二七二 |
| 大正七年 | 一三〇、三六七〇三 | 四六四 |
| 大正八年 | 二四四、〇八二四六八 | 八六九 |
| 大正九年 | 一六六、一六二四 | 五九二 |
| 大正十年 | 一八四、一八六二〇 | 六五六 |
| 大正十一年 | 一九七、五六五四五 | 七〇四 |

本道產業發達은前記와如ᄒᆞ나此에伴ᄒᆞ는購買力의增進及交通運輸機關의整備에基ᄒᆞᆫ輸移出入貿易額의增加ᄒᆞᆫ事도見逸치못ᄒᆞᆯ現象이라此에對ᄒᆞ야大正四年의此를見ᄒᆞᆫ時에는總額이一千四十八萬圓(出超三百十二萬이든것이大正十年에는四千二百六十餘萬圓(約四倍로써同年出超五百六十七萬圓)의多數에達ᄒᆞ야三千百十萬圓의增加를示ᄒᆞ얏스며此로因ᄒᆞ야道內의商取引高도亦逐年累增ᄒᆞ야大正十一年과如ᄒᆞᆷ은約八千萬圓의多額을算ᄒᆞᆷ에至ᄒᆞ얏도다

顧ᄒᆞ야交通機關의狀態를見ᄒᆞ면始政當時에在ᄒᆞ야는本道廳所在光州로부터本道에屬ᄒᆞᆫ南鮮屈指의開港地인木浦府에至ᄒᆞᆷ에도七里의行程은轎子又는馬背에依ᄒᆞ고更이榮山江은舟楫의便에依치아니치못ᄒᆞ얏시나況且奧部地方又는京城等의遠距離에旅行코자ᄒᆞᆷ에는其日程이旬餘或數十日을要ᄒᆞ는狀態이얏스나至今ᄒᆞ야는湖南線은木浦를起点으로ᄒᆞ야本道의中央部를南北으로貫通ᄒᆞ야大田에서京釜本線에聯絡되고朝鮮鐵道는松汀里驛으로부터分岐ᄒᆞ야本道中央部를北東으로貫通ᄒᆞ야馬山에서京釜線에聯絡ᄒᆞ기로既히光州를經ᄒᆞ야潭陽ᄭᆞ지開通되고更히南海岸一帶를接續ᄒᆞ랴는鐵道敷設의議가有ᄒᆞ며又一二三等道路는勿論三等々外의各道路亦殆이完成되야諸般이累々ᄒᆞᆫ山間僻陬의地라도自由로車馬

의通홈을得ᄒ며朝郵、大商、尼汽等의汽船은沿海各地를巡繞ᄒ야寄港ᄒ며各島嶼의聯絡도亦昔日의片影을不存홀뿐아니라大正十二年부터支那航路인靑島木浦航路가開始되야直接對支貿易에資ᄒ며更히上海航路開設의機運을釀成홈에至ᄒ얏도다如斯히陸海運輸의便이漸備홈으로各種의産業은益々勃興의機運을促進ᄒ야民力의增進經濟의伸暢이顯著ᄒ라홈은古來로本道를指稱ᄒ야朝鮮의寶庫라評ᄒ는名에不背ᄒ야優秀ᄒᆫ實績을收得홈도不遠ᄒᆫ將來에在홈을像想케ᄒ난것이라

上叙와如히本道의地方됨이地勢其他의關係上幾多의天惠地福을有홈에不拘ᄒ고아즉事業의企畫이遲々不振ᄒ야所期의成果를完全히收得지못ᄒ는憾이有홈은畢竟尙今其實情이廣히世間에周知치못ᄒᆫ바되야事業家資本家의着眼이未及홈에由ᄒ는것인즉實로遺憾에不堪ᄒ난바이라然이나本道는氣候가溫和ᄒ고地味가肥沃ᄒ야稼穡이豐登ᄒ며水族이豐富ᄒ고且交通의便이有ᄒ며住民이比較的溫順敏捷ᄒᆫ等各種의事業을企圖홈에多大ᄒᆫ地福天惠을保有ᄒᆫ者幾多의優越ᄒᆫ地步을占ᄒᆫ朝鮮의寶庫로서尙今海陸山河에多大ᄒᆫ遺利을包藏ᄒ야此을運用利益開拓홀幾多未開의事業이有홈뿐아니라此를企圖홈에絶好ᄒᆫ地勢及原料을有홈으로써更히一層官憲은指導獎勵을濃厚히ᄒ고一般當業者도亦此에和調協力홀時에는植林에、開墾에、灌漑에、漁業에、商業에、鑛業에、工業에其他各種事業이翕然히勃興되야企業界에活況을呈홀지며延ᄒ야商取引의殷賑、金融界의盛況等을期得ᄒ게에無疑홈바이라

## 本道의手工業

本道의工業은古來로各種의原料에富ᄒ야往時에相當히發達ᄒᆫ事도有ᄒ얏스나國力의疲弊와共히漸次衰退ᄒ야李朝의末期에至ᄒ야는農家에副業的生業으로日常必需品인織物、家具、敷物、冠物、農具等僅히家庭的手工에其此影을留홈에不過ᄒᆫ뿐아니라其技術은極히幼稚ᄒ며使用器具亦不完全ᄒᆫ故로製品은頗히粗惡ᄒ야漸次商品으로서價値를有홈은玉果의玉蓆、寶城의綾蓆、羅州及望雲의細簾濟州의冠物、靈岩의竹櫛、粗製의綿布等數種을屈홈

뿐이며其工業總額은合併當年에는僅히百圓內外에不過ᄒᆞ얏도다

依ᄒᆞ야本道에서는新改以來極力此의改善發達을期ᄒᆞ야或은各經의工業傳習을施行ᄒᆞ며技術員의巡回指導를行ᄒᆞ야써技術의普及製作의工程의速進幷優良品의製産에務ᄒᆞ며或은經營費中에補助金을下附ᄒᆞ야事業의進展을期ᄒᆞ며或은陳列館을設置ᄒᆞ며又는博覽會、共進會、品評會等出品의援助를與ᄒᆞ며或은産米組合其의他의組織을勸奬保護ᄒᆞ야써小工業의振興品質의向上販賣의擴張方法의改善等을圖ᄒᆞ며又는本道의情勢、産業組織의狀態를宣傳ᄒᆞ야廣히企業家의吸收에努ᄒᆞ며製品은紹介ᄒᆞ야其投資를勸說慫慂ᄒᆞ는各種剴切ᄒᆞᆫ指導督勵를加ᄒᆞ야極力斯業의開發을勗ᄒᆞᆫ것과時運의進展에伴ᄒᆞ야漸次其步를促ᄒᆞ며特히晩近各種産業의開發、交通運輸機關의整備及經濟界의活況에基ᄒᆞ야翕然히斯業의發達을助成ᄒᆞ야各種의工業이着々進步의實을顯ᄒᆞ야將次家庭的手工業의役을脫코져ᄒᆞ며內의消費를充ᄒᆞ고外의輸移出되는것이年々히增加의趨勢를示ᄒᆞᆷ에至ᄒᆞᆫ것은實로可喜ᄒᆞᆯ現象이라、然이나大正九年三月突加襲來ᄒᆞᆫ財界의世界的脅威를受ᄒᆞ야俄然히諸物價가暴落ᄒᆞ며加ᄒᆞ야金融의梗塞은諸般의工場을逼息케ᄒᆞᆷ에依ᄒᆞ야家庭工場兩工業은不尠ᄒᆞᆫ打擊을蒙ᄒᆞᆫ結果價額에在ᄒᆞ야大正九年은前年에比ᄒᆞ야四割四分의激減을示ᄒᆞᆷ에至ᄒᆞᆫ것은甚히遺憾이不堪ᄒᆞᆫ바이라其後에經濟界는稍々安定의兆가有ᄒᆞ나事業界는微々不振ᄒᆞ여特히價格은依然히保合의情勢를持ᄒᆞᆷ으로大正十一年에在ᄒᆞ야도特히製産增加를呈ᄒᆞᆫ者少ᄒᆞ고唯機業及竹材製品業並精穀業等顯著히進展을告ᄒᆞᆫ結果六千二百萬圓을算ᄒᆞ야併合當年에比ᄒᆞ야約五十八倍에上ᄒᆞᆷ에至ᄒᆞ얏느니即明治四十三年以降의累年工業製産額을揭ᄒᆞ야指數로써其增加步合을表示ᄒᆞ야左와如ᄒᆞ니라

### 工業製産額累年比較(圓)

| 年次 | 製産總額 | 指數 | 年次 | 製産總額 | 指數 |
|---|---|---|---|---|---|
| 明治四十三年 | 一,〇六一,〇〇〇 | 一〇〇 | 大正六年 | [illegible] | [illegible] |
| 同四十四年 | [illegible] | [illegible] | 同七年 | [illegible] | [illegible] |
| 大正元年 | [illegible] | [illegible] | 同八年 | [illegible] | [illegible] |
| 同二年 | [illegible] | [illegible] | 同九年 | [illegible] | [illegible] |
| 同三年 | [illegible] | [illegible] | 同十一年 | [illegible] | [illegible] |

| | | | | | |
|---|---|---|---|---|---|
| 同 四年 | 七、四四六、八六六 | 七〇〇 | 同十一年 | 六二、四四五、九四四 | 一六、八五四 |
| 同 五年 | 九、三一六、〇九五 | 八〇〇 | | | |

上叙와如히大正十一年에在호工業産額은六千二百餘圓中內地人의製産에屬호것은千四百八十五萬圓으로釀造品、繰綿、棉油、精穀、罐詰類、寒天竹細工品、窯業製品、鐵器類、船舶等相當호規模로有호工場組織을有호者이不尠호나朝鮮人製産에屬호者는四千七百五十九萬圓으로織物類를第一로호고叺繩等의藁製品、竹材製品、窯業製品、酒類紙類、布帛製品、冠物、穀物類等大概은副業又는小規模의工場製産이며外國人工産物은僅히朝鮮人所用의「족기」千二百餘圓으로全혀支那人의製作에濶호것이로다、然이나近時朝鮮人經濟思想의發達이顯著호바有호야年々히機械工業을企圖호는者多호게됨은實노欣喜호現象이라云치아니치못호지니라

今에之를品別에依호야主要特種物의産額을表示호면左와如호니라

## 大正十一年工業製産內譯(圓)

| 品目 | 産額 | 品目 | 産額 |
|---|---|---|---|
| 織物 | 三、六九八、一二五 | 肥料 | 五六四、六六一 |
| 藁製品 | 二、七七五、一四九 | 植物性脂油 | 八一八、三一九 |
| 竹材製品 | 八〇三、九七六 | 動物性脂油 | 一〇一、一四一 |
| 繰綿 | 五、七七五、九六四 | 椎茸 | 一七三、六四〇 |
| 精米 | 一六、三二七、八四七 | 罐、詰類 | 一五八、九六三 |
| 布帛製品 | 二、一〇三、九〇三 | 乾海苔 | 七八二、九六九 |
| 釀製品 | 一八〇、〇三〇 | 金屬製品 | 五五五、二九九 |
| 漁具製品 | 一四、一八〇 | 紙及紙製品 | 一〇八、三三四 |
| 酒類 | 四、三四四、六六八 | 寒天 | 三〇、〇〇〇 |
| 穀物類 | 一四〇、五四五 | 內醬油味噌 | 一三八、一四三 |
| 窯業製品 | 三五二、〇五一 | 其他 | 一、九四四、三三五 |
| 麪子及麴 | 四五六、一四二 | 計 | 六二、四四五、九四四 |

前表와如히本道의工業은六千二百餘萬圓의多호에達호다호나其內罐詰類、寒天、淸酒、繰綿、精穀、味噌、醬油、椎茸、金屬製品等特種物을除호고는大部手工業으로特히織物類、藁製品、竹材製

品、穀物類、海苔、布帛製品、紙及紙製品、脂油等大概朝鮮人의副業으로成ᄒᆞᄂᆞᆫ者이나其概算額이。約二千萬圓에達ᄒᆞ야副業餘收의鮮少치아니ᄒᆞᆷ을窺知ᄒᆞᆷ에足ᄒᆞ며就中織物類、竹材製品。改良叺、乾海苔(改良淺草海苔)等을其大宗이라認得ᄒᆞᆯ지乘ᄒᆞ야何者던지原料의豊產과技能의遂鍊은朝鮮全土何處에撥出ᄒᆞ던지他道의比儔를不許ᄒᆞᆯ바이라

由來全羅南道ᄂᆞᆫ古來朝鮮의豊庫라稱ᄒᆞ얏슴에不背ᄒᆞ야各種工業의原料가豊富ᄒᆞ야近年漸進的으로屋內手工業으로브터機械工場工業推移ᄒᆞᄂᆞᆫ顯著ᄒᆞᆫ事實을看過치못ᄒᆞᆯ現象이라ᄒᆞᆯ지나將來副業的手工業으로發達ᄒᆞᆯ者甚多ᄒᆞᆷ은勿論이나即此를豊產ᄒᆞᄂᆞᆫ織物紡績原料에見ᄒᆞ던지竹材製品原料에省ᄒᆞ던지將又工業藥品材料、動植物脂油及膠原料、製紙原料、其他織物及竹細工을除ᄒᆞᆫ纖維及編物原料에視ᄒᆞ야도明瞭ᄒᆞ도다特히本道ᄂᆞᆫ歷史的地兩關係에依ᄒᆞ야今後益々各般의手工業의勃興進展ᄒᆞᆯ素質을有ᄒᆞᆷ으로써運輸交通機關及金融機關의整備ᄒᆞᆷ에至ᄒᆞ면彌々히其面目을改ᄒᆞᆷ에至ᄒᆞᆯ지며延ᄒᆞ야ᄂᆞᆫ國家經濟의伸暢上裨補ᄒᆞᆯ바鮮少치아니ᄒᆞᆯ者라思料ᄒᆞ노라

## 公立學校一覽表 (大正十三年一月末現在)

| 學校別 | 學校數 | 學級數 | 職員數 | | | 生徒數 | | | 經費 | | |
|---|---|---|---|---|---|---|---|---|---|---|---|
| | | | 男 | 女 | 計 | 男 | 女 | 計 | 經常 | 臨時 | 計 |
| 公立小學校 | 53 | 一三二 | 一一〇 | 五五 | 一六五 | 二、三四七 | 二、〇六四 | 四、四一一 | 三二七、三〇一 | 一二、四四四 | 三三九、七四五 |
| 公立普通學校 | 115 | 五三三 | 五〇八 | 五七 | 五六五 | 三六、七三三 內地人四 | 三、七一七 內地人三 | 四〇、四五〇 | 四九七、八九一 | 四〇二、六七一 | 一、一六〇、五六二 |
| 計 | 168 | 六六五 | 六一八 | 一一二 | 七三〇 | 三九、〇八〇 | 五、七八一 | 四四、八六〇 | 九八七、三三四 | 四一五、〇八五 | 一、四〇二、三〇七 |
| 公立師範學校 | 一 | 二 | 一五 | ― | 一五 | 一〇〇 | ― | 一〇〇 | 三六、三五八 | 一〇、九〇〇 | 四七、二五八 |
| 公立商業學校 | 一 | 三 | 九 | ― | 九 | 內鮮合一三八 | ― | 一三八 | 二二、〇三二 | 九三〇 | 二二、九六二 |

| | | | | | | | | | | |
|---|---|---|---|---|---|---|---|---|---|---|
| 公立農業學校 | 二 | 六 | 三五 | ― | 一五 | (師內)二三 | ― | 二二五 | 二八、五五三 | 六、八六〇 | 四三、二一三 |
| 公立水産學校 | 一 | 二 | 五五 | ― | 五五 | 五六 | ― | 五六 | 一五、一〇〇 | 二、八〇〇 | 一五、七八〇 |
| 公立高等女學校 | 二 | 五 | 八 | 一二七 | 五五 | ― | 一四五(特設人五) | 一四五 | 四〇、六七五 | 六、三〇〇 | 三七、〇五五 |
| 計 | 七 | 一八 | 四三 | 七 | 四九 | 五九 | 一四五 | 七四三 | 三三、七二七 | 一七、七三〇 | 一六九、四七一 |

# 儒道觀

## 修道之謂敎

經學院講士 沈璿澤

夫所以讀書學問本欲開心明目利於行讀書學問之所以開人心明人目者聖人之千言萬語皆載之書後之學者反覆玩索知道之所在而皆能明善而復其初也人受天命皆有是性而但聖人性之與天地合其道衆人之率性或非其道往々有下忠不孝其他千岐萬端皆不合於當行之道聖人憂之以千言萬語導我後學中庸修道之謂敎即其一也朱夫子釋之曰道猶路也修品節之也敎若禮樂刑政之屬是也蓋日用事物之間莫不各有當行之路是猶人々交通往來不絕之道路也然交通之道屬於人力率性之道屬於自然人力云者如今之一等二等及等外道路也自然云者如父慈子孝君義臣忠夫和婦順兄友弟恭朋友輔仁之道也其倫理之聯絡如交通往來之不絕見今一等二等之道路彼々於修繕而獨率性之道卽吾儒之道任於第塞而不修甚不可也彝倫斁絕異言喧豗如是而不已率獸食人々將相食今日之儒即任重道遠之儒宜拒揚發明聖訓在下者化而見良風美俗在上者采而施禮樂刑政則彰明于一道廣普於天下爲儒道萬幸爲儒敎萬幸

## 儒道問答

鶴山 元鼎漢

子思子曰道也者不可須臾離也可離非道也此一言而足以盡儒道之大要矣蓋天降生民莫不與之以仁義禮智之性故四端七情皆由是性而發凡於君臣父子夫婦朋友之倫日用常行應事接物之間各自有當行之道

而聖人之立敎垂訓即不過乎因其天賦在我之性而明之以導人於當行之道而已初非有待於外則雖欲離之其可得乎苟或離之即禽與獸已耳或有難之者曰子之言不其固歟我東儒敎即孔氏之淵源固善矣而現今各敎並興若佛氏之玄奧仙家之淸虛耶穌天主等許多名目不能枚擧而各立門戶旗幟相接顧我俗甞固不敢窺其端緖然凡人事上仁義也道德也者亦各有所受故文化日進萬物熙々而子獨矣取於儒道之陳舊腐敗而不知所以變觀歟余愀然應之曰余本不學固不足以語道然嘗聞佛之道虛々而無仙之道茫々而誕天國極樂之說皆因過去未來人所不聞不覩處而說去亦使人向善則有之然杳茫玄迷言之可喜尋之無迹而惟吾道則不然脚踏實地從日月彛倫上做去其言也純實無味其行也平常無異故人皆厭舊而趁新然捨此平易之路而別求遠道其終也必有坎窞蕩蘯之患可不懼哉與其荒邇奇異之邇入孰若正大光明之無感耶與其曲逕狹窄之行險孰若正路坦道之爲安耶人之從斯道譬之如魚鱉之居水麋鹿之居山其所性然矣可得離乎噫彼魚鱉麋鹿日夜生息於其間而自不知其有水與山若下之人日夜共行於此道而自不知其爲儒道可哀也已難之者俯默然良久而退矣

# 儒道說

海南 李奭鎬

周綱解紐而孔轍環於四方宋祉南渡而朱門虛於天下子以見大聖賢衛道警俗之苦心血誠也若聖賢之心自以爲我不在君師之位一向委斯世於不可爲之域而任其晦盲則羲軒以下堯舜禹湯文武周公之道將永墜於地而天理民彛或幾乎熄矣猗我朝鮮列聖五百年文化之治實無愧於姬周趙宋而師儒輩出可謂人々誦洙泗可謂人々法洛閩一自五洲之風潮懷襄各種新學紛然幷興而眩入耳目懷人心術以聖賢遺經看作冷談死法甚至於訕謗而捐棄之嗚呼此何等世界也不幸邦運傾圮人文蕩塞前輩長德次第徂謝從玆以往士胥儒裔依歸無所後生新進矜式無人于斯時也雖無孔朱之大力量不可恬然坐視而已玆者本社彰明會之作無乃是耶第念在昔大一統之時吾道昭如日星不必別有此等會而至于今日宗敎多門各自立社馳騁上下充滿一世大抵知者少愚者多則駸々之勢人將不識吾儒之所宗

者爲何仲物事也夫然後抗言于天下之衆曰吾儒之所受者仁義禮智也所行者孝弟忠信也所講者四書六經也所師者孔孟程朱也此豈非挽廻世道之一大機宜乎噫長夜之深而終至達曙者天之誠也厚地之頑而鑿而及泉者人之思誠也大哉誠乎吾黨之士顧其名而思其義盡相與勉旃

# 儒道說

海南 朴鍾奎

夫儒道者聖人之道也而民生日用彝倫之謂也天生烝民莫不有秉彝之性而循其性之自然則其日用事物之間各有當行之路此固衆人之所能知能行非高遠難行之事也故夫子曰道不遠人此爲垂敎於萬世者也彝倫者孝弟忠信人々當行之道也蓋堯舜之道不外乎此而孔孟之學亦由是繼開是以修齊治平格致誠正之道曰性曰理亦惟孝弟本有之性而天人實有之理也道若大路然于百萬人所共由爾則上自章甫下至輿臺莫不一體尊行斯之謂儒道斯之謂儒學也人倫明於上則敎化行於下以之父慈子孝君義臣忠兄友弟恭夫和婦順漸臻乎化行俗美之境則儒道之能感化世敎者豈云淺々乎哉噫世級日降大道陳蕪駸々然入於昏夜利欲滔々不惟斁倫敗常之汚俗異言喧豗各立門戶士之不失趨向者亦鮮矣舍正路而不由尋曲逕而偕抵昧本亂眞寧有是乎若此因循則必將至於胥溺而滅仁滅義後乃已此誠仁人君子所以惕然恐惧之時也迨此講習掃之廓揭之昭使斯道賴以不泯之責惟在於上之人導率之如何耳何幸道知事元應常氏慨然有志於世道此儒道彰明會之所由設也四方莫不響應列郡亦隨以設支會春秋講會使人々知有嚮趣之何而矯風正俗彝倫漸明向所謂儒道之倡明復覩於今日矣方執契而俟之

# 儒道解

海南 朴憲奉

儒學者之稱而其何學乎學究天人道合聖賢達事理識時務而後不愧乎儒之名乎天地之間得五行之秀者爲人而戴天履地與天地參則人之氣和而天地氣之亦和人之氣戾而天地之氣亦戾是天地亦學於人也意者人與天地交相師上而位天下而位地中而位人而日月

星辰風雲霜露之運山川草木昆蟲禽獸之類莫不學於入而得其位者蠢然而人之所學不幸而多岐彼工匠醫巫百岐之類咸有所謂學者而最貴乎學者心學也夫以一片方寸地靈然不昧而參三才學天地之具實在於此天地之所取而學於人者亦在於此々聖賢之相傳寶藏而道之所以明也其或一毫之間其工差謬則俄而爲老矣俄而爲莊矣俄而爲楊墨矣俄而爲法名辨矣末之又有仙佛之學是其初豈皆不欲其學天地而其所以見天地者不同老者見之謂之老莊者見之謂之莊而楊墨法名辯之見又皆如此各守其見各任其學悠々今古雖貴莫卞今之學焉者豈不難乎其能學乎孔孟程朱以宗其教而意誠心正則可以爲君子儒而何患乎道之不明也哉

# 儒道說

務安 斗峰 南起元

夫道在乎儒而儒之知道者鮮矣故孔子曰人莫不飮食鮮能知味也余觀於斯會則可謂知道而知味也人物各循其性之自然則其日用事物之間莫不各有當行之路君義臣忠父慈子孝兄愛弟恭夫和婦順朋友信之是則所謂道也然非儒而明倫則君臣也父子也夫婦也兄弟也朋友也不知爲何件物事也非儒而明分則如何是忠義如何是慈孝如何是和順如何是愛恭如何是有信臣焉而不以忠事君子焉而不以孝事親夫婦而不相和兄弟而不相愛朋友而不相信異於禽獸者幾希矣故古昔聖王作司徒典樂之官設爲庠序學校之敎設爲充其四端敎以五倫上不能失其使下之道下不能悖其事上之道人倫明於上下國而以寧天下以平是乃所謂時儒之秉彛此道敎尙禮義修正名分之德敎也噫今去先王先聖年富世降明訓至敎庶幾泯沒世皆貿々人皆蠢々華幾夷人幾獸矣凡此五倫淪於夷狄之坑坎九法斁於禽獸之叢壞得保性命者無幾矣嗚呼盛哉斯會之彰明不於彼洪流滔々之中而必於此挾道汲々之源使先聖之道復明於此世以正名分於來世焉可謂國之元氣天下之宗教也斯道之億千萬載而不盡沒者以其有羲農堯舜禹湯文武周公孔孟程朱之相傳而相繼也蓋有羲農堯舜之立極于先而無有周孔程朱之繼之于後則斯道之如線於是乎恐斷矣故有堯舜而後羲農之道大行於天下有孔孟程朱而後堯舜禹湯文武周公之道大明於後世至于億萬世今日而彰明者此莫非授受相繼之

類耶斯會也有所守于此明諸此道以繼先聖之傳則此道也不淚於今日而行乎裕之裕壽於後之後也以故余以知道知味寓於斯會斯道之彰々明々焉惟我冠儒服儒者益加努力哉

# 儒道眞理

完景 黃繼周

道之大原出于天二無言語道無形像自河洛圖書之出聖人因作卦爻而道始見於天下矣然浩渺難測何以得其領要曰今且以至切而言之則心之爲物實主於身其體則有仁義禮智之性其用則有惻隱羞惡辭讓是非之情渾然在中隨感而應次而及於身之所接則有君臣父子夫婦長幼朋友之常是皆必有當然之則而自不容己所謂理也外而至於人則人之理不異於己也遠而至於物則物之理不異於人也大則家國天下小則一動一息不能外於是々所謂上帝所降之衷烝民所秉之彝也故堯舜躬之以立其極孔子明之以垂其敎而四聖十哲相繼而作隨時立言反覆推明千函萬軸無非爲載道之器而皆發明餘蘊開示未盡故學者易見易知而至於見

冤圖太極開闢悟天理此影明之極而道體之著也故天下皆欣慕愛悅從之不後儒道之所宗仰如此其盛矣及夫贏秦天否地塞坑焚無餘地矣至漢陸生之前說伏生之[illegible]傳僅存其一二而廣川之策唐韓文公之原道作佛無幾明之未能廓然過五季之亂而宋德隆盛濂洛諸君子爲能義章闡明之以續夫子載之緖暨我東群賢輩出深本溯源以承夫前聖之統於是乎儒家之宗旨尤章々矣世稱小中華者以此而影明之會於斯爲最盛世級漸下三物之講六藝之修不行各種邪說陵轢無方故年去而告朔之名無復存者猗歟南省影明會起諸賢共力濟屯則此易所謂七日來復而河洛遺瑞不日可明也曷不欽勉哉敢將蕪辭拜手恭祝曰

赳々元伯、出鎭南服、七事爲政、首先興學、
迎攬群賢、契以同矩、先發濟屯、共力傾否、
設立大會、揭以影明、狂瀾回倒、碩果復生、
風宣雨化、躋民仁鄉、欲效涓埃、蕪辭對揚、

# 重要法令改正要旨

## 民事令

舊條文

第十一條 第一條의法律中能力、親族、及相續에關ᄒᆞᄂᆞᆫ規定은朝鮮人에게此를適用치아니홈

朝鮮人에關ᄒᆞᄂᆞᆫ前項의事項에對ᄒᆞ야ᄂᆞᆫ慣習에依홈

改正條文

朝鮮人의親族及相續에關ᄒᆞ야ᄂᆞᆫ別段의規定이有ᄒᆞᆫ者를除ᄒᆞᆫ外에ᄂᆞᆫ第一條의法律에依치아니ᄒᆞ고慣習에依홈但婚姻、年齡、裁判上의離婚、認知親權、後見、保佐人、親族會、相續의承認及財產의分離에關ᄒᆞᄂᆞᆫ規定ᄋᆞᆫ此限에不在홈

分家、絕家、再興、婚姻 協議上의離婚、緣組及協議上의離緣은此를府尹及面長에게屆出홈을因ᄒᆞ야其效力을生홈但遺言에依ᄒᆞᆫ緣組에對ᄒᆞ야ᄂᆞᆫ其屆出은養親의死亡時에遡ᄒᆞ야其效力을生홈

朝鮮에在ᄒᆞ야ᄂᆞᆫ內地와民法에依ᄒᆞᄂᆞᆫ때內地民法

上에能力이라ᄒᆞᄂᆞᆫ것은二種이有ᄒᆞ니一曰權利能力이오二曰行爲能力이니權利能力은何人이던지出生ᄒᆞ면享有ᄒᆞ고行爲能力이라ᄒᆞᄂᆞᆫ것은年齡이二十歲에達ᄒᆞᆫ者라야此를享有ᄒᆞᄂᆞᆫ것이라然이나年齡이二十歲에未達ᄒᆞᆫ者와精神에異狀 有ᄒᆞᆫ者와味官臨官等에缺陷이有ᄒᆞᆫ者及財產浪費의常習이有ᄒᆞᆫ者와人의妻되ᄂᆞᆫ者ᄂᆞᆫ엇던補助機關에依ᄒᆞ야完結ᄒᆞ게ᄒᆞᄂᆞᆫ制度이라然ᄒᆞᆫ뒤朝鮮에在ᄒᆞ야ᄂᆞᆫ此民事令第十一條에依ᄒᆞ야此를適用치아니홈으로朝鮮人能力關係에在ᄒᆞ야ᄂᆞᆫ從來의慣習에依ᄒᆞ얏ᄂᆞᆫ뒤成年으로言ᄒᆞ면十五歲브터戶牌를帶ᄒᆞᆫ慣習이有ᄒᆞ얏슴애十五歲를標準으로ᄒᆞ야行爲能力을行爲ᄒᆞ게ᄒᆞ되二十歲以前의幼年이라ᄒᆞ더라도財產을處分ᄒᆞᄂᆞᆫ等各種契約을自由로締結ᄒᆞ되不完全ᄒᆞᆫ境遇에ᄂᆞᆫ此를取消홈을不得ᄒᆞ야非常ᄒᆞᆫ損害를招ᄒᆞᄂᆞᆫ事가不尠ᄒᆞ얏고狂人瘋人等精神에異狀이有ᄒᆞᆫ者라도法律行爲를行ᄒᆞᆷ에完

人과同一ᄒᆞᆫ結果를生ᄒᆞ며聾者、啞者、盲者와財産을浪費ᄒᆞ는常習이有ᄒᆞᆫ即不完全ᄒᆞᆫ人도完人과同一ᄒᆞᆫ奇狀을是ᄒᆞ며人의妻된者도夫의許可與否를不拘ᄒᆞ되自意로凡百法律行爲를行ᄒᆞᆷ을可得ᄒᆞᆯ結果를生ᄒᆞ야利害에도莫大ᄒᆞᆫ關係가有ᄒᆞ고無能者를保護ᄒᆞ는制度上에도不便이多大ᄒᆞᆷ으로昨年에新條文과如히改正ᄒᆞ얏는ᄃᆡ以上의條文을揭ᄒᆞᆷ과如히改正新十一條에는能力이라ᄒᆞ는文字를拔ᄒᆞ얏도다拔去ᄒᆞᆫ結果는朝鮮人能力에關ᄒᆞ야內地의民法上制度에依ᄒᆞ야以上의弊端이無ᄒᆞ기를期ᄒᆞᆷ이라

親族及相續에關ᄒᆞ야는特別히民法에依ᄒᆞᆫ다고規定이有ᄒᆞᆫ点은此에依ᄒᆞᆫ民法에依ᄒᆞ거니와如此ᄒᆞᆫ規定이無ᄒᆞᆫ時는慣習에依ᄒᆞᆫ다ᄒᆞᆷ이로ᄃᆡ其親族法과相續法中에도婚姻의年齡과裁判上의離婚과私生子의認知ᄒᆞ는것과親權行爲ᄒᆞ는것과後見ᄒᆞ는制度와保佐두는것과親族會에關ᄒᆞᆫ事와相續의承認ᄒᆞ는것과財産의分離ᄒᆞ는것은內地民法에依ᄒᆞᆫ다ᄒᆞᆷ이라

此結果昨年四月一日以后로는朝鮮에도成年의制度와禁治産、準禁治産制度와人의妻의能力이完備되얏다ᄒᆞᆯ지로다詳細ᄒᆞᆫ事는民法第一編總則篇을參照ᄒᆞᆷ이可ᄒᆞ도다最近朝鮮에離婚의頻數ᄒᆞ야弊害가生ᄒᆞᆷ으로改正新條文第十一條第二項의規定을置ᄒᆞ야協議上의離婚을認ᄒᆞ고又裁判上離婚에關ᄒᆞ야는內地民法第八百十三條에依ᄒᆞ게되얏스니其離婚의原因을摘記ᄒᆞ건ᄃᆡ一、配偶者가重婚ᄒᆞᆫ境遇二、妻가姦通ᄒᆞᆫ境遇三、夫가姦通罪에因ᄒᆞ야處刑된時四、配偶者가僞造、賄賂、猥褻、竊盜 强盜 詐欺、取財、受寄財物消費、贓物에關ᄒᆞᆫ罪 或은刑法第百七十五條（猥褻의文書、圖畵其他의物을頒布ᄒᆞ거나或은販賣ᄒᆞ거나又는公然히此를陳列ᄒᆞᆫ者는五百圓以下의罰金又는科料에處ᄒᆞᆷ販賣의目的으로써此를所持ᄒᆞᆫ者도亦同ᄒᆞᆷ）第二百六十條（他人의建造物又는艦船을損壞ᄒᆞᆫ者는五年以下의懲役에處ᄒᆞ因ᄒᆞ야人을死傷에致ᄒᆞᆫ者는傷害罪에比較ᄒᆞ야重ᄒᆞᆷ에從ᄒᆞ야處斷ᄒᆞᆷ）揭ᄒᆞᆫ罪에因ᄒᆞ야輕罪以上에處ᄒᆞ거나又는他罪에因ᄒᆞ야重禁錮三年以上의刑에處ᄒᆞᆫ時五、配偶者로브터同居에難堪ᄒᆞᆫ虐待又는重大ᄒᆞᆫ侮辱을受ᄒᆞᆫ時六、配偶者로브터惡意로遺棄ᄒᆞᆫ時七、配偶者의直系尊屬으로브터虐待又는重大ᄒᆞᆫ侮辱을受ᄒᆞᆫ時八、配偶者가自己의直系尊屬에對ᄒᆞ야

虐待ᄒᆞ거나又ᄂᆞᆫ此에重大ᄒᆞᆫ侮辱을加ᄒᆞᆫ時九、配偶者의生死가三年以上分明치아니ᄒᆞᆫ時十 婿養子緣組境遇에離緣이有ᄒᆞᆫ時又ᄂᆞᆫ養子가家女와婚姻ᄒᆞᆫ境遇에離緣又ᄂᆞᆫ緣組가有ᄒᆞᆫ時

## 減刑勅令

大正十三年一月二十六日은皇太子裕仁親王御成婚式日인ᄃᆡ同日에左와如ᄒᆞᆫ減刑勅令이下ᄒᆞ니라

### 勅令第十號

第一條、大正十三年一月二十六日前에刑의言渡를受ᄒᆞᆫ者로其刑의執行前、執行猶豫中、執行中或은執行停止中者、又ᄂᆞᆫ假出獄中者ᄂᆞᆫ本令에依ᄒᆞ야其刑을減輕ᄒᆞᆷ但執行을逭ᄒᆞᆫ者ᄂᆞᆫ此限에不在ᄒᆞᆷ

第二條、死刑은此를無期懲役으로ᄒᆞᆷ

第三條、無期懲役은此를有期懲役二十年、無期禁錮ᄂᆞᆫ此를有期禁錮二十年으로ᄒᆞᆷ 但本令施行의際에七十歲以上者에對ᄒᆞ야ᄂᆞᆫ刑期를十五年으로ᄒᆞᆷ

第四條、一有期의懲役又ᄂᆞᆫ禁錮에對ᄒᆞ야ᄂᆞᆫ左의例에



依ᄒᆞᆷ

一 刑의執行을始치아니ᄒᆞᆫ者에對ᄒᆞ야ᄂᆞᆫ刑期의四分의一을減함

二、刑의執行을始ᄒᆞᆫ者에對ᄒᆞ야ᄂᆞᆫ殘刑期의二分의一을減함 但刑의執行刑期의二分의一에至치아니ᄒᆞᆫ者에對ᄒᆞ야ᄂᆞᆫ前號의例에依함

三、本令施行의際에七十歲以上者에對ᄒᆞ야ᄂᆞᆫ前二號의規定에依치아니ᄒᆞ고刑期二分의一을減함

前項의規定에依ᄒᆞ야減할期間을計算함에當ᄒᆞ야年月又ᄂᆞᆫ日의單數를生ᄒᆞᄂᆞᆫ時ᄂᆞᆫ一年은此를十二月、一月은此를三十日로ᄒᆞ고日의單數ᄂᆞᆫ此를除棄함

第五條、舊法의刑은此에相當ᄒᆞᆫ刑法의例에依하야此를減輕함

舊法의刑을減輕ᄒᆞᆫ時ᄂᆞᆫ其刑名은此에相當ᄒᆞᆫ刑法의刑名으로變更함

第六條、左에揭ᄒᆞᆫ罪에對ᄒᆞ야ᄂᆞᆫ其刑을減輕치아니함

一 刑法第七十三條及第七十五條의罪

二、刑法第百三十一條第二項의罪及其未遂罪
三、刑法第百八十一條의罪中에人을死에致한罪
四、刑法第二百條의罪及其未遂罪
五、刑法第二百五條第二項의罪
六、刑法第二百十八條、第二項의罪及其罪를犯하고因하야人을死傷에致한罪
七、刑法第二百二十條、第二項의罪及其罪를犯하고因하야人을死傷에致한罪
八、刑法第二百四十條、의罪中에人을死에致한罪及第二百四十一條의罪와其未遂罪
九、軍機保護法第一條、乃至第三條의罪及其未遂罪
十、朝鮮、臺灣、關東洲又는南洋羣島에行하는法令의罪로前各號에揭한罪와性質이同한者
十一、前各號에揭한罪와性質이同한舊法의罪

第七條、大赦、特赦、減刑、又는復權을得한後이再次罪를犯하야禁錮以上의刑의言渡를受한者에對하야는減刑치아니함

# 文苑及詞藻

## 山本校長功績記

光州 大塚 生

光州公立普通學校山本校長明治六年生於岡山縣同二十九年縣師範學校卒業從事於內地敎育者凡十有二年更被舊韓國政府之招聘奉職于光州校從諸朝鮮敎育與自地方之姑未浴于新發育患釋人心缺其安定之秋十六箇年間在勤乎同一校終始一貫誠實勤勉盡瘁其職矣

君資性溫厚篤實不修邊幅以滋々誠意二十八年間貫行敎職此非常人之所企及者也今日光州校卒業生旣至五百餘人在籍兒童亦達于千二百餘名至有親子相繼受其薰灸者君之質實穩健之態度淸廉潔白之性行能薰化職員兒童確立純美之校風子弟之師事於君如對慈父校運逐年隆昌且君留意於修養以其圓熟之常識崇高之人格克使部下職員心服而爲父兄鄕閭之所畏敬誠可謂有敎化中心之觀焉

由是岡山縣知事褒其成績顯著而施以賞金與文全羅南道知事認其多年從事敎育之效績授以褒狀歷有如斯之褒賞不遑盡擧特如大正七年光州校卒業生及父兄相謀爲與十週年勤續之恩贈以記念品者可得見彼下

之信任也

今回本府選拔教育效績者特被其選自總督下附教育效績狀蒙表彰之恩遇受賞金四百圓此非君之素所期實是當然之歸結豈徒君之家門之榮譽可謂本道教育界之光榮如君者足爲初等教育者之模範也

# 小澤校長功績記

光州 大塚生

長城公立普通學校小澤校長明治七年生於東京市同三十四年自東京府依教員試驗檢定下附免許狀從事於內地教育者凡十年餘更被朝鮮總督之招聘際會於地方之民心不安新教育之施設不備之時就任長城校而從朝鮮教育者已經十有三年間勤續于同校靜々然教之不倦校風逐年更新父兄兒童及卒業生之信賴特深焉君資性質實恬惔惟知有公不知有私夙夜要在於兒童教育之進展向上致念卒業生之誘掖善導竭力於部下職員之指導古之所謂十年如一日於君始得見耳

現今長城校則卒業生已至二百三十餘人在校兒童亦達于四百五十餘名校運與時進展校下一般之慕君如赤子之望慈母其理想着々實現君則特庸努力於實業思想之鼓吹及勤勞的習慣之養成就諸農業、實習、養蠶、學林等能擧拔群之成績卒業生之多趣實業有不可得見於他者且君素富義氣有爲人謀忠之誠子弟敎養之外當自一般社會苟有各種詢議者輒執其勞爲之解決鄕黨皆推以地方先覺者視之甚重大正八年全鮮各地

驅獎勸起民心感化之際地方青年能當從同校長之言各守其分而至極擧可知君之感化之偉大也

由是感者全羅南道知事認其多年從事教育之功績授以褒狀從而受褒賞者非止一再大正九年長城校卒業生及校下父兄等相謀爲祝其十週年勤續而有盛大之謝恩會贈以金時計亦可知君之於地方信賴之深也

一今回本府選奬教育功績者特被其選自總督下附教育功績狀最表彰之恩典受賞金四百圓是豈偶然君之榮譽不必再論本道教育之光榮賴有如君始顯孰不敬服哉孰不敬服哉

## 突山文廟風化樓重修記

麗水(突山) 金在倫

廢郡後享祀與諸般事役盡從本面士林斂供而風化樓朽敗茲甚未能重修矣何幸今年因道知事元公應常恭與官石公鎭衡尊聖崇儒之仁化亦賴郡守主任衞道尙賢之慈愛儒道彰明玆校復活于玆風化樓修繕仍以殿柱堂樑補葺殫誠極力趁事勸集費及萬余計日爲七十而告功竣惟皇天陰隲先聖默眷者也於是執役者屬余以記余病昏筆硯退出已數年今也深感諸位尊慕之誠時直員金才燮實勞之功忘陋作說而大抵貧窮之局萬金巨役豈容易哉乎有入則成其道果非浪言也道不自行待其人而後行者也自玆頂天足地者當出入斯門出入斯門者當務玆教講斯道行斯業卓越風化丕變鄕有善俗世出賢材斯樓之役豈徒而已哉勉旃々々

# 鄉校復設記

濟州(旌義) 友石 金熙殷

國之立學鄉之有校其義一也古者家有塾黨有庠州有序國有學黨與州通稱曰鄉庠與序通稱曰校皆所以明人倫也明人倫於一身則身修明人倫於一家則家齊明人倫於一國則國治明人倫於天下則天下平天下事復有加於此哉夫以學校之設莫備於三代之隆而惟我箕聖東都設爲八條之敎而及我朝立國之初亦以興學爲先務亟令州郡各設鄉校崇奉先聖敎養後學本邑之設校亦在於世宗癸卯設邑後滿八年也大成殿東西齋典祀廟義士廟養士齋次第建設享祀之節敎導之方確然準備聰明俊秀之質賴有提撕功臣義士孝子烈婦賁與之顯著者繼出雖愚夫愚婦莫不知尊崇愛敬之節亦無非夫子之遺化存神之所感歟半千年于玆噫政治之策歸之文弱敎育之法弊之於末流吾儒之學於斯者但記誦詞章爲斯文宗旨安於暴棄放逸侈傲爲豪傑朋比殘忍爲勢權悖戾鬩鬨爭優劣歆博識誕爲高致甚者浚民肥己傷人害物或淪於叵測之異端或趣於玄虛之邪說俱歸於無父無君之域斯門得罪孰大於是若夫子在靈鳴鼓猶無大辟可容矣特一隅擧國皆然是以名敎陵施綱紀掃如本校元附產賣付於新敎育設立廢校之繭己矣國除後甲寅邑廢而校亦廢雖若時運所關是豈非自毁後人毁之耶朝夕絃誦之聲己絕於烏有春秋俎豆之典亦欠於羊存廟宇各齋蕭條徒立夫子儼然在位諸賢儼然左右不敢恬然而止吾儕間公議齊發選定有司三人望朔焚香然燭分擔本郡四面春秋薦酌豐盛者數年而亦被當局之禁止罔知所

措中京城太極教通章巡廻卽庚申也其曰鄕校財産還付事累經呈營將有伸理之機云故則定送有司于太極教十三道儒生聯疏得認財産還付自歸勿論本校則財産業已蕩盡夫復何言余被責任之選捨身焦思儒生徵費外無他方策故乃與吳現周康鶴瑞金振鉉等十餘人委身周旋儒生統計一日夫役略加修繕捐義金四千餘圓蒐集元財産中餘存金八百圓幷付基本從認復舊僉曰惟我士林者之幸責任者之成功余曰非責任者之能於多士之誠力亦非多士之誠力實太極教唱導之効果然復設非難維持爲難亦將何以曰財政余曰非惟財政關係必在於人乎夫立校之所於國爲太學於州爲序於黨爲庠於家爲塾於人則爲靈臺庠序學校只不外乎使千萬人各保靈臺而今此鄕校復舊必使人々打破頑固腦髓痛革舊慣奮發新精神新思想因其秉彝之固有者而導之各得以靈臺復舊則三代之文治東邦之禮義今復可睹矣若不然則前鑑不遠諸君已見之召陵盍盎他捐哉

## 儒道彰明會第三回總會席上口呼韻

凡石　元應常

彬々多士自西東、明道高聲氣味同、講究如今能不已、齊家治國在其中

同　盤阿　石鎭衡

大道千年豈止東、萬邦天下可將同、羣歎如今如鼓立、從來結案誓歸中

同　南陂　金完鎭

靑襟濟々自西東、聖節開筵賀語同、一榜百拜交歡後、歌詠相携壽域中

同　瓜齋　魚允迪

由大道如流必東、一天下是一般同、傍人莫認諸宗敎、宗敎精神亦在中

同　靑東　沈璿澤

折衷今古與西東、一理推移未復同、裘葛湯氷均莫捨、吾生利用在時中

同　光州　樵隱　朴鳳柱

一變湖南卽魯東、棠軒儒化較誰同、知公早講治平道、功用休須限域中

同　光州　松坡　高光洙

日落西池月未東、乾坤皆黑萬人同、羅前物々終難辨、一燭高明在此中

同　光州　龍山　奇京燮

決可西方又可東、百川豈是一源同、祗緣不息長流去、巨細終歸大海中

同　光州　松海　盧汝奎

鄒魯淵源注海東、大哉吾道古今同、棠軒治效斯爲美、儒化方振世界中

同　光州　朴夏鏞

王道平々底海東、彬々多士古今同、二公講演治安策、扶植綱倫禮義中

文苑 歌詞　　　　二〇八

同　　光州 林晶喆

儒冠儒服謁吾東、此會年々此日同、斯道彰明誰所賜、甘棠風化勸南中

同　　光州 李東燮

吾道堂々復海東、萬殊歸一理常同、何幸南州明府至、不知人在化涵中

同　　光州 金容杓

濟々衣冠吾海東、須將學問昨今同、安知他日好成績、超出南州三十中

同　　光州 盧錫熙

天縱若不降吾東、人獸無間一體同、杏壇秋草彰明地、况似三千進退中

同　　光州 菊史 朴從圭

大哉師道渡吾東、德配于天日月同、人以爲人無此外、千秋涵養聖謨中

同　　光州 愼菴 范孟植

泗洙一派注吾東、千載儒流涵養同、波蕩風靡今可惜、幸扶砥柱是南中

同　　光州 盧文永

彰明道會設吾東、濟々鴻儒志氣同、滿世浮雲如掃盡、聊看白日定方中

同　　光州 癸史 范在昱

洙泗日月炳吾東。挽近沉陰一世同。誰識天南陽可復。千門聊闢子雷中

同　完州　林鍾石

古來文獻擅吾東。復覩南州絃會同。爲賀棠軒先發勵。治平誠正在其中

同　潭陽(昌平)　松岸　高晃柱

世人何苦泣西東。古往今來一軌同。欲識升高行遠處。須從卑近到時中

同　潭陽(昌平)　柳谷　高仁柱

棠陰永日杏壇東。多士彬彬會事同。吾道彰明今復覩。一支陽脉挽回中

同　潭陽(昌平)　夢齋　李奎明

湖南此會擅吾東。全道無人不贊同。較說文翁治化淺。非徒司馬出其中

同　潭陽　仁圃　金永稷

南州文化振吾東。願使人人此意同。蜀郡遺風今似古。從知才子出其中

同　谷城　柳寅永

明明道德本吾東。一脉貫通萬國同。扶植斯文長若此。人人自在太和中

同　谷城　鄭東時

絃誦遺風在海東。明明斯道與天同。願得知新溫故意。一團和氣自然中

同 谷城 金溪 沈宗澤

奎華照耀海之東、衛道眞心士也同。何幸全南先彰會、從知事々執其中

同 谷城 玉溪 金炳錫

堂々吾道不惟東、天下生民依戴同。九宇烟塵侵不得、全南今日彰明中

同 谷城 玉溪 金喆洙

吾道明如日曙東、全南多士贊成同。有名必也有其實、各自心無不立中

同 求禮 李鍾守

瑞日初生古國東、儒冠相對講話同。從知聖道無窮理、常在吾人感慕中

同 光陽 鳳汀 李載秉

洙泗源流接海東、峨冠相對一樽同。吾生盡在團和裏、璧水秋晴日正中

同 光陽 西坡 宋夏燮

朝宗江漢盡歸東、風敎洋々萬世同。名山瑞石秋如洗、人在棠陰化佃中

同 曲水 徐丙斗

一堂賓主盡南東、復睹人文大會同。瑞石雲歸秋日曝、聖靈依若臨其中

同 圖宋 丁鎭秀

夫子遺風復見東、年々今日會相同、人々物學家々讀、濟世經綸在此中

同 醴水(寶山) 秋游 金在鑽

吾道無間西又東、從容會議一心同、瑞日初生棠樹下、儒風晩拂杏壇中

同 醴水(寶山) 竹坡 金才燮

儒文復彰海吾東、有始克終一意同、是日從遊誰所賜、靑襟活潑太和中

同 醴泉 石派 申喆休

遠方來友自西東、和氣堂々一體同、趨拜聖庭多感慕、光山瑞日己方中

同 醴泉 梅舒 趙忠材

千秋奎運復回東、絃誦洋々一座同、應和木鐸能醒夢、殿角秋晴日正中

同 醴泉 樂安 李泰一

吾道新明禮義東、團圓此會萬情同、蔽天雲霧今將捲、瑞石山高日定中

同 醴泉 樂安 安圭休

西人西道東人東、文物語言各不同、莫恨叢々群敎出、一種元氣在斯中

同 醴泉 樂安 裵泳朴

西雨未晴日出東、須令光照萬方同、條々精演通今古、說夢何遲長夜中

文苑及詞藻

同　順天 聾安　金能錫

周南至化及齊東、大道從來無異同。面々關心今日演、治平自在一家中

同　高興 石南　申瑞求

瑞石山前大野東、新鮮民物四邊同。稻粱初熟秋無恙、人在南方雨露中

同　高興 五奈　楓永穀

一線微陽在我東、願言回復與誰同。光山毀舍來開會、文杏壇高太和中

同　高興 竹汀　宋秉胄

本源吾道水流東、萬折分明一派同。不捨晝夜終至海、澄々浩々未量中

同　城 陽亭　朴南鉉

紅葉綠竹讓西東、無限秋光各不同。此日遨遊風致足、靑襟圖合一堂中

同　寶城 心齋　宋光勉

縱橫岐路肬西東、趨向紛々各不同。好是棠陰宣化日、湖南儒道用其中

同　長城 心齋　李正會

世間多路走西東、講演今天辨異同。可惜時人長夜醉、只能談語夢魂中

同　[illegible]　李[illegible]會

瑞日憧々出海東、文明可擬萬邦同。湖南文敎昔棠化。渾是一團和氣中

同　寶城 小波 宋明白

大道中分西復東。同中有異々中同。請君且莫分爲兩。守正行權是得中

同　寶城 鄭平午

西風策馬瑞山東、士氣騰々會一同。不識棠陰宣治化。但言斯道振興中

同　寶城 李基翔

一條陽線復吾東。倡起斯文敎授同。晩來幸覩昇平像。瑞石山高淑氣中

同　寶城 李象洛

瑞南淑氣萃吾東、多士彬々會席同。安知斯道暢明日、闕洛羣賢出此中

同　寶城 朴基容

奚須斯道講吾東。書籍元來天下同。蔚興儒化猶存敎。最歲文翁宰猶中

同　寶城 安鍾游

全南儒道復吾東。樂得英才敎育同。後生自此知歸趣。盡是宣堂布化中

同　寶城 李秉文

無思不服自西東。吾道千年一貫同。始知民彛終罔墜。天理循環在此中

交施成酬詩

同　寶城 晩石 安 洵

一氣流行洛泗東　復將振發不謀同　湖南偏得文翁化、鍾出相如亦在中

同　寶城 小山 李 敬 磬

大洋何必限西東。笑小泰山今古同。千五百年追記日、會中人是闡明中

同　寶城 錦巖 安 圭 哲

一陽復海東、斯道古今同、岐路雖云在、焉能逸此中

同　寶城 朴 升 煥

斯道復明是我東、彬々多士講筵同。温故知新常此日、靑年前進啓心中

同　寶城 李 秉 華

光南秋色濟西東。野菊江楓一色同。白首靑年團聚樂、文明氣像一堂中

同　寶城 玉田 安 圭 臣

湖南儒道闡吾東、杏樹西風一會同。也是滿庭春草句、不將今日品題中

同　寶城 荷溪 曺 錫 日

水流元不擇西東、人性初非有異同、水與人心知在導、就之皆下執皆中

同　寶城 朴 泰 玉

闢邪吾道正明東、定會儒林揖讓同、風情又得棠軒下、萬樹森羅映彩中

同　寶城　高光宴

右山高日出東、青襟白髮會筵同、遊人餘興猶無盡、淡々秋光一望中

同　寶城　湖軒　朴宗鎬

黃河千載決諸東、佇看朝宗與會同、那識棠軒經濟手、將敎鰈域泳源中

同　寶城　朴士鉉

思皇多士自西東、濟々衣冠此日同、警世晨鍾人喚起、合將新舊執其中

同　寶城　朴英鉉

循環天運復吾東、此會年々定日同、樽酒已空人又散、萬家烟火夕陽中

同　寶城　白隱　李熙晉

斯文久不振吾東、岐路縱橫混異同、從此湖南儒化盛、豈惟司馬出其中

同　寶城　德隱　梁會晉

湖南最僻海之東、難道文明與古同、儒道彰明今有日、湖南最著海東中

同　寶城　沈琪淳

吾道奚徒獨海東、育英可與萬方同、賴有宣堂培養力、瑞南家戶誦絃中

文廟及[illegible]韻　一一六

同　寶城 六坡　金炳三

自北自南西又東。須看聖化不謀同。莫言弛敎今千古。流出發和元氣中

同　寶城 南坪　任鎭斂

成都儒化瑞山東。推此須令萬國同。覺使文翁專美古。第看司馬出其中

同　寶城　許璣

杏樹蒼々聖廟東。湖南多士此相同。不知箇裏眞源在。空自奔忙岐路中

同　寶城 道南　朴奎憲

光山文杏舊壇東。南服靑襟會一同。元氣秋陽江水上。鳶飛魚躍自然中

同　和順 柳山　朴魯學

文物燦然復我東。好將彝德箇人同。歲成玆會終無替。大道蕩々天地中

同　和順 松山　曹秉鶴

晩成此會振吾東。大道復明今古同。愈久勉强終不息。自然和氣四時中

同　和順同福 菊坪　丁秉燮

休道斯文但在東。從今發展萬邦同。循環天理能知否。物々成功變態中

同　長興 梧亭　魏啓龍

斯道由來在我東、彰明一會太和同。知新溫故幷輸盡。自此謂天換日中

同　長興 竹圃 白亨斗

擧世作西又倒東、不容一器薰蕕同。祛其舊染長新識。儒道原來最正中

同　長興 三愚亭 李炳鎬

彰道復明如日東、年々講會幸玆同。休云南省非賢路。一世將歸化域中

同　長興 歐圃 文致烈

赴西學習又歸東、氣質由來或不同。將看此會均天下。吾道彰明如日中

同　長興 小六 白亮寅

一臨我海東、道同會亦同。各泣分岐路、幾人到此中

同　長興 誠窩 金昌植

朝日帶秋上大東、彰明和氣萬邦同。年々此會期圖後。講道贈規條理中

同　康津 肯堂 李基永

甘棠化日復吾東、一省風謠遠近同。天使斯文終未喪。滿堂君子盡黃中

同　康津 濟 尹三夏

人道唱來西化東。當行斯學與衆同。一轍終歸知不言。反求正義此門中

文苑及詩壇 

同　咸平 滄浪 李基桂

秋月光山杏樹東。喜逢知舊氣相同。講壇盡日於今古。斯道精神摠執中

同　海南 尹龍夏

回首秋天遠海東。斯行亦是聖賢風。江山踏去渺茫裏。世事閒來共化中。千里德音因草動。一団和氣照入紅。也知此地運無盡。採玉聲々啓我蒙

同　海南 朴仁培

明倫堂闢海之東。此日南方勝會同。儒道彰明兼聖誕。一齊恭拜杏壇中

同　務安 梧岡 吳晦根

百川歸海東。統合細流同。吾道須如此。將期建極中

同　務安 曉松 朴夏相

夫子宮前水指東。去年會事又今同。秋風驚破南州夢。早晩吾生化育中

同　務安 蓮軒 裵柄柱

進行斯道在吾東。講話堂々聽一同。復見寫眞能活動。各邦風氣畵圖中

同　務安 徐武烈

文明千載是吾東。會事秋風士友同。燦然斯道從今日。坐□一団和氣中

同　　務安(智島)　錦波　趙　炳　弼

衆星拱北水流東、一理消長亦不同、晩夜鷄聲天欲曙、波光山色畵圖中

同　　[illegible]州　[illegible]　林　化　圭

歎天風雨莫西東、野鳥江猿語不同、平々大道尋常易、萬國聯觀一執中

同　　[illegible]州　金　永　翊

大道如天遍海東、滿堂和氣古今同、二千四百餘年事、藹在文明敎化中

同　　[illegible]州　[illegible]　羅　宗　煥

斯文一脉復吾東、講學年來與衆同、保世長民無此外、湖南儒化得其中

同　　[illegible]州　[illegible]　李　敏　濟

源流洙泗道吾東、講學重來一省同、溯古推今多感想、斯文千載晦明中

同　　[illegible]州　[illegible]　吳　弼　善

昔吾夫子欲居東、聖學相傳一軌同、杏壇此會秋陽曝、講明儒道適時中

同　　[illegible]州　錦沙　[illegible]　[illegible]　線

講演重開聖廟東、淸秋會事與人同、神明太守興儒化、斯道復明如日中

同　　[illegible]　[illegible]　基　禹

彰明吾道海之東、講學千秋一體同、太守儒化復如此、湖南和氣滿堂中

同　羅州　金在亨

鄒魯千年後我東、願言此會萬邦同、革舊刷新當今事、文物彬々一氣中

同　羅州 錦湖　朴成圭

入不歸西卽倒東、嗟哉學北向誰同、南州惟有明公在、儒化將期大地中

同　羅州南平 [illegible]　宋濟萬

山水文明路出東、去秋多士又今同、杏風微動棠陰下、談話長々和氣中

同　羅州 南平　尹世忠

日月更明雲捲東、湖南人士會斯同、儒冠野服行々地、滿目溪山活畵中

同　羅州南平 [illegible]　宋海初

瞻如今日步城東、拂面淸風更覺同、杏壇咫尺甘棠下、願言不貳樂斯中

同　羅州 南平　任鶴宰

仁風吹送瑞陽東、訓辭懇懃一視同、次第衣冠來去地、滿心和氣襲盈中

同　羅州 南平　尹器鎔

各鄕山水會西東、博帶峨冠志氣同、檜樹棠花春已晩、師道更明別界中

同　　靈巖 南岸　宋　潤　合

路出光山東、彰明大會同、年々誕聖日、自悅不忘中

同　　咸平 菶巖　鄭　涇　誠

自南自北又西東、光府淸秋會事同、只恕吾人歸擿埴、古文新學討論中

同　　咸平　安　鍾　泰

多士爭趨瑞石東、願將吾道萬邦同、此行如得光明燭、濶步登々坦路中

同　　咸平　尹　泰　洪

滿天風雨晦吾東、野草山芳各不同、誰識飄零霜雪後、大冬松栢特超中

同　　咸平　李　錫　行

彬々多士自西東、講討從容聽視同、半畝方塘來鑑月、乾坤盡是照臨中

同　　靈光　姜　永　部

吾道千年貫大東、光山美擧四隣同、南州一幅文明事、盡在棠陰敎化中

同　　長城 晦山　沈　昇　基

紛々異說起西東、此世誰能一軌同、若使吾儒齊實力、人々盡在太和中

同　　長城 露石　羅　相　綺

文苑及詞藻

道出於天人我東、燦然敎化古今同。定方貫一推明德、扶起三千允執中

天運循環曉海東、太陽一氣四時同。太成殿上春風暖、杏壇花生禮義中

同　莞島　孫契歐

六星精聚耀于東、文化載南發軔同。狂瀾回倒頹綱起、士氣振明一省中

同　莞島　黃懿周

洙泗大源接海東、相求士氣古今同。又是棠陰淸潔地、淵山如在二南中

同　莞島　黃繼周

濟屯欲使障川東、士氣連茹立志同。講古酌今明此道、南州今日坐春中

洙泗源淸流海東、虹橋不斷濟相同。彰明今日至於道、取法非鄒在此中

同　珍島　朴晋遠

儒吾南國道吾東、聖誕年々此會同。但願彰明須盡力、共瞻堯日舜天中

同　珍島　玉泉　韓明履

棠化召南又大東、第三回是會大同。分明吾道關朋日、盡在一團和氣中

同　珍島　阮齋　朴鳳瑀

錦城水北瑞山東、會則同文軌亦同。同是人生同享樂、同歸吾道一團中

## 敬次儒道彰明會第二回總會韻

吾道復明于一時、賢侯南省此何遲、從今識得依歸處、秉燭昏衢若有期　濟州 大靜 姜琮奎

同

吾道彰明自有時、諸儒今日莫嫌遲、湖南復見文翁化、鄒魯遺風庶可期　濟州 大靜 姜成鎬

同

窮陰剝盡復陽時、天理循環亦不遲、盛矣千年夫子道、海東日月並明期　濟州 大靜 梁奎錤

同

今時復覩聖明時、大道行人任速遲、諸伴盤桓壇杏樹、年々此會不違期　濟州 大靜 金宜鍾

同

儒道復明及此時、恨吾太守下車遲、行人莫向昏衢去、一点孤燈萬世期　濟州 金泰鈍

同

風雨東方夜半時、行人失路泣遲々、茫然天地歸何處、忽見孤燈若有期　濟州 大靜 姜斗奎

同

喜見斯文復起時、杏壇和氣日遲々、湖南亦一山東魯、絃誦遺風庶可期　濟州 姜應礪

同　済州　姜　台　文

聞說湖南興化時、在遐儒伴舞彡遲、明年二月杏壇上、此會三回趂參期

同　済州　姜　昶　陽

大興儒化亦天時、可惜元公莅此遲、魯東文物湖南又、夫子遺風更有期

同　済州　金　奉　奎

杏壇春色晩回時、文化南州亦不遲、正道坦然行過地、諸家邪說更無期

同　済州　李　時　炳

吾道晦暝今幾時、斯文寂々繼開遲、儒風倏起湖南省、盛會年々第二期

## 恭賀儒道彰明會韻

同　済州　金　鎔　勛

倫理重新禮義明、擬登實地不求盟、衆賢奮起斯文會、後學經營以道鳴、損益在人宜尙質、汚隆由世可揚淸、如今此舉伊誰力、滿說知州政治平

同　済州　李　浩　珍

吾道東方復一明、喜聞閭巷誦絃聲、三更晝月留入會、千載儒風振世鳴、正學相傳洙洛盛、淵源有自洙泗淸斯文未墜綱常立、敎化大行天下平

同　　濟州　裵　元　錫

儒化近來復燦然、湖南最是我東先。檀箕古國三千里、孔孟斯文億萬年。綱常不墜風潮變、道德還如日月懸、光山此會云誰助、赤子能知太守賢

同　　濟州(旌義)　友石　金　熙　殷

四千年去是我東、一國和風動仁風。歌謠處々唐虞下、絃誦家々鄒魯中。誕登道岸須矜泰、勸種情田更願豐、剝極復來天有理。扶持吾道大開通

同　　濟州(大靜)　姜　升　台

斯道千載獨我東、杏壇古樹復春風。帝王三代相傳後、仙佛二家大亂中、文物何須今日異。衣冠將可昔時同、河山淑氣湖南省、洙泗源々一水通

同　　麗水(突山)　崔　順　詠

甘棠治化後千年、列郡絃聲達四邊。雪裏寒松今始見、風前偃草古來傳、西河絳帳家々在。北海青襟處々連、若使英材如此育。東邦休運出群賢

除　夕　　晉河　石　欽　衡

萬古非吾獨此時、客中何事亦還遲、應自明朝春始歸。百花又到滿開期

驚人守歲々除時、守歲年々歲不遲。共醉莫須愁夜短。百花次到滿開期

同 □山 元鼎漢

吾年 値知非時、客館無眠隱几遲。痴心尚爲春將至、發散前園花發期

同 雲人 宋 鴻

白頭回溯黑頭時、除是無愁夜不遲。覺今一秒千金重、惜日看鐘若有期

同 南一 鄭 □深

此夕送迎間幾時、光陰不待我遲々。響昔四十非能事、警世道人敢自期

同 举坡 高 彦柱

年々此夕送迎時、每恨光陰故不遲。回憶人間多少事、得通有定望前期

同 昔東 沈 璿澤

吾於昔日少年時、嘗待今宵每恨遲。何事今宵還恨速、少年昔日再難期

同 湖峰 金 承□

無短無長一定時、老年何速少年遲。笑哉吾亦兒童歲、苦待元朝屈指期

同 □若 吳 □昌

此時此夕是何時、萬念悠々斗轉遲。無奈年々代謝理、百行最當一新期

同　　白史 鄭[illegible] [illegible]

一刻天機倘倘時、千門夜色熬遲々、從何去者從何到、人事臨新共懿期

同　　守山 邊昇基

送舊迎新即此時、燒燈不寐夜何遲、丁々漏響催人老、一去靑春難再期

萬事當爲早及時、光陰曾不待人遲、此生五十年間迹、枕上須臾一夢期

用前韻和樂阿詞伯

郵便投函病臥時、開封細讀意遲々、如君絶唱知音少、縱有牙琴孰子期

驛樓送別昔何時、塞雁江南雁信遲、此夜相思梅欲發、陽春消息有前期

贈飛行士李商泰君

樂阿 石鎭衡

飛行壯士好還鄕、鄕土人民喜欲狂、惟君能獨航空界、一遍山川摠有光

同　　[illegible]山 元[illegible]漢

御風直上白雲鄕、士女爭瞻走若狂、始作舟車千載下、軒轅古法返無光

同　　[illegible]山 邊昇基

飛雄挺出我南鄕、萬衆視瞻奔若狂、鵬搏騰揚歸故國、日邊晝錦動輝光

同　南一 鄭國采

飛仙鶴鶴下雲鄕、是日冬風故不狂、拍手聲中入海潤、祝君揚我國之光

同　青東 沈璿澤

飛行之說滿京鄕、聞說初疑說者狂、列子御風今始信、半天人影憂雲光

同　晶石 吳憲昌

鵬搏長空訪故鄕、滿城見者喜如狂、死而不已能成就、南國始生一陽光

## 上元雅集

高士命車來也飛、漸春和氣滿君衣、君到月明兼有酒、今宵盡醉莫須歸

槃阿 石鎭衡

同　晦山 邊昇基

醫談綺羅物觴飛、滿座香氣吹襲衣、佳節相逢容未易、不妨沉醉夜深歸

同　石山 元昇漢

詩筵乘興洪如飛、座有縉紳又布衣、佳節良朋兼此夜、樽前吾欲醉忘歸

同　守堂 沈[illegible]

官樓夜月羽觴飛、傍若無人一布衣、醉後詩談無欲拙、五更鐘歇便忘歸

同　石農 安 鍾 哲

無巡夜酌亂如飛、官閣梅香上客衣、好是金吾解禁夕、滿城明月却忘歸

同　梧石 尹 夏 鏞

料峭春寒雪片飛、招邀珍重拂塵衣、雅話淋漓齊笑發、風流如昔醉無歸

同　愚石 吳 憲 昌

斷烟淸快氣如飛、明月上元新拂衣、下約此遊難再得、夜而繼晝莫相歸

同　石壁 延 振 鎔

酒醲燈青興欲飛、更交淸談盡春衣、此夜嘉緣容未易、高吟撤曉却忘歸

同　東坡 高 彥 柱

來會當日舊身飛、況復元宵月滿衣、聞道諸公新宴會、新詩新釀渾忘歸

同　一農 張 容 泰

雅會團圓迭興飛、良朋滿座拂新衣、人生淸趣於斯足、不妨夜深取醉歸

# 世評

## 評儒道彰明會

癸坡 高彦柱

世人有評論儒會者曰儒道本有敎無會其敎則入孝出弟謹愼威儀篤行實踐餘力之暇修其學問出而有輔世長民之德處而有衛道垂後之功足爲鄕國之模範而大有關於風化矣今也不然有會無敎立會之目定其規例彰會之的佈其雜誌有本有支徒事奔走於往來之屑々會之有名今既有年姑無一事之可記其於衆人之嗤笑何哉余聽之駭然即曰否々敎與會本無二致以會々以敎即一事也同聲相應同氣相求子曰德不孤必有鄰曾子曰以文會友以友輔仁且鄕飮鄕射之儀皆莫非有會然後事但時殊事變有不得不然之勢序其大槪臚列于下如左

嗚呼道之喪也久矣邪說暴行又作今日之禍甚於猛獸洪水如燎原之火不可嚮邇甚矣道之困阨此豈非剝極之秋乎雖然道非常亡陽無終盡天理之消長人事之治亂只關於氣數使然而然也在昔三代以前聖人作而萬物覩得時得位君而臨之師而敎之天地位萬物育人不知帝力何有而天下平矣惜乎王道幾熄詩亡然後春秋作而亂臣賊子懼楊墨拒而詖淫邪遁絶自是厥後聖王不作世或有明主賢相有撥亂戡定之才而不識大道至治之要使斯民不得躋於堯舜之域上下數千載之間大道之托寄於儒者言語文字之間而已以若宋德之盛眞儒迭興於洛閩之間亦道不行於時而以繼往聖開來學爲已任儒道粲然復明逮我朝鮮道之東已久國有學鄕有校絃誦之聲苑然鄒魯遺風都兪之政庶幾唐虞至治猗歟盛哉大綱已正萬目畢擧上自朝廷卿士之賁下及閭巷輿臺之賤莫不以廉恥禮義自律其身砥礪名行

美風善俗洋々盈溢不期而自致是盖出於扶植士林培養元氣敦尚文治之化而然也噫夫及其末也不無文弱之漸政敎解弛元氣沮喪百工失職無所依據奔走於道路惟東西莫定嗚呼皇天不佑降大亂於是邦不無商其淪喪之歎于斯時也吾道懷藏不失所守者只是冠章甫衣縫掖爲儒家者流也以其廉恥浹洽於骨髓義理充塞於肌膚不忘在於溝壑不可以利祿誘之亦不可以威武脅之惟視其道之適用如何耳嗚呼窃惟此世何時五洲大闢萬國分治敎有各主學有異科優勝劣敗是天地間大競爭一大關鍵也進者日進退者日退政之於敎皆有强弱之勢刑名政治姑舍勿論先以敎之一端論之敎之自西而來者幾何在東而異名者幾何各有旀幟樹立門戶以其徒黨互相宣傳使吾四千年禮義之邦三千里仁賢之風駸々然胥溺變爲夷狄禽獸其勢莫能沮遏其鋒亦不可抵當曷勝痛惜世無君子人則已若有之豈能恬然坐視而已哉是以京鄉諸君子惟是之慨不謀而同各以其所在倡設儒道以敎以會命名立規以圖前進或者疑其不能準合盖不知分殊理一殊塗同歸之故也世代之變易時勢之的臨不得不然易曰隨時變易以從道不亦可乎惟我全南之彰明會是其一也旣與一省僉章甫耳提面諭會旣數年彰明號之新誌刊行已經二回以文苑詞藻言其心志之所有以遂思想以世報世評廣其耳目之未逮以發知識願使爲儒者滌其舊染之汚而日新又新漸至於高明廣大之域豈非吾道之幸歟且以入學制度言之是敎會中一事而小大之學別無大異以年齡則相同以科程則差異盖古今異宜而適應於時務而然也此豈非學問科業幷行不悖之道乎小學則或惡其傲慢自恣無應對愛敬之節大學則或惡 ·輕佻浮薄無誠正修齊之效此實漸染於風潮之一變而有關於德敎之凝衰也若使儒道復明於世立綱正名爲子弟者修子弟之職薰陶於家庭之間此所謂不出家而成敎於國也孝弟忠信修身齊家之本物理化學利用厚生之道豈可餒以前所未聞未見而日將退縮哉若使吾南全省人士入會諸員及購覽諸氏讀一回是一樣人讀二回是一樣人至三四回同是一樣人其不免時人之譏評亦必然矣相率以爲勉之勉之

世 說

# 論儒道彰明會文

寶城 蔡東玉

夫人之所以爲人由教學也教與學非一端其端也百爲千爲萬爲只資師教而弟子學而已矣故使其爲師者知所以敎爲弟子者知所以學師敎弟學則可期格致誠正修齊治平之道若以不教不學則形雖是人實不違於禽獸有是形而有是心者可不警省哉嗚呼惜今異敎繁盛吾道沉微士家子弟背師不學莫知所向日致華靡月就浮輕侮攻士者之格言至論而日入沉々然朦昏之境意外居鄉諸賢士慨世之既然重修鄉校彰明儒道諭今人之沉痼開後生之程路此非但有功於士林大有稱於聖門歟

# 儒道彰明會演義

莞島 黃懿周

儒道之名上古所無而始因孔子作春秋義出焉即合古之王道而特立世界一門戶也何則夫道也者一而已其原出乎天亘古今通萬事而著之於日用極其大則盡彼之運日月之行不能外也盡於小則草木之微禽獸之類不能違也堯舜禮之欽明皐夔稷契以之贊襄範圍天地之化而盡人之極其叙而秩之者曰五品曰五倫其綱君臣父子夫婦長幼朋友也其道親之義之別之序之信之也其行孝弟忠信也其功修齊治平也絜此矩而所以治者殆若無爲敎化淡洽於上下而造一治之大運也及夫三王家天下而亦率由舊章文質之損益隨時變易而從道也郁々乎文見一治之運也迨其衰也王綱解紐倫常胥溺天下駸々然入於禽獸矣夫子生於其時有聖之不得其位以行其政敎故轍跡環於天下而終不行其道耳於是返魯與吾黨小子著六經紹後世又作春秋而尊王道黜霸功則執素王之權於二百四十年之久于時也王道不墜地始托乎儒門向所謂儒道之名因作春秋而出焉者此也自是之後曾傳之八條目中庸之九經皆述王道之大而爲學者心得之要是以天下之法皆存於儒者天子公卿每々尊師之禮問之國以之治社稷以之安孟子所謂有王者作則必來取法者是也嗚呼世降叔季斯道湮晦而況風潮異說胥見侵蝕如恐不滅不食之果殆將剝盡矣幸我南服一會是興名以彰明盖欲使吾道彰明之也於是巖穴之間絃誦相聞大樹之下揖讓有敎

復九漸進大壯之勢不日可期也然則是僧進而儒道與儒道進而唐虞三代之復未可知也吁我諸公勗哉勉哉繼以祝曰

藍田鄕約、汝南月評、講禮正俗、在古有名、
蓁蕪發揮、彰明吾南、鼓舞一省、奚是汝鑑、
元伯矩絜、群賢影從、挽轍回化、吾道是宗、
禹學蔚興、潮碑嘉銘、於千萬年、永享文明、

## 故鄕訪問飛行

京畿道出生李基演君은客年十二月二十日브터三日間을京城上空에서飛行ᄒᆞ야在任官民에게無等ᄒᆞᆫ喝采를受ᄒᆞ얏고

本道長興郡出生李商泰君은二月十日로爲始ᄒᆞ야光州一次飛行ᄒᆞ고光州를發ᄒᆞ야羅州를經ᄒᆞ야木浦에一次飛行ᄒᆞ고自己의故鄕되ᄂᆞᆫ長興郡에一次飛行ᄒᆞ얏ᄂᆞᆫ대全道二百萬人民과官憲은各其各種의方法으로其飛行을應援ᄒᆞ얏더라

## 世子殿下御消息

殿下게서ᄂᆞᆫ陸軍大學을優越ᄒᆞᆫ成績으로卒業ᄒᆞ시고大正十二年十二月二十八日附로近衛步兵第二聯隊中隊長에就任ᄒᆞ셧스며又殿下게서ᄂᆞᆫ妃方子殿下와同伴ᄒᆞ시와客年十二月二十五日午前八時三十分에東京驛의出發ᄒᆞ시와歸鮮ᄒᆞ시ᄂᆞᆫ道에就ᄒᆞ얏ᄂᆞᆫ대途中에서伊勢山田에서二泊ᄒᆞ시고神宮에叅拜ᄒᆞ시고畝傍桃山兩陵에叅拜ᄒᆞ신後二十九日에京都를出發ᄒᆞ시와京城에到着ᄒᆞ사昌德宮에問安ᄒᆞ시고今年一月四日에京城을出發ᄒᆞ시와六日午後에東京에到着ᄒᆞ셧더라

## 皇太子殿下御嘉禮

一般國民이期待ᄒᆞ든 皇太子殿下의御嘉禮ᄂᆞᆫ去一月二十六日에宮中大賢所에서擧行되얏ᄂᆞᆫ대 殿下께서ᄂᆞᆫ 今上陛下의長子이신대明治三十四年辛丑四月廿九日東京에서誕降ᄒᆞ사其後에學習院에入學ᄒᆞ야乃木將軍이親히御敎育에當ᄒᆞᆫ事이有ᄒᆞ시며其後에ᄂᆞᆫ東宮學問所를設置ᄒᆞ고該所에入學ᄒᆞ실時에ᄂᆞᆫ東鄕平八郎元師와濱尾新男爵이輔導의任에當ᄒᆞ얏스며大正五年十二月三日에立太子의盛典이有ᄒᆞ셧스며十年五月에歐洲諸國을巡遊ᄒᆞ시고歸國ᄒᆞ

신後에攝政ᄒᆞ신ᄂᆞᆫ重位에即ᄒᆞ시고今般에良子女王殿下와婚姻을成ᄒᆞ시와成婚盛典를擧行ᄒᆞ신터이라

今番에皇太子妃되신良子女王殿下게셔ᄂᆞᆫ明治三十六年癸卯三月六日에誕生ᄒᆞ셧ᄂᆞᆫ대陸軍大將邦彦王殿下의第一女이시고母妃殿下ᄂᆞᆫ公爵島津忠義氏의第七女俔子이시며李王世子妃方子女王殿下와ᄂᆞᆫ親私間되시ᄂᆞᆫ關係가有ᄒᆞ시와朝鮮과ᄂᆞᆫ特別ᄒᆞᆫ關係가有ᄒᆞ신터이라曾히學習院女學部에通學ᄒᆞ신事가有ᄒᆞ나皇太子妃로作定된後에ᄂᆞᆫ特別히德望이有ᄒᆞᆫ國士를擇ᄒᆞ야國母되시ᄂᆞᆫ學問을學케ᄒᆞ신事가有ᄒᆞ니杉浦重剛氏ᄂᆞᆫ其中에一人이라

## 奬學金下賜

大正十三年一月二十六日皇太子殿下御成婚式日에左와如히奬學下賜金이有ᄒᆞ더라

一、兒童就學奬勵의資로內閣總理大臣에게金百萬圓下賜

二、朝鮮、臺灣、關東州、樺太及南洋群島에在ᄒᆞᆫ兒童奬學의資로總額金二十九萬圓下賜

一、金二十萬圓　朝鮮總督府에

一、金六萬圓　臺灣總督府에

一、金二萬圓　關東廳에

一、金八千圓　樺太廳에

一、金二千圓　南洋廳에

此外에私設社會事業助成의資로金百萬圓을下賜ᄒᆞ시니라

## 從享先賢祭粢下賜

去一月二十六日　攝政宮皇太子殿下御婚時에朝鮮文化와風敎에對ᄒᆞ야貢獻함이多大ᄒᆞᆫ先賢으로文廟東西廡에從享된左記諸氏에게對ᄒᆞ야其遺德을表彰ᄒᆞ기爲ᄒᆞ사　聖意로써祭粢料一封式을　下賜ᄒᆞ셧더라

薛聰　金宏弼　李滉　金長生　宋浚吉
崔致遠　鄭汝昌　金麟厚　趙憲　朴世采
安裕　趙光祖　李珥　金集
鄭夢周　李彦迪　成渾　宋時烈

## 教育功績者表彰式

光州、長城兩普通學校長의光榮

齋藤總督으로브터選獎된全南功績者表彰式을二月十一日紀元節佳辰을卜ᄒᆞ야道廳會議室에셔擧行ᄒᆞᆫ바同日地方官民有志者多數列席ᄒᆞ고元知事가式辭를述ᄒᆞᆫ後敎育效績狀을授與ᄒᆞ니此光榮을蒙ᄒᆞᆫ山本哲太郞、小澤龍城兩氏ᄂᆞᆫ此를受ᄒᆞ고來賓窪田檢事正、松田管理者、倉品光州郡守南長城郡守等相次ᄒᆞ야祝辭를述ᄒᆞ고受賞者兩學校長答辭를述ᄒᆞ야玆에式을閉ᄒᆞ고茶話會에移ᄒᆞᆫ바兩校長은就任當時의苦心談을述ᄒᆞ야今昔의感을言ᄒᆞ며喜色滿面의態가有ᄒᆞ고來賓도同慶에不堪ᄒᆞ야兩氏의人格을稱讚不已ᄒᆞ더라

## 本道孝子節婦表彰

例年本府에셔行ᄒᆞ야오ᄂᆞᆫ全鮮의孝子節婦表彰者本年度分全部七名內에三名全羅南道에셔出함은實로本道의誇張홀만ᄒᆞᆫ事이라云ᄒᆞᆯ지로다最初本道에셔內申함은孝子鄭昌鉉節婦張茶山節婦趙仁任、金岩河、朱伊卿、孝子李奎萬六名이든바其內에孝子一名節婦二名이表彰되얏ᄂᆞᆫ바左에其略歷을揭記함

一、張茶山은咸平郡岩多面松路里의人이라萬延元年의生으로資質溫順貞淑ᄒᆞ야榮譽가高ᄒᆞ더니長ᄒᆞ야李榮濟의게嫁ᄒᆞ니李ᄂᆞᆫ本性이愚直ᄒᆞ야家事를整理키不能ᄒᆞ고且父ᄂᆞᆫ中風으로半身不遂이고姑ᄂᆞᆫ病癈ᄒᆞ야六年間을病床에在ᄒᆞᆫ바適其時에夫가又得病ᄒᆞ야百方으로治療를加ᄒᆞ나遂히泉臺의客이된지라茶山은此時에殉從코져ᄒᆞ나遺腹子가有함오로外果然치못ᄒᆞ얏더라姑ᄂᆞᆫ茶山이早年寡婦됨을憐ᄒᆞ고家計도又艱難苦勞함을悶念ᄒᆞ야其再嫁를勸誘ᄒᆞᆫ事이有ᄒᆞ나茶山은此를不聽ᄒᆞ고其後에媤父母가共히沒世ᄒᆞ도록一心으로奉養ᄒᆞ니其貞淑의節이模範되기足ᄒᆞ더라

一、鄭昌鉉은羅州郡潘南面新村里의人이라安政二年一月一日에生ᄒᆞ야資性이溫順ᄒᆞ고品行이方正하且平素에勤勉熱心으로業을勵하며又慈善心이富하고父母를事함에孜々恭儉하야人으로하야곰其素行이卓絶함을感動케하더라十一歲時에母南氏의病이危篤에陷하거늘其側을不離하고身自看護하며晝夜를快癒함을天에祈하나遂히死亡에至하는지라悲痛이其極에達하야人으로하야곰感動케하며母의墓所는半里를隔하얏스나日夜侍墓하되風雨의夜라도缺

치아니하고其後에父喪을當한時도三年間에一切禮式을廢함이無하며一擧勤儉으로써家産을治하야鄕黨에模範을示하더라

一、金岩河는和順郡酒面甘道里人이라明治十年十一月八日生으로資性이溫順하야十九歲時에同里曺尚煥에게嫁한지數個月에其夫가病에罹한지라家本赤貧하야百事如意치못함을不拘하야晝夜針工紡績을兼行勉勵하야此에서得한金錢으로써藥을購하야救護하얏스나不幸이其夫가死去한지라金은食을絕하고夫에從死코저하나姑李氏極力으로諭止하야此를慰安하야其決心을止케한지라其後에機織業等에熱心精勵하야姑의게孝養을盡하고姑死後에는獨身으로勤儉力行한結果至今에相當한財産을有함에至하니一鄕에模範됨에足하더라　今回의表彰을見함에至한右三名에對하야一名에金二十圓式을下賜되얏더라

## 英國의女人次官

今番英國에서勞働內閣이組織됨은旣報한바와如하거니와勞働省次官卽舊日朝鮮官制로言하면協判其前舊日制로言하면參判의職에相當하는大官은「맨드필드」女史가任命되얏는데此女史는二소마及드」의出生女子로서少時에勞働組合員이되야勞働運動에對하야恒常第一線에立하야奮鬪한女子이며一八九九年勞働組合大會에最初로婦人代表者로出席하얏스며一九一八年瑞西에서開會한第三國際大會에도英國의代表로出席하얏스며昨年夏英國勞働組合大會에議長으로推薦되얏고「쌈부돈」으로부터勞働黨候補者가되야出馬함이三次이나客臘總選擧에始初當選하야今次에大官에任命되얏더라

## 內鮮人의結婚激增

震災後大阪府에在한朝鮮人이激增함과保護施設을立할必要로因하야大阪府에서는昨年末現在를調査하얏는데其調査에依하건대現在大阪在住朝鮮人이二萬三千六百三十五人(內男一萬九千五百九十九人)인데 其中一戶를構成한者가千二百八十九戶(男二千三百三十二人女千六十三人)에達하니라勞力程度는漸次向上되는바無識으로認할者는一萬二千八百二十五人이오其他는普通學校三學年程度以

上의學力이有하고專門學校卒業者十三人中學校卒業者七十人、高等小學校卒業程度者千三百人이有한지라昨年九月震災當時에比하면二千四百名이增加된바職業은亦是各種職工이最多하니五千六百八十五名이오次에土工이二千二百七十三名이오紡績職工이千七百二十三名이니此가主要한者이나漸次智識階級의職業이增殖하야官吏、飛行家、銀行會社員者等이增加되얏스니就中會社員은昨夏々지二人이더니八人이增하고學生은三十人이며八十三名이된지라今番調査에特히可概홀것은內地人과朝鮮人의結婚이激增한事이라現在結婚同居者男千五百八十四人女千五百四十四人中에內地人을妻한者가七十二人이오內地人을夫로한者三十三人이오此外에結婚別居者男六千九百四人、女百二人中에內地人을妻로한者十五人內地人을夫로한者三人이라此를合하면朝鮮人으로內地人을妻한者ㅣ八十七人이오朝鮮人의女로內地人을夫한者ㅣ三十六人이라如斯히百組以上의內鮮雜婚이行함은內鮮融和上에조흔일이라고傳하더라

## 大學豫科學生募集

### 募集生徒概數

文科、大學에셔法學을修學코자ᄒᆞᄂᆞᆫ者四十名 大學에셔文學을修學코자ᄒᆞᄂᆞᆫ者四十名

理科、大學에셔右人員은境遇에依ᄒᆞ야減ᄒᆞᆯ事有ᄒᆞᆷ

### 入學志願資格

中學校又ᄂᆞᆫ高等普通學校卒業者幷此와同等以上의學力을有ᄒᆞᆫ者

### 試驗科目

文科

國語及漢文(國文解釋 漢文解釋 書取 作文)外國語(解釋、國文英、獨、譯、書取)

數學(代數、平面幾何)

歷史(西洋歷史及日本歷史全部)

理科

國語及漢文 (國文解釋、漢文解釋、書取、作文)

外國語 (解釋國文英 (獨) 譯書取)

數學 (代數、平面幾何、三角法)
博物 (動物及博物通論)
備考 國語及漢文은書取에附帶ᄒᆞ야文法의正誤를爲케ᄒᆞᆷ
英語ᄂᆞᆫ(웨쎈 쥬에—손)에對ᄒᆞ야도試驗ᄒᆞᆷ
外國語ᄂᆞᆫ英語及獨語의中受驗者로ᄒᆞ야곰其一을選케ᄒᆞᆷ

學科試驗 三月十八日부터 同二十一日ᄭᆞ지
體格檢査 三月十七日發表ᄒᆞᆷ
試驗場所 京城(詳細ᄂᆞᆫ受驗者心得으로ᄡᅥ通知ᄒᆞᆷ)
出願期日 一月二十日부터二月二十日ᄭᆞ지
入學檢定料 入學檢定料ᄂᆞᆫ五圓으로ᄒᆞᆷ現金又ᄂᆞᆫ證券(郵便小爲替證書)로ᄡᅥ此를納付ᄒᆞᆯ事旣納의入學檢定料ᄂᆞᆫ何等의事情이有ᄒᆞ야도此를還付치아니ᄒᆞᆷ
其他詳細事項ᄂᆞᆫ大正十三年一月十日以後官報에揭載되얏더라

## 河西金先生致祭狀況

本年一月二十六日東宮殿下婚禮式을擧行ᄒᆞ심오當ᄒᆞ야文廟從享十八賢의祭祀料를下賜ᄒᆞ신바本道에ᄂᆞᆫ二月十九日을卜ᄒᆞ야河西金先生麟厚의祭典을谷城郡玉泉面舊邑內河西先生宗孫金容珣家에서擧行ᄒᆞ얏ᄂᆞᆫᄃᆡ其槪況은如左ᄒᆞᆷ

一、供物
祭祀料 金百圓、香(紫檀香)三斤、燭(蜜蠟燭)
二本 帛(絹)一疋 酒果其他
二、御使、道知事
三、參列者 郡守以下官公吏、儒林、學校生徒、子孫及地方有力者
四、擧式 二月十九日御使元知事ᄂᆞᆫ午前十一時에自働車로道廳을出發ᄒᆞ야潭陽을經ᄒᆞ야午後二時에玉果에到着ᄒᆞ야少憩後午后三時에式을擧行ᄒᆞ시御使休憩室玄關에서乘輿、警察署長先驅、警衛의警部、郡守先導、御使、供奉員、警衛의警部補、道廳參列員、後衛 (谷城警察署警部又ᄂᆞᆫ警部補)의順序로式場에向ᄒᆞᆷ、御使外에ᄂᆞᆫ總히徒步、式場入口에서御使가降輿、入口에서ᄂᆞᆫ金氏及一族其他代表者出迎、御使徒步로就席供奉員其他着席、係員이擧式開始의旨를告ᄒᆞᆷ

金氏開廟扉 御使傳達書朗讀、祭祀香燭帛을金氏에게交付、金氏拜受供祭壇、御使拜、御使復席、郡守拜、其他代表者拜、係員閉式의旨를告홈、御使退場、

五、傳達書

大正十三年一月二十六日 東宮殿下御成婚의御慶典을行홈에當ᄒᆞ야
天皇陛下게옵셔先正金文正公의夙히世道文敎에貢獻ᄒᆞᆫ卓功을思ᄒᆞ사特히祭粢料를下賜ᄒᆞ심으로因ᄒᆞ야本總督이謹히御命을拜ᄒᆞ고使를遣ᄒᆞ야玆에聖旨를傳達홈

大正十三年一月十九日

朝鮮總督 男爵齋藤 實

# 會報

## 本會總會錄

大正十二年十月七日陰八月二十七日에本會第三回總會를光州鄕校明倫堂에서開催ᄒᆞ얏ᄂᆞᆫᄃᆡ當日에各支會로부터正會員即支會長、副長、總務百餘人이出席ᄒᆞ고又本會總會를參觀ᄒᆞᆫ次로來集ᄒᆞᆫ儒生들이多數에及ᄒᆞ야大盛況을呈ᄒᆞ얏ᄂᆞᆫᄃᆡ其當日에ᄒᆞᆫ事ᄂᆞᆫ

一、前會々錄報告　無異議通過

一、會長及副長一名의辭任件報告、不得已ᄒᆞᆷ으로受辭ᄒᆞ고新會長副會長을投票選定ᄒᆞᆫ바會長은副長朴鳳柱가當選ᄒᆞ고副會長은朴南鉉氏와安昇燮가當選ᄒᆞ다

一、谷城支會副長及和順支會長逝去에對ᄒᆞ야弔意를表ᄒᆞᄂᆞᆫ件

右 可 決

一、支會々員募集及事業進行에關ᄒᆞᆫ件

右件에對ᄒᆞ야一般會員은歸鄕ᄒᆞᆫ后一層努力ᄒᆞ야各其支會의發展을期ᄒᆞ기로決ᄒᆞ다

一、本會館建築에關ᄒᆞᆫ件

右會館建築에關ᄒᆞ야ᄂᆞᆫ其陳情委員을選定ᄒᆞ야道當局에陳情ᄒᆞ고一般會員에對ᄒᆞ야此를徹底히周知케ᄒᆞ기로決定ᄒᆞ얏ᄂᆞᆫᄃᆡ其陳情委員은朴南鉉、安昇燮、崔京燮、朴冠儒四氏로推薦ᄒᆞ다

右閉會를終ᄒᆞᆫ後에本道知事閣下를爲始ᄒᆞ야多數ᄒᆞᆫ有力官民이參席ᄒᆞ고講演會를開催ᄒᆞ야八日正午에까지至ᄒᆞ얏ᄂᆞᆫᄃᆡ經學院司成金完鎭氏와大東斯文會總務魚允迪氏와會務部長土師貞盛氏光州師範學校長大谷源助氏와最後에本道知事元應常氏가各々有益ᄒᆞᆫ講演을ᄒᆞ얏ᄂᆞᆫᄃᆡ其重要講演은本誌講演錄에記載ᄒᆞ다

八日正午에出를終ᄒᆞᆫ後道廳의好意에依ᄒᆞ야自働車六台를分乘ᄒᆞ고全南陳列場、慈惠醫院、師範學校、高等普通學校、貯水池、光州刑務所를觀察ᄒᆞ고其夕에ᄂᆞᆫ道知事의招待宴에臨ᄒᆞ야十二分의歡을盡ᄒᆞ고各其歸鄕ᄒᆞ얏더라

## 突山支會事業

突山支會에서ᄂᆞᆫ鄕校에講習所를附設ᄒᆞ고未就學兒童을爲ᄒᆞ야相當ᄒᆞᆫ敎育을興ᄒᆞ며又漢文力養成에對ᄒᆞ야도或講詩를開催ᄒᆞᄂᆞᆫ事도有ᄒᆞ며又或一般을爲ᄒᆞ야ᄂᆞᆫ講演會를開催ᄒᆞᄂᆞᆫ事도有ᄒᆞ야社會文化에貢獻ᄒᆞᆷ이不尠ᄒᆞ더라

## 濟州支會白日場

濟州支會에서ᄂᆞᆫ客年十二月十五日土曜에白日場을開催ᄒᆞ고詩、賦、論、律、及經의各題를出ᄒᆞ야各支會에紹介ᄒᆞᆷ이有ᄒᆞ얏ᄂᆞᆫ바本島에서ᄂᆞᆫ勿論이고各地方에서도多數가此에應ᄒᆞ야盛況을呈ᄒᆞ얏ᄂᆞᆫᄃᆡ入格者에對ᄒᆞ야多數ᄒᆞᆫ施賞이有ᄒᆞ얏더라

## 本會의會館建築

本會々館建築에關ᄒᆞ야ᄂᆞᆫ客年總會에서此를建築ᄒᆞ기로決議ᄒᆞᆫ바

도有ᄒᆞ거니와其後에恒常留意ᄒᆞ고其實現을期ᄒᆞ야ᄂᆞᆫ바昨年九月一日에關東地方大震災를因ᄒᆞ야本道農林內地視察을中止ᄒᆞ고其旅費中으로或各郡의形便에依ᄒᆞ야昨秋京城에開催ᄒᆞᆫ朝鮮副業品共進會를觀覽ᄒᆞᆫ바이有ᄒᆞ얏스나其旅費가相當히剩餘될事를認ᄒᆞ고本會에셔早速히會長其他代表者가道廳에出頭ᄒᆞ야此剩餘旅費로全道의儒林을爲ᄒᆞ야光州에會館一個所를建築ᄒᆞᄂᆞᆫ基金에寄附ᄒᆞ기를懇願ᄒᆞ얏더니道當局에셔吾會의懇願이相當ᄒᆞᆷ으로認ᄒᆞ야此를各郡鄕校財産中內地視察剩餘旅費中으로寄附ᄒᆞ게되얏ᄂᆞᆫᄃᆡ其前에京城共進會에旅行ᄒᆞ야使用ᄒᆞᆫ郡은大正十三年度에其該當金額을寄附ᄒᆞ기로되고大正十二年中으로寄附의承認이有ᄒᆞᆫ郡名과金額은如左

| | |
|---|---|
| 光州郡 | 一四〇圓 |
| 潭陽郡 | 二〇〇圓 |
| 光陽郡 | 二〇〇圓 |
| 麗水郡 | 一〇〇圓 |
| 順天郡 | 八〇圓 |
| 寶城郡 | 六五〇圓 |
| 和順郡 | 一一〇圓 |
| 靈岩郡 | 一〇〇圓 |
| 羅州郡 | 二〇〇圓 |
| 咸平郡 | 二〇〇圓 |
| 長城郡 | 二〇〇圓 |
| 莞島郡 | 一三五圓 |

又十三年度에寄附를請求ᄒᆞᆫ郡名과金額如左

| | |
|---|---|
| 谷城郡 | 二〇〇圓 |
| 求禮郡 | 三〇圓 |
| 順天郡 | 三〇〇圓 |
| 高興郡 | 二三〇圓 |
| 長興郡 | 三〇〇圓 |
| 和順郡 | 二〇圓 |
| 海南郡 | 二三〇圓 |
| 務安郡 | 一五〇圓 |
| 靈光郡 | 六〇圓 |
| 珍島郡 | 三〇〇圓 |
| 濟州島 | 二〇〇圓 |

右合計金四千六百五十圓인ᄃᆡ會館은其設計가會議室이三十二坪、事務室三坪、應接室六坪、宿直室其他合ᄒᆞ야本館이四十六坪이요臨時建物이八坪인ᄃᆡ本館建築費가六千九百圓이요附屬建物費가九百圓이라然ᄒᆞᆷ으로以上에剩餘旅費가完全히寄附된다ᄒᆞᆯ지라도四千圓에不過ᄒᆞᆷ으로本館建築費中에約三千圓의不足을生ᄒᆞᄂᆞᆫ故로此ᄂᆞᆫ一般儒道大家의寄附에待ᄒᆞᆫ外에道理가無ᄒᆞ다더라

各支會에入會코져ᄒᆞ시ᄂᆞᆫ人士ᄂᆞᆫ左記樣式書를提出ᄒᆞ시옴

## 入會書

本人이貴會의趣旨를贊成ᄒᆞ야入會ᄒᆞ옴ᄂᆞᆫ바入會後에貴會의章程을確實遵守ᄒᆞᆯ事를誓約함

大正 年 月 日

孔子誕生二千四百 年 月 日

住所

入會人 姓名

全羅南道儒道彰明會何郡支會

貴中


| | |
|---|---|
| 定價 一部 | 金貳拾錢 |
| 郵稅 | 金貳錢 |
| 計金 | 金貳拾貳錢 |
| 一個年分先納ᄒᆞ면春秋二部 | 金四拾錢 |
| (郵稅共) | |

大正十三年四月二十七日 印刷
大正十三年四月三十日 發行

編輯兼發行人 全羅南道光州郡光州面瑞南里一二一番地 鄭國采

發行所 全羅南道光州郡光州面校祉里二七番地 全羅南道儒道彰明會

印刷人 京城府永樂町二丁目二番地 中田立三

印刷所 京城府永樂町二丁目二番地 中田普文社印刷部

# 懷中論語新刊紹介

一、此懷中論語는本儒道彰明會의事業으로與論을簡易編成ᄒᆞ야論語의理致를世上에廣傳코져함에在함

一、此懷中論語는通俗的으로諺文을付ᄒᆞ야其意義를解釋함으로大凡諺文을解ᄒᆞ는人이면婦女兒童이라도能讀ᄒᆞ야其蘊義를解了함을得함

一、此懷中論語의總頁數는四六〇이요長은四寸五分이요廣은二寸五分임으로携帶ᄒᆞ야旅行中이라도參讀함에便함

一、此懷中論語는大文上에皆數字를向ᄒᆞ야記憶과索引에便利함

此懷中論語는活字가鮮明ᄒᆞ고裝冊은「클로오」와上品皮革을用ᄒᆞ얏슴으로外觀이極히美麗함

一、此懷中論語는世間에廣布함을目的함으로冊價는實費로써分布함

一、此懷中論語를購讀코져ᄒᆞ시는分은其部數를定ᄒᆞ야光州儒道彰明會本會로請求ᄒᆞ심을望

# 『彰明』 제4호

(1924년 9월 10일 발행)

# 彰明

## 第四號

大正十三年九月十日發行

### 重要目次



全南儒道彰明會發行

## 彰明誌代金三十錢送付方法

一、最近郵便局又는所에往하시와全南儒道彰明會本會郵便振替貯金口座京城一二、八六〇番에拂込하시는方法

二、光州에親히往觀하시는便이有하거나又는信便이有하거든全南道聯地方課倉元大喜氏에게로依하시는方法

三、居住하시는最近支會에付托하서고本會에送交함을依賴하시는方法

四、郵便換錢을全南道聯地方課倉元大喜氏에게로送交하시는方法、此方法은比較的費用이多하오니注意하심을要함

## 章程中本會의目的及會員에關한條項抄出

### 本會의目的

第二條 本會는時勢의進運에鑑하야儒道의本旨를彰明함으로써目的함

第三條 前條의目的을達하기爲하야左의事項을踐行함

一 道德을敦篤하고倫理를闡明할事

一 鄕約을遵守할事

一 教育의普及을圖할事

一 文化의向上을圖할事

一 時務를奮勵할事

### 本會의會員

第六條 本會의會員은本道內에住所를有하고本道를尊崇하는者及本會의主旨를贊成하는者로써함

第七條 本會의會員은本會任員各支會의支會長、支會總務及前條에該當하는人士로創立總會에參列한者로써組織하고支會會員은支會所在郡島內의人士로써組織함

## 敬告

本雜誌를發刊하야第四號에至하얏는ᄃᆡ初號는八百部、第二號는「一千部」第三號는二千部今此第四號는一躍하야近三千部를發刊함에至하야本會가如此히組織잇는健全한發達을遂하야來함은吾會々員諸氏와社會愛讀者僉彦의深甚하신後援에依함이온즉本會特히本會雜誌發行部는정성스럽게感謝한意를表하ᄂᆞ이라

本誌는從來에年二回로하고三十錢의代金을謹領하던바第三號는其代金을引下하야二十錢으로하고經營하얏삽더니亦是經營上에支障이有함으로第四號브터는更히三十錢으로하고此를永久히變치아니하랴하는터이오니海諒하심을敢望하ᄂᆞ이다

雜誌代金의收合이零星하와經營上에困難이莫甚함은本誌會報에도記載한바어니와僅少한代金이라도此를合하야於是에本誌를經營하는터이온즉如何한方法에依하시든지速히代金을送交하심을敢望하ᄂᆞ이다

---

一 記事의投稿를歡迎함

一 記事라함은論說、文苑詞藻、感想、世報、世評及各支會記事를謂함이올시다

一 右記事는直接間接으로儒敎와關係가有한者를要합니다

一 次號는陽曆大正十四年一月中에發刊될터이오니同十三年陽曆十一月末日ᄭᆞ지本事務所로原稿를惠交하심을望하ᄂᆞ이다

一 記事는可及的楷書로書送하심을敬要하ᄂᆞ이다

一 記事의選拔은編輯人에在하오니此點은惠諒하심을敬要하ᄂᆞ이다

一 原稿는還交치아니합니다

全羅南道光州鄉校內

全南儒道彰明會本會

# 彰明 大正十三年 陽九月 陰八月 第四號 目次

## □重要法令要旨



## □文苑及詞藻



## □雜　報



## □會　報

元知事閣下의支那視察錄은政務의多端함을因하야揭載되지못하얏스나第五號에는上梓될터이오니 僉諒하심敬望

編者告

全羅南道光州鄕校全景

衣寫眞鄕校在郡西二里許舊在光州城內縣監權守平移構于現今地點觀其殿宇先設聖殿以安五聖十哲又作東西廡以安七十子歷代諸賢前置明倫堂以爲講學之所又有東西挾室東則敎官所坐而西則名曰司馬齋又有東西齋西齋後有典祀廳東齋後有敎官衙室而其間年久月深殿宇頹敗光州郡有志姜尙雲車載玉金喜洙三氏捐財重修頗有壯觀矣

# 卷頭辭

本誌第三號는去四月에發刊하얏는ᄃᆡ其間에數個月를經過하야時節은秋風이庭樹에入하고世事는若干의變遷이有하얏도다年々이春夏秋冬을迎而復送하고送而復迎하는中에吾人々生은白髮이頭上에來하고垂楊이左肘에生하야杖에依치아니하면行步함을不得하고席에委치아니하면保身함을不得하야如是而荏苒하는中에黃泉의客을作하는도다故로人生이寸陰을惜한다함은人生이健全하게社會와世上을爲하야活動하는時間이極히僅少함으로此를惜하는바인ᄃᆡ自古로大政治家、大文章家、大學問家、大技術家、大宗敎家其他大事業을經營하는人은恒常如何히하야僅少한自己生存期間內에多大한事業의成績을得할가함을勞心焦慮하는法이라吾人도此世上에身을置하고一生을經過하는中에는何等의表蹟을餘留하고去치아니하면不可하도다此等表蹟을餘留하는方法은一再에止치아니하는ᄃᆡ假令自己가貧寒하든自己의家業을興하고其子孫으로하야금享福케함도一方法일더이요子孫을善養하야世上에相當한人物이되게함도一方法일더이요自己가文章道德又는其他後世에可히模範될만한事蹟을遂成함도一方法일더이라然而蟄居終年에無一所爲하고烹米而充腹함을是事하면是는爲賊이니可히써其脛을杖할만할지로다

風波에놀난沙工비파라말을사니
九折羊腸이물보다더어려왜라

이후ᄂᆞᆫ벼 도맙고말도맙고밧갈기만하리라

二

## 論說

# 普通學校入學을勸奬함

道視學 鄭 國 采

普通學校敎育의目的은何에在한가父兄된이는此를硏究할必要가有하도다簡單히言하면普通學校敎育目的은兒童의身體를健全히發達케하며德性을涵養하야醇良한人格의陶冶를圖하며生活에適當한普通知識技能을授함에在하니卽德育과體育과智育三者를並施하는바라子弟가有한父兄은其子弟로하야금普通學校의門을通過치아니하면不可하다함에留意할지어다

我全南에普通學校를設置함은距今十九年前(明治三十九年)에公立光州普通學校를設置함에始하야其後逐年漸加하얏스나當時에는一般이普通學校의趣旨如何를不知함으로就學者가少數에不過하야生徒蒐集에困難하더니大正九年以來로風潮가一變하고敎育熱이勃興하야一時에多數한入學希望者가有하얏스나此를收容할學校가無하며此를敎育할敎師가無함으로當局者는苦心焦思하야學校의急設과敎員의速成을圖하야今年에는道內公立普通學校數가百三十四校(大正十三年六月末日現在)에達하고生徒數도三萬

六千餘名에至하얏스며本道公立師範學校에셔養成하는敎員도今年에는講習科生五十八이卒業함에不過하얏스나明年三月부터는講習科와特科卒業生百人式이出할지니學校不足과敎員不足의問題는漸次解決될지며其他學齡超過者의入學을爲하야附設學校를設置케하며四學年卒業者又는六學年卒業者로實務의練習과學力의補充을圖케하기爲하야補習科를設置케하며道內中等學校로論하야도官立高等普通學校以外에公立師範學校와農業學校二個所와商業學校와水産學校等이有하야普通學校卒業者의前進에對하야遺憾이無하도록施設되엿스니十年前에比하면敎育機關이可히完備하얏다稱할지오全南敎育이從此進展됨을可見할지로다그러헌데今年四月에는意外에各普通學校入學志願者가昨年再昨年에比하야激減함을見하니實노遺憾으로思하노라今에그入學生減少된原因을調査한즉여러가지가有하나其中主要되는事項을擧論하노라

一은學費困難으로因함이니卽每月授業料納入과學用品其他費用의支給이困難함을顧慮하야入學을躊躇함이라此는實노同情難堪이니我等生活이如何히貧窮한지참아他人에對하야內容을言하기慚愧함을不勝이로다授業料에關하야는當局에셔도苦心硏究中이나今年度學校費豫算을見하면總經費百五十三萬圓을要하는데學校費收入卽地稅附加及戶稅附加金은七十八萬圓에不過하니此不足額을補充하기爲하야各種으로財源을求하얏스나直接으로學校의恩澤을蒙하는父兄의게授業料를增收하는外에好策이無함으로如斯히多額의授業料를徵收함이니勢不得已한事이라父兄된이는特히子弟敎育費를備充키爲하

야副業(養蠶、養豚、養鷄、養魚、養蜂、織履、織席、製叺、採薪等)이나又는時間外勞働이나生活費節約等을務하야아모리困難할지라도子弟로하야금普通學校는卒業하도록父兄된義務를履行할지어다

二는普通學校만卒業하야서는官公署其他에就職하기不能하고中等學校라도卒業하여야相當한地位와收入을得할可望이有한데中等學校以上을卒業케할財力이無하면普通學校에도入學케할必要가無하고學費를多要치아니하는漢文書堂에入學하야漢文이나修得함이可하다함이라顧컨ᄃᆡ數年前ᄭᆞ지는普通學校卒業生年齡이大概二十歲內外로體力과常識이相當하야官廳에入하야도擔任한事務를能勝하얏고또其時에는普通學校卒業程度者도稀少함으로就職處가多하얏스나近年에는普通學校一學年入學生의年齡이六歲부터滿十歲에不過한즉學校에셔四年或은六年을卒業할지라도年齡이尙穉하야就職키難하고그ᄲᅮᆫ아니라中等學校卒業生도其數가漸多하야職業을難得하게된지라然則幼穉한兒童의게對하야官公署就職이나其他無理한希望을持함은妄念이라하노라그ᄲᅮᆫ아니라如斯히要望하는父兄은普通學校敎育趣旨와內容을了解치못함이로다上述함과如히普通學校에셔는兒童의體育과德育과智育을趣旨로삼아養護와訓練과敎授에關한施設이自在하니學校衛生과如한것은兒童養護의一方法이오敎科目으로論하면體操遊戲는身體의各部를生理的으로發育케하고四肢의動作을敏捷케하야全身의健康을保護增進하며精神을快活케剛毅케하고兼하야規律을守하며協同을重히넉이는習慣을養하는것이오唱歌는心神을

愉快케하며美感을發하야德性涵育에資케하ᄂᆞᆫ것이오修身은人倫道德의要旨를授하고國家와社會에對
한責務를知得케하야그品格을高尙케하고志操를堅固케하며進取의氣象을가지고公德을尙하며公益에
盡力하ᄂᆞᆫ人格을發하며女兒에對하야ᄂᆞᆫ特히貞淑의德을發하고勤勉節約의習慣을養하ᄂᆞᆫ것이오國語와
朝鮮語ᄂᆞᆫ言語와文字를知케하야正確히思想을發表하ᄂᆞᆫ能力을養하며兼하야智德을啓發함으로써要旨
를삼ᄂᆞᆫ것이오算術은日常計算에習熟케하며生活上必須한智識을與하고兼하야思考를精確케하ᄂᆞᆫ것이
오歷史ᄂᆞᆫ國初로부터現時에至하ᄂᆞᆫ重要한事歷과朝鮮의變遷에關한事蹟을授하며地理ᄂᆞᆫ本邦의地勢、
氣候、産物、交通等及地球의形狀、運動等의大要를理會케하며朝鮮에關한事項을詳知케하고且滿洲
地理의大要와本邦과關係가有한重要諸國의地理에關한智識을得케하ᄂᆞᆫ것이오理科ᄂᆞᆫ植物、動物、鑛
物及物理化學上自然의現象과人身生理의大要를知케하ᄂᆞᆫ것이오圖畵ᄂᆞᆫ通常의形體를觀察하야此를正
確히畵하ᄂᆞᆫ能力을得케하며淸潔을好하고綿密을尙하ᄂᆞᆫ習慣을養하ᄂᆞᆫ것이오農業은土壤、水利、肥料、
農具、耕耘、栽培、養蠶、養畜等農事에關한智識을授하야農業의趣味를起케하고勤勉利用의心을養
하ᄂᆞᆫ것이오漢文은平易한漢文을了解할能力을興하며兼하야德性涵養에資함이라

普通學校에서ᄂᆞᆫ如斯히兒童을敎育하ᄂᆞ니漢文書堂의敎育은何如한가一慮를加할지어다現時ᄂᆞᆫ昔日과異
하야漢文만가지고生存을競爭할수업스며且初等普通敎育은國民一般이밧지아니하면아니될敎育이라
故로世界各國이同樣으로此를行하며內地에서ᄂᆞᆫ義務敎育을施하야人生六歲에必入小學이라ᄂᆞᆫ法令이

有하야子弟를小學校에入學치아니하면罰이有한지라更言하면普通學校敎育은卒業後就職을爲하는敎育이아니라卽生活上基礎가되는國民的敎育이니此를理解치못하면子弟의一生을滿足케하기不能하도다

三은兒童의入學年齡을滿六歲以上滿十歲以下로制限한結果幼兒의遠距離通學이不能함으로入學치못함이라此는實로困難한事이나普通學校一學年에十歲以上의兒童을入學케하면六歲兒童은體力이나腦力이나常識이나共히年長兒의壓迫을受하야成績에不良한影響이有할뿐아니라其他各種의弊害가有함으로當局에서는熟慮한結果入學年齡을滿六歲부터滿十歲以下로制限하얏슨즉遠距離通學의幼兒를爲하야는寄宿舍와如한것을設備하야雨期나雪期에는兒童을此에收容하고監督은適當한敎師나保姆의게依賴함이最好한方法으로思하노라

將來에는一面一校或은一面數校를設置하야年幼者의遠距離通學이無하도록될지나現今狀況으로는財政困難問題로實施키難하도다

要컨딕父兄의責務가有한이는敎育의趣旨을了解하야子弟의敎育을奬勵함과同時에產業을振興하야財力을養成함이現今의急先務라하노라

淸江淸兮白鷗白하고白鷗白兮淸江淸이라
淸江이不厭白鷗白하니白鷗長在淸江淸이라

論 說

世上에淸白을알라 하면이 뿐인가하 노라

# 地方公共心에就ᄒᆞ야

光州郡守 倉品益太郎

本道儒道彰明會에伊來非常히盡力하시는石參與官께서其雜誌에一言의記載함을請하는지라因하야筆을把하는바名論卓說을做出키難하며如何히立論함은不知할것이나大抵淺見되로贅言을述코저하노라然而平素心에感하던바有하야或은人을對하야說話한事도有한바此는即地方에在한公共心이是也라所謂公共心은實로地方發展에鎖鑰이라敎育이며産業이며交通이며衛生의設備며風紀의改善等諸般事業의進展與否가悉皆地方人士의公共心有無多少에依하야決한다하야도過言이아니로다然이나如是偉大한公共의觀念이此地方人士의不振缺乏의姿이라고謂치아니치못하는바實노遺憾의極한바이라余는此觀念을先히地方의有識階級인士林儒生間에旺盛橫溢케하고從하야地方一般에及하기를思하는바이로다公共의觀念이라함은汎愛衆而親仁의心法이니夫子게서「弟子入則孝出則弟謹而信汎愛衆而親仁行有餘力則以學文」이라謂하신바此를換言하면家庭에在하야父母兄弟에孝悌를盡하고社會에一員이되야公衆을愛하는事即公共事業에盡力하고此에餘力이有하거든則文을學하라訓하신바夫子는文을學함보다도오히려公共의事를先히하라謂하사公共을尊重히함을戒하신바이라

本道에在하야는儒林諸彦이幾百千의多數가有하야其中에充分히公共에獻身的으로努力하는人士도不少한바詩를賦하면其妙가足히人을恍惚케하며文을作하면其巧가鬼神을泣케도하며怒케도하는大詞藻家大文章家의多함에比하면尙히公共熱心家의寥々함을哀치아님을不得할感이有하도다論語를讀誦하되只히曰에止하고其行이無함에至하야는孔子께서도地下에서顏을蹙하실지로다

何故로地方에는奉公的觀念이富한人士가乏한가地方歷史的人物을見하면頗히偉大한人傑이發出하야我光州郡으로謂할지라도石谷面에忠壯公金德齡氏와大村面에忠烈公高敬命氏父子와如함과其他諸彦이皆公共에熱心하얏는바汎愛의極은身을殺하야國에捧함을辭치아니한바所謂殺身成仁의志士仁人이라現時此太平의世에在하야는身을殺하야仁을成하는事는決코必要치안컨니와只히汎愛의觀念과親仁의意義가充實하야써相當의財力과應分의努力을吝치아니하면何事든지充分이될줄노信하는도다

日本은今日東洋의覇權을握하야世界五大國과三强國이라呼하게됨은全히其初에儒生이各其努力을貢獻함에在한지라內地에서는儒生이라謂치아니하고士族이라稱하는바大抵論語와孟子에身을修하고精神을鍛鍊한人士들이라日本今日의發展은實로此等人士의公共的大奮鬪의手力에依하야成就된바이라官吏는모다此等人에在하고學校의敎師도모다此等人에在하며農工商業等의事業까지도皆此等人의努力에依한바이라余의鄕里는廣島縣福山市에在한바同地方에는今日蠶業이最히旺盛하는바인데此는明治十年頃百々三郞이라하는兩班的士族이有하야親히敎師가되야東奔西走의不屈不撓의精神으로써基業을開拓

한公共的活動의賜物이요文福山에는現今工業都市로서有名한바此亦明治初年에余의父兄들이陶器窯造工場을皿山이라는地에創設하야其地의產物을興起코저努力한바인데今日同地의發達됨이此의結果라謂함이可타하짓도다

要컨딕地方의儒生諸氏는孔孟의書籍에依하야何事든지能히知할지라汎愛親仁하야公共에躬行할事가學文보다先히하지아니치못할喫緊의要事로됨은夙知하시난바이라夫子계서는「知之者不如好之者好之者不如樂之者」라訓하십은此를意義하십이라儒生諸氏는請컨딕此를知할뿐에止치말고更히行事와公共에實踐함을好하고更히進하야此를儒生의天職을삼아樂에至하기를望하는바이로다

曩者에余가本道儒生諸氏와共히內地에觀光하얏는바其時內地의人々이公共에熱中함을見하고實노健美함을不堪하얏노라模範村과優良村이된것은全히地方人士의公共心發達에基因됨을認하짓는바我一行은歸後에卽時所感이有하야一決議를하얏는딕卽其中에左와如한一節이有하도다

一、常히公共協同의觀念으로써敎育其他一切의公間的施設에當하야誠實히此에貢獻함을辭치아니할事

此決議에對하야는非但一行에限할뿐아니라願컨딕道內一般儒生諸氏도同一히共鳴하야各其自身으로써公共의衙에當하야써地方의發展進步에努力하십을切望하는바此는實로古聖人의遺敎의薰陶를受하신儒生諸氏의眞面目이라하노라

# 論說

十年을經營하야草廬한間지여너니
半間은淸風이요半間은明月이라
江山은드릴디업스니둘너두고보리라

# 現代人과東洋道德

道爀託 黃 祐 璨

現代人이라하면今日에生存한總人類를意味함과如한感이不無하도다然이나玆에現代人이라함은如此한廣義를有한者이아니요卽一部人士에限한것이라一部人士라함은如何한人士를謂함니뇨近來에古來의根本道德을打破하고累年以來에慣習을破潰하고人生共同生活에必要한諸機關과秩序를否認하고自己一時의感情과自己一身을本位로한打算點으로부터後日의結果如何는不顧하고左右間大小를勿論하고現代의階級과機關을反對하고此를打破하야써一時의快哉를叫하는徒輩의包含한理想이아인가하노라近來에如此한理想을抱하고此를口頭에表示하는徒輩도不尠하도다如此한人等에게對하야貴言과如히全然히現代의各種階級及機關을打破한後에는如何히함을開하면此에對하야十分責任을重히하는對答을與하는人은不見하고動輒露西亞國을意味하야此를美望하는貌樣인듯하도다此는大히誤한槪念이라今日의朝鮮又는東洋으로하야금現今의露西亞와同一化하게되면其後의結果가如何할가決코毫末의幸福을期함을不得할지로다多數한同族으로하야금非常한困難에陷케하고此時에快哉를呼함을得할가

又現代人中一部人에在하야는自由와開放을要求하기에汲々하야他念이無함과如하도다現代의組織과

事情으로하야금或程度에達하기ᄭᆞ지는此를叵하고此를希望할者이無함은아니로되決코人類社會는絕對의自由와開放이無할것이로다吾人々類가此地球에接息하야存在한以上은吾人々類動物이他動物에比하야比較的優越한地位에在함은事實이요又將來도成就할줄노思함을得할지로다此吾人々類가他動物과比較하야優越한地位에在함을得한原因에至하야는各種의原因이有할지라도盖此를三個方面으로視察함을得할지로다 (一)은人類動物이他動物에比하야天賦한能力即他動物에게는有함을不得하는一大能力이附與된所以라하노라此는何오即火를使用하는能力이人類에게附與된所以라上古에人類와獸類와의分別이殆히不能하얏든時代에在하야도人類는火를使用하는能力이有하고他動物은此를使用하는能力이無하도다上古의原始的人類라하야도火를使用하야木을截하고獨木船을製造하엿도다今日에人類가世界에大를成하고他動物을排除하고安樂한地位와幸福되는境遇에處하게됨이此에由함이로다今日에吾人々類가使用하는諸器械諸食物其他百般物로하야금火에關係가無하고完成된者가有할가思하전되此火는人類에對하야物質的으로人類가發達을遂한原動力을作함은容疑할바이아니로다 (二)는克己自制에在하다하노라吾人々類가他動物又는自己相互間에在하야自己를誇하고又는自尊하는觀念은此에在한바이라若吾人々類로克己自制의觀念이無한時는他動物과相異한點이不無할지로다夏에는着衣치아니할지요眼에映하는美人이有한時는此를好할지요他人의物을見하고此를欲하는時는自己腕力이許하는限에在하야此를奪할지요父子兄弟之間에人倫이無할지요從하야社會的組織은何를勿論하고此를組成함을不得할지로다吾人

々類에貴한點은此克己自制하는點에在한데吾人의謙讓이나道德이나倫理이나秩序이나하는等吾人々類에崇高한點은此克己自制의觀念을除하고는存在함을不得할지로다

以上二個原因의事實은人類가他動物에比하야優越한地位에居함을得하는바인데一은物質的으로優越한地位에立하는原因이요一은人倫道德的으로優越한地位에立하는原因이라思하노라然이나此는반다시人類와他動物과의比較뿐아니라人類와人類間에도亦此原則을脫함을不得할지로다吾人々類間에도以上二原因卽吾人生活에要求하는物質이相當하고共同生活的組織과道德的組織과法律的組織이相當히實行되면此는吾人人類間에在하야도高等人類됨을得할지며文明人됨을得할지며又强者됨을得할지로다吾人이今日에此에對하야는勉勵하는바이無하고다만破壞함만是事하면此는決코將來의幸福을求하는方法이아니리라

大槪古今을通하고一家와一團體와一國家와一身이亡하고興하는法은도모지他人의力에依하는것이아니라設令一時他人의力에依하는者이有하다할지라도此는決코永遠히成立하는것이아니오또成立한다할지라도此는實노成立한것이아니니라假令國家로言할진된歐洲의瑞西、白耳義等과如한國이眞正한自立國이라함을得할가一團體로言할지라도他의補助를受하야艱辛히成立함을得함과如한者ㅣ有하면此는自立할能力이有한團體라謂함을不得할지며一家로言할지라도他家로부터割給하는糧食을食하고生命을扶持하는時는決코自立한一家라함을不得할지며又一身으로言할지라도人의舍廊食客이되야歲月을虛送하

는人이되고야엇지自立한人이라함을得하리오故로吾人々類는恒常其興함과亡함과昌함과衰함이도모지自己에서在한바인딕自巳가勞力치아니하고人의產을共히하고저하는思想을抱懷함은其自己의無能力者됨을自白함이라設令或者誤思者의思想과如히產을共히한다하면何人이勞力勞働함을肯할지며永久히貧富의差가無하리라思함을得할가

吾人東洋人種의將來에取할思想의標準과抱懷할思想의要點은如右한等의思想이아니라吾人은吾人의歷史와根本을顧하야東洋道德에其基礎를置하고科學的物質的文化를添付하야써此世界競爭場에立脚치아니하면不可할지로다自來로事業의大小를勿論하고多少의成功을齎來한人은其本을忘하고能成한人을見치못하얏도다

綠羅剪作三春柳하고紅錦裁成二月花라
若使公侯爭此色이면春光이不到野人家라
아마도至極公道는봄빗친가하노라

# 補習敎育實施問題

## 今後益々施設의要가有함

全羅南道學務課長 大塚忠衛

補習敎育問題는內地에在한敎育問題中主要한것이됨은一般이周知하는바이오又外國에셔도國民敎育의徹底、國民文化의進展에對하야最히須要한問題로取扱하는바ㅣ라補習敎育의要點은今에更論할것이無하나初等敎育을終한少青年이社會的經驗이極乏하고心神도亦未發達한時機에此를社會에投함은決코好結果를得할슈無할줄노信하노니換言하면아즉社會生活의準備한子女로殆히節制가無한社會에送함은甚히危險하야將來훌융한公民됨을得할가否할가疑問으로思할바ㅣ라故로此에適當한保護와敎育을與함은極히必要한것이요그方法으로는補習敎育을施함에在하니卽相當한敎育을受하야耻치아니한國民이되게함은初等敎育에그地方에適한補習敎育을加하야此를完成함에在한줄노確信하노라特히青年期는所謂人生의危機로陶冶指導를誤하면實노可恐할結果에到達함은吾人의恒常目擊하던바ㅣ니此를適當한監督輔導下에셔公民的敎養을施함은必要한事이라近時世人이口를開하면文化生活社會改善等을唱하나青年子女의敎養을怠하야彼等이遊惰에陷하고風紀를紊하야父師의言을背함에至하면그慾望을決코遂得치不

能할은明瞭하도다 特히 靑年硏究者로 有名한 죤만씨ㅣ 호ㅣ른氏와 如한이는 靑年時代는 職業的訓練을 受하는黃金時代」라 稱하얏스니 陶冶上重要期라 少靑年에 對하야 學業的敎育的補習敎育과 如한 手段에 依하야 「一面으로는 公民的準備와 他面으로는 職業的訓練을 施하야 將來國民으로 最히 充實한 心身을 保有할 者를 作치 아니하면 國家의 發達이 될지 一家의 進展이 될지 期키不能할줄로 思하노라 故로 補習敎育은 全世界의 主唱으로 內地各地의 都鄙에 至此施設이 無한處가 無한狀態라 近時에 內地에 在한 農村의 荒廢가 頗甚한 狀況으로 此를 振興策에 對하야는 夙히 識者의 所憂가 되야 各種의 方法을 講究하야 模範町村과 如한 것이 頻出하게 됨은 可喜할바이나 今後一層農村의 充實과 振興에 最大한 努力을 拂할 必要가 有함을 痛感하노라 彼덴마ㅡ크 國은 强國間에 介在한 貧弱國이나 非常히 國力充足과 農村發達이 됨은 此種敎育의 進展이 그 素因을 成함은 何人이 되지 此를 認定하는바ㅣ라 今日은 此를 論難할 時代는 過하고 實行의 時代루다 否라 徹底케할 時機라 謂함을 不憚하노라 朝鮮現狀을 通觀하면 初等普通敎育은 昔日에 比하야 非常히 進步와 普及이 되여 各道에서 相競하야 그 充實에 努力하야 旣히 二面一校或은 此以上의 學校를 設置하야 新敎育의 普及이 日盛하는 情勢에 在하야 文化政治의 效果가 現著케되고 是等學校의 卒業生은 本道만하야도 每年二千을 超過하니 全鮮을 通計하면 二萬以上에 達할줄노 思하노라 是等卒業生은 其少數者는 上級學校에 遊學하나 多大數는 各自鄕關에 留在하는바 其數가 年々히 倍加됨은 勿論이니 此를 指導할 何等의 機關을 要함은 明瞭한지라 然이나 그 實狀은 多數한 卒業生中에는 아즉 年少하야 心身이 發達치 못한 것과 朝鮮舊來의 因習에 依하야 多少修學한 者는 勤勞를 厭避함이 有

하야悠々無爲의生活을爲하는者ㅣ不少하나實로考慮를要할問題라엇던識者가今日의初等敎育을了한者의現狀을見하고所謂下等遊民의增加를深慮한다함을聞하얏거니와實로同感이로라

然而朝鮮 一般의職業中農業이十中九以上에達하나卽生業을農業으로本位를삼는狀況에照하야其地方의敎育上實科를重要視하야農村의振興과産業의發達을圖치아니하면到底히斯民의幸福을享受케하기不能함을思함에 그敎育方法을如何히할것인지는自明한理라其目的을達하기爲하야初等敎育에在하야相當한敎養을受할것이나 그敎育은自體의目的이有함으로써實科에對한偏한指導는此를施키難함으로卒業한後에此를補足하는敎育所謂補習的指導에依하야學力의補充과品性의陶冶와更히地方的實科敎育의敎授로써完成케함은目下의緊要事일것을認하거니와吾人의聽聞에接하는것은地方에在한初等學校卒業生이自己의勞力과自家의財力等을不顧하고往々父兄의許諾을不受하고飄然離鄕하야都會에走하는者ㅣ有하니是等은都會에放浪하고或은苦學等의方法에依하야成功을求하고저하나彼京城과如한處에도하야苦學生을包容하야活動케할餘地가無하고內地大都會와如한處도秩序가整然하야放浪者를收容할餘地가少함으로素志가挫折되야苦境에陷하는機遇가多하야殆히成功키難할뿐아니라往々雜踏의惡化를受하야畢竟에는救키不能한不良輩가되는者ㅣ有하고或은多少의家産이有한者ㅣ라도卒學이未成하야學資가盡함으로中途에學業을廢하는悲運에至하야困難을自招함은勿論이요家族까지窮地에陷케하야生活의道를失함에至하는者도有하니實로慨歎을禁치못할바라地方先覺者의適當한指導를望하노라如斯히卒業生

의輔導誘掖은極히重要한것임으로從來도各學校에서諸般形式에依하야指導하얏스나就中講習會等과如
한것을設하야學力의補習과實科的教育에力을用하야相當한成績을擧함도有하얏도다그런데本道에서는
前述함과如히卒業生이增加함과共히秩序的方法에依하야其目的을達하기爲하야本年度부터普通學校에
補習科를設置케하야必須한敎科目의學力補充과實業에關한智識의修得과並히實習을課하야實業을愛好
하며勤勞를尊重하는風을養成코저하오나第一經費에餘裕가有하면組織的의實業補習學校를新設코저하
나初等教育普及에多額의經費를要하는現今에在하야는아모조록少額의費用으로經營할만한補習科를新
設하야漸次完全한補習學校를設할計劃이로다그리하고補習科의修業年限을二年以內로하야二年間을通
하야敎授하는것과或은期間을定하야敎授하는것과繼續的의取扱하는것等의何方法에依하던지可하고그
每週時數는十二時以上十八時선지로하고設備는敎室器具는本科用을利用하고敎員은正科擔任者로써敎
授케함을原則으로하나由來補習科는其地方의狀況을顧하야適應한施設을하는것이目的임으로取捨選擇
은自由自在하게되얏스니補習科施設上要點은(一)、地方的으로此를取扱할事(二)、學年延長의意味가아니
라補習科本來의趣旨에依할事로主眼으로할것이라今에其經營上의事項을列記하면設備는前述함과如
히本科用을善用하고特別한器具는多少의設備를要하며又相當한實習地를備하고敎科目은地方狀況에依
하야適當히定할것이나반다시地方業務에關係가有한實科와實習을課할것이오特히期間이短할時에는其
學科數를減하고時間은本科生放課後나又는夜間을擇하야實科의時數를多케함이適當하며敎科書는本府

에셔編纂한것은道에報告를要하고其外에는道知事의認可를受할것이오敎材는地方化하야其取捨를充分히할것이오實科擔任者는學校敎員中에셔擔任할것이나臨時로地方廳에在한技術員等의게囑託함도可하고又農業學校와地方廳과連絡하야實科敎育上善良한施設을期할것이라從來에朝鮮에셔實業敎育普及을爲하야簡易實業學校를設하얏스나是等은施設方法이不適함과一般入學生이勞働的實業에從事함을不欲함으로自然廢校된者ㅣ多하얏스나其時에도適切한方法과努力에依하야實績을擧한것도有하얏나니現今은그當時와異하야卒業生이多數히됨과一般이產業을務하는風이盛하게됨을隨하야特히朝鮮敎育의徹底上補習敎育의實施는實로緊要한事라信하노라然하나是等事業은大槪普通時間外에在하야敎育을施하고又는敎授를受한學生도卒業한後靑年인故로指導上에深히注意를要할것은言을不得할지며此成績의擧否는專혀方法의問題가아니오此指導者如何에在한것을深識하노라바라건대本敎育의普及에努하야朝鮮의現狀을得하면社會國家를爲하야大幸으로思하노라

白沙場紅蓼灘에구버기는저白鷺야
口腹을못메워저대도록굽니는다
一身이閒暇할진댄살져무슴하리오

論說　　三三

# 君子時中

經學院講師　沈璿澤

中者、不偏不倚、無過不及之名、即天命之性也、萬理備具、千變萬化、皆由此出、乃天下之大本而爲道體也、苟能推而廣之、至於至靜之中、應物之際、無所偏倚而不失其守、無所差謬而無適不然則、天地位而萬物育矣、此皆時中而致中和之極也、蓋時有不同、中無定體、古今異宜、夏冬殊候、適於古者、不適於今、適於夏者、不適於冬、故、制度有文質之殊、衣服有裘葛之變、長短木之形而長有長之中、短有短之中、不可以短之中、同尺寸於長之中、大小器之形而大有大之中、小有小之中、不可以小之中、同距離於大之中、程子所謂堂爲一家之中而非中國之中者也、子莫之執中則不然、執中而無權猶如物有本重而末輕者、固執其中而無適退、物發其體、非所以用中也、凡物之長短、大小、猶皆隨其形而處其中、況世有治亂、事有經權、若欲以中於治者、用於亂、中於經者、用於權則鑿枘不合、矛盾相違、用失其時、處非其中、如是而欲扶顚持危、撥亂反正、猶適越而北轅也、是以、聖人之喜怒哀樂、無時而不中、渾然一理、散在事物、堯舜揖遜、湯武征伐、都是當其時而應天順人、誰以揖遜、獨謂之中而以征伐、不謂之中乎、過門不入、爲大禹之時中而使大禹、居於陋巷則非中矣、居於陋巷、顏子之

時中而使顏子過門不入則非中也(今日卽過門不入之日也)孔子少居魯、衣縫掖之衣、長居宋、冠章甫之冠、聖人之文章制度、不得不入鄕而循俗、可以仕則仕可以止則止可以久則久可以速則速、聖人之出處語默、皆合於時而無適不宜也。(現今學有新舊。學舊者、尊尙倫理、發明道德、爲世路之指南、卓然而不可尙已。然或有因是而不知時變、昧於事物。見今日物質之文明而心非之、並與其精深之學術、富强之政策而擯斥之、此雖優於君子之德而若謂之隨時而處中則似未也、學新者、立文明之基、唱發達之策爲進化之先導。爲吾人之依賴。然或有因是而不知本領。昧於道德。聞前日質樸之風俗而冷笑之。或並其倫理綱常而打破之、此雖優於隨時之用而若謂之涵養德性無所偏倚則似未也、必也以時中二字合而爲一然後。窮經抱道之士。出而爲文明倡。使斯民先知愛親敬兄忠君悌長之道、又勉勵于公益、聯絡于學校。使子弟之學問。該括新舊。躬行而實踐之。利用于時代之過渡則新舊之學。合爲一致。學一則心一心一則體一而力强、天下事始可爲矣

全南儒道彰明會。一三同志。憂世道之汚下。參古酌今而設立、積年抑鬱峨冠博帶之鴻儒碩士。濟濟蹌蹌於定期之會、講先聖之大道、論列强之文化、又周覽官廳學校及社會之制度、使折衷而取用之、且發刊會報。使新舊學者隨意投稿。展胸中之抱負。於是。擧擬大義之士、聞風而起、聖經賢傳之微辭奧旨、西歐北美之學術政法。莫不備具而次第記載。可謂儒林界之標準、行政家之寶鑑、士有所趨歸。頑俗漸可挽、父子之恩。於是而篤。兄弟之間。於是而正。夫和而婦順、長慈而幼敬。農工安業。學校啓

與、文翁之化、呂氏之約、固美於前而功不在抑洪驅猛之下矣、孰敢曰不中於今日之時勢乎、然事業前進、必待同聲同氣而可以萬全、見今各郡支會、有設立之名、無設立之實、此不可使他隣知之、大開門戶、定期而總會、論其大體、又巡講于各面、獎其善者而使不善者化之、其他方法、聯絡無絕、使文化事業有進無退

兒童教育、萬事之根本、今春入學狀況、未免有零星之歎、雖不知其原因所在、而地方儒林、各擔其責勸之論之、無使遲疑

子弟教育、學資是急、夫子適衛、答冉有之問、曰富之曰教之者卽此也、聖人之片言隻辭、無時而不中、產業獎勵、無或歸之於近日例談、各自奮勵、以開青年子弟之前途

近日言者、必稱金錢時代、有利之所在、忘其身而競走、陷於千仞坑塹而損其命者、比比有之、雖積金如山、重豈過於父母遺體哉、此亦察之甚也、與其詐欺橫領而亡身敗家、孰若勤勉節儉而立身揚名乎

[illegible]있스며
職員[illegible]하라
兒孩야 [illegible]리라

# 農村經濟의現況과其救濟策

全羅南道農務課長　宮本政藏

一

「우리朝鮮은往古로부터農으로써成立된邦이다, 따라서歷朝의爲政者도農政問題의解決로써政治의根本義를삼엇스며, 一般人民도此에應하야其發達을期하엿섯든것이라, 然故로歷代에在한農業의消長은, 單只農村의死活問題를左右하엿슬뿐만아니라, 延하야國運의盛衰에甚大한關係를保有한것은他社會보다一層其度가濃厚하엿섯다, 然則農事自體의境遇即營農上으로, 우리朝鮮을考察할진대如何하나하면到處마다, 茫漠한土地가잇스며勞力도또한餘裕가綽々한지라兼하야多數의天惠로써包擁되여잇는關係로自然重農主義를取하게된것일지며, 始政以來로特히是의改良發達에力을致한所以도此에在한줄로思惟하노라, 多幸히今日에는農事도크게其面目을一新하야駸々히改良發達의域에進하는中이나그러나更히一步를農村에入하야其實情을觀察할진대眞實로感慨無量의氣分을禁치못하는지라, 所謂智識階級의人士들은或은社會問題를云爲하며或은敎育問題를論하는等남보다一層더一高尙하고遠大을理想에憧憬하나그러나此에反하야絕對多數를占領하고잇는者即우리農村을組成하고우리朝鮮의地盤을定하고

잇는農民은果然如何한자 ‹人生으로서必須的인衣食住에도汲汲하고잇지아니하는가?그貧弱한程度는實로可哀可憐이로다、然則如何하야今日의窮狀으로부터急히하야라도速히救援하야할가하는것이此에生하는大問題이다換言하면緊急하고切迫한農村의救濟策이如何하여야하는것인가? 一言으로써此를答하면農村에在한收入支出의不均衡만可히補足할수잇스면爲先大體本問題는解決될줄로思하노라

卽主業인農事의收入以外에何等의方法을講하던지大々的으로生産을增加하는同時에農村에在한經濟組織의缺陷을速히改善할지어다、이것이곳農村에活動의原動力인金融의途를與하야써副業의獎勵를徹底케함에歸結된다하노라

二

「副業의獎勵」卽副業에依하야農家의收入을增加케한다는點에對하야는何人이든지此에不贊成者도無할지라。然이나此副業에도各種이有하야今日朝鮮에可히獎勵할만한것도勿論多有할지라、다만特히本道의現狀에鑑하야第一適當하며、또將來에도、가장有望한것은養蠶、養鷄、養豚及繩叺의製作이라、卽이것이本道의在한副業의中軸인同時에農村을復活식힐唯一의良劑일것이다、然한즉現在該四大副業이疲弊한農村에如何한程度의利潤을與하고잇는지?此點도一次生覺하여볼必要가잇다

이것은全鮮各道에比하야種類와繁殖을統計數에達하얏는데本道에서는昨年中三百五十萬圓의大金이農家의手中에流入하엿슴으로一郡平均十六萬圓의融通이된터이라、大資本家의眼目으로볼진디實로九牛의

十毛에不過할지니每日生活難에追逐되야十錢二錢을相爭하는悲慘한落底에臨한今日의農家經濟를하야곰、무엇보다도먼저有效한緩和劑라?어찌서ㅣ時難도此를農家經濟에서分離케한다할진디、고야말로一大波瀾을起하게될지로다、如何한者든지副業과農家는서로分離치못할唇齒의關係를有하게될뿐이며世人의齊히其獎勵의急切함을絶叫하는所以로다. 雖然이나副業인限界를超越치하여가면서無理한제此를經營할것은아니라、副業은어디까지던지副業인주主業의餘暇를利用하야各自의資力에相應한範圍에서止하여야비로소副業인本來의價値가잇슬것이며從하야는堅實한農村의發達을助成케될지니라、元來農村自體가、醇朴하고또穩健한氣分에漲溢하여잇슴으로普通變化한은能調和한現象은容納치안는傾向이不無한지라、故로副業에依하야生産을增加한다하드라도、恒時此邊에考慮를置치아니치못할지라、然則果히順當한安全圍內에서前記四大副業을獎勵한다하면將來如何한程度까지發達케할수가잇느냐할진디、現在의十倍로此를增進식히기는極히容易한事이라、然而本道에서도此後三、四年을經過하면養蠶、養鷄만하여도一千萬圓의大金을得하게될지라、本道의農家戶數를三十三萬야하면畓蠶鷄로依하야每戶平均三十圓餘의收入을得하게될터임으로農家經濟도頗히緩和가될것이라、吾人의莫從모營々하던지活動하는妙味는此에在하다云할지로다

三

然而此副業이라하는것도社會의進步發達에伴하야、自然的要素와人力으로助長하야서는容易히其生

産을企圖하기는不能할지라、故로如何한方法과手段을講究하던지此에原動力인何物을加하여야되나니是ㅣ卽資本이라、此資本은今日과如한經濟組織下에在하야는實로生産上必須不可缺의一要素라云할지로다、疲弊한農村에副業이緊要하고、副業인生産的事業에對하야資本이一大要素인以上에는農村에서資金의融通問題가提唱되는것은寧히當然의理라할지로다、諸農村에서金融의圓滑을期하야써其生産事業의活動을健全케할必要가有한것은恰然히人體의血液循環을順當케하야其健康을保持하는것과如하니하現下朝鮮에在한農村經濟의狀態를詳細히觀察할진디、元來農業自體의規模가甚히小한故로如何히多利厚益한境遇로論之하더라도所謂總收入額이라하는것은極히微々한數에不過하느니其情況은實로不可形言이라、他道는姑捨하고爲先本道의農家每戶平均一年의總收入額을見컨디三百九十四圓이라는狀態인즉此에서更히生産費用을控除한純益을想像할진데는實로渺然之感을禁치못하는터이라況收入支出이相償치못하다는悲鳴을間或聞함에至하야는全혀寒心之極이니是ㅣ農村의疲弊가不絶하는所以라、또如斯히些少한收入으로如何한狀態로서農家의手中에入하느냐하면季節々々로所謂間歇的인바、此와反對로支出은二年中殆히間斷도없이繼續的일뿐아니라時節에依하야豐凶의差가잇스면、또生産物의價格도往々激騰激落의變動이잇는것임으로農家의收入으로하여금더욱々々不規則不確定케하는것이常例ㅣ라故로農村에서는爆彈投下에依치한理로經濟上으로恒時其生活에威脅을受하고잇는터이라、特殊한資力者는別問題로하고一般農家는普通稅를負擔하야種代를支拂하고米를放賣하야稅金을納付하

는等事는何處에서見지目擊하는現象이아닌가? 셔랑셔一箇年間의收入支出의狀態를推量하야一時的信用으로資金의融通을受치않으나치못하게되누니라、 또如斯한一時的金融問題以外에更히進하야土地를購入한다던지又는農事經營上諸般設備를하기爲하야比較的多額의資金을要하는境遇에는各種信用에依한借入金으로써此에充當하고其償還인즉後日의負擔으로서不得已殘存되는것이多大數農事者의實情이라 또우리朝鮮에서는舊來의因襲에依하야冠婚葬祭에一時로多額의臨時費를要하는境遇가不無하며、 又天災地變에依하야生計를維持키爲한借入金도잇스며其他舊債의辨濟等資金의必要함이야、 一々히枚擧키無邊하도다

要컨ᄃᆡ如何한方法에依하던지資金의調達을緊急히하여야할必要는論議할餘地도업는切々한事實이로다、 然而其調達方法인즉大槪不動産又는動産의擔保信用이나無擔保信用에依하야短期或은長期에亘하야借入하는以外에는他方策이無한樣으로思料되는ᄃᆡ然則農業者가信用에依하야資金을得하기가果然容易하냐한즉決코不然하다他産業者特히都市에在한商工業者에比하면其困難한程度가一層甚大함은世人의共認하는바ㅣ라、 農村荒廢의主原因은財源涸渴即金融難에在하다하드라도過言이아닌줄思하노라、 是則更히發言할必要도업시農業者가經濟上甚히貧弱한地位를占有한結果로認하나니於是乎力이弱小한農業者는組織的으로結合한一種의着實한經濟機關을組成하야써互相經濟의改善을企圖하여야、 可히窮巷을脫出할수가잇슬것이라

四

農村經濟를根本的으로救濟하라하면右에述한바와如한意味의團體組織을促進하여야될지니是가吾朝鮮에도産業組合의必要를唱하는所以라、아즉此에關한法令의發布가無한故로法에準據한組合의設立은見치못하엿스나그러나實質上內地에在한團體와別로히差異가업는것이本道에도一、二箇所旣設되엿다道內靈光郡에는朴正煥氏의小作人組合과許珍、鄭東明兩氏의組織한珍販小作人組合이란것이잇는대此ㅣ産業組合中의信用組合에該當한것이라、即地主와一定區域內에在한小作人이互相出資制度에依하야積立한基本金으로써諸般施設을次々完備하야農業의改善을圖謀하는同時에組合員에對하야必要한農業資金을年五分의低利로融通하며、또其同貯金을大々的으로獎勵하야漸次健實한農村으로恢復식히려하는意味잇는團體인대其成績은眞實로賞歎之至로다、只今其組合에서融通한低利資金의內譯을見컨대

朴正煥家小作人組合

| | |
|---|---|
| ○生計費 | 六、六三八.○○ |
| ○舊債償還資金 | 七、二六一.○○ |
| ○土地購入資金 | 一三、九七五.○○ |
| ○肥料及農具購入費 | 一、三三六.七一 |
| ○購牛資金 | 一、九四四.○○ |

| | |
|---|---|
| ○生産物有利販賣資金 | 三、八八七・〇〇 |
| 計 | 三五、〇四一・七一 |

珍明組合

| | |
|---|---|
| ○副業資金 | 三、一三一・〇〇円 |
| ○購牛資金 | 一、七六二・〇〇 |
| ○農業施設資金 | 一、五五三・〇〇 |
| ○土地購入資金 | 一、四三八・〇〇 |
| ○舊債償還資金 | 一、三六一・〇〇 |
| ○肥料購入資金 | 三三四・四〇 |
| 計 | 九、五七九・四〇 |

右表는本年一月末日現在인딕、珍明組合은設立後其日이尙淺한故로貸付金도比較的少額이라、然而兩組合의地主는內地에人을派遣하야農村의經濟狀態를詳細히視察식힌後率先하야該組合을組織한것인딕兩地主가各々一萬圓以上의出資를하야(利益의配當은勿論無함)多大한犧牲을供하고잇스닉가農業經營도至極히平和裡에서行할뿐아니라彼小作問題等은殆히對岸의火災視하고잇는터이라、現今本道內에서小作問題의中心人物이된地主들은速히此를龜鑑으로삼어、크게覺醒치아니치못할지라

ᄯᅩ産業組合에關聯하야一言치아니치못할것은、農業倉庫라하는것이農村經濟를發達케하는一機關으로서如何히必要한가하는點이라、農業倉庫는加言할必要가업거니와農産物의貯藏을的確히하는以外에其販賣를有利케하는等數多의使命이有하나그러나最히農村과密接한關係를有한點은農産物에對한金融을圓滑케하는것이라、大凡農産物은農村을離하야商人의手中에入하야都會地의一商品으로化한셰에는容易히金融의目的物이될수가잇스나그러나農業者의手中에잇슬期間에는金融上殆히無價値의物件이라、全然何道를不問하고、僅少한資金이必要할境遇에도農家에서는恒常生産物의投賣를하지아니하는가?是는農産物에對한確實한保管機關이發達되지아니한것에基因함이라、然故로生産者의不利不便은오즉農産物의資金化卽農業倉庫의發達에依하야可히解決될것이라、是亦地主된者의猛省奮起를切望하는바인뎌、靈光에在한前記二組合은此點에서자留念하야、農業倉庫를旣設하야次々組合員의金融을圓滑케하는中이어니와實로感服치아니치못할바라

此를要컨뎌殆히荒廢에瀕한今日의農村으로하여곰一日이라도速히其現狀에서脫出케하랴면爲先彼에活動의原動力인金融의途를與하야、가장適切한副業의獎勵를圖謀하는點에歸着되는지라、右述한以外에精神的方面으로各般施設에因하야實質剛健한精神을作興하는것도勿論必要하나그러나茲에는此를省略하기로하노라

以上愚論임을不顧하고長遠하도록紙面을拜借함을謹而謝之하노라

술을醉케먹고두렷시안쟛스니
億萬시름이가노라下直한다
아희야盞가득부어라시름餞送하리라

論說

三三

# 道政一般

## 一、食糧問題解決上으로見한朝鮮米

(宮本農務課長談)

我國은人口에比하야米의產出이不足하도다그런뎌將來人口의增殖에反하야益々不足할傾向이有하니勿論食糧의不足은國家가存立하는뎌對하야重大한問題가되는故로必히自給自作을하여야한다적어도自給에近한程度까지米의生產을增加치아니하면不可하니其理由를左에揭記하면

第一은國防上에必要하다此는歐洲大戰에決定的勝敗의太半이食糧供給問題에左右됨은過去의事實이證明함으로容易히諒解할지로다

第二는農民을農業에서解放分離함은決코不可能한事이니此點에對하야는賢明하신各位께서豫知하시난바어니와我國의農村은都會地에比하면人口의增加率이頗多하야現在의狀態를見할진뎌人口와耕地의比例가其程度에超越할만큼充當되야其中細農이多한것은事實에徵하야明白하도다그런뎌如斯히年々增加하난農村의過剩人口를如何히處置할가此는實로큰問題라海外에移殖民은現時의國際關係로因하야安心하고到底히囑望치못할지로다그러면增加하는人口即勞力을商工業界에收容함을得할가不然이다英國과如한商工業이世界第一發展된國에서도오히려都會地에人口가過剩하야失職者處置如何를重大한都市社會問題의一로屈指커던況且我國의現況에서야無論可望이無하도다結局農民을土地에서解放하야彼等의게勞働의自由를得케함은實로不可能한事일뿐만아니라非常히危險한點도有하니如此한社會問題의

解決點으로見할지라도食糧自給政策과如한積極的農業保護政策은抛棄함을不許하는實況에在하도다

第三은食物의遺傳的趣味를變更함이不可能한事이니換言하면國民的常食物의變化가不可能하도다理論은姑捨하고事實上我國民이米食을廢할수난眞實로不可能한事이로다一部人士는多少의除外例가有함을見하고直히米食習慣廢止의可能을論한者도有하나此는事實의全部를考究치아니한줄로思料하노라謂컨대國民性中에交織되얏다할만큼二千年來의米食習慣을打破함은絕對的으로不可能하다斷言하야도過言이아니로다就中此等의人士는下流階級에代用食物을普及식킬企圖이나實際問題로代用食物의實行은上流階級의一部에普及하면或是可能性이有할지나此를下流階級에普及식킨다함은事實上絕對로不可能하도다何故오彼等은美味佳肴인副食物을得치못함으로其代에主食物消費量이多하며그뿐外라食物費가生活費의大部分을占함으로將來는益々米食이下流階級에盛할것이로다特히只今에米를常食치아니하는農村에셔도其生活의向上에伴하야勞働體力保健의必要上益々米를常食할習慣이될것이라如斯히米의將來消費增加는單히人口增加에伴할뿐外라別로國民一人當消費量의增加에依하야約自乘的으로增加하는傾向이漸次現出되는模樣이니由此觀之컨대我國에셔는將來益々米의生產을增加치아니치못할지로다

第四는假令國內生產에增加를得치못하는境遇에在하야外國米의供給이不確實하다不得已한境遇에는內國米의代에外米를輸入치아니하면無可奈何나然이나確實한外米供給地를有치아니하면甚히不安하다그러면我國이今後何處에셔此를求할問題라勿論地理上其他關係로볼지라도支那와印度外에는無하다然이나世界各國今後의貿易政策이我國으로하여금支那及印度를安全確實한國民食糧品의供給地로依賴가될는지否할는지國際關係上頗히疑問이다此亦今後의我國으로하야곰食糧自給策을取치아니치못할큰理由다

敍上의理由를觀之컨대我國이食糧問題를根本的으

로解決할最히安全한途난自給策의實行에待할外에他道는無하도다

## 全南의竹細工

(全南道廳鈴木夢哉氏談)

全羅南道는地味氣候의關係上竹林造成에適함으로써古來竹細工品의製産하는者有하나其種類僅히日常必需品數種인되品質이甚히粗惡하고且産額이極히僅少할뿐아니라生産經濟上不利한點이不尠하더라

仍하야本道는始政以來로或은當業者의共同利益의增進을圖하랴고集團生産地되는潭陽及靈岩地方에産業組合을組織하야販賣信用及生産의各業務를實施케하고又는羅州潭陽其他主産地되는素質을有한地方에對하야濃厚히新規技術의普及을期하도록本道의直營又는團體或은個人을指定하야써슈겟도花盤、衣裝盤其他各種의高級角編盤類、火爐、籠、扇子、竹簾、寢具、漁具、日用炊爨具類等의技術傳習을實施하고更히使用器具의改善을圖하도록本道로부터無償給付를爲하는外에組合或은問屋業者로하야곰此를交付케하야써其改良器具의普及을圖하며一面으로는舊來의取引慣習上幾多의仲介人이介在하야生産者와需用者의不利不尠함으로써可能할限度內에서此種中間利得者를排除하야直接販賣의方途를講함과共히旣設組合에在하야는何物이던지直接販賣又는評價販賣의方法을執케하며更히各種博覽會、共進會等에힘써此의出品을援助하고或은各地商舖에交涉하야委託又는特約販賣의途를講하는等販路의擴張과並히取引의改善에致意하고尙히本道物産陳列館에서內地先進地方의産品과實物比較를爲하야써當業者製作技術의向上에資하는等利用方面에도各般의施設을實行하는外에他面竹林의增殖改良의奬勵에一段의力을致함으로써遂年其産額이激增할뿐아니라新規意匠의精巧品其他各種日用品의技術이現著히進步하야敢히內地品에遜色이有한事無하고且販路益々擴張하야遠히內地及支那方面에도輸移出하는盛況을示함에至하니라

上叙와如히本道의竹細工品은近年顯著히其生産額을增進함으로地方經濟를緩和한바甚大한것이有

할뿐아니라其技術이亦進步하야世人의嗜好에適합에至함으로써各地에好評을博하야今에야其生産額이百二十萬圓에達하얏는데內八十五萬圓을道外에販賣하는可欣할現象을呈함에至하니라

然而本道竹細工品의內地及外國輸移出을見함에至함은玆에數年前됨으로써아직其數不大할뿐아니라內地는竹細工主産本場되는關係上其多함을望키不能할지라도年과共히遞增의趨勢를示하는次第라卽其販賣處를見함에外國輸出은竹櫛인데安東、琿春、間島、奉天、長春、上海、北京等滿洲及支那本土地方에販賣하는것으로其年額約一萬五千圓에上하고內地移出品도目下에는竹櫛인데東京、大阪、京都、名古屋、福岡、熊本、鹿兒島等에販賣하야其數約十萬圓을算하니라然而他道에搬出되는것은角編盤類의精巧品、籠、團扇、扇子、火爐、竹簾、農笠、笠子、籃具、其他籠類等으로서京城、平壤、大邱、釜山、仁川、元山、新義州其他全鮮에搬出되야其年額이七十餘萬圓을超하는盛況을示하니라

蓋竹細工은本道의特産品으로地方經濟上最히緊要한産業됨은更히論할비아니라其産額의大함과品質의優秀함과生産의組織的됨과原竹의多産하는等一層其擴大할素質을充分히具有하야將來에有望됨은世人의一齊히認定하는바라前年京城에서開催된副業共進會에名譽賞一、一等賞三、二等賞一、三等賞三、四等賞二、合計十點의入賞者를示하다然而全鮮을通하야僅히八點뿐인最高賞되는名譽賞을得함은單히竹細工業者뿐아니라진실노本道의名譽이요更히副業功勞者로竹細工業關係者二名을表彰함에至함은他에其類例를不見하는絶大空前한名譽라謂치아니함이不可하니畢竟本道竹細工品의眞價를認하짓고且如何히地方經濟伸暢上貢獻할비多大한것이有함을證함에可足한줄노信하노라

以上과如히本道는地方에對한副業으로하야竹細工品의生産奬勵에極히力을致함으로今에야漸次相當한成果를收함에至하얏슬지라도本道의竹林面積은千八百四十餘町步를有하나更히年々此의增殖奬勵에努力한結果今後益々其面積이增加할것임으로써此의利用上尙히一層斯業의開發進展을期하도록目今第二次奬勵計畫을樹하야引續히需用은無限하

고其産出은極히僅少한炊爨具類의生産을奬勵하랴고本年度부터各地에技術講習會를開設하고又는改良器具를配給하는等着々實施中인데本計畫實施의曉에는數年을不出하고三百萬圓의産額을示함에至할터이나道民經濟의緩和와富力의增進을期하고可俟할것을信하야不疑하는바이로다

## 道內金融機關의現況

(金谷理財課長談)

茲에個人의貸金業者도一金融機關으로看做하야道內의狀況을述함

一、法令에依하야許可된金融機關에는銀行、東拓會社、金融組合、質屋及無盡業等이有하고會社又는組合으로銀行類似의業務를行할境遇에는銀行令에依하야許可를受치아니하면其業務를行할事不能할지라目下此種에屬한者無함

本道에係한銀行은明治三十一年木浦에第一銀行出張所(明治四十二年韓國銀行出張所로되얏더니同四十四年朝鮮銀行支店으로되다)의創立됨을濫觴으로하야爾後十八銀行支店、東洋拓殖會社、農工銀行(後에殖産銀行支店으로되다)、湖南銀行의設立함을見하야現今에는本店一、支店一一(東拓을合함)派出所又는出張所二合計一四箇所를算함에至한지라然而當初에는其業務狀況도極히微々하야明治三十二年末에는預金은僅히八六、一〇三圓、貸出金은一四三、三三〇圓에不過하더니年々非常한發展을示하고特히大正八年부터는急激한進步를하야本年五月末現在에는預金七、二五八、八四四圓、貸出金一七、一五八、五〇八圓에達함에至하얏더라

金融組合의創立은明治四十年인데爾後殆히每年增設되야目下五十二箇所의多함에達하얏는데是亦大正八年부터急激한發達을示하야本年五月末日現在에는組合員數三二、九二三八、預金二、八〇六、九九一圓、貸付金四、三四二、六〇五圓에達하얏는隆運을見함에至한지라大正八年부터急激히發展됨은主로大正七年에金融組合聯合會의創立함을見하야資金의借入自由로됨에原因함이라金融組合聯合會는組合으로부터預金을하고組

合에對하야貸付金을行하야有無相通하는機關이며時代의要求에應하야出生한者인데組合에對한貸付資金不足의境遇에殖産銀行으로부터借入할途가有함으로組合의資金運用上非常한便益을與함에至한지라今本年五月末日現在의業務狀況을見하건데組合으로부터의預金이一、二七五、一九一圓、組合에貸出金이二、三六五、一四六圓、殖銀으로부터借入金이一、五六二、三五九圓을示하얏스며又金融組合에對한效果의程度를窺함을得할지라

質屋(典當舖)은下層金融機關으로一部의間에는相當한便宜를與하는데本年五月末日現在를見하건데總數가一〇七箇所、貸付金額이二三七、八八六圓인데道全體의金融上으로見하면極히微々한者라謂할지라

無盡業은朝鮮在來의稧中에此에類한者有하나卽一定의金額을出資하야入札又는抽籤의方法에依하야總金額을受取하는者인데內地에서는往古부터各地에此制度가有하야下層金融에對한效果의認할바이不尠하나其流弊頗夥함으로朝鮮에서는去大正十一年四月에無盡業令이發布되야營業無盡은總히總督의許可를受함을要할事로되얏는데道內에旣히許可된者는木浦無盡會社及光州無盡會社의二인데임의木浦에는千圓口十二組、光州는千圓口四組의成立을見하얏는지라無盡業令에依하야許可된無盡은會社自身이契約當事者로되야絕對로責任을負擔함으로써其組織의周知됨에從하야漸次發展하야將來下層金融機關으로는重要한地步를占함에至할지로다

二、法令에依치아니한金融機關으로하야는會社로하야資金의貸出을하는者及稧又는組合等의名稱에依하야資金의貸出을하는者等인데前者는其總數가三二箇、貸出金額이一、一七九、三三七圓의多함에及한지라然이나本會社는總히總督의許可를受치아니하고다만一部에對하야貸出을行할뿐이며其金利와如한것도殆히個人의貸金業者와選할바이無함

又後者는其總數가一三三箇、預金이一〇八、八二五圓、貸出金一五二、九二六圓에上하얏스나大部分은稧又는組合員間의融通으로其範圍도狹하

고且內容도有名無實하야實績을見할만한것이업고反히貸付의方法이放漫에流하며又는情實의拘한바되야其弊害多하고延하야地方財界를紊亂케할虞가有함으로써道에서는되도록此等稧又는組合을新設치말고金融의必要가有한境遇에는金融組合을利用케할方針으로써此取締에當함이可하다할지로다

個人으로金貸를行하는者는一、六〇八名인데其貸出金額이四、〇一九、〇五九圓의多額에上하고利子는月利最低三分으로六分에至하야下層金融上輕々히看做치못할狀況에在하니道에서는此에對하야極力으로金融組合을擴張하야此等의驅除에努力할지라도多數의中에는尙今金融組合의資金借入手續을繁瑣하다하야高利貸에走하는者有함은誠히慨歎할事라如斯하야서는本道에서如何히施設에努力한다할지라도到底히個人經濟의發達을期하기不得할바입으로一般의재注意를要할것이니라

# 儒道觀

## 儒道中大同世界漸開

咸南北靑 民俗 金眞極

儒道中有大同眞世界此界大矣世以太極爲中央都會以天地爲範圍以陰陽爲銓衡五行趨職而不乖萬物順性而不亂男有分女有歸冷氣不動太和融濃大哉眞世界也昔者三皇五帝始開通之至三代之際半開之至孔孟之時道之機漸變故孔孟封而傳之及呂政棄之而卽亡伊後幾千年至宋之程朱克開孔孟封疆之路然孔孟之封疆竟未得廓開矣何幸近世有西人哲學之崛起涉閱各敎宗界探其眞境而斷言曰各宗敎皆在虛荒炫迷之界而惟儒敎爲哲學爲敎育爲政治云々雖非吾道眞境之斷言推其所由則哲學存實理不昧人類存而敎育不廢世界存而政治不廢故曰儒道與天地俱存亡與世界俱興衰者也已前吾儒之論卓過於彼者未由徒彼覺之亦時之故也今則彼自覺得而孔孟之封疆將大拓開于兩間而五洲古今統合爲一同眞世界矣不亦大乎由是推之儒道之彰明亦自彼西人哲學濫發則此或夕陽之眞影歟抑月出於西而秋月照寒水之理歟嗚呼如吾族之風潮頭漂流者往々狂叫曰儒道腐敗也無能力也陳舊也汚怪也各般詆毁排斥者皆是爲風潮所迫喪精久矣奚足恠之奚足辨之但吾儒今日之急務力行而已矣一人力行則一家化一家化則一家之外皆國也一國化而普及世界則所謂大同眞世界非目下耶現時異敎邪說之縱橫不足憂也彼自有消退之時喩如太陽一天之下有風雷雲霧霖雨霜露各氣之候此卽天地造化中不無之自然底氣像也何嘗有犯損太陽之眞害耶但

其氣候有限度長短而已其氣候長短亦因正氣復元之遲速也故吾儒急務如舜之鷄鳴而起孜々爲善孔子之學而時習然後吾道之元氣克復而黃霧四塞之異宗邪說自消如雲捲靑天快覩白日之廓乎昭明矣且吾道之所貴時也以時論之則現世前後當截然分作先後天而後天之時與先天之時太相不同矣故文王易姤卦辭曰女壯勿用此在先天時則勿用可矣在後天時則適用也如現世婦女開放也同等也參政也皆是已若一依先天時例而雖欲勿用其可得乎竊推運會則現時已過午運之半三陰用事女子已壯而亢陽則太剛而折正陽則見機而退時之所造孰能禦乎故吾儒當先覺時宜然後庶幾不悖乎行道之方矣今復以道與時之所還論之現時之晦盲否塞倍蓰於孔孟之時而孔孟不作況吾儒萬々不及孔孟而不藉萬々之力而能彰明斯道乎故吾儒箇々以孔孟爲期以孔孟爲心各體孔孟之一分合成幾千幾百之孔孟團體然後斯道大明於世界有指日可期之喜矣孔孟之時則浸入於焚書之秦無復餘望現時則大同世界已近故事可半於孔孟之時而功可倍於孔孟之時願吾儒幸無以言必稱孝悌也忠信也仁義也禮智也口頭說法而一心彰明以吾東爲萬國敎化發祥之地焉

# 視察錄

## 大正十三年度儒林內地視察錄

副會長 邊昇基

時大正十三年五月十四日에余以內地視察團의一人으로光州에赴往할시四野의麥浪은瀜々하고綠陰芳草는時期가適丁하야處々流鶯의聲이旅興을喚起하는지라當日午前七時頃에長城驛發車로八時頃에光州驛에下車하야直히湖南館에少憩하고午後二時에道廳會議室에集合하야先히道에서配付하는視察日程及團員名簿를參考한後知事閣下의視察目的에對한說明이有하고酒果의饗應으로散席하야湖南館에歸宿하다

十五日晴早朝에起床하야嗽洗를畢한後朝飯을喫催하고午前六時頃에團員三十人과團長一人附添三人共三十四人이光州驛에集會하니見送하는多數官民이旅行中健康을祝하는誠誼는團員一同이感謝함을不堪하더라七時에二等車를搭乘하야一聲汽笛에瑞石山을背後에告別하고北路를向하야前進할시雲人宋鴻이團長及團員의게二絕을寄한지라車中에서口和曰

三十四人混一團風流半是舊衣冠伊今休作山林士
博學無如實地看

寄答雲人

雲人先我已叅團往事應歸醉夢間白首遨遊君莫笑
今年猶勝昔年看

過蘆嶺隧道

飛渡長江直鑿山燕々汽響徹雲間車窓把酒因相祝

萬里無恙好往還

過大田

憶昔經過閱幾年溪邊剝落一荒田地形盡逐人工變
百隊旌旗萬貨廛

湖南諸驛을通過하야午後一時三十三分에大田驛에
셔南行車를換乘하고午後八時十分에釜山驛에到着
하야一絕을口呼하니

朝發光州夕釜山全鮮橫斷一眠間此行非直耽遊賞
須吸文明滿腹還

午後九時三十分에直히關釜連絡船을搭乘하야二等
室에定宿하니是夜에風靜浪息하야上下天光이一碧
萬頃이라西南에點々島嶼는雲外에出沒하고海面의
間々漁船은月下에徘徊하는대雖々汽輪이滄波를吐
呑하야船往如箭에一瞬千里라閣員一同이舟中에枕
藉하야四五時頃을安眠하고東方이旣白할애蓬窓을
半開하고海天을四望하니下關山川이雲霧中에隱映
하는지라舟中에셔口呼曰

碧海長天一色秋車窓遙望渺烟洲底心遠訪殊鄕俗
回首難禁故國愁始覺黃金持世界自嘲白髮學風流
於人取善爲今務豈欲偷閑作勝遊

十六日晴日高에下關에着하야長陽館에少憩한後市
廳의案內로市內狀況을周覽하고午前九時四十五分
에下關에發하야京都로直向하니沿路의風景이絕勝
하야山水는明媚하고農村의景況이極히富麗하야數
千里를瓦屋으로連接하고田野는棋局과如히整理하
야寸土의荒蕪地는無하고山光은鬱々蒼々하야樹林
이簇立한지라廣島奈良等地方을通過하야興味中에
四方을觀察하고車中에셔一韻을口呼하다

下關車中

淡雨初晴夏欲秋層樓畵閣映長洲方言雖異隣交密
鄕信無憑遠客愁歷々山光皆疾走紛々野色自奔流
十年讀罷龍門史白首猶堪試壯遊

當日午後十一時十八分에京都에到着하야郵便局西
壽館에下宿하다

十七日晴早朝에起床하야嗽洗한後朝飯을了하고閣
員一同이電車로東山下淸水寺를視察하니本寺는一
千二百年前建物인대制度極히古朴하고水石山林等
의景致가絕勝無比하더라

淸水寺

東來始見好江山淸水潺々白石間此去蓬萊知不遠

浮生到此却忘還

清水寺를覽了하고圓山公園을過하야祇恩院에入하나建物이雄壯하고四方廊下軒板에서隨步有聲하야或如鶯聲하고又似猫聲하니其理由는尙今推測하는者이無하다

圓山公園

京都名所一圓山纔入神門絶世間靈區不謝風塵客
連絡蹄輪日往還

祇恩院을觀了하고博覽會場에入하야第一號館으로부터第四號館까지閱覽하고因하야琵琶湖引水處를觀覽하니距今三十年前에京都의飮料水의不足함을補助하고運漕의必要로하야琵琶湖水를隧道로引水하야京都市內로通過케하엿는데隧道口에至하야는水源을停畜하야地中으로伏流하고運輸物은機關船으로引上引下하야人工의巧妙함은實로可驚할네라

遊京都

輕車馳突閃看過景物雖多不記多裴蓋東西南北路
星羅數十萬千家游魚仰食隨人集弱柳如牽向客斜
此地興懷應各異諸君感想問如何

十八日微雨早朝起床하니午前八時頃에團員一同이電車로東本願寺에至하야景況을觀察하니建物의宏麗함과墻垣門樓의制度가帝王의宮闕을凌駕하는지라前來로回祿를再經하야二三次重建하얏는대其經費는幾百千萬圓을要함으로豫算은不知라云한대棟樑引上하던人毛繩二塊가尙在한지라其時棟樑이極大極重하야引上할繩이無함으로信徒二十萬人이一時에斷髮하야絞繩하여다더라管公神社를視察하니管公이古來에有名한忠臣으로地方人民이神社를設置하야至今까지崇敬하는所라轉하야金覺寺를視察하니寺後로부터周回數里餘에亭榭는水石의淸佳를占하고道路는樹林中으로逶迤屈曲하야幽僻한趣味가無窮하더라

蠶業學校는方今擴張中인대敎育方法과器具設備는一口難言할네라夕陽에團員一同이電車로十餘里를疾馳하야渡月橋를過하니嵐山一帶가蔚然深秀하야峯々奇石이요谷々淸流라山腰에大悲閣釋迦大覺寺를閱覽하고山崖의石逕을緣하야桂川의西邊에團員一同이沙上에鼎坐하야撮影한後小舟兩隻으로團員이分乘하고舟中에서匏樽을擧하야扣舷歌로順流而下할새二絶을口呼하니

一雙畵舫泛中流水碧沙明十里洲錦浪如花風細動
人々散作百拔遊
輕舟載酒下長拔懸楫中流放浩歌多少行人聞不樂
應嘲猶唱後庭花
嵐山은從來의京都第一名所로史上에著名한公園이
라하더라
十九日晴早朝에團員一同이電車로帝國大學校에往
하야校況을視察하니其宏壯한狀況은一筆難記라建
坪이一萬五千坪이요敷地는三萬坪이오經費는一箇
年一千五百萬圓이오生徒는二千五百人이오書籍은
五十四萬部가有하다云爾하야御所를拜觀하니建物
은古朴하야莊嚴靜肅한氣像이自然恐懼崇敬하는心
이感起하는지라紫宸殿은大正天皇의卽位式을擧行
하든御所오內殿은天皇皇后兩陛下幸行時宿所오淸
凉殿은皇太子殿下의宿所인대其他宮殿이四面에羅
列하엿더라建物은皆一千二百年前式이라云하더라
當日午後十時에京都를發하야奈良을向할시臨發에
一絕을口呼하니
古都不變大和風佳氣葱々瑞旭紅萬象千形看未盡
人來人去畵圖中(次號繼續)

# 法令要旨

## 林野保護規則

(大正十一年十一月七日全羅南道令第十九號)

大意 本道의林野總面積은八十八萬八千町步內에森林地二十二萬餘町步未立木十二萬餘町步稚樹生地五十四萬餘町步라然而從來森林의經營方法은毫末도將來를顧한배無하고徒히稚樹를濫伐하며生枝를亂採하야保護撫育에努力치아니하얏슴으로洪水旱魃은頻發하고各種產業을荒廢케하얏스며又松蛅蟖는南海岸部로起하야漸次北進하야暴威를逞하야松樹를枯死케한事多大하고尙又地方民의森林火災의際에隣保相助의念에乏함은從來의弊風이라此等을一掃하기爲하야本道令을發布하야立木竹伐採及生枝採取를制限하고又林野火災蟲害其他害防止하기爲하야地元部落民의게共同防衛의責을負케할事로되얏더라

第一條 私有林野에서는左의木竹을伐採할事를不得함

但所轄府尹郡守又는島司의許可를受한時는此限에不在함

一、二十年生未滿의針葉樹

二、十年生未滿의濶葉樹

三、四年生未滿의幼竹

本令은森林令(明治四十四年六月制令第十號)第十五條에依하야發布된者인대第一條는個人又는團體等의私히所有한林野에도本條各號에該當한者의伐採를禁止한者이라(他人의所有

한森林에서其産物을窃取한者는森林窃盜의罪로하야三年以下의懲役又는三百圓以下의罰金에處함) 但特히當該木竹의伐採를必要로한時는府尹郡守又는島司의게願出하야其許可를得하야伐採할事를得할者로함

註 森林令第十五條

地方長官은森林에使用收益에關한弊害를矯正하고又는害蟲을驅除或은豫防하기爲하야公益上必要한命令을發할事를得함

第二條 私有林野에係한林木의生枝는左에揭한者의外에此를伐採할事를不得함

一、樹高六尺以上十二尺未滿의者는地表로부터測하야樹高의四分一以下의것

二、樹高十二尺以上者는地表로부터測하야樹高의三分一以下의것

第一條는樹木의伐採함을禁止한것이오第二條는樹木은伐採치아니하고樹枝만採取함을禁止하는規程인대卽樹木의高가六尺에不滿한者는樹枝의採取함을不得함은勿論이오枯枝는此를採取할지라도樹木에影響치아니함으로此限에不在하고樹高六尺以上의者는樹枝의採取함을得하나其範圍는十二尺未滿의者에在하야는地表로부터四分之一以下、十二尺以上의者에在하야는三分之一以下에限하니라

第三條 林野에火災蟲害其他災害의蔓延할念慮가有할時는地元部落民은協力하야此를防止함에從事함이可함

本條는森林에火災又는松鮎蟖等의害蟲驅除에對하야地元民이協力하야此의防止에當함은隣保相助의美風이오또森林令第十六條와同趣旨니라

第四條 私有林野의樹根은此를採取함을不得함但所轄府尹郡守島司의許可를受한者는此限에不在함

私有林野에서木竹의伐採及生枝의伐採는第一條第二條에禁止한배오第四條에는更히私有林野에서樹根의採掘을禁止함은切株에서新樹의發育함을俟함이라但府尹郡守島司가樹根採掘함을必要라하면此의許可를與할事를得함

第五條 第一條又는第四條의許可를受코저하는者는別紙樣式에依한願書를提出함이可함(略)

第六條　左의各號에該當한者는百圓以下의罰金又는科料에處함
一、第一條第二條及第四條의規定에違反한者
二、第三條의境遇에無故히其防止에從事치아니한者
本條는上記各條의規定에違反한者의罰則인대百圓以下의罰金又는科料에處할事로함

# 鄕校財産管理規則

(大正九年六月總令第九一號)

大意　鄕校財産은地方文廟의祭祀及經學을講學하기爲하야主로地方儒林의寄附及政府의下賜한者等으로부터成한公共的性質을有한財産인대殆히大部分은不動産이라倂合以來府尹郡守島司로하야금此를管理케하야其收入의一部를祭祀費에充한外에大部分은公立普通學校의經費에充當케하얏든바大正九年六月(隆熙四年學部令第二號는此를廢止함)에該管理規程을改正하야專히文廟의維持와社會敎化事業에使用케할事로하고其使途에關하야는儒林中으로부터選出한掌議의意見을聽하고此에依하야府尹、郡守、島司ㅣ此를管理할事로되얏더라

第一條　鄕校財産은府尹、郡守、島司가此를管理함
第一條는鄕校財産이라云한公共的性質을有한財産卽公法人의事務를掌理할것을定한者인대府에係한鄕校財産은府尹、郡에서는郡守、島에서는島司가此를掌할事로定한者이라

第二條　鄕校財産을賣却讓與交換又는擔保에供코저할時는朝鮮總督의認可를受함이可함
本條는鄕校財産을處分코저할時의手續을定한者인대鄕校財産을處分함에는府尹郡守島司로부터其處分할만한理由를具하고且掌議의意見을添付하야道知事를經由하야總督의認可를受할事로함

第三條　鄕校財産은敎育其他敎化의事業에供하기爲하야必要가有한境遇를除한外에無料로此를貸付又는使用케할事를不得함
本條는鄕校財産의保管에關한規定인대鄕校財産에屬한土地又는家屋等을使用할境遇는敎化又는敎育하기爲하야하는境遇外는無料로此를

貸付又는使用케함이不能하니卽鄕校財産의所有한土地나家屋等을使用하는者는使用料를支拂치아니하면不可함

第四條 鄕校財産으로부터生한收入은此를文廟의祭用其他敎化의費用에使用함이可함

前條의規定에依하야鄕校財産을使用한者로부터徵收한使用料는文廟의祭用及社會敎化의費用에用치아니하면不可하니卽此二項以外에使用함은違法이라云함

第五條 府尹、郡守、島司는每年鄕校財産에收支豫算을定하야道知事의認可를受함이可함

前項鄕校財産의收支豫算은道知事의定한바에依하야選任한掌議의意見을徵하야此를定함이可함

本條는鄕校財産의豫算에關한規定인대府尹、郡守、島司는每年一切의收入을歲入으로하고一切의經費를歲出로하야歲入出의算豫를調製하고此의對한掌議의意見을徵하야年度開始前(四月一日) 道知事의認可를受함이可함

然而掌議에關한規程은全羅南道訓令第三〇號(大正九年十月)로써定하야其定員은鄕校의大小에依하야六人乃至十人으로하고各郡儒林에서選擧한候補者中으로부터府尹、郡守、島司가此를任命하고其任期는三個年으로함

第六條 鄕校財産으로부터生한收入의保管及出納에關한事務는府尹、郡守、島司가此를行함

鄕校財産에屬한現金及收入金은郵便局所金融組合又는銀行에預入함이可함

本條는第一條의規定에依하야鄕校財産으로부터生한收入의保管及出納의事務는鄕校財産의管理者된府尹、郡守、島司가此를行할事를規定함第二項은鄕校財産에屬한現金及收入金의保管方法에關한規定인대其收入을安全히保管하기爲하야郵便局郵便所金融組合及銀行에預入하고此를他에預入할事를不得케함

第七條 府尹、郡守、島司는鄕校財産原簿를備하야財産의異動을整理함이可함

府尹、郡守、島司는第一條의規程에依하야管理하는鄕校財産의原簿를備置하야各種財産의異動을明細히記入함이可함此에關하야는大正十年二月道令으로써鄕校財産管理規則第三十

一條에委細히規定되얏더라

第八條　道知事는本令施行에關한細則을設할事를得함

第一條乃至第七條는鄕校財産의管理에關한大綱일뿐이라微細의規程에는欠한바有함으로道知事는此에關한細則을定할事를得케함
本條에依하야現今本道에서制定된者는前示大正十年二月道令第四號를主로하고大正九年道訓令第三〇號及二三號의通牒으로써鄕校財産에關한各種事務處理의方法을定함

附　則

本令은發布日로부터此를施行함
隆熙四年學部令第二號는此를廢止함
備考　本道에서는府의鄕校財産이無함

# 文苑及詞藻

## 賀儒道彰明會

咸南北靑 長佑 金眞極

廣大配天地光明配日月變通配四時道在是耳誰復加別力彰明之哉乎聾盲之極自燮列以來未有甚於今日嗚呼聾盲者安得見天地如何日月如何四時如何而能知之乎故爲他聾盲者而以彰明之大哉彰明會天地之廣大從以彰之日月之光明從以彰之四時之變通從以彰之彰明之責於是乎免大哉彰明會我東爲後天儒道之發訓

## 祝賀儒道彰明會

忠南牙山 榮山 柳濂

夫道之爲言人之所由行之路也行之則存不行之則廢況儒之爲道也固不待外求皆備於自身行之則存而明不行之則廢而晦者乎現世甚微者之所趨向多路不知儒道之廢而晦者之滋恨久矣幸於全南一省各郡章甫出而飾謀協議於道聯知事元公素以儒家法度明解平理從容須臾開會三城儒道燦然復明比之於晦霾之朔齊海之月猶不聞之謂辭矣荀使展布奚止於一省已也哉然而復有一言仰祝者明之緒緒五常不墜守之益堅百折不回使斯民知行其道幸甚

益炎 原韵

何見儒風復海東、湖南發起聚齊同、今來誰彰翁歸化、遂賀衣冠會席中

## 祝賀儒道彰明會

濟洲 吳箕南

夫儒道之根源出乎聖人之門三綱五常包含六德七情具備言語動靜間不可須臾離也竊惟我夫子以天縱之聖行一貫之道祖述堯舜憲章文武傳之顔曾思孟所以繼往聖開來學而功莫能於夫子也道不喪於千載故宋德隆盛濂洛關閩賢聖迭出以續夫千載不傳之緖申之以我東接武後文忠公文成公退溪栗谷沙溪諸賢並出繼聖淵儒文物衣冠稱以小中華矣天何挽近風潮一變岐路百出異端邪說並起斯文正道不行冠儒服儒者依歸爲虛矣何幸時運不墜全南道知事元應常氏暨與宥石鄭衡氏兩賢以濟川之材特講尊聖愛儒之道廢郡鄕校先爲復活亦設儒道彰明會使此各郡分之支會互之聯絡細之聲不絶則惟我儒道於是乎燦然復明元石兩賢之功反有賢於我東諸賢也吾以爲程子曰道不遠人人自遠之惟願僉君子十府注不墜先聖之道庶幾彰明若何感以遐濱腐儒謹來趁時宜自聞道之朝可矣夕死不知陋拙謹以短辭百拜頂祝

# 敬頌儒道彰明會

尖山　鄭　局　彦

夫道之本原出於天者也惟聖人眞實無妄故繼天立極不失其本而於人倫各盡其當然之實也衆人出々物慾交蔽失其本性故聖人設之設教欲明也三代之時設爲庠序學校教之以人倫以孔夫子生而知之明睿智之時當綱三紀而率三千弟子教之禮樂射御書數而轍環天下明其儒道也子思子曰修道之謂教又曰有弗學學之人一能之已百之人十能之已千之果能此道矣雖愚必明雖柔必強孟子受業子思之門而至於戰國王室陵夷分崩離析故法魏齊與萬章之徒難疑答問作七篇以正人級與學問之力豈不明哉惟秦皇不然燒滅焚書而不明儒道故二世而亡漢之發光不學無知故未施之弊及其子孫未免夷滅唐狄仁傑志切於儒道故巡撫河南毀佛像而殺妖蛇杖僧人以敗風俗所過淫祠則必焚之此萬世之所欽仰也宋南州文宗楊致出類拔萃故天下駿士相從而嘗曰生不用封萬戶侯但願一識韓荊州宋之太祖喚好讀書立紀綱定名分故及其後世特有程朱之理而辨異端排邪說使聖人之道煥然復明於世初有趙普范質李沆張齊賢向敏中寇準蔡襄吳殊王旦王曾杜衍韓琦富弼之賢復有范范富弼張文歐陽呂司馬之徒文章德業前世無比相繼以興爲之輔相當此之時君々臣々父々子々夫々婦々由此觀之豈非先皇帝讀書立綱敬士之報歟今儒道衰微之際開此彰明之說難爲彝滅裂之擧將欲仁風發展表忱焉

和順盧山士林　孔石元　盧　常

遊宦南州間歲時、跡才堪愧海賀遊、盧山尙見儒風盛、東國何曾道脉移、文藥皆從勧做得、敬忠可與聖賢期、遙望海天雲樹阻、承逸何日非逍遙、

祝儒道彰明會　尖山　斗柱　金　丙　琛

綱倫擬欲東、將見海西同、功名紛擾外、盛衰幾廢中、漸使沼天雨、漸作發地風、今有阿衡相、淵源元氣通、

同　池軒　禹　鄕　睿

嶷彰古國東、吾道與人同、統計千秋上、循環一理中、朝窓外皎日、陰谷吹和風、奉祝彰明號、萬邦共貫通、

同　嵋坡　金　禹　燧

天理猶存近復東、湖南元氣適宜同、輔國經綸無此外、安民方策在其中、論示世儒匡俗日、版成雜誌振儒風、斯文幸賴遂元行、明鑑千秋正路通、

聞知事到鎭留待明倫堂　同

吾從巡察適斯時、杏樹陰濃夏日遲、絕島靑山前路遠、將宜古派晚帆移、百接淸儀終不厭、一逢此會再難期、如今治效宜文化、和氣融々到處隨、

淸明留別　石樵與官於州視察中　盤阿　石　鎬　衡

淸明節我去君留、綠柳靑々江上樓、莫作此日去留恨、君歸光山我十洲、

同　濟洲　錦南　金　炆　洙

白馬靑衫雨不留、淸明佳節更登樓、如今雖別何須遠、千里相思南北洲、

# 文苑及詞藻

同　　同　仰山　高　性　柱

欲答爲句不可留、今登古甫趨江樓、公行應是仙緣厚、三載重來湖十洲、

同　　同　文與　金　河　鍊

惜別那堪聽樂留、望鄕千里上高樓、雖有從遊離此地、他時莫忘是瀛洲、

同　　同　菊史　徐　寧　善

征卽路發未能留、別筵高登百尺樓、海不揚波風亦定、願言無恙渡瀛洲、

同　　同　又溪　金　根　善

佳節逢君强爲留、東風間酒向西樓、吾道從今應不泯、官車何日復江洲、

同　　同　德水　金　國　樞

一拜尊顏僞少留、偶因佳節醉花樓、雖知此日逢時別、無限餘情戀北洲、

同　　同　禾軒　金　履　珩

淸明此日爲相留、鞭街搔頭入酒樓、而今分手將安得、欲使歸舟繫遼洲、

同　　同　鷗溪　張　基　洽

使君知酒別遲留、堪聽驪駒柳外樓、無奈明朝洞庭去、白蘋綠芷滿汀洲、

同　　同　竹軒　金　基　銖

公行此日不能留、折柳東風攬上樓、南土從今文化洽、願曾仙鶴再瀛洲、

同　　同　月溪　玄　升　圭

楊柳東風惜別留、紅顏白髮共登樓、樽酒三盃猶未了、無情離笛促江洲、

同　　同　金　熙　寬

淸明佳節惜君留、柳葉花蹊繫馬樓、眼目雖窮瀛海水、欲隨仙侶向芳洲、

同　　同　澹隱　高　斗　任

淸明是日願公留、携酒東風暫上樓、醉興新詩相送別、斜陽馳馬向江洲、

同　　同　金　信　柄

堤柳春風暫挽留、借杯爲勸一時樓、江東渭北千餘里、樹色蒼茫立遼洲、

同　　同　玄　永　閑

盡日爲願我樂留、留春亭子接詩樓、一曲陽關須莫唱、也應明月照吳洲、

同　　同　田　泰　元

白馬東風遲遲留、家鄕何處客登樓、人士紛々皆惜別、孤舟無恙渡長洲、

同　　同　梁　尙　潤

淸明時節未歸留、多士來公游上樓、詩不驚人詩亦好、偶吟培塿地南洲、

同　　同　道峯　金　基　榮

黃鳥聲中白馬留、東風三月此城樓、爲郎一落翻別意、江雲渭樹不同揪、

同　　同　　竹圃 裴 鎣 洙

幸逢此日欲長留、不喜平生是別樓、佳節猶令人愛惜、何時復見渡滄洲、

以文會友　　同上於明倫堂席上　　檗阿 石 鎭 衡

多士相逢花發時、濟々名下盡吾師、朝辭南國春光至、幾使人生追步遲、

同　　滄州 禾山 金 弘 翊

明倫堂上兩晴時、儒雅風流摠我師、寄語多情石學士、斯筵南國來何遲、

同　　同　　仰山 高 性 柱

滿郭花明柳綠時、離朔千里拜吾師、此行不是探風物、講話中堂白日遲、

同　　同　　錦南 金 玟 洙

杖屨迢遙南渡時、知新溫古可爲師、瀛洲子弟多俊逸、國會難遊總不遲、

同　　同　　小蓬 洪 淳 容

殘雨新晴客到時、文章淵海是吾師、江湖落拓非初志、身恭春風步々遲、

同　　同　　東謙 李 昌 燾

境花庭草向晴時、景物熙々盡雨師、勝日尋芳經罷地、當年學校奐樊遲、

同　　同　　鰂雲 張 基 洽

翔松塡杏已多時、瞻眾時々萬古師、彰明斯近伊誰力、故森場駒今日遲、

同　　同　　菊史 權 寧 憲

友文齋服既成時、此地重逢昔日師、瞻拜明倫堂下立、此身堪笑學樊遲、

同　　同　　漁隱 金 淳 鎬

壇杏春風不醜時、仰瞻如在聖人師、餘學質疑長語稍、揖讓窓外日遲々、

同　　同　　蓮亭 鄭 漢 俊

以友以文會有時、三人逢處說吾師、此筵雖合都非假、茶酒風情白日遲、

同　　同　　蓮友 林 斗 洵

柳綠花紅二月時、長安詞伯是吾師、東風爲召春消息、黃鳥一聲白日遲、

同　　同　　禾軒 金 殷 符

正値春風活潑時、無思不服是吾師、棋城文藻多膏雨、夢壓東窓白日遲、

同　　同　　金 燦 洙

以文會友幸斯時、誰知遊客是吾師、千年聖廟不孤節、惟有長松晚翠遲、

同　　同　　乂思 金 河 鎭

斯道從明自有時、後生誰不認先師、萬古春風吹未了、杏陰滿地日

# 文苑及同窓



同　同　金信樞

紅顔白髮餞陽時、滿楊話詩盡我師、此地盛筵能幾許、自今今復倘無遐、

同　同　竹軒金基銖

會友以文能幾時、滿堂儒雅盡吾師、那將後學繼前學、壇杏陰深春日遐、

同　同　梁常潤

不期以會是何時、爭學南州道學師、壇高數仞今猶在、英道文風浩蕩遐、

同　同　孫京奭

隨柳訪花二月時、風宵月友好爲師、萬千紅綠惹人賞、山水登臨興故遐、

同　同　田泰元

雨餘天氣快晴時、多士齊來拜聖師、仁義高談廣廣道、滿庭杏樹日遐々、

同　同　梧隱金鍾河

萬柳東風二月時、滿堂雅韵是吾師、斯文千載賴無墜、惟恨先生來此遐、

同　同　道馨金蒔燦

好友齊來不偶時、始開絳帳有吾師、論文恨未雍容樂、餘興難收日影遐、

同　同　田永賢

吾道沮喪甚此時、深思高仰憶先師、於焉佳客湖南滿、之子青衿遐則遐、

同　同　金炅錫

明倫堂上雨晴時、談古論今見我師、幸得東風吹座會、故教白日去遐々、

同　同　金奉秀

萬紫千紅二月時、風流儒雅盡吾師、盛歌詩話聽無厭、忘却西隱白日遐、

同　同　德水金國樞

燕飛魚躍已多時、濟々衣冠仰聖師、盛禮猶傳千載後、杏壇春色日遐々、

同　同　愼齋高性燾

杏壇春雨趁晴時、濟々高朋盡我師、世有詩名南北異、石士來臨亦不遐、

同　同　勉軒洪鍾彥

古杏新松春日時、拜來石丈合稱師、海國文風吹不斷、公行遐々英遐々

同　同　廉成性

今渡瀛洲如幾時、敷言經世是吾師、一招詩士春情樂、只恨歸車到此遐、

同　同　友石崔元淳

雨餘幾集卜佳時、涵泳斯文盡聖師、從此期成風俗會、春寒恐或百花遐、

同　同　月溪 玄 升 圭
宿雨新晴二月時、相逢千里是吾師、知臨此會非容易、且喜且悲白日遲、

同　同　晴峰 朴 商 相
投鞭南到花開時、敬拜聖宮萬古師、好道復明多士會、滿庭草色亦遲々、

同　同　南坡 金 鍾 河
芳辰雅會得天時、不爲緣詩爲見師、瀛洲縱謂神仙界、惟恐難方沾化遲、

同　同　硯隱 洪 鍾 時
會友以文二月時、明倫講道是吾師、如此風光誰不愛、松陰斜々日遲々、

同　同　又蘭 金 根 蓍
草綠花紅滴此時、相逢方覺是吾師、評詩論詩無限興、不妨歸外日遲々、

同　同　松下 玄 永 開
一會乃知不再時、湖南高步是吾師、爲報東風緣有信、花明柳暗日遲々、

同　同　高 斗 任
東風二月南行時、千里相從是我師、講罷明倫留不得、杏花壇上午陰遲、

同　同　默窩 梁 達 休
會以斯文幸有時、先吾聞道是吾師、勝遊一席終難得、但惜公行發匆遽、

同　同　南岡 金 府 彬
立德揚名各有時、知新溫故是賢師、人生離合無常態、只恨江樓不暫遲、

會于大靜鄕校　盤河 石 鎭 衡
大海前臨北背山、千年古殿在中間、相會如今容未易、行程無奈我東還、

同　大靜 李 亨 一
南來德望重於山、興起儒林一世間、千載遺風夫子廟、更期後會幾時還、

同　同　姜 哲 偕
漢山一脈小瀛山、登若泰山鄒魯間、前日文章今道士、嘆吾欲聞更難還、

同　同　姜 成 鎬
漢王大殿背青山、五百年來幾數間、公遊此地興儒化、東去何時西復還、

同　同　李 時 炯
千年聖廟四環山、齊魯餘風在此間、吾儒失路何須恨、別有逢人乘燭還、

同　同　姜 照 益
公來此地重青山、仁義高談出世間、吾儒莫恨斯文喪、天運循環往復還、

同　同　姜 永 奎

## 文苑及詞藻

古廟蒼凉倚碧山、儒風寂寞百年間、金公猶有文翁化、不是瀛洲耽景還、

同　金日恒

南行不必愛名山、爲是校宮在此間、多士恭無深致意、爭將華韻詠而還、

同　李興伯

殷春有脚到箕山、挹秀泉濟在此間、臨筵爭賀興儒化、何日南州更得還、

同　文昌燮

乘春官駕下箕山、廟貌更新千載間、使我後生明古道、方知天運自循還、

同　金日海

聖廟崇高仰似山、城隍以外水雲間、杏壇化雨春三月、多士歡迎仙吏還、

同　柳忠國

公到南州冝雪山、千年聖廟在斯間、此行總爲吾儒事、仙吏何時更得還、

同　林泰興

春風花柳滿江山、何幸佳賓到此間、從今校宮生顏色、文物衣冠快復還、

同　裴起陽

叢翠脉落一箕山、夫子廟存撤叢間、彰明儒道生光地、何幸賢侯答此還、



同　仁城　李文玉

千里賢侯渡水山、文廟成跡在此間、花柳春風芳草路、如今歸去幾時還、

同　裴應磁

松栢蒼々鎖碧山、吾夫子廟在斯間、彝倫今有扶持力、幸得明公春興還、

同　裴文鉉

幸得明公渡海山、歡迎多士立門々、儒林更始存生色、疑是文翁今日還、

同　蔡始鎭

十年宿鳥聊倚山、千載偶然一會間、暇日賢侯來寓館、聊將盃酒住渠還、

同　淡水　李正勛

更新日月落江山、岩穴吾儒出世間、不夜斯文天近午、東風花鳥送人還、

同　裴斗炊

萬々古廟倚靑山、夫子遺風在此間、知公今爲吾儒起、不是尋常海外還、

同　蘭史　金泰純

惟吾文廟倚箕山、多士趨心在此間、如今幸賴賢侯力、復活分明運復還、

同　河亭　金宜鎭

嶙深古廟屹如山、萬世遺風在此間、賢侯篤說銘難忘、庶冀他時往

復迎、

同　　同　　金奉奎

漢西洛北有宜山、古廟幽深存廢間、多士高賓儼對席、滿堂和氣春還、

同　　同　　東河　金泰植

夫子廟前水外山、春風先入杏壇間、道德天地如今在、萬古聖王往復還、

會醉于旌義鄉校　　鰲阿　石鎭衡

今我來思二月天、春花先發杏壇邊、明倫堂上醉題詩、樹色蒼茫做暮烟、

同　　旌義　尹太奉

毀淡風烟二月天、不勝春興出郊邊、水分左右兩岩上、花起紫霞柳鎖烟、

同　　同　　南泉　金京斗

酒入狂腸伐性天、接杯未盡倒花邊、少焉月出東山上、爽快精神捲霧烟、

同　　同　　蓮源　姜齊源

瀛東校舍夕陽天、演說有情浩無邊、昨日花風微雨後、池塘嫩柳鎖青烟、

同　　同　　石潭　金根浩

好山好水極南天、渡海仁風巡四邊、興車到處施公德、治擧居民腦瑞烟、

同　　同　　濟州　盧錫璐

明倫堂上日西天、華盖遲行到此邊、窓出人容春似酒、花栽紅錦柳含烟、

同　　同　　小春　高泰灊

地近瀛洲別有天、黃雲吹角白雲邊、偶逢明月踏桃李、萬落千邨捲恭烟、

同　　同　　梅塢　洪淳衡

愚東與水盡南天、吾道長明不夜邊、欲寫宿情詩一軸、筵生花錦盈生烟、

餞春日登長城邸李綻　　石農　安鍾哲

登々山路簇殘春、蓉宿孤燈夜話新、到此浮生閒偶得、與君俱作避賤人、

同　　鰲阿　石鎭衡

宦居南國碧經春、春去年々白髮新、回思鄭李樂成後、此日登臨問幾人。

同　　鐵樵　南延學

鄭李樓中送暮春、殘紅淺綠又如新、佳肴美酒興無盡、可惜今宵少一人。

同　　晦山　盧昇基

山深三月不知春、間石蒼松感更新、百世淸風餘韵在、先生去後我何人、

同　　肯東　沈璿澤

春蘂登山未盡春、背岩花卉復如新、別區當保天然景、莫作人間野外人、

# 文苑及詞藻

同　春谷 金 韺 樵
旣客同來甲子春、佛恣山色倍前新、渺然偕遊非吾事、細拾殘花訪
法人、

同　春坡 高 彦 柱
一帶名山萬古春、隨我到此意全新、小寒夜坐詩兼酒、二老因歸更
幾人、

同　敬菴 金 漢 爵
鄉李二賢遊幾春、伊時佳興感多新、山深水落雙溪處、更有風流到
後人、

同　碧農 金 演 夏
二賢曾過此山春、惟有小菴名尚新、盛事如今成美俗、年々花鳥詠
歸人、

同　槃阿 石 鎭 衡
四月山深落蕊流、騷人乘興上高樓、花前細酌皆青眼、春後相逢易
白頭、偕意願來隨處好、佛心閒坐散時愁、浮生七十雖稀得、此日
不遊何日遊、

同　晦山 盧 昇 基
仙喚仙發歌玉流、朝來爽氣滿山樓、峯々如削當前面、曲々盤廻到
上頭、過盡三春餘逸興、閒消一日是忘愁、綺賞已去叢坰寂、松下
惟存白鶴遊、

同　敬菴 金 漢 爵
鄉李莊前碧水流、水從出洞只餘樓、嵐光縹緲開雙眼、軟綠連池笑
白頭、世間萬事那堪說、酒後一吟能消愁、春已盡兮扶病脚、白雲
深處為君遊、

同　背東 沈 璿 澤
二老消風百世流、山中小寺似名樓、綠深勝地來重見、惜在殘花插
滿頭、佛界常遊閒是寂、吟詩兼倒老無愁、詳竟如約同如月、後日
應傳此日遊、

同　春坡 高 彦 柱
松林依舊石溪流、往事悠々留一樓、春盡花容歸葉去、鶯來雲影鎖
山頭、人生百歲閒無隙、界入三清道忘愁、何幸與留賢守寺、津々
笑語作靈遊、

同　俟樵 南 廷 學
夕暗花落水同流、遙上高峰有一樓、山外閒情黄鳥語、世間公道老
人頭、我心脫俗自然樂、君意守貞無所愁、鄉李莊前無限景、古人
去後今人遊、

同　石農 安 鍾 哲
雨餘春水綠添流、鳥語蜂歌各倚樓、親友朝來芳帥外、殘花午落古
山頭、仙緣我踐舊遊約、理世誰懷洛室愁、此地逢君三月暮、樽前
何妨作清遊、

同　春谷 金 韺 樵
男兒一代好風流、策屐聯翩步上樓、佳致晚到開青眼、美酒相酬醉
白頭、落花寂々多春恨、好鳥嚶々解俗愁、莫說此筵誰易得、龍江
正好泛舟遊、

同　碧農 金 演 夏
山行七里聽溪流、先我群賢集一樓、勝地相逢新拭目、古人不見誤

回頭、春光九十前宵盡、詩侶參前半日遊、來至猶然留此座、何妨
秉燭續淸遊、

同　　鶴山　元　鼎　漢

屛嶂四圍萬壑流、梵王宮殿是詩樓、行尋疊石層々路、來坐高峰上
々頭、境寂都無天下事、神淸逈絶世間愁、今夜英辭同秉燭、浮生
未易得茲遊、

同　　省東　沈　璣　澤

四月淸和適此時、眼看物換又星移、黃花留約君何晩、飮酒忘憂我
亦宜、迎衣淡逸禽啼花、送佾岩下柳枝垂、九秋黃菊猶堪見、勿負
良辰更留期、

同　　晦山　邊　昇　基

詩腸無盲臨別時、沈吟坐久日西移、酒雖及亂隨非顚、詩不成篇
亦宜、石逕斜因山勢曲、飛泉飛作雨聲垂、秋城錦繡相隣近、次第
名園勿負期、

同　　鶴山　元　鼎　漢

二老起亭問幾時、短庭花落午陰移、詩因奇景沈吟久、酒到名區盡
醉宜、隔戶松聲琴譜冷、入簾山色畫紬垂、居僧不厭遊人到、臨別
慇懃訪後期、

同　　春坡　高　彥　柱

陟險扶危步々時、朝來始覺俗情移、還林探覓奇花在、爲樹聽聲百
鳥宜、人入仙區雲共宿、燈依山頂氣如垂、愧吾才拙無能一、詩令
分明費賦期、

同　　雲樵　南　廷　學

豆宮與月幾臨時、雲影山光共自移、踏破山蹊猶多險、觀來松石不
無宜、殘花點々香將謝、細柳絲々嫩欲垂、觸詠此筵於是足、淸遊
後約更誰期、

同　　檄雄　金　漢　裕

齊會交攻時、題詩何處移、坐山心意直、觀水智多宜、松石兩賢事、
竹帛千年垂、諸君遊去後、誰有古人期、

同　　蓮谷　金　應　經

遊士去來元有時、春遊夏別物遷移、峰千疊外雲光遊、花一紅邊鳥
啼宜、酒醺然後詩聲動、春盡以前和氣垂、浮生聚散皆天使、更探
臨影留後期、

同　　石農　安　鍾　哲

二老追隨已背時、山光依舊歲光移、寬心涉世無非可、隨分特身自
有宜、古寺春殘貝葉散、諸天花落雨絲垂、名區從此因相別、更約
奇緣續後期、

同　　鶴阿　石　鎭　衡

今我來思思我時、逸遊不覺日西移、春雖歸去醉何妨、詩幸到來吟
更宜、四月落花啼鳥咽、一山嵐樹綠楊垂、當心未盡還相別、他夜
光山也有期、

同　　碧農　金　演　夏

過盡春光閉戶時、喚將遊屐十方移、只緣親友相攜也、又作名區一
覽宜、明堅極開山鳥下、鈕聲遊落谷雲垂、仰看二姓應名延、千古
姊洋過不期、

同　　一南　鄭　學　俊

餞春行李入山時、一步成詩一步移、人情欲別難爲別、酒事雖宜或不宜、昔年分手尋春在、今日相尋白髮垂、九十風光從此盡、歸程更眆綠陰期、

下山吟　　　盤阿　石鎭衡

興盡歸來日已斜、行々覓句下山家、山中春色未全去、軟綠間々猶見花、

同　　　晦山　邊昇基

芳草落邊楊柳斜、騷人無處不詩家、歸來濯足淸淵水、巖上盈々踏浪花、

同　　　石農　安鍾河

路將忽々日欲斜、三淸洞口兩三家、可憐幽鳥如留我、啼聲咽斷傍林花、

同　　　槃樵　南廷學

醉猶未盡日將斜、草屐忙々向酒家、莫道前宵春色盡、綠陰芳草勝於花、

同　　　竹泉　沈璿澤

下山回首夕陽斜、昨夜春眠雲裏家、探勝先從探險得、百過荊棘一看花、

同　　　鶴山　元冊漢

淸談未盡日西斜、更入山南有酒家、莫道名園春色晩、林深猶有晩開花、

同　　　敬菴　金煥諧

石齒鳴來步々斜、洞天深々杳人家、臨岐吟詠隨流下、變化我詩勝落花、

同　　　春坡　高彦柱

山路崎嶇日欲斜、下淸十里近人家、堪憐未令猶餘興、賦送春光數朵花、

同　　　碧農　金商夏

溪深小路任欹斜、碧柳陰中三兩家、十里一笻行且憩、遊人頭上總殘花、

同　　　春谷　金麟權

山樹靑々落日斜、微吟緩步下山家、臨流更洗袍衫麴、別揷改時華吐花、

同　　　西巖　金相湜

路入淸溪一谷斜、仙官來訪野人家、相將淸談論爽直、無言春盡有情花、

同　　　一南　鄭學俊

洞邃三淸石逕斜、下山十里野人家、臨離莫促遲々步、留約明春更見花、

遊會津　　　盤阿　石鎭衡

欲醉初起散晴烟、江水洋々在眼前、此會布衣乘太守、相逢白髮又靑年、沿來詩韻疑無路、暇日淸遊落照天、瑞石登山明月夜、想應兩地不成眠、

同　　　晦山　邊昇基

名亭日々困風烟、盛會如今不愧前、世態變遷非昨日、歷壇寂寞已多年、石榴花發端陽節、絲管吹開萬里天、解纜休辭江上柳、枚々

惜別倘入眠、
同　　鄕山　元　鼎　漢
癸山潮落斂朝烟、城坡艤舟放在前、太守披襟仙下駕、高人白髮鄉
同年、客路何多明月夜、此遊又是夕陽天、君將鷗鷺滄江上、或自
釣魚或自眠、
同　　湖雲　林　永　圭
江城五月草如烟、野老使君共役前、追憶古人如昨日、更期此會幾
明年、柳綠梅黃溪上屋、詩成酒醋夕陽天、相思一枕瀛州夜、遊想
癸公醉不眠、
同　　錦西　林　縉　圭
江草雨晴柳鎖烟、笙歌風々使君前、竹枝女唱迎斜日、庭畔海棠睡
一年、垂々漁釣靑山影、點々榴花午月天、三盃酬酌無做否、驛路
分明强依眠、
同　　靑東　沈　瑢　澤
錦城百里斂朝烟、來泊扁舟斷岸前、湖生檻外歸何海、槐老庭邊忘
幾年、香核亂堆層樹底、笙歌撼動碧江天、客路悤々遊莫說、酒醒
斜日不勝眠、
同　　舊湖　金　肯　鉉
歸柳朝陰碧似烟、松汀來自錦城前、官休民樂同今日、庭竹園松感
幾年、路陝節穿巖底草、波明棹插水中天、吾人行樂如斯足、不欲
平生戀下眠、
同　　石農　安　鍾　哲
公餘到此探螢烟、如練江流接眼前、水面風來吹短髮、波頭日暮間

長年、相逢雖是窮時雨、知已誰非共一天、聽罷清歌歸路晚、布帆
無恙强催眠、
同　　松隱　林　尙　圭
欲雨晚晴收野烟、任他舟楫在風前、滿情舊友復新友、勝事今年如
去年、笙歌獨奏猶三樂、雨露均沾共一天、吾人都在中和界、彼醉
誰忘日日眠、
同　　春坡　高　彦　柱
望裏山光鎖翠烟、一亭湧出大江前、登臨由暇知今日、杖履淸瘦感
舊年、車鐵倘鳴芳樹路、布帆風送夕陽天、緣何未踐會留約、强足
新詩獨不眠、
同　　松巖　高　昆　柱
江亭有約斂風烟、纔到光山未進前、步裏黃梁如昨日、樽邊白髮話
當年、參樹古樹貪遊地、野鴨沙鷗一任天、咫尺溫台分未遂、不如
同梓獨夫眠、
同　　小軒　奇　東　烈
木末晴嵐淡似烟、故人對酌玉峰前、不盡江流西浙海、無邊草色上
碧天、閒亭麥事猶今日、赤壁風流已昔年、薄暮揚舟津口渡、東山
明月未能眠、
同　　錦坡　林　喆　相
微淡風輕散午烟、仙舟來泊錦江前、官民皆樂同樂、老少相親如
當年、爾醉數盃芳草席、太平一曲夕陽天、臨岐惜別歸驂促、明月
今宵奈不眠、
登松江亭　　梁河　石　鎭　衡

適値端陽去後天、四隣親友會晴川、白鷗閒過松江外、黃鳥時鳴柳
里前、名妓再逢情似海、勝區猶依世如烟、作亭先哲今何在、留與
吾人遊挾仙、

同　　　　鶴山　元　鼎　淡

翰盤壓裝抵曉天、古亭瀟洒對晴川、松篁猶在交蒼翠、車笠相尋共
後前、高士詩篇成錦繡、行人衣袖襲風烟、借問相逢紅妓女、吾儕
此日儘非仙、

同　　　　松塢　高　晃　柱

踈松影裏曲欄天、雅菜雖何萬稚川、遊觀不可無詩酒、會集何當較
後前、車路隱々仍千里、山色遙々入一烟、十八登瀛已陳跡、江湖
吟啄許神仙、

同　　　　西坪　金　基　倘

江亭曾坐燄晴天、遠納千峰近俯川、衣影風飄松樹下、車聲雷動鐵
橋前、沙明日暖鷗邊雨、野濶青浮鳥外烟、玉女來傍裝酒爛、閒遊
一日即神仙、

同　　　　晦山　趙　昇　基

夙然一樹倚中天、數似青山九曲川、階畔平沙明似練、籬邊叢竹綠
生烟、先生手澤長垂後、此日風流不愧前、瑤院玉桃今折得、何須
方外遠求仙、

同　　　　夢旅　李　鎣　明

絕頂層樓聳出天、上臨亭子下臨川、儒賢同來三舍外、遊旅來到八
時前、野麥古塋黃起浪、園林如畫綠生烟、先賢遺蹟憑相問、流水
浮雲已化仙、



同　　　　湖隱　金　永　近

雅會江亭挹曉天、閒筇輕屐渡晴川、朱封華額人歸後、烏下碧庭客
到前、大道車聲來爵籟、遠村樹色鎖雲烟、淸歌從妓飛詩席、是日
勝遊不願仙、

同　　　　碧農　金　演　夏

哀々登亭些午天、佳辰良友好山川、長橋虹臥淸江上、老木鱗生峭
壁前、相國何年留杖屨、騷人今日管風烟、閒來更酌蒼松下、不信
瑤臺別有仙、

同　　　　肯菴　沈　璿　澤

竹綠榴紅五月天、名亭盡日俯淸川、行人脆々晴沙上、小妓依々畫
柳前、仰慕非金耽水石、登臨聊擬洗塵烟、追思鄭李庵中事、無愧
吾生不羨仙、

同　　　　石農　安　鎭　哲

山廻路轉四垂天、竹綠亭邊竹綠川、世事當今皆度外、人生何處似
樽前、松陰滿地淸如水、野色無涯淡欲烟、好是觀裝收一局、爛柯
夢裏非遊仙、

同　　　　春坡　高　彦　柱

相公遺蹟感先天、竹綠其亭々下川、黃麥新秧分野外、明沙白水映
階前、有詩席上人々酒、偷雞山家處々烟、春去秋來無限意、文章
到此儗成仙、

同　　　　翠石　鄭　泗　贇

有約相逢五月天、蔚然亭子俯長川、短杖諸賢芳樹下、淸歌雙妓落
花前、酒香淸冽還如水、詩話悠悠不食烟、行人何識吾心樂、指點

名庄望若仙、

同　松石 金 琏 欽

高客遨來五月天、上臨竹綠下臨川、詩償倆多芳草外、人生易老落花前、千門垂柳臨齊發、十里游溪自作烟、偶然行樂君知否、有酒無巡是酒仙、

同　梅石 金 崙 洙

盤然亭子出中天、折峽開匾拖一川、灌岸櫻曲芳洲下、望美樓欹北關前、日照斷崖添錦繡、草齊層嶺捲雲烟、先生遊跡千秋在、遙想風儀羽化仙、

同　德庵 高 在 鴻

臨入靈源別有天、緞橋橫掛白沙川、趁期佳節端陽後、供刻新詩正午前、松籟借風翻過雨、村容挾樹淡生烟、野翁若解淸閑味、儘喚人間做得仙、

同　晦山 邊 昇 基

此會居然向晩天、光陰其奈逝如川、一辟好鳥吟成後、萬思如雲酒醒前、驛吏催行來汽笛、野人欲散上炊烟、公門有事忽々發、最恨吾生未學仙、

同　槃峰 徐 基 瑩

麥黃滿地幻秋天、步々朋行渡遠川、亭樹有烟登過後、風光無頼客來前、澗流林壑狀蹊前、鷄唱郊隣趁午烟、遊㵎一泳如咫尺、直欲招來隣鶴仙、

同　松石 柳 倖 圭

綴到名亭巳午天、壯遊史記在山川、喚友飛登喬木後、同賓賀燕繼探前、地鎮龍洲明水石、鳶開瑞石納雲烟、城外喧塵今不到、人間亦自有神仙、

安東縣　鄭川 曹 喜 暻

安東縣自奉天來、水々山々片々開、一望平野微茫處、拋却塵懷那日回。

遼陽　同　人

遼州戰跡再三來、百里遼陽入眼開、當時日露陷城日、何不中原非我回、

鴨綠江　同　人

渡江而去渡江來、一葦之間兩國開、人情物態隨時變、利用厚生各自回、

明川郡臨發寄李郡守二首

咸北參與官 金 瑞 圭

明源美酒大於泉、欲到更深便倒鏈、夜笛一聲驚起坐、店娘笑道日中天、

念催牛駕出城隅、故友多情送復呼、太守從余三十里、曉來斗酒盡空壺、

淸津乘船諸友見送　同　人

淸津港口客乘舟、故友相呼在岸頭、揮欄一聲人已遠、惟有夜火滿長洲、

自盤龍至羅津途中四首　同　人

行穿小逕草盈蹊、無數蚊蟲撲亦侵、彼岸有船呼不至、江頭半日客愁深、

淡々荒郊路轉斜、疎籬矮屋兩三家、小兒忽走遽停立、却教行人摘野花、
黍稷盈々上下田、農人說道是豐年、誰家少婦饁夫去、黃犬後隨兒走前、
夕陽斂點做郊墟、此去驛舍十里餘、速促同行加一步、渾身流汗已浹裾、

慶源夜行六首　同人

豆滿江頭月正昏、四望寥落息人喧、忽逢過雨衣全濕、一路悄然向慶源、
行々渾不辨西東、黯黮前蹊夜已中、俄聞來犬狺吠處、叩門大叫主人翁、
主人蹈睡鼾如宵、驚起披衣戶半開、怪眼相看因正色、夜深三鼓客何來、
我乃彷徨失路人、草行水走幾疲神、到此逢君如活佛、慈悲何必較疎親、
寢無衾席出無燈、於茲於迎俱不能、留到十回渠亦悟、草中指路過平陵、
夜火遙々明復明、慶源不過數弓程、此時主客還相笑、臨別慇懃問姓名、

八幡製鐵所　紅綠　倉品鉦太郎

數百煙筒爲職工、電光奮發走空中、滿場渾是修羅巷、忽見洪川一道通、

## 雜報

### 公立學校長에對한道知事訓示

茲에學校長會議를開催함에當하야 一言으로所懷를述함을得함은本官의欣幸으로思하는바ㅣ라

惟컨딕歐洲大戰은我思想界와經濟界에影響을與하야人心이放縱에流하고節制를失하는傾向이有함은國家를爲하야憂慮不堪할者ㅣ라 聖上께옵서特히時局을軫念하시와昨冬에 大詔를降下하자國民의精神을作興하야邦家興隆의道를示하셧스너 叡慮深遠하심은實노感激罔措하도다

抑夫國民精神의振作은敎育의振興을待할바가多하니敎育者의奮起를要할것이甚切한지라敎育者各位는其任의益重且大함을思하야率先하야奢侈를戒하고冗費를節하야生活의安固를圖하며質素穩健한思想을持하야誠實히事를執하고鄕黨子弟의제範을垂하며恒常社會의趨勢를逆覩하고靑年子弟의思想을洞察하야此를指導啓發함에怠치아니하야써 聖旨를奉答하도록期할지로다

蓋初等學校에在한敎育은訓育을基礎로하지아니치못할지어늘往々智育에만偏하고德育을怠함으로兒童의前途를擯하는事가不無하도다近時普通學校에서同盟休校가頗起하야或은些少한感情으로敎師를排斥하며或은校規를無視하고不當한要求를貫徹코저함과如함은全히兒童된本分을誤謬한것이나또一面에는學校의訓育이아즉徹底치못하야陶冶의實을擧치못한者ㅣ不無하나故로敎師는自己의行動을愼하며不斷의修養과向上에努力하며確立不拔의信念과熱烈한愛情으로써兒童敎養에當하야深히敎師

을信賴케함은勿論이오鄕黨父兄과의接함에는親切함을務하야互相聯絡提携하야協調融和하야學校敎育의趣意를了解케하며萬一妄自擧事하야校規를紊亂케하는時는其事情에依하야斷然한處置를取할지오情勢에拘碍되야不問에附함과如함은反히敎權을失墜함에至할지니그措置를不誤할事를望하노라

實科敎育의振興에關하야는屢々訓諭한바인즉各位도其地方에適應한計畫과實施에苦心하는줄노認하나近來各學校에서庭球、蹴球等과如한競技가盛行함을從하야兒童은此等練習을耽하고實習을厭하는傾向이有하며特히甚한것은敎員中에此等競技에專力하야實科敎育을輕視하는風이有함은誠心을要할事로다大抵實科敎育은單히實業에關한知識技能을授함이아니라實習或은經濟事項의敎授에依하야浮華虛榮의惡風을矯正하고着實勤儉의美風을養成함에必要한敎科目이오特히朝鮮現代의實況은產業의發達을要할事가頗히急한것이有하니敎師는率先하야勤勞에服하며兒童에對하야는周到한準備와注意를拂하야示範誘導하야漸次勞作의風을馴致하야써實科敎育의趣旨貫徹에努할지어다

最近本道內卒業生이逐年增加하야其數가每年二千人을超過하는盛況인바是等卒業生은上級學校에入學하는少數者以外는다其鄕關에留在하나大槪年少함과實業에練熟치못함으로悠々히歲月을徒費하는弊가有할지라爰에通牒의趣旨에依하야本年度부터그必要한地方에補習科를設하야必須한敎科目의學力을補習케함과共히實業을愛好하며勤勞를尊重히하는精神을體得케하고저하니各位는補習敎育에關한施設의實現에努力하야本敎育의目的을達할事를期할지어다

要컨대敎育은敎師의人格에由하는것이니그誠意와熱情에依하야諸般의施設도其功을奏함에至할지라各位는部下와共히職務의本質을思하고그職責을自覺하야確實한信念으로勇往邁進하야燃함과如한熱情으로兒童과鄕黨에接하야國民敎育의實績을擧揚하도록盡瘁함을切望함

## 嗚呼宮下校長

(大塚學務課長談)

全南의靈巖이라하면相當有名한邑內라其處에七

年間普通敎育에從事하야良校長으로令聞이有한宮下校長은去七月一日午前五時半에自宅에서獵銃으로自殺을遂하얏는뒤此訃報가一次各所에傳함에誰何를勿論하고愕然히驚怛하며悚然히哀悼하더라

顧컨뒤君은明治十六年五月에長野縣에生하야同三十八年同縣師範學校出身으로敎師가되야七年間縣敎育에竭力하고大正二年四月에渡鮮하야平北渭原校에職을奉하다가同七年二月에靈巖校에轉勤하야今日까지勤續하얏더라

抑君의天性이常히修養硏鑽에力을致하야邊幅을不修하고物質에對하야는恬淡하야毫末도介意치아니하고其奉하는主義는大愛의道인뒤此로써平素의理想으로하고或主張하기爲하야他와論議한事가有하얏슬지라도其純良한性格은常히一般의尊信을受하든바이라

然而君은靈巖着任以來大正八年에는全鮮에亘한騷擾事件에遭하야自校의生徒가其影響을受하야同盟休校하고其次大正九年에其愛妻와次女를失하고又同年에校舍가火災에罹하얏스며十一年九月에生徒의盟休가有하얏는지라更히本年六月에生徒의同盟事件이有한等殆히靈巖敎育에從事以來로公私의變患이不絶하야此等自然災厄과困窮에飜弄되얏스나毅然히善處하야其職責을盡하든事는常人의容易치아니한바로思하노라

今回自殺의原因에對하야吾人은徒히臆測코자아니하나這回의盟休에際하야神經衰弱症에罹함은事實과如히附近의醫師에게診斷을受한事도有하고又當分轉地療養을希望하야其病症을自覺하얏슴은疑할餘地가無하나此에因하야精神에異狀을呈함과如한事實은絶對로見함을不得하고殊히學生은本科補習科生徒가共히其非를悟하야陳謝하야復校하얏스나一部의生徒中에言行이倨傲不遜한者ㅣ有함에痛切히憤慨한事實이有하고是로써平素에君이主義로하는大愛의精神도何等의效가無함에至하야終乃施할術이無함을悲觀함이아닌가推察하겟고君은自殺에當하야「原因의告白」이라는것을書遺하얏는뒤其意를窺하드라도大愛의精神이不徹底에終한旨를記하야잇는지라要컨뒤私的方面에煩苦를거듭하든君은屢々히公的方面에서事態를惹起함으로所謂責任感이強烈한支配下에自決한者로斷함을最히妥當하

다고信하노라其自殺의前夜에郡守를訪問하야事務上의協議를하고歸途公醫의家에到하야診斷書의調製를依賴하고歸宅하야十一時頃에就床하얏는데別노何等의異常이無하얏는지라然而翌早朝에自己의獵銃을咽喉에다이고、발로放下鐵을引하야發射하야終乃最後를遂하얏더라然而自殺前數日에學校에奉安한 勅語謄本을私宅의床間에奉遷하고其傍에原因의告白이라는一書를置하고倒하얏든後에는北枕으로되야잇고南面하야銃을執한態度인것갓치其不動의覺悟를見하겟고又死後何等苦痛의狀이업시恬然히安眠함과如하얏다함을聞함에至하야는其決心의牢乎함도知함에足한지라

然而此悲報가到함에內鮮人이共히同情과敬悼를惜할者ㅣ업고一般人士가其職責에對한至誠의發露를景仰함과同時에哀惜의情을禁키不能함은當然이라變에君에對하야反情으로써하든生徒等도始히君의心事를知하야其從來言動의不良함을悟하야走相來集하야枕邊에跪하야深히前非를謝하고自進하야造花旗旛를捧하며棺柩를擔하야葬場에送하는等恰히肉親을失함과如히衷心으로校長의最後에悲哀를感하는狀이有함과如함은君의一死는寧히徒事가아님을覺할지로다

今에君의肉體는靈岩에서丘上一片烟으로化하야恒久히其溫容을接할期가업스나君의主義思想熱誠努力은質實澹泊하며其責任感의强烈한點은優히現代敎育者의儀範으로하야推奬함에足할뿐아니라又後世의人士를奮起케함에有力할줄노思惟하노라特히朝鮮의現代에師道가頹廢하야初等學校에서도盟休問題가不尠하야敎育의前途를憂하는際에君의遠逝는一般學校職員에게深히自覺을起케하고學生에對하야特殊의刺激을與함이甚大함을感하노라

嗚呼라君이逝하야幽明이境을異히하얏스나君의一死는此를殉職으로見做하겟고此가現代에偉大한感動과敎訓을與함인즉君의英靈이聊히瞑目함을得할지로다但薄倖한君의遺族에對하야는深甚한悲愁와同情을禁키不能하노라

## 府面職員青年儒林三團體
## 內地視察

本道에서는每年府面職員青年團儒林中에서內地

視察團을組織하야內地都市及優良町村竝青年團體其他各般의文化發達狀況을視察케하야써本道地方改良의資에供케한바本年에도去五月中本道主催下에此를實施한바其要項은左와如하더라

○府內職員視察團은五月五日光州出發五月二十四日光州歸着往復二十日間으로써京都大阪兵庫岡山廣島福岡熊本鹿兒島大分各府縣下에在한都市의狀況諸學校各種工場其他各般의產業施設及優良町村竝青年團等을視察케한바引率者는本道地方課長阿部明治太郞氏及郡屬富樫不苦矢島屬河野軍三郡屬朴晶旭諸氏가其任에當하고團員으로는各府郡島管內에서多年府面에在職하야平素의成績이優秀하야將來에更히府面事務에從事코저하는覺悟가有하며且新知에富하야時勢를解하는者로서尙今內地視察치못한者中에서一人式選出케함에依하야引率者四名團員二十三名合計二十七名으로써此團體를組織하야前記各地를視察한바視察團費는一人當百五十圓으로하야其中百圓은地方費로補助한지라然而旅行中에可成的으로團員의疲勞를感치안토록하기爲하야汽車汽船等은總히二等待遇로하고旅館과如함에도力所及處까지는注意를與하야其待遇와慰安에努力하는同時에一面으로는充分히視察의目的을遂토록用意한結果各團員도非常히滿悅하야各方面에涉하야熱心硏鑽과深甚한觀察을遂하야內地文化의興味에接함을得하고一同이圓滿裡에서無事히視察을終하고歸鮮하다

○青年視察團은五月十日光州出發五月二十七日光州歸着往復十八日間으로써京都大阪兵庫岡山廣島山口福岡大分各府縣下의狀況을視察한바其視察要領은府面職員團體와無異하며引率者는本道參與官石鎭衡氏及郡屬近藤彬夫道屬佐藤芳彌郡屬朴瑚燮諸氏가此에當하고團員은年齡三十歲以下로서人物優秀思想穩健且着實하야時勢를諒解하는地方青年中堅者로서指導者될만한勢力을有하며可成的普通學校以上卒業者로서國語에堪能이有한者中尙今內地를視察한事가無하고身體가健康하야長途旅行에堪耐할만한者를管內各府郡島로부터一人式選出한바團員數는引率者四名과團員二十三名計二十七名으로써府面職員과同數이며一人當團費는百三十圓인데內百圓은道地方費로補助하얏스며視察中待遇

其他等은府面職員團體와何等의異撰이無하야最히愉快한旅行을繼續하야充分히視察目的을遂하고無事歸鮮함을得하다

○儒林視察團은五月十五日光州出發六月一日光州歸着十八日間으로써京都大阪奈良兵庫岡山廣島福岡大分各府縣下에旅行하야各般施設狀況을視察한바本視察團은各郡鄕校財産의地方敎化事業을實施하는것인딕各郡儒林中學識名望이有하며時世를諒解하는有識者로서年齡五十歲以下로身體强健하야長途旅行에堪耐할者를各郡에서選定하야鄕校財産으로一人當視察費補助百三十圓을給하기로하고各郡鄕校財産豫算狀況에應하야一人乃至五人을選出함에從하야其團員數는三十名에達하얏스며此外引率者光州郡守倉品益太郞氏及道屬倉元大喜立石友太郞延振鎔諸氏를合하야計三十四名의團體組織으로되야前記府面職員及靑年團에比하야其人數稍多한지라然而團員의團結은最圓滿最愉快롭게되야各種의施設其他一般內地情況等에對하야最히眞摯한視察을遂하얏스며何等事故를生치안코徹底的으로視察目的을遂하고海陸無事히歸鄕케됨은誠甚喜悅한事이며又本儒林視察團에對하야特記할만한것은內地文化發達狀況을實際視察한結果大自覺과奮起心을促한뵈되야歸鄕後는地方開發키爲하야極力盡瘁키를期하야五月三十日別府에서左記와如히實踐事項을決議한지라從來幾多의視察團을派遣한事有하나此와如히團員一致視察한效果를爲有에歸치아니키爲하야爲先實踐躬行의示範으로써朝鮮開發의一端을助成할事로確固한決議를表現함에至함은本團體로써嚆矢를作하얏스며其緊張의意氣는必然不遠間本道開發上顯著한效果를齎得할줄노確信하노라

## 決議書

予輩는這回內地를視察할셰에文化의進展産業의發達은한갈갓치驚嘆讚美한이할者無한지라予輩는歸鄕後大々的此를一般에게宣傳하야民心의奮起에努力함은勿論左記事項과如함은敢히實行키不辭하며又多大의資財를要할것도업지單히一片勤勉努力의精神과義勇奉仕의意氣에만賴하야遂行可得할事이니此에依하야予輩는爲先實踐躬行의示範으로써洽然히此를一般에普及하야朝鮮開發의一端을助成하야孔孟聖賢이濟世救民키爲하

야東奔西走心骨을勞하신萬一에倣하야써予疆儒林의面目을發揮함과共히內地視察團을施設한我道의目的과予議를推擧한郡當局의意圖에副코져期함

記

一、常히公共協同의觀念으로써敎育其他一切의公同的施設에當하야진실노奉仕를辭하지말事

二、農事의改良進步에必要한施設은各種產業團體의獎勵와相待하야必此를敢行할事

三、養蠶養鷄其他適當한副業을選擇하야此를經營할事

四、儒道彰明會民風振興會靑年會金融組合等斯種의團體를中心으로하야質實剛健勤儉貯畜時間勵行公課速納淸潔尙美의良風을作興할만한民育의方途를講할事

右決議喜

儒林視察團員任所氏名

| | |
|---|---|
| 光州郡本村面龍頭里 | 宋成彦 |
| 光州郡瑞坊面梧峙里 | 李啓寧 |
| 潭陽郡月山面佳山里 | 呂圭三 |
| 谷城郡石谷面竹山里 | 趙正植 |
| 谷城郡火面鳳洞里 | 申宗求 |
| 求禮郡龍方面龍江里 | 李鍾守 |
| 光陽郡津月面眞亭里 | 安垌玉 |
| 順天郡雙岩面道亭里 | 鄭時鎬 |
| 順天郡西面東山里 | 金鏞柱 |
| 順天郡東草面琴峙里 | 韓相俊 |
| 高興郡東江面梅谷里 | 申井休 |
| 高興郡大西面上南里 | 宋柱義 |
| 寶城郡熊峙面中山里 | 宣基料 |
| 寶城郡寶城面玉坪里 | 朴基玟 |
| 寶城郡寶城面玉坪里 | 閔敬植 |
| 寶城郡鳥城面龍湖里 | 朴泰春 |
| 寶城郡彌力面德林里 | 朴泰玉 |
| 和順郡同福面龜岩里 | 丁秉燮 |
| 長興郡古邑面玉堂里 | 白玕寅 |
| 長興郡夫山面內安里 | 金永植 |
| 海南郡溪谷面德鼎里 | 任應善 |
| 海南郡溪谷面篋竹里 | 任京植 |
| 靈岩郡靈岩面望興里 | 李元雨 |
| 務安郡石津面內里 | 徐武烈 |

羅州郡老安面金安里 鄭得采
羅州郡茶道面德洞里 洪光植
咸平郡食知面羅山里 安鍾宅
長城郡長城面安平里 邊昇基
莞島郡古今面農桑里 朴永穠

珍島郡古郡面五山里 曺秉斗
圖長 全羅南道光州郡守 倉品益太郎
附添 全羅南道屬 倉元大喜
全羅南道屬 立石友太郎
全羅南道屬 延振鎔



## 公立普通學校調查 大正十二年十二月末日現在

| 道名 | 校數 | 職員數 內地人 | 職員數 朝鮮人 | 職員數 計 | 學級數 | 生徒數 男 | 生徒數 女 | 生徒數 計 | 校數에對한面數步合 |
|---|---|---|---|---|---|---|---|---|---|
| 京畿 | 一一九 | 二三八 | 五九二 | 八三〇 | 六八九 | 三一,八九四 | 四,八九二 | 三六,八七六 | 二·一 |
| 忠北 | 五三 | 七七 | 一八七 | 二六四 | 二四三 | 一二,三六八 | 一,二〇一 | 一三,五六九 | 二·〇 |
| 忠南 | 八九 | 一四二 | 二九八 | 四四〇 | 四三〇 | 二一,六三五 | 二,二七〇 | 二三,九〇五 | 二·〇 |
| 全北 | 八二 | 一三〇 | 二九一 | 四二一 | 三九一 | 一九,一八九 | 二,五六〇 | 二一,七四九 | 二·三 |
| 全南 | 一一五 | 一六八 | 三九七 | 五六五 | 五三三 | 二六,七三二 | 三,七一七 | 三〇,四四九 | 二·三 |
| 慶北 | 一〇三 | 一五七 | 三七四 | 五三一 | 四八七 | 二四,〇八七 | 四,〇九九 | 二八,一八六 | 二·七 |
| 慶南 | 一一三 | 一七九 | 三八九 | 五六八 | 五七七 | 二八,三八二 | 五,四一三 | 三三,七九五 | 二·三 |
| 江原 | 五九 | 九三 | 一九七 | 二九〇 | 二七〇 | 一三,一一二 | 二,〇三五 | 一五,一四七 | 三·〇 |
| 黃海 | 八〇 | 一一二 | 二五二 | 三六四 | 三四一 | 一六,四三六 | 二,九八九 | 一九,四二五 | 二·九 |
| 平南 | 六四 | 九二 | 三一八 | 四一〇 | 三六三 | 一八,五二四 | 二,九一九 | 二一,四四三 | 二·六 |

| | | | | | | | | | |
|---|---|---|---|---|---|---|---|---|---|
| 平北 | 七三 | 一二四 | 三二一 | 四四五 | 四〇九 | 二一,五一〇 | 二,七七一 | 二四,二九一 | 二·六 |
| 咸南 | 五四 | 八三 | 二八八 | 三七〇 | 三四七 | 一六,七〇八 | 二,八三五 | 一九,五四三 | 二·六 |
| 咸北 | 三八 | 七〇 | 一七一 | 二四一 | 二〇七 | 一〇,〇九五 | 一,二三四 | 一一,三二九 | 二·一 |
| 計 | 一,〇四〇 | 一,六五四 | 四,〇七五 | 五,七三九 | 五,二六五 | 二六〇,五八三 | 四〇,一一四 | 三〇〇,六九七 | 二·四 |

## 普通學校程度私立學校調査 大正十二年十二月末日現在

| 道名 | 校數 | 敎員數 | | | 學級數 | 生徒數 | | |
|---|---|---|---|---|---|---|---|---|
| | | 內地人 | 朝鮮人 | 計 | | 男 | 女 | 計 |
| 京畿 | 七八 | 三 | 三七九 | 四一二 | 二五六 | 一一,九一八 | 四,二八一 | 一六,一九九 |
| 忠北 | 一三 | — | 六 | 六 | 六 | 三六六 | — | 三六六 |
| 忠南 | 八 | — | 三〇 | 三〇 | 三一 | 八〇三 | 二五一 | 一,〇五四 |
| 全北 | 一七 | 四 | 五六 | 六〇 | 六八 | 一,四八九 | 四一一 | 一,九〇〇 |
| 全南 | 一六 | 二 | 五一 | 五三 | 五一 | 二,四二七 | 一四三 | 二,五七〇 |
| 慶北 | 二五 | 二 | 七九 | 八一 | 七七 | 二,八〇一 | 一,五九六 | 四,三九七 |
| 慶南 | 二六 | 四 | 一二〇 | 一二四 | 六七 | 三,〇二〇 | 七七〇 | 三,七九〇 |
| 江原 | — | — | — | — | — | — | — | — |
| 黃海 | 五二 | 二 | 一一九 | 一二一 | 一五九 | 五,二一〇 | 二,〇一〇 | 七,二二〇 |
| 平南 | 一一五 | 四 | 二七三 | 二七六 | 四二九 | 七,九三七 | 三,二二四 | 一一,一六一 |

| | | | | | | | | |
|---|---|---|---|---|---|---|---|---|
| 平北 | 九七 | 五 | 二八一 | 二八六 | 三五四 | 七,二〇二 | 一,五五四 | 八,七五六 |
| 咸南 | 一四一 | 一 | 四八九 | 四八九 | 三九三 | 一七,八三二 | 一,三四一 | 一九,一七三 |
| 咸北 | 六 | 三 | 二三 | 二六 | 二六 | 一,一五一 | 一五八 | 一,三〇九 |
| 計 | 五八四 | 五八 | 一,九〇五 | 一,九六三 ×二 | 一,九一七 | 六一,一五四 | 一四,七四〇 | 七五,八九四 |

（備考） ×印은外國人이라

## 農產物生產額調査(本道大正十二年度)

| 種類 | 生產數量 | 單價 | 金額 |
|---|---|---|---|
| 米 | 二,二六九,四六〇 石 | 二八·〇〇〇 円 | 六三,五四四,八八〇 円 |
| 大麥 | 一,〇九一,二三三 | 八·〇〇〇 | 八,七二九,八六四 |
| 小麥 | 一二四,八一八 | 一五·〇〇〇 | 一,八七二,二七〇 |
| 裸麥 | 一二〇,一三三 | 一五·〇〇〇 | 一,八〇一,九九五 |
| 大豆 | 二一二,一八六 | 一四·〇〇〇 | 二,九七〇,六〇四 |
| 粟 | 二六〇,三八五 | 一五·〇〇〇 | 三,九〇五,七七五 |
| 棉 | 四八,七九三,〇七四 斤 | ·二五九 | 一二,六三七,四〇六 |
| 繭 | 一九,八〇四 石 | 六九·〇〇〇 | 一,三六六,四七六 |
| 蠶絲 | 九六九 貫 | 九·〇〇〇 | 八,七二一 |
| 桑苗 | 二一,四二七,〇一〇 本 | ·〇〇九四 | 二〇一,四一四 |
| 蠶種 | 三一,九五〇 枚 | 一·八〇〇 | 五七,四三九 |

| 種類 | 生產數量 | 單價 | 金額 |
|---|---|---|---|
| 牛 | 二六,七八二 頭 | 一五·〇〇〇 円 | 四〇一,七三〇 円 |
| 馬 | 一,五六四 | 一〇·〇〇〇 | 一五,六四〇 |
| 豚 | 一七一,六一八 | 三·〇〇〇 | 五一四,八五四 |
| 鷄 | 一,一二六,二九三 羽 | ·六〇〇 | 六七五,七七六 |
| 鷄卵 | 一六,四六二,五五〇 個 | ·〇二五 | 四一一,五六四 |
| 牛皮 | 二九五,七八六 斤 | ·三九八 | 一一七,七二三 |
| 牛骨 | 二〇六,八〇三 | ·〇四六 | 九,五一三 |
| 豚脂 | 二〇,八七七 | ·三二六 | 六,八〇六 |
| 蜂蜜 | 四四,九七二 | 一·二八〇 | 五七,五六四 |
| 改良叺 | 六,一一六,〇三三 枚 | ·一八〇 | 一,一〇〇,八八五 |
| 改良縋 | 二〇九,四六二 | ·二〇〇 | 一五,三八九 |
| 繩 | 四,五三二,四三〇 貫 | ·三〇〇 | 一,三五九,七二九 |
| 在來縋 | 二〇九,四六二 枚 | 一·二〇〇 | 二五一,三五四 |
| 其他 | | | 三〇,七五七,一六九 |

| | | | |
|---|---|---|---|
| 計 | — | — | 一三二、七九二、六三〇 |
| 十一年 | — | — | 一一七、三四〇、六六四 |
| 增加 | — | — | 一五、四五一、九六六 |

備考 本表中其他金額欄은總額三割假量을計上한 것이요十一年에比較하면一五、九四〇、四〇二圓이增加됨을示하니라

大正十一年 一戶當 三四三圓 一人當 六七圓
大正十三年 〃 三九四圓 〃 七九圓
差引增 〃 五一圓 〃 一二圓

## 新任道評議會員住所氏名

(大正十三年五月一日現在)

| 府郡島名 | 住所 | 氏名 |
|---|---|---|
| 木浦府 | 本町三丁目九番地 | △山野瀧三 |
| | 南橋洞三十五番地 | △金商燮 |
| | 福山町十番地 | 村上直助 |
| | 光州面錦町五十五番地 | △秋場格太郎 |
| 光州郡 | 光州面須奇屋町三百番地 | △金衡玉 |
| | 光州面不動町十一番地 | 玄俊鎬 |
| 潭陽郡 | 潭陽面紙砧里百四十四番地 | 鄭澋寅 |
| 谷城郡 | 谷城面邑內里三百七十七番地 | △丁秀泰 |
| | 谷城面邑內里三百七十八番地 | 丁奎泰 |
| 求禮郡 | 龍方面龍江里六四六番地 | 李根浩 |
| 光陽郡 | 光陽面七星里二四一番地 | 朴準圭 |
| 麗水郡 | 麗水面西町 | △田坂延次 |
| | 麗水面西町七二一番地 | 金漢昇 |
| 順天郡 | 順天面幸町四二番地 | △盧載昇 |
| | 順天面長泉里二三四番 | 徐丙奎 |
| 高興郡 | 高興面玉下里一三二番地 | 金相亭 |
| 寶城郡 | 寶城面寶城里 | 林樑瑞 |

| | | |
|---|---|---|
| 和順郡 | 同福面獨上里 | 吳亭南 |
| 長興郡 | 長興面東洞里一六九番地 | 孫 英 |
| 康津郡 | 郡東面羅川里二九九番地 | 金昌準 |
| 海南郡 | 三山面松汀里 | △李元鎔 |
| | 松旨面山亭里六六四番地 | 朴琫旭 |
| 靈岩郡 | 靈岩面會門里二五六番地 | 兵頭一雄 |
| 務安郡 | 二老面竹橋里 | △李根彰 |
| | 木浦府北橋洞 | 文在喆 |
| 羅州郡 | 榮山面榮山里六六番地 | △黑住猪太郞 |
| | 羅州面南門町 | 金炳斗 |
| 咸平郡 | 咸平面咸平里三六〇番地 | 李載燐 |
| 靈光郡 | 靈光面白鶴里 | 曺喜璟 |
| 長城郡 | 黃龍面黃龍里三五九番地 | △吉田直良 |
| | 黃龍面月坪里三五九番地 | 金時中 |

| | | |
|---|---|---|
| 莞島郡 | 莞島面郡內里 | 黃懿周 |
| 珍島郡 | 珍島面校洞里五〇番地 | 許 燦 |
| 濟州島 | 濟州面一徒里一、四四七番地 | 金根蓄 |

備考 △印은官選任命(一一名)其他는民選任命(二三名)

# 會報

## 會館建築

本會의會舘을建築하는事는業已報道한바이有하거니와方今 建築設計가竣成함으로從速히入札을行하야建築에着手할터인대此에對하야略三千餘圓의寄附를要하는故로濟水 盡함을待하야副會長邊昇基氏가此用務를帶하고各郡에出張할터인바其時에 應分의援助를願한다더라

## 懷中論語配付狀況 (大正十三年八月 日現在)

本會에서地方費의補助를受하야懷中論語를發刊하얏는대今에 其狀況을報道하건대左와如하더라

都合二千卷中에皮製가七百卷布製가 一千三百卷인대 本道內各地靑年會及勞働團體에對하야無償으로 分配한數가皮製一百四十九卷布製三百六十六卷이오有償卽代金을受하고配付된處가 皮製三百七十卷布製六百二十九卷인대合計하면 一千五百十四卷이라 餘在가四百八十六卷인대朝鮮에初有한懷中經典인즉速히 購求하야人後에落치아니함을要한다더라

## 彰明本雜誌代金

本誌가發行된後로부터業已四號에達하얏는대其代金의 納入이遲延하야困難한貌樣인대若如此히讀者가代金의 支撥을遲延하는時는本道內에서劈頭로發行되얏든雜誌의發行이 繼續될는지否할지未知하니一般讀者는僅少하나其代金의支撥을速히하심을 絶對로要한다더라

## 支會의報告

本會와支會間에聯絡을保存하야斯道의發達을 圖함은絶對로必要한事인대各支會는其報告假令其支會에서行한事를 報告치아니함으로相互間의聯絡이如意치못하나此는 本支會設立趣旨에違背하는事이라各支會는無論某事하고支會에서行한事가 有하거든卽時此을報告함을要하더라

# 懷中論語新刊紹介

一、此懷中論語는本儒道彰明會의事業으로論語를簡易編成하야其理致를世上에廣傳코져함에在함

一、此懷中論語는通俗的으로諺文을付하야其意義를解釋함으로大凡諺文을解하는人이면婦女兒童이라도能讀하야其蘊義를解了함을得함

一、此懷中論語의總頁數는四六〇이요長은四寸五分이요廣은二寸五分임으로携帶하야旅行中이라도繙讀함에便함

一、此懷中論語는大文上에皆數字를附하야記憶과索引에便利함、此懷中論語는活字가鮮明하고裝冊은글로스와上品皮革을用하얏슴으로外觀이極히美麗함

一、此懷中論語는世間에廣布함을目的함으로冊價는實費로써分布함

一、此懷中論語를購讀코져하시는分은其部數를定하야光州儒道彰明會本會로請求하심을望함

各支會에入會코저하시는人士난左記樣式書를提出
하시압

入會書

本人이貴會의趣旨를贊成하야入會하압난바入會後
에貴會의章程을確實遵守할事를誓約함

大正 年 月
孔子誕生二千四百 年 日

住所
入會人 姓 名

全羅南道儒道彰明會何郡支會
貴中

| | | |
|---|---|---|
| 定價 | 一部 | 金參拾錢 |
| 郵稅 | | 金貳錢 |
| 計金 | | 金參拾貳錢 |
| 一年分先納하면三部 | | 金八拾錢 |
| | | (郵稅共) |

大正十三年九月一日 印刷
大正十三年九月十日 發行

編輯兼發行人 全羅南道光州郡光州面瑞南里一二一番地 鄭國采
發行所 全羅南道光州郡光州面校社里三十七番地 全羅南道儒道彰明會 振替口座京城一二八六〇番
印刷人 京城府永樂町二丁目二番地 中田立三
印刷所 京城府永樂町二丁目二番地 中田普文社印刷部

# 懸賞論文募集

本會는客年以來로「彰明」이라하는雜誌를發刊하야聖賢儒道의闡明과東洋道德의振起와社會風敎의興隆에對하야力을致하야玆에號를重疊함이四回에及하고其發行部數는三千에達코저하는盛況에至함은全히先覺者의指導와地方讀者의愛護에不外함으로信하노라自今一層更히本會의使命에鑑하야奮鬪努力하야所期의目的을達하기爲하야左記方法으로廣히論文을天下에募集하야其明論卓說을我彰明雜誌에揭載하야써錦上에添花하야社會의愛顧에報答코저하오니江湖의有志 僉彦은寄稿의勞를吝치아니하심을敬望

## 論文寄稿內規

一、題　　　目　師道論（內、鮮、漢文을不問함）
一、一行字數及行數　貳拾四文字詰貳百行以上參百行以內
一、寄　稿　期　日　陽十月十日 陰九月十二日 迄
一、懸　賞　金　一等五拾圓、二等參拾圓、參等貳拾圓
一、寄　稿　廚　所　全羅南道光州鄕校內　儒道彰明會論文
一、論文審査員　京城　帝國大學大學敎授

大正十三年九月　日

全羅南道儒道彰明會本會白

# 『彰明』 제5호

(1925년 1월 10일 발행)

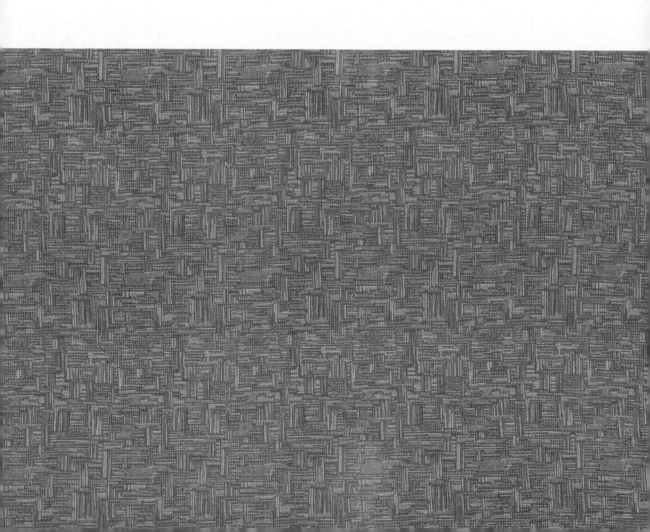

# 彰明

## 第五號

大正十四年一月十日發行

重要目次



全南儒道彰明會發行

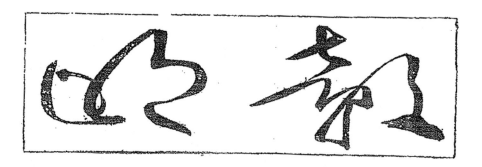

## 彰明誌代金三十錢送付方法

一、最近郵便局又는所에往하시와全南儒道彰明會本會郵便振替貯金口座京城一二、八六〇番에拂込하시는方法

二、光州에親히枉駕하시는便이有하거나又는信便이有하거든全南道廳地方課俞元大容氏에게傳하시는方法

三、居住하시는最近支會에付托하시고本會에送交함을依賴하시는方法

四、郵便換錢을全南道廳地方課俞元大容氏에게로送交하시는方法、此方法은比較的費用이多하오니注意하심을要함

## 章程中本會의目的及會員에關한條項抄出

### 本會의目的

第二條 本會는時勢의進運에隨하야儒道의本旨를彰明함으로써目的함

第三條 前條의目的을達하기爲하야左의事項을踐行함

一 道德을尊重하고倫理를闡明할事

一 鄕約을遵守할事

一 敎育의普及을圖할事

一 文化의向上을圖할事

一 時勢를順應할事

### 本會의會員

第六條 本會의會員은本道內에住所를有하고儒道를尊崇하는者及本會의主旨를贊成하는者로써함

第七條 本會의會員은本會任員及各支會의支會長、支會總務及前條에該當하는人士로創立總會에參列한者로써組織하고支會會員은支會所在郡島內의人士로써組織함

# 敬告

大正十四年劈頭一月卽陰曆으로言하면孔子誕生二千四百七十六年乙丑正月에第五號를發刊하는더인대吾會가朝鮮半島에生하니라日本全國中에巍然特立하야浸々然한東洋의根本道德又는根本倫理를挽回코저하는運動을盛行하고宣傳함은世上이共知하는바이어니와此는吾人團體의組織이堅固하고發達이健全함에其原因이在함을感하고欣喜雀躍하는더이라、無論何時代何世上하고人生이存在하야意悅心喜함은無它라事業을營爲하야其如何한結果를得하고其結果가實社會에對하야如何히實現됨을注目하야多少를勿論하고吾人共同生活에幸福을增進하면人生의希望이此에至하야極하는것이요人生의樂이此以上에無하리로다故로「子貢이曰如有博施於民而能濟衆한대何如하니잇고可謂仁乎ㅣ잇가」함에對하야「子ㅣ曰何事於仁이리요必也聖乎ㄴ저堯舜도其猶病諸ㅣ지저라」하셨도다吾人은此機關을完全히利用하야本目的을達하기에勇을持치아니하면不可할지로다

## 記事와投稿를歡迎함

一 記事라함은論說、文苑詞藻、感想、世報、評及各支會記事를謂함이올시다

一 右記事는直接間接으로儒敎와關係가有한者를要합니다

一 次號는陽曆大正十四年五月中에發刊될터이오니同年三月末日까지本事務所로原稿를惠交하심을望하나이다

一 記事는可及的楷書草書로送하심을敬要하나이다

一 記事의選拔은編輯人에在하오니此點은惠諒하심을敬要하나이다

一 原稿는還交치아니합니다

全羅南道光州鄕校內

全南儒道彰明會本會

# 彰明 大正十四年 陽一月 陰正月 第五號目次

河西金先生蠶桑科傳達式時撮影

## 後列

| | | | |
|---|---|---|---|
| 一 | 郡屬 | 尹卿 | 殿 |
| 二 | 巡査部長 | 吉田甚四郎 | 殿 |
| 三 | 郡屬 | 孫宗權 | 殿 |
| 四 | 秘書課長 | 原道男 | 殿 |
| 五 | 郡屬 | 申台植 | 殿 |
| 六 | 學務課長 | 大塚忠衛 | 殿 |
| 七 | 玉果面長 | 金東根 | 殿 |
| 八 | 普校長 | 牛島潤朗 | 殿 |
| 九 | 郵便所長 | 大野藤吉 | 殿 |
| 一〇 | 谷城郡守 | 黃錫翹 | 殿 |
| 一一 | 道屬 | 倉元大喜 | 殿 |
| 一二 | 土木課長 | 金商翊 | 殿 |
| 一三 | 地方課長 | 阿部明治太郎 | 殿 |
| 一四 | 玉果金融理事 | 城谷藏壽 | 殿 |
| 一五 | 郡屬 | 須藤登富 | 殿 |
| 一六 | 警察署長 | 村上九平 | 殿 |
| 一七 | 警部補 | 松木久磨 | 殿 |
| 一八 | 警部 | 中澤利助 | 殿 |
| 一九 | 警部補 | 中村政吉 | 殿 |
| 二〇 | 財務課長 | 楠見久米五郎 | 殿 |
| 二一 | 產業技手 | 池田豊二 | 殿 |
| 二二 | 庶務課長 | 瀧川一利 | 殿 |
| 二三 | 產業技手 | 吉村善郎 | 殿 |
| 二四 | 谷城金融理事 | 羽田野仁 | 殿 |

## 前列

| | | | |
|---|---|---|---|
| 一 | 鄕校直員 | 趙明植 | 殿 |
| 二 | | | |
| 三 | | | |
| 四 | 河西先生宗孫 | 金容珣 | 殿 |
| 五 | 知事 | 尹德常 | 閣下 |
| 六 | 參與官 | 石鎭衡 | 殿 |
| 七 | 經學院講士 | 沈璿澤 | 殿 |

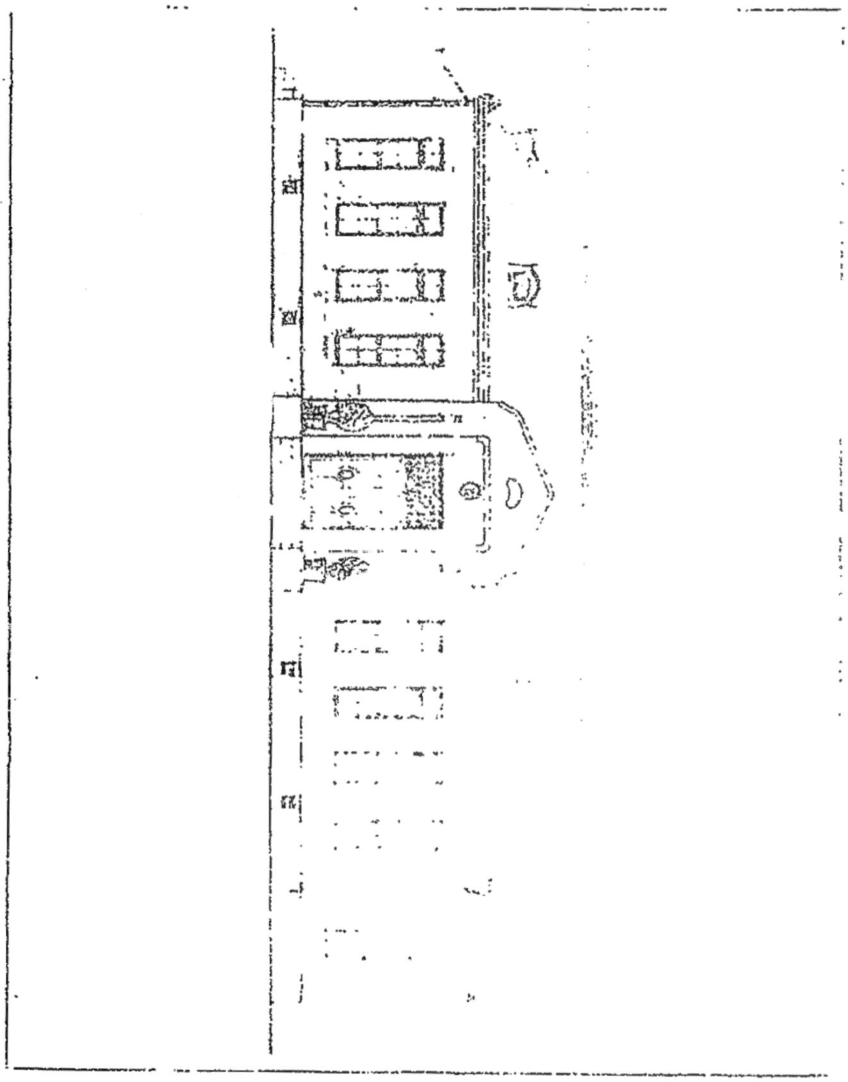

本會會館新築設計圖

## 後列

一 郡守 尹[illegible]殿
二 巡査部長 吉田甚四郎殿
三 郡屬 孫[illegible][illegible]殿
四 秘書課長 [illegible][illegible]男殿
五 郡屬 [illegible][illegible][illegible]殿
六 學務課長 人保[illegible][illegible]殿
七 玉果面長 金[illegible][illegible]殿
八 學校長 牟[illegible][illegible][illegible]殿
九 石谷面長 人[illegible][illegible]吉殿
一〇 谷城郡守 [illegible][illegible][illegible]殿
一一 郡屬 [illegible][illegible]大[illegible]殿
一二 土木課長 金[illegible]湖殿
一三 地方課長 阿部明治太郎殿
一四 玉果金融理事 [illegible][illegible][illegible][illegible]殿
一五 郡屬 須[illegible][illegible][illegible]殿
一六 警察署長 村上九平殿
一七 警部補 [illegible]小久[illegible]殿
一八 警部 中澤利助殿
一九 警部補 中村政吉殿
二〇 財務課長 [illegible][illegible]米郎殿
二一 農業技手 [illegible]川學二殿
二二 庶務課長 [illegible]用・利殿
二三 蠶業技手 吉村[illegible]郎殿
二四 谷城金融理事 [illegible]田[illegible]仁殿

## 前列

一 [illegible]校[illegible]門 趙明稙殿
二
三
四 河西北宗孫 金容琯殿
五 知事 [illegible]應常閣下
六 參與官 石鎭衡殿
七 經學院講士 沈璿澤殿

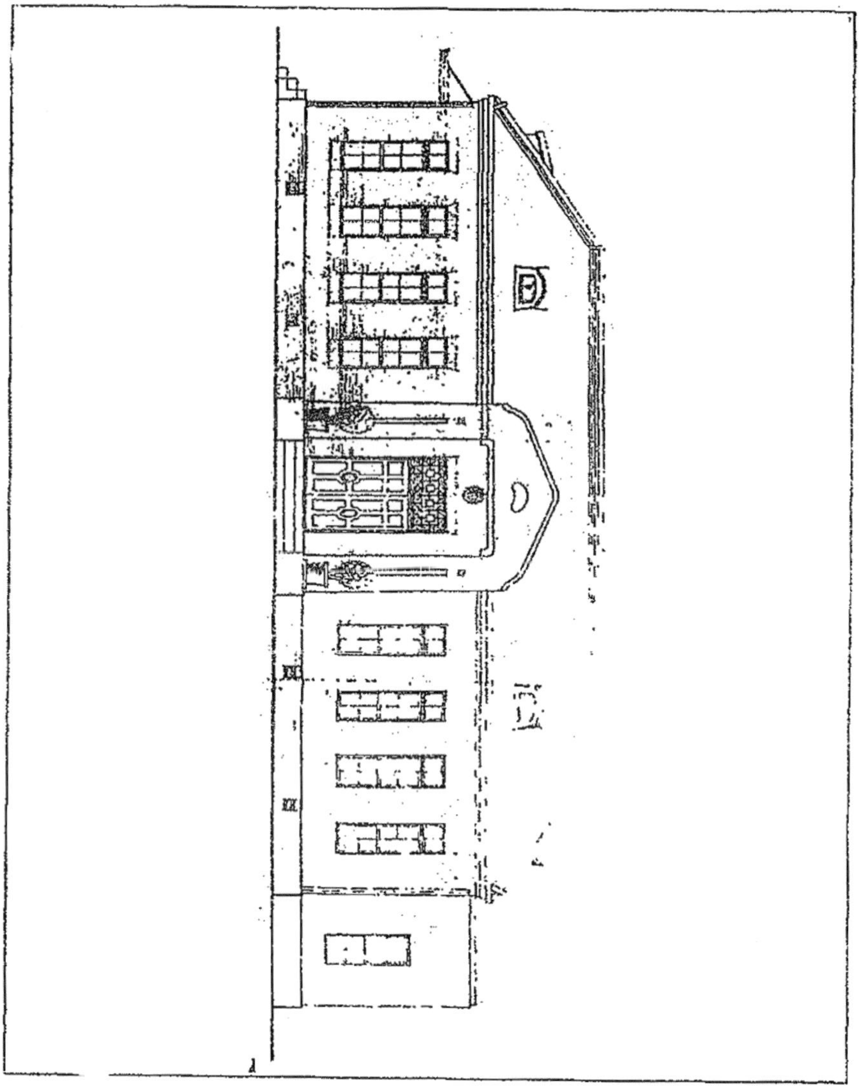

本會會館新築設計圖

# 本會々館新築工事設計圖說明

一 本館　煉瓦造平屋　壹棟

此建坪四拾四坪

內

圖書室　六坪

講床　參坪

事務室　參坪

一 同　昇降口煉瓦造　參坪七合五勺

計四拾七坪七合五勺

一 附屬家　(宿直所)　木造平家建　壹棟

此建坪參坪五合

合計五拾壹坪二合五勺

# 卷頭辭

大正十四年이來하얏도다孔子誕生하심으로부터는二千四百七十六年이되얏고西曆으로言하면一千九百二十五年이되얏도다、天時와人事가輪換하는事는再言할必要가無하나可謂無情歲月若流波이로다、古昔時代로言하면世上의變遷이如彼히容易치아니하야幾十年幾百年間을經過치아니하면此를見하기不能하더니今日에在하야는世上의各種進步와各種變遷이日一日相殊하고月復月相變하야昨日이昔日이요昨年은太古되는感이有하도다

歲月이我를爲하야留待치아니하는此世上에特히吾人儒敎界는自身을反省하야其間數年에幾許의進步를逐하얏스며又幾何의事業을遂行하얏는가此를回顧치아니함이不可하도다

回顧하전대吾人의團體되는全羅南道儒道彰明會는此湖南天地에셔呱々의聲을擧함으로부터今日에至하기까지約三年間에何等의事를行하얏스며又何等의事를營코저하는가指를屈하야此를數할必要가有하다하노라

古人의言에曰一年의計는年頭에在하다함을聞하얏노라今日年頭에立하야昨年中에行한事를回顧하건대吾人儒者界의事業으로는努力하얏다하지아니할수업도다我彰明雜誌는豫히宣言함과如히四回를發刊하엿는대其部數로言하면每發行時部數가二千部에達하얏슨즉合計八千部인대此小册子가村落에入하는

時는一人이此를讀함에止치아니하고少하야도數三人은讀하는現狀이라然즉約二萬人假量되는人士에게對하야此를傳한다이니엇지小타하리요、또我　孔夫子의言行錄이라할만한論語를此에譯文을附하야懷中冊子一萬部를發刊하야朝鮮三千里에分布하얏스니此亦우리儒者의事業으로엇지小타하리요또會館建築等을經營하야全羅南道首府되는光州中央에地點을卜하야約一萬圓에近한基金을投하야煉瓦巨屋을建築하고圖書館을經營코저하야建築中에方在하나此에關하야는無論道當局의旋力이多大한中에進行하는바이로대엇지容易한事이리요今年春三月好時節에至하야는此新會館이竣功되야우리會員이齊會하야落成式을擧行할터인대客年十二月官界變動時에元知事閣下의異動이有하얏슴은深히遺憾으로思하는바이라無論新任張知事가前任知事以上愛護하심을信하나送舊迎新의時를當하야送舊迎新의感이不無하도다吾人은一層努力하야自省自進함에勉勵치아니함이不可하도다

今年에在하야無論相當한新事業이有한時는此를勵行할터이나現在에旣張한事業을完成하고又千年前文化祖王仁氏의祠宇建設을發起하얏슨즉此事業의完成에對하야一齊히努力함을吝치아니함이會員된義務의重大한其一됨을自覺함이必要하도다

# 新舊長官送迎辭

有史六千年間總人生의往還送迎이日로幾千에止할바아니요月로幾萬에止할바아니로대新히送迎함을當하는時는若干의感念이不無하도다

知事閣下는本道에長官으로臨한지于今四載에一心으로道政의發展을期圖하야比較的短時間에多大한成績을收함은茲에事實이證明함으로贅言할必要가無하도다其間道의行政으로普通進行한바는此를論할必要가無하고知事의特別한周旋과特別한發議를依하야完成又는解決된者를擧하건대(一)郡廳移轉新築問題(二)求禮華嚴寺昇格問題(三)高等普通學校完成問題(四)中學校設置問題(五)財務監督局問題(六)初等敎育機關增設問題(七)一千二百萬本植桑問題(九)郡守官舍完成問題(十)麗水港浚渫及濟州島築港問題(十一)廢郡鄕校復設問題(十二)倫理運動發起問題(十三)黑衣普及問題(十四)客秋旱害民徹底救濟問題等山積하든諸問題가

知事의在任間에解決된것이라全羅南道에凡知事로在任하얏든歷代의長官中此元知事와如히熱心으로多數한事業에成功한長官이無하도다

今에如右히優秀한功績을顯한長官을送함에當하야우리全南儒道彰明會本會外三十一個所支會는衷心으로路를遮하고挽留코저하는바이라然이나元知事閣下는其年이六十에近하고又恒常健康이如意치못하

四

야功成身退로今에紱을解하고田廬에歸臥코저하야此에對하야挽回의方法이無함을非常히遺憾으로思하는터이라然이나一便으로又元知事閣下와同一한手腕과熱誠을持하신張知事閣下를迎하니此는實로吾人이安心하는바이라

新任長官張知事閣下오、우리全南은地方이千方里요民衆이三百萬이며陸産海産이豊饒하오나宿年蘊蓄하섯든閣下의手腕과經綸을發揮하기에適合함으로思하오며東洋의固有한道德이墜地한今日에層一層倫理道德을奬勵하야其本을失치아니하도록하심을願望하나이다

論說

本會懸賞論文一等當選　京城帝國大學審查

# 師道論

光州　韓貞履

夫師之所存、道之所存、而人非生而知之者、必資學問而知之、巫醫百工猶然、況乎斯文之學者耶、人生於三、事之如一、而天降生民、作之君作之師、使之治而教之、以至造道之極、師道之所由來久矣、有龍瑞曰龍師、有雲瑞曰雲師、龍旣號爲師、雲亦號爲師、人之於人、聞道固先乎吾則可不從而師之乎德無常師、揭於伊訓、仁亦讓師、著於魯論、虞書有五典之敷、周禮有三物之與、戴記有出就外傅之說、家語有攝齊受教之訓、無往非師道之所在而家塾鄕學、盡是生於斯、長於斯者、聖經賢傳、莫不聞而知見而知之、衣冠濟々文物彬々、翹楚之行、卓越之才、上可爲升庠之美士、下可爲覲國之嘉賓伊昔師道何其盛矣、自孔孟顏曾程朱之歿、世之爲師者、寥々無聞、噫、虹橋一斷、頓無消息、水月千載

久失嫡傳。後進慕先師之嘆、庸有其極乎、秦皇坑儒焚書之後、及漢高祖時、張良以布衣、爲帝者師、陸賈說詩書、叔孫制禮義、而未聞師以待之、文帝時、賈誼、陳治安之策而被逐長沙、其後、班固、司馬遷、司馬相如之徒、競逐於文詞之末、而無其實、漢之諸儒、董仲舒、有儒者氣象、亦未見大用暨至桓榮、疏廣、疏受、有師之名而無師之實、及魏晉以來、人益不事師、唐之韓文公師說云、人愛其子、擇師敎之、於其身也則耻師焉、柳子厚、答韋中立書、以不敢爲師告之、師道之不傳、於此焉可覩矣、後世之或師或不師、不可盡述而記聞之學、不足以爲人師、人之患在好爲人師、非達事理通古今者、師亦難乎爲哉、際茲東西洋文學發達之世、宜繼往開來、溫故知新而傳其道、授其業、彼弟子者、先生不知何許人、而書自我自、彼爲我爲、蒙養不端、長益浮靡、鄉無善俗、世乏良才、舍正路而不由、唯捷徑而窘步、見利則義理都喪、臨財則廉耻俱沒、子焉而不父其父、臣焉而不君其君、兄弟離心、夫妻反目、敗彛傷倫、莫此爲甚、嗟我人斯、乃禽乃獸、舉世滔々、往而不返、駸々然入於罪戾之中、而莫之禁之、吁可歎也、鑑以虛而受照、器以虛而受盈、心以虛而受業、此是溫恭自虛所受是極之故也、豈徒飽煖而已哉、可以孝弟申之矣、此儒道會之所由設也、師道論之所以作也、然則施敎之方針、昭詳、進學之科程、穩當而後、俾弟子、知所以爲學、而庶可回心向道云爾、然則其敎之也、當奈何、因其易知易行、而漸及於奧微之境、其學之也、當奈何、效其先知先覺、而將就於講習之所、三人行必有我師焉善惡、皆吾師、而從善改惡、師道在其中矣、非爾自知、惟師導之、非爾自能、惟師敎之、王宮國都、

以及閭巷、天子公卿、以至士庶。孰不賴師而得之乎。嗚乎、我東雖在海隅、壤地褊小、咸服箕之遺化、益著鄒魯之餘風、戶服洙泗之行、家誦濂洛之書。名賢達士、代不乏絕、風俗之美、人物之盛、侔擬中華、稱以禮義之國、世級趍季。人心不古、學之者不勤、敎之亦不誠、莊嶽之衆咻、無時而息、闘越之聲吠、何日而止乎、此有志之士、長慮却顧、深嘆永惻、不能已々者也、師道不明、儒道不行、而天縱之聖、問禮於老子、學業於師襄、庸陋愚劣之人、不就有道而正焉、其惑也、終不解、懸空看來、奚啻若反鏡而索照、架虛做去、非但如買櫝而還珠、面墻之識、茅賀之嘆、非止一再矣、安敢不質於好古之君子耶、故曰師曰弟子云者、以其聞道之先後、年齡之少與長、地位之貴與賤、不足計較於師弟之間也、項橐、童子、能爲師、呂尙、屠叟、亦爲師、師之云乎、以道、非以他也、童蒙求我、匪我求童蒙、禮聞來學、未聞往敎、何莫非師弟之分、若是而然耶、士之志學者、小得而大遺、先忘而後失者、比々有之、信枝而忘本、喚東而作西者、往々有之、可勝惜也哉、旨深者聖賢之言也、義微者經傳之訓也、一字有一字之旨焉、一句有一句之義焉、爲其師者、卞其字義、正其句讀、敎不可躐等、業不可躁進、如習鳥之飛、如尺蠖之屈、務使自得、不可貪多、行遠自邇、登高自卑、故口納滋味、而百節肥焉、心受典誥、而五性通焉、夫還鄉者、心務見家、不可以一步至也、慕學者、情纒典籍、不可以一讀能也、爲山者、起於一簣之土、以成千丈之峭、鑿井者、起於三寸之坎、以至萬仞之深、懸岩滴溜、終能穴石、規車牽索、卒至斷軸、水非石之鑽、繩非木之鉅、然而斷且穴者、積漸之所成也、使之下學上達、敢不

如泉之盈科、火之燎原乎、八歲入小學、十五入大學、大小校之所以分也、中人以上可以語上也、中人以下、不可以語上者、非以此乎、觀其資格、隨其才分、任之以事、授之以職、棄其所短、取其所長、用人亦然、況敎人乎、百尺高竿節々有條目、九層寶塔層々有階級、而學有次序、敎亦多術、天不能冬蓮春菊、是以、聖人不違時、地不能洛裘汝貉、是以、聖人不違俗、聖人、不能使手步足握、是以、聖人不違我所長、聖人不能使魚飛鳥馳、是以、聖人、不違物所長、可不因其才而利導之乎、是以、聖人、不强其所未爲、學珠玉、以授無指而責其不受、指日月、以示無目而責其不仰、授孟子以烏獲之任而不知其力之所不勝、督盲夫以公輸之巧而不察其明之所不逮、割以鉛刀而欲其利、渡以膠舟而欲其濟、吾知其不可得矣、師道也何道也、若大路然、非高遠難行之事也、事々皆有當然之理者、師道也、物々各有當行之路者、師道也、百千萬人所共履之道也、四海八方所共由之道也、萬川明月處々皆圓、一樹梅花枝々皆春、而其居宮室、其服麻絲、其食粟米蔬果魚肉、無一理之不具、覽九州而有餘、莫非吾師之道也天賦初之、並得日用間之常行、自己而及物、自家而及國、自國而及天下、近取諸一家之內、遠施於八紘之外、孝悌忠信、性分之所固有、修齊治平、職分之所當爲、他皆有之、曰能自得師、鄒書有之、曰自有餘師、皆非反求諸己之意乎、庸玆以換則道不遠人、人自遠於道、而自暴自棄、儳然見之者、昧知昧覺、恬而不以恠、甚矣、流俗之弊也、師道之遂廢不講久矣、何幸儒道彰明會復刱、可知古之文獻、不掃地而盡也、豈非欲蹈無己處乎、師道之興、蘇湙余日聚之、違忘三尺之推尊、更伸一點孤燈、繼青

誰之世業、坐白首之窮廬、此可曰師之道乎、否乎、口授心傳、齒弊舌存、訓導之熱心於教育、若是而或成或不成、何也、杏壇三千羣弟之中、身通六藝者、七十二人則成不成、在於彼、吾盡吾之道而已、然則薰陶其德性、涵養其氣質、比如御者之馴馬、馬之駑驥、錯之勸之而後、能御、良工之治玉、玉之在璞者、琢之磨之而後、能成、弓待檠而能正、劍待礪而能利、抑揚反覆、矯揉變化、非師無以知其道也、夫師者引路者也、立中道而躍如、引而不發、如教射者之不穿的、示其射法之如是而不現其能也、師道、即儒道也、儒道、即師道也、非師無儒、非儒無師、而儒與師、分之則異、合之則同者也、師道之興替、實關於儒道之隆替、而雖圭璋特達之材、楩楠粹美之姿、非教、何以成大儒之名乎、如時雨之潤物、醇酒之醉人、感應悅服、都在於師矣、師道、其可忽乎、日者、或有過於余者曰、現今時代、人才倍出、飛行機也、汽車也、汽船也、自動車也、自轉車也、電車也、電燈也、電信也、無線電信也、千種萬物、便利日用、耶蘇教也、侍天教也、太乙教也、普天教也、各種教會、前古所未有、理學博士、哲學博士、工學博士、醫學博士、文學博士、聞其演說則、蘇張更生、莫能當、論其兵學則、孫吳復出無所用、其推數則、京房袁天罡之輩、當低頭、其算術則、孔光桑弘羊之徒、當屈膝、華佗扁鵲、不能當其醫、卜商言偃、不能當其學、詩曰、書曰、禮云、樂云、當今用於何處乎、子之言、何其迂也、余曰不然、範我馳驅而已矣、吾之所論、道也、子之所言、才也、然其亦無師而能乎、今之世、雖盈尺之童、語及時事則無不曉然、至於年少輩、世界之物情、長年耆老之所未知、先知之、此是、聰明之過於前

而然歟、姿質之愈於古而然歟、非也、人之言曰、甲午以後生之人、孩提之童、手中之物、不以與人、亦
不見奪於人、是誰敎之而然歟、渠之自然也、今之靑年、務爲外飾、聞其言則是、較其行則非、爭爲侈靡
貪於酒色、陷於賭博、不怕不畏、以鴉片、身亡家敗、抵死猶爲、或慾火上添、入於米豆場、欲爲得利
反爲傾敗、世故然也、誠可笑也、此是才勝德薄、內無嚴父兄、外無賢師友之所以然也、早未敎育於幼稚
之時、習與成性、雖日撻而求其止、未由也已、雖嚴父不能禁其子、況他人也哉、究竟其要、敎之以道
元無如是之端、師道、其可排斥乎、施爲宜如千鈞之弩、變鍊、當似百鍊之金、欲人之成其美、在乎開示
蘊奧以發其餘、逐日提醒、隨時勸勉、則工益篤而業益就、知益邃而意益明、可與道而相終始、幷行不
悖矣、古之人、知事師、今之人、胡不事師、古之人、知敬師、今之人、胡不敬師、勿以我貴而忽之、
勿以彼少而輕之、其恩其功、便同君父、敬之如君、事之如父、先愼唯諾、更審進退、然後、爲學課程
有補益矣、雖有佳肴、不食、不知其味、雖有至道、不學、不知其善、而斅者、學之半也、諄々善誘、孳
々不倦、儼若洪鍾之叩、更若木鐸之警、則其入人也深而爲師之道、應無賊夫人之子也、普天之下、率
土之濱、車同軌書同文、今文古文、皆有之、新學舊學、何可異也、夏忠商質、不同而同於致治、夷濟
惠和、不同而同於勵俗、後之視今、亦猶今之視古、以新學舊學、合着研究、叅攷有無、損益相資、則
發前之未發、亦不害於爲師之宗旨矣、善者、師之、惡者、戒焉、葩經序之所揭載也、上師聖人、下友
羣賢、樂園記之所製述也、曰德、曰仁、曰敬、曰誠、無非大道之要而苟無得之者、其誰有得之者耶、

聖人、時人之耳目也、使後之人。視聖人之書則明於道、聞聖人之訓則聰於道、未知聖人之書者有目而無目也、未解聖人之訓者、有耳而無耳也、以此、父生母育。百體具備之人、未免於聾瞽病廢之類、可乎、目非卞和、掩崑山之石而皆可以名玉。耳非后夔、指亡國之音而皆可以名韶、大匠以目中、然未有離繩墨而巧者也、良醫以意中。然未有捨藥石而神者也、何況儒者、不讀聖人之書而得聞大道之要乎、直而溫、寬而栗、剛而無虐、簡而無傲、敎胄子之盛典也。綏斯和、動斯來。所過者化、所存者神。致諧賢之弘規也、大矣哉、聖人之道也、體天法地。方圓合度。仁民愛物、志氣知神、原五行之賦與。分二氣之冲和、該體用於養心、達知行於窮理。生於數千載之下。仰瞻數千載之前、造化之迹。功用之妙、瞭然若相對、噫呼、小子何莫學夫斯道也。彼魚鱉之不卞、與草木而同腐、生無益於世、死無聞於後、言念及此、慨嘆彌深、今有人於此。言其同遊之友曰某邑某、以商業發身。身致數萬金、某地某、以農業發身。身致數千石、身被綾羅、口飫膏粱、好家舍好田畓。妻妾享其樂、子孫頌其德、眞可羨也、衣食足而知禮節、書不可盡信、識字爲患。何以師道爲也。年饑而兒啼飢。天寒而妻呼寒、瓶無儲粟、甑乏分錢、窮儒也、腐儒也、此何足恃、聞之者。亦以爲然。唱而和之。噫。其不思也甚矣、士者。四民之首而無恒產、而有恒心者、惟士爲能。不恥惡衣惡食、窮則獨善其身、達則兼善天下、耕也餒在其中、學也祿在其中。無野人、莫養君子。無君子、莫治野人、若無在上之法致則爭民施奪、而數萬金。一朝、數千石、一夕耳、妻妾子孫之享樂頌德、豈能長久乎、人同窮於道。道不窮人而千祿求譽。非儒者之道也

豈若淺々小丈夫之趨勢附利、鑽營苟營也哉。不求祿而祿自至，不求譽而譽自至，不戚々於貧賤，不汲々於富貴，此眞儒者之事也。請以是一轉語可乎。丹可磨而不可奪其色，蘭可燔而不可滅其馨。夫士之安貧固窮而志益壯，操益堅，貧賤不能移，富貴不能淫，亦如是也。夫修其天爵，以要人爵，而天爵卽在我者，人爵卽在彼者。修其在我則人爵自至，何必屑々於功利之間乎。幼學壯行，古人之所尙而今亦可效也。朝益暮習，日就月長，聞一知十，人百己千，眞積力久，自然融會貫通。由周公以上，上而爲君故其道行，由周公以下，下而爲臣故其說長。聖賢千言萬語，曲暢旁通，無所適而不當。回長夜之乾坤，揭昏衢之日月者，誰任其責歟。求物于暗室者，莫良于火。求道于當世者，莫良于經。男兒欲遂平生志，六經勤向窓前讀。正爲此也。士大夫一日不讀書，面目可憎，語言無味，而書不可不讀也。雖愚必明，雖柔必剛，稽古之力也。道在學問，而學之不明，道之不行也。道如山也，愈升而愈高，如路也，愈行而愈遠。事業雖大，總有限量。賢希聖，聖希天，亦由此也。學而至於賢，賢而至於聖，困而知，勉而知，及其成功一也。雖然，無傳授之師，難乎必其成也。曰函丈，曰門人，負笈於百里之外，摳衣於三席之上，門人之職也。匡之直之，左之右之，以培其根，以達其枝，函丈之責也。時哉時哉，難得者時，易失者時。一失其時，青春不再來。學亦不得，教亦不能。師道之原因大略如此，安敢以淺愚之見，誇張於高明之下乎。惟就事而擇而取之，現今各學校之教科書，語學也，算術也，習字也，運動也，體操也，唱歌也，入學之年齡，上學之期限，退學之時間，試才之賞品式，及期之卒業狀，教科

上闕一不可者、而禮樂射御書數中出來者也、至於大學校、亦格物致知上所自出、而秩々有次序、有等級、不相紊、古之遺風餘韻、蔑以加於今矣、知之者不如好之者、好之者不如樂之者、與其知之、孰若好斯道也、與其好之、孰若樂斯道也、收斂身心莫如九容、進學益智莫如九思、足容重、手容恭、操身之最緊要也、視思明、聽思聰、培智之最機關也、上智之爲上智、由其學而爲上智也、下愚之爲下愚、由其不學而爲下愚也、厥初之性、元無厚薄、聖凡賢愚同一揆也、而或爲聖、或爲凡、或爲賢、或爲愚、以其賦氣、有淸濁粹駁、稟質、有强弱美惡、德崇業廣、乃復其初、不學而德崇者未之有也、不敎而業廣者未之有也、蔽於物欲、陷於異端、失本然之性者、苟有知道之師、拔本塞源、斥邪歸正、復初亦不難矣、可不勉哉、可不愼哉、此儒道校之有師道論也、讀書之法、目到口到心到、而心爲一身之主宰、心不在則熟視不見泰山之形、靜聽不聞雷霆之聲、芻豢入口而不知味、寶物入手而不知美、心不到則無以檢其身、先正其心然後、學之者、服膺踐實、而所學、不歸虛浪、師傳之道、實効顯著于此矣、傳授之心法、其於道統、重且大也、儒者、從事於斯、可也、後生可畏、着心做去、不爲外物所移、克承宗師之統、是可畏也、古詩云、宣父猶能畏後生、丈夫未可輕年少者、非以此耶、方今歐洲各國新學問、輸入我東方、購覽者、多矣、一未之得見也、自愧僻處窮巷、管窺蠡測、所見窄々、意思未達故耳、然以瓦礫之質、生蓬藁之場、性本疎懶、才又陋劣、粗解文字、文少芳辭、兼之貧乏、有意而竟未遂、國文不同、非素所着工者、不得自解、解於師、方可得、是亦無師而可解乎、列强分張之世、守古而不解

新學問、未之可也、解新而不溫舊學問、未之可也、以新舊文、參互攷證、可以發意見之所未到處、溫故而知新、亦可以爲師、可謂今日眞正公案、而余之所論、以其所知者論之、其未知則闕之、雖似泥古而不知通變、已是欲求知於執事也、勿以鹵莽之說、責之、俯賜、鑑照否呼謹論

黃河水맑다더니、聖人이나시도다

草野群賢이다니러나단말가

어즈버、江山風月을뉘를줄가하노라

本會懸賞論文二等甲當選　京城帝國大學審査

# 師道論

道理事官視學官學務課長　大塚忠衛

## 〇緒言

慷慨の士口を開けば「嗚呼風敎地に委せり」といひ他の學者は曰く「道德は決して滅びず澆季の人之を地に墜せり」と、其の何れを是なりとするも現代が如何に偏智偏能に傾き道義風敎の委靡せるかは何人も異論の無き所である。忠孝友愛然り勤儉力行然りであるが感恩報謝の念亦然りである。近時學校に於て敎師排斥の同盟問題等に至りては所謂敎師を尊信景仰せざるのみでなく實に恩に對し仇を以てするものであつて吾人は德敎上實に之を遺憾とし深く慨せざるを得ないのである。茲に全南儒道彰明會が師道論を募り之を其の雜誌に公表して以て時弊救正の一助たらしめんとするは洵に機宜に適したる措置と謂ふべきである。

## 〇昔時師道の旺盛

古は君師父と稱へ敎師は君父と共に最も尊崇畏敬すべきものとせられ儒敎主義に依り「距三尺不踏

師之影と爲し常に絶對服從の精神を以て之に對し少しも現今の如き形式に囚はるゝことなく所謂弟子として其の言を聽き其の行に倣ひ以て自己の學德を淬礪したのである。故に師弟間の情義に至りては恰も父子の如く師は其の弟子に對し至誠を捧げて之を敎導し其の個性の矯正、言行の注意等能く訓化に努め弟子は亦其の指導に從ひて研鑽に勵んだのである。而して是等は槪して學識と德望高き一人の敎師が少數の弟子を敎化する家塾なりしを以て其の關係の密接にして且つ感化の徹底したるは當然なるべきも亦當時師弟間に於ける敬愛の情甚だ濃かなりしを覺ゆるのである。されば古來陋屋の私塾内における敎師の威嚴能く行はれ其の言行は形の影に表はるゝ如く子弟に感化を及ぼし其の學派、主義、人格等に依りて賢哲偉才を出し社會風敎を維持振作し世道人心を興隆せしこと幾何なるを知らなかつた。眞に師道の旺盛想見するに足るもの甚だ多かつたのである。

## ○現今師道の頽廢

近時駸々たる物質的文明の進步と共に形式的敎育も頗に進步し科學的知識著しく普及したるも一般の德敎地を拂ひ殊に感恩報謝の念薄く隨て師恩を感ずるもの甚だ少きに至り敎育を受くる當時は師弟の關係あるが如くにして一旦相離るときは其の敎師の姓名すら之を忘却し路傍の人の如かりしものさへあるのである。之を既往の恩師に對し尊敬を吝まず却て其の門下なりとして之を誇とするものに比し蓋し霄壤の差あるを見るのである。尙ほ近時各所に頻發する敎師排斥の同盟休校事件に至りては其

の恩恵を忘却し或は教師に禮を失する如きものにあらずして親切に指導啓發を受けたる恩師に絕大なる憂害を與へ之を陷穽に投ぜんとするものにして人情の荒廢蓋し其の絕頂に達せるものと謂ふべく實に社會風教上慨歎に堪へざるものである。斯くの如くして假令知識技能の傳授は其の目的を達したりとするも德教の萎靡衰頹は愈烈しからんとするものがある。此際に當り大に青年子弟の道義觀念を振起し以て報謝の道を踏ましめずんば終に暗黑の社會を化し長期間に向上發展したる人生は再び原始の時代に逆轉する悲運に向ふべきことなきやを深憂せらるゝのである。

## ○師道不振の原因

師道不振の原因を考察するに其の第一は法制度上に因を爲せるを思はるゝのである。即ち教師は官公私立學校共に一般官吏の下風に立ち內地に於ては多くは待遇官にして朝鮮は本官なりとするも特別の官制に依りて取扱はれ常に薄遇に甘んぜざる可からざる現狀であつて殊に多數の初等教育に從事するものに至りては其の待遇の菲薄にして安定を得ざるもの尠なからず。然も其の轉補は主に自己の意志に依らずして各處に交迭せられ學生父兄等と相親しむの機を失ふことが多い。彼の往々官學よりも私學に於て師弟間の濃厚なる關係を見るは其の教師の勤續永くして親交敬愛を保てるを證するものである。而して現代は其の奉職する學校に於ては學級又は學科の擔任にして年々其の教育する學生は轉々變換せられ師弟相互間に眞情の表現せんとする時機には既に他級の擔當となる狀況なるを以て最も教

論說 一八

育上必要とする個性觀察の如きも之を詳にする能はざるものがあつて到底徹底せる子弟の教養は望むことが出來ないのである。

第三に社會上に於て教師の地位甚だ卑く一般に教師を雇傭者と心得教師を俗吏視し教師の處置に如何はしき點あれば公然之を排斥し子弟の面前に於て教師を罵倒し教師の失點を擧げて他に轉出を謀り或は教師の教權に立入りて無用の容喙を爲し内地自治團體等に於ては種々の權勢を利用し妄に教師の地位を左右する如きものさへある。況んや私立の學校等に於ては經營者の愛憎に依りて擅に之が轉免を爲す等毫も教師を尊重敬愛する念慮無く教師たる任務は純然たる職業視されんとする傾向があつて教師自身も亦自己の職分を一種の營業的氣分にて從事する者さへある狀況で現今社會が教師を視ること甚だ輕く終に神聖なるべき天職を俗化して教師の價値を失墜するに至りしは洵に慨然たらざるを得ないのである。

第三に教師の本質上師道の不振を來せるものあるを認容せざるを得ないのである。卽ち社會一般が教師の地位を尊重せずとするも夫自身に於て品格高尚にして侵すべからざるものあらば必ずや相當の尊信を受くべきも往々にして教師が自覺少く教育者たる信念を缺き職業的氣分を以て其の任務に携るものを以て自然に社會より輕視を受くる因となるべく又現制に於ては教師たるには其の人格を主とせずして學力本位に依り資格地位を與ふることど多く爲に教授者としての學力技能は之を具備するも教育

者として子弟を訓導するには未だ其の人格に於て不充分のものが多々あるものである。況して内地朝鮮を通じて近年學校の增設甚だ急にして教師の養成之に伴はざる爲教師は速成的に教養せられ又は臨時の教員を任命せる結果其の人物の不適なるは勿論學力に於ても相當の素養を有せずして教師となれる者さへあつて、かくては父兄學生の信頼を繫ぎ善良の感化を與へんとするも期し難いのである。

○師道振興の必要

叙上の如く現今師道頽廢して感化の實擧らざる際に當り吾人は特に師道振興の必要を痛感するものである。若し夫れ之を自然の推移に任せんか青少年は徒に驛馬の狂奔するが如く何等の節制なく規矩なき偏智的人類となり父師の言に背き社會の秩序を紊るのみならず往々國民としての義務を果さざる所謂亂臣賊子と爲るべきものあるを憂慮せらるゝのである。吾人は今後我國に於て大に師道の振興を策し之に依り學校教育を徹底せしめ以て有爲の人材と純良なる國民を育成するに努力すべきを感ずること甚だ切なるものがあるのである。

○師道振興策

師道の振興を策するには其の手段一、二にして止らざるも先づ國家は現今よりも一層教育者を優遇する方法を講ずべきものにして他の文武官と同樣若くは夫以上の待遇を與へ天下の人才を教育界に集むるに至らば學德高き者翕然として輻集し育英に從事すべく又其の轉補を制限し成るべく永く一地方に

一〇

勤續せしむるの方針に出で以て安定せしめ職務に從事せしむべく學級及學科の擔任に於ても成るべく長期間の敎授を繼續せしめ更に其の效績ある者に對しては適當なる方法に依り表彰を行ひ以て鼓舞奬勵を加ふるの必要を認むるのである。故に近時當局に於て選奬規程を設け其の效績を旌表し又地方の父兄卒業生相謀りて或は紀念金品を贈り或は養老資金を募集して老後の安定を期せんとするが如きは實に現代の通弊を矯正する一清涼劑にして師道振興上最も有益なる施措である。吾人はかくの如き美擧が漸次多からんことを翼ふものである。尙敎育者の地位を向上せしむる爲の進路を開き其の手腕經驗に依り榮進發展し得るのことゝ爲し更に一般社會に於ては大に敎師の地位を認め從來の缺陷たる敎育者蔑視の弊風を排して一般父兄學生に對し敎師の良風を助長する爲に努め學生敎師に對し精神的尊敬を拂ひ以て優秀なる人物を招致し實際敎育に膺らしめ常に學校及敎師を援助し其の效果の擧揚につき便宜を供與し喜んで其の職を盡さしめんことを努むべく、かくの如くにして始めて各敎師は其の地位に安んじ恪勤精勵すべきものと信ずるのである。而して最後に師道の振興に最も價値ありと信ずるものは敎師自身の天職に對する自覺であつて其の主なるものは修養、努力、熱愛等に歸すべきものと思はるゝのである。

△修養、敎育は所謂師弟間に於ける人格の接觸に俟つことが至大にして其の人格に依り敎育の成敗が決せらるゝものと謂ふも過言でない若し敎師の人格に於て缺くる所あらば如何なる方法施設も終に敎育

の效果を擧げ得ないであらう。故に教師を尊信せしめ教育の實績を顯さんには教師自ら修養に思を致し品格を高むることに努力すると共に常に其の學識を進むることに努め時勢に順應して明確なる智力を有し教授に當りて其の學生を敬服せしむべき學識技能を具へ以て優良なる成績を擧ぐべき好指導者たらねばならぬ。然るに一般教師の研鑽の實況を見るに都市にあるものは自己の專門又は嗜好學科に向つて學究的に調査しつゝあるもの多きも村落地方に於ては外部の刺戟少く爲に調査研究に努力するもの極めて少き傾向がある。是が爲教師の思想學力共に新思潮に遠ざかり教師として遺憾なる點なきにあらざるを以て縱令交通不便にして研究の師友乏しく又其の機關なしとするも適當の方法を稽へ自己の向上を圖り教育の事業に好影響を與ふべく努めんことを望むのである。數年前某地單級小學校長にして文檢に應試し合格の榮譽を得たる者もあつたが研究に不便にして尙ほ單級教育に從事したる教師と雖能く其の絕えざる奮鬪は必ず好果を結ぶべき事例となすに足るのである。

△努力、職務上の義務を守り忠實に其の責務に服するは何れの職業にも必要を認むるも教師に至りては其の對象たる學生は多く青少年にして未熟の者なるを以て其の善導者たる教師が常に好模範となり率先して其の業務に精勵し所謂斃へて倦まざるの決心を以て之を教導せば其の實績の大に擧揚せらるゝは勿論學生等も其の學業に勵み勤勉力行の風を馴致し善美なる校風樹立せられ彼等學生は必ずや教師を信じ其の德望に嚮ふべきは疑なきことである。

論　說　　三一

△熱愛。愛は教師に於て必ず具ふべき美德なりと思惟するのである。愛の缺けたる處に感化の行はるゝことなく隨て信認敬慕の念生ずることなきは當然である。教師が學生の尊崇を受くる要素は中心に熱烈なる愛情を包藏するにあるのである。吾人は嘗て自己が學生時代の經驗に顧み愛を以て導かれたる恩師の如何に溫き至情に屢々感涙を催ほしたるかを平生想起せざるを得ないのである。現時の教師が學生の信賴より離れ或は排斥等を受くるものあるは其の多くは愛の缺乏にあつて徒に理智に偏し智能の傳授を以て教育の能事とするものに於て之を見るのである。親切にして同情を受け自己の現在將來に對し熱烈なる指導を仰ぐ學生等が其の教師の意に反し示教を肯せざるものがあらうか嗚呼子弟に對する熱愛は教化の根源である。教師躬ら熱愛の溢るゝ處に師道興隆の源泉あることを悟らざれば其の振興は得て望むべからざるを確信するのである。

○結　論

吾人は現今の如く世道人心の日に非なるものあるを觀察し師道の荒廢を直觀し慄然として衷心の怖を抱き悚然として將來を疑慮するものであるが亦人類を感化陶冶すべき學校教育が毅然として其の方針の下に改善發展せられ多數の健全なる中堅人物を鑄出するに至らば社會風教の肅正期して俟つべきものあるを以て其の原動力たる師道の振作隆昌を切に冀ふものである。希くば爲政者學校教師社會人士及父兄學生等が翻然たる覺醒に依り師道振興に努力せられんことを望んで止まないのである。

論說

나의죠타하고、남실헌일아닐써시
남이한다하고、義아니여든좃지말리
우리난天性만직희여、싱긴대로하리라

# 本會懸賞論文二等乙當選 京城帝國大學審査

## 師道論

本會副會長 邊昇基

孔子ㅣ曰人生於三하야事之如一이라하시니父ㅣ生我하시고君이育我ㅣ라恩莫深於父子ㅣ오義莫重於君臣이어날今以師弟之分으로列於父子君臣而不爲過言者ㅣ난何哉오人雖有身體髮膚라도無衣食住宅이면不能生이오雖有衣食住宅이라도無學識技能이면不能生이니故로生我之恩이雖重이나育我之恩이不下於生我하고育我之恩이雖重이나敎我之恩이不下於育我ㅣ니有父而無君無師者는禽獸之道也ㅣ오有君而無父無師者는夷狄之道也ㅣ라師道ㅣ得其正然後에야人皆知父父君君하야倫綱이立而敎化ㅣ明하나니唐虞三代之治隆於上하고俗美於下者ㅣ是也라天生萬民에一有聰明睿知之人이出於其間이면則天必命之하사作之君作之師하야使之敎化萬民하시니堯舜湯武稷契伊呂ㅣ皆其人也ㅣ라于斯時也에國無私師하고設庠序學校하야置官師而敎育之하니師不二門하고道不二端하야天下萬國이同歸一轍이러니自周室東遷以來로王政이墜地하야時則申韓楊墨莊老諸家者流ㅣ各以其道로立門聚徒하니天下貿貿然하야莫知所向이久矣라時則孔夫子ㅣ出하샤以一貫之道로設四科而立師門에天下復歸于正하야師道ㅣ復明하니至于今我

東洋生靈이免爲禽獸夷狄者ㅣ皆孔子之力也ㅣ니孔子난非一時師ㅣ라乃萬世師也니라

要之컨대父恩은止於一身하고君恩은止於一世하되師之功은及乎萬人하야傳之後世하니師道之重이固如是어날夫何近世爲師之道난不然하야自普通學校로至高等學校에敎育方法이惟在於學術技能이오不在於倫理道德하니受業者ㅣ不知道德이면安能知尊師之道ㅣ며敎育者ㅣ不務道德이면安能修爲師之道乎아弟子而不知尊師之道하고先生而不修爲師之道而數千百人을聚之一校하야惟以學術競爭으로爲務하니師弟之間이安能如七十弟子之服孔子乎아所以近年各校之同盟退學과無期停學等風潮ㅣ日高하야東西互答하고桴鼓相應에無處不然이오無日可息하니亦一時動亂이라敎育界情況이去益險惡하야收拾無路하니如之何則可也ㅣ오治本은莫先乎師範敎科之改良이라夫師者난道之所在오德之所存也어날今以新學靑年之僅了師範科生徒로當此重任하니學術技能은雖曰卒業이나倫理道德은初不講究하니以若年淺德薄之人으로坐多數靑年之頭上하니其儀表行止ㅣ固已望之不似先生이라雖曰捲而求其尊師ㅣ나豈得乎아

夫儒敎난我東洋由來之宗敎也ㅣ오倫理道德이又爲儒敎之根本이라師弟之倫理ㅣ與君臣父子로同一無二하니故로儒書에曰事師如父라하고又曰師歿에心喪三年이라하니師弟之分이如是尊重則非但尊師之禮ㅣ如是也ㅣ라爲師之道ㅣ亦稱此然後에可以當其責이니天下萬古에豈有如今日師弟間之情況乎아此皆師道不明하야致失義方之所致也ㅣ라今欲矯其弊而治其本인댄莫若明倫理而尙道德이니師範敎科中에設倫理道德科하야敎科書난以小學及四書禮記等書로引用하고師範生徒난兼以文學及德行成法家之子姪로擇

其品行端正性質寬和者하야試取選用則家庭道法과學校新學이互爲體用하야足爲師範資格矣리라

師者난一人而爲百人之模範하고十人而爲千人之表準하나니師ㅣ不得其人이면則數百人이受其惡化하고十師ㅣ不得其人이면則數千人이受其惡化하야其終也에國無可用之人하리니豈非當局者之大可憂慮事乎아今人이以爲當此物質競爭時代하야倫理道德은無所應用이요技術發達이爲今日急務하니師範資格은惟在多知多能이라하나니此난不知本末體用者之言也라夫道德은本也요技術은末也니非道이면無以化衆心이요非技術이면無以成萬能이니敎育者ㅣ常以道德으로爲體하고技術로爲用하야如文武之倂用然後에可以長久而無弊矣리라

我朝鮮舊來國制로國學鄕校에皆置官師하야以敎儒生而選其及第者하야登用하니國有提學司成敎授等官師하고鄕有敎官訓導等官師러니中古에鄕學官師난廢而不置하고山林學者ㅣ私設師門하야出入其門者ㅣ皆爲弟子而所學은經義演釋禮說講論其他記誦章句等而已요實質道德及實用六藝等學問은師受者ㅣ亦少矣라然而門人弟子ㅣ各師其師하야互相偏黨하고互相詆斥之風習이擧世靡然하니此則師道不一之所致也ㅣ라今日學制ㅣ與唐虞三代及我朝鮮舊制로無異하야設學校置官師而敎育之하니於是乎師道ㅣ歸一하야互相偏黨詆斥之風習은雖熄이나同盟斥師之弊風이繼起者난其責이安在乎아夫道德之化人이如雨露之潤物하야不知化而自化라故로爲學而以道德爲本者난心性이溫和하고品行이方正하야一動一靜을惟師是從하리니同盟斥師之心이從何而萌生乎아近者各校에致生徒之紛擾者난皆爲師者之責也ㅣ라하노라

尊師之道ᄂᆞᆫ非但受業者ㅣ知之라爲學父兄者ㅣ先知之然後에子侄이自有家庭之濡染하야於心에曰吾父兄이如是尊敬하ᄂᆞ니況親自受業者乎아하야學徒中에或有斥師之主唱者라도相戒相責하야必不至同盟之境矣리니學徒之至於今日現象者ㅣᄂᆞᆫ學父兄이亦難免其責矣라하노라何者오近日學父兄傾向이見師弟之紛擾則反爲同情於子侄하야亦相與同盟斥師하야張其勢焰하고激其風潮하야二三旬或一二朔을無故廢校停學하야如金如玉之青年光陰을使之浪費하니何其誤解無識之甚也ㅣ오學父兄之如是者도非舊學之耆父碩德이오學皆游於風潮하야出入社會者也ㅣ니是ᄂᆞᆫ無他라無素養道德之所致也ㅣ니라

蓋師無常師하야今日爲人弟子者ㅣ明日에爲人師傅하나니爲人師傅者ㅣ常以弟子之心으로爲心하야以熱心으로敎育之하고以誠心으로親愛之면豈有不化之人乎아目今以日本人으로敎日本人之學校ᄂᆞᆫ未嘗有如是之紛擾하고以日本人으로敎朝鮮人之學校에多有是事하니是ᄂᆞᆫ師弟間에素無道德之相奬하고又缺誠心之親愛하야互相疑二而然也ㅣ라生徒之無知妄動은無可論이나爲師者之無資格은安得免公評乎아救火於已燃이不如防火於未然이니事生後僅得鎭定이豈如事生前豫爲感化者乎아故로爲師之道ᄂᆞᆫ人人腦髓中에涵養德性하야使之愛師를如愛父然後에言入而心通하야自然敎不倦而學不厭矣리니以日本人先生으로敎朝鮮人學徒者ᄂᆞᆫ尤所着感處也ㅣ니라

在朝鮮人敎師하야ᄂᆞᆫ以該地方人으로爲該地方敎師에亦有不便之習慣하니其人이素來門地ㅣ卑下하야鄕隣이曾無待遇者ᄂᆞᆫ生徒之不服을難免이오其人이年淺하야與生徒儕輩者ᄂᆞᆫ生徒之輕視를難免也니以若

不服輕視之人으로雖勤敎誨이나豈能施敎育而爲人模範乎아是則當局者之所可考慮處也ㅣ니라

古人이曰人之病이在好爲人師라하니好爲人師者난自多自勝之心也ㅣ라爲人師者ㅣ以自多自勝之心으로爲敎則受學者ㅣ亦以自多自勝之心으로爲學矣리니是亦爲師弟不知之原因也ㅣ라爲師者ㅣ常以自謙自卑之心으로敎人然後에受學者ㅣ亦以自謙自卑之心으로待師하야學如不及猶恐失之之誠心이自然發生矣리라

夫道德이非自外取來者也ㅣ오人人固有之良知良能也ㅣ라然이나自幼로不有敎育而明之則物慾을交蔽하야易失其良知良能矣리니故로古者小學之方이以灑掃應對進退之節과愛親敬兄隆師親友之道로爲先入之門하야使其固有之良知良能으로不得放散케하고講習禮樂射御書數之法하야作成人材하나니今之普通學校ㅣ亦有是也ㅣ라然이나古之爲小學校師者난非道成德立之君子면不爲也ㅣ니라

近日窮鄉僻村에漢文書堂이間々有之하니見其敎師에皆今世落魄之漢文儒生也ㅣ라師弟數十人이群處部屋하야敎育形式은雖極庸陋ㅣ나師弟間情誼난親切如家族하야一無同盟斥師之弊習者난受業者ㅣ習知倫理道德之爲重故也ㅣ라見今浮浪靑年이多出於粗解新文學者矣오漢文學生은絶無此弊하니人性은元不相異하되所學이不同故也ㅣ니師道不明則誤了靑年이如是之甚也ㅣ라然이나近日窮村之漢文敎師도亦難免誤人子弟之名也ㅣ니當此文化競爭之時代하야敎育方法을不可墨守舊見이라漢文外에別置自習敎科書하야相與講解하고設運動場하야使兒童으로時々活動하야修養精神하고亦使見學四方하야廣其聞見然後에可以作成人材也ㅣ니若使漢文書堂으로終不改良이면誤人子弟之名이豈非着頭歟아

天生烝民에必授之職하나니君而授爲君之職하고臣而授爲臣之職하고父而授爲父之職하고子而授爲子之職하고師而授爲師之職하고弟子而授爲弟子之職하니師者난天民之先覺者也ㅣ라以先覺으로覺後覺이乃爲師之職也ㅣ니故로伊尹이曰余난天民之先覺者라何不覺後覺乎아하니師道난寔天授之職也ㅣ라受天授之職하야覺萬民之後覺者ㅣ豈可但以口授之教科로盡其職乎아有道德之心授然後에乃可盡其職而化育人材也ㅣ니是以로孔門之設四科에德行이居首而政事言語文辭次之하고周官三八刑에大德이居首而六行六藝ㅣ次之하고大學之方에格致誠正이爲本而修齊治平이爲末하니是以로敎人者ㅣ無心授而只有口傳이면如無質之文하야其學이無所施矣라故로曰敎育之方은道德이本也ㅣ요技術이末也ㅣ라하노라

凡敎人之方이先得於我然後에及人하나니故로有以身率之하며有以心授之하며有以知識與之々道하니與今之所云體育德育知育之說로略同矣라其曰以身率之者난何也ㅣ요欲弟子之頭容直이면先直我頭容하고欲弟子之目容端이면先端我目容하고欲弟子之口容止ㅣ면先止我口容하고欲弟子之氣容肅이면先肅我氣容하고欲弟子之色容莊이면先莊我色容하고欲弟子之手容恭이면先恭我手容하고欲弟子之足容重이면先重我足容하고欲弟子之立容德이면先德我立容하고欲弟子之聲容正이면先正我聲容하야其他一語一默一動一靜이皆爲弟子之則하나니是난以身率之也ㅣ요其曰以心授之者난何也ㅣ요我ㅣ好仁則弟子亦好仁하고我ㅣ好義則弟子ㅣ亦好義하고我ㅣ好聞人之善言則弟子ㅣ亦好聞人之善言하고我ㅣ好言人之善行則弟子ㅣ亦好言人之善行하고我ㅣ聞過而喜改則弟子ㅣ亦聞過而喜改하고我ㅣ見得而思義則弟子ㅣ亦見得

而思義하야其他我之心之所之ㅣ皆得其正則弟子之心之所之ㅣ亦皆得其正하리니是난以心授之也ㅣ라若夫以知識與之난以科書及實驗으로敎授而足矣니라

先生이執鞭登敎壇에先整其儀表하고和其顏色하야使弟子로仰之에有尊敬之心하고近之에有親愛之心하야惟先生是聽을如衆星之拱北辰이라야一擧敎鞭에衆精이聚二矣리라

乃至左執科書하고右揮敎鞭하야以諄々辭令으로敎授之하되曲暢傍通하고明白洞快하야務使弟子로豁久而心通하야無捍格不勝之患也ㅣ니雖鈍頑不及者라도叮嚀反覆하야使之曉得이요勿有厭苦憎疾之心也ㅣ니라

弟子之姿質이自有才不才之不同하니亦須各隨其稟賦而導迪之하야使之共濟而併進也ㅣ니蓬生麻中에不扶而自直하고蠅付驥後에不鞭而併走하나니一鈍이在十銳之中에聞見이同歸一矩而不相先後하나니以曾得之々學이豈獨止於曾參乎아

韓文公이語諸生曰業患不能精이요無患有司之不明이라하니爲弟子者ㅣ如是則爲師者도亦當如是하야惟患敎育之不明이요無患弟子之不勸이니文公之言이欲使弟子로反求諸己也나爲師者之反求난不言而已該矣라師與弟之心이皆如是則能各盡其責하야學業精而敎育明矣리니孟子에曰來者를不拒하고去者를莫追하야試以是道로來則斯受之라하시니此난言爲師之道ㅣ亦當爲我所當爲而已也ㅣ라今日師弟之紛擾난爲師者난責弟子則明而責己則不明하고爲弟子者난責師則明而責己則不明하야愛敬之誠心은少하고疑忌

之感情이生而然也ㅣ니此ᄂᆞᆫ爲師者之宜先反省處也ㅣ니라

受業者를謂之弟子者ᄂᆞᆫ當如弟如子之義也라然則敎育者를當如兄如父也니師之於弟子에親愛之를如弟如子하고弟子之於師에尊事之를如兄如父면則其敎育이必以誠心이오受業이必以誠心하리니然後에天下之爲師弟者ㅣ定矣리라

師弟之間이如父子兄弟之一家親族하니父爲子隱하고子爲父隱하며兄爲弟護하고弟爲兄護ᄂᆞᆫ倫理之情也ㅣ라師弟之間도亦當如是하야師之於弟子에設有些少失措라도弟子之道ᄂᆞᆫ視如父兄之過하야當引咎自責하야以冀其師之反省하되如子之於父에諫以泣隨之則其師ㅣ豈不感悟乎아弟子之於師에設有少過라도亦有容忍아야務相隱惡而揚善然後에情通誼孚하야今日之現象이自然熄滅矣리라

予觀今日朝鮮敎育界之情向컨ᄃᆡᆫ地方民族之觀念이尙未蠲祛하야師弟間에不無如是之影響하니是何誤解偏觀之甚也오孔子ᄂᆞᆫ魯人也로되宋齊梁陳鄭蔡之人이莫不來學하니故로曰有朋이自遠方來면不亦悅乎아하시고王仁은百濟人也로ᄃᆡ入日本하야爲儒敎之宗師하니況今海陸이開放하야四海ㅣ爲一家하고萬姓이爲同胞하니豈可有地方民族之區別乎아顧我東洋은自來同文之地方也오同種之民族也ㅣ니今日敎育界에先掃如是之觀念然後에可以得太平融和之福矣리라

學校ᄂᆞᆫ是陶鎔人材之大冶也ㅣ라南金北銀東錫西銅을晝夜鍛鍊而成器하되機關이良好하야鎔得其方이면器亦良好하고機關이不良하야鎔失其方이면器亦不良하나니器之良不良이不在於原料라實由於機關之

良不良也니欲器品之良好ㅣ면先要其機關之良好하고欲人民之發達이면先要其師範之良善也ㅣ라

或曰師門은如孔孟程朱及我東先正諸賢이라야可以當之요如今書堂學長及學校敎員은何可與言於師門乎아하니是난不然也라古人이曰三人이行에必有我師라하니學問知識이先進於我者난皆我師也라師之名稱이豈止於道學之師乎아農工商業其他千技萬術이皆由師出來者也ㅣ니農而無師則農業을無以改良發展이요工而無師則工業을無以改良發展이요商而無師則商業을無以改良發展也ㅣ요其他千萬技術이皆無師受면終難改良發展하리니故로敎育이始於普通而成於專門하니但道德與技術이有本末之差矣니라

又曰師無往敎요只有來學이니不如是則師道ㅣ不重이라今之書堂學長과學校敎員은不設師門하고受料而往敎之하니是可曰師門乎아曰是亦不然이라今君이只見近世山林學者之私立師門而云也ㅣ로다自古以來로敎育之法이設學宮而置官師하니學宮이卽師門也ㅣ라吾見生徒之來學師門이요未見敎師之往敎家々也로라且書堂制度난別無定規하니是何足言也ㅣ리요君請更思之하라

師道之隆下난卽世道之隆下也ㅣ요敎育之盛衰난卽文化之盛衰也ㅣ라古則東洋之師道ㅣ隆於西洋하고文化ㅣ盛於西洋하야東洋人이爲西洋人之師範矣러니今則反是하야西洋人이爲東洋之先進하야西洋人이爲東洋人之師範하고東洋之中에日本人이爲先進하야爲朝鮮之師範하니西洋及日本之如是난皆敎育發展之所致也ㅣ라靑出於藍而靑於藍하고氷生於水而冷於水하니我東洋之敎育이發展則後日에安知不爲西洋之師範乎ㅣ며我朝鮮之敎育이發展則後日에安知不爲日本之師範乎아

我全南儒道彰明會난期欲彰明我儒道하야使倫理道德으로復明於世而設立者也ㅣ라遂以孔孟程朱로爲師하고近以我東先正으로爲師하니上下數千年間에師門淵源이惟一無二라要之컨ᄃᆡ本會內에設一師範講習所하야生徒난以儒林篤行家子姪普通學校卒業者로各郡一人式選拔하고敎師난道內儒林中學識宏博德望素重者로爲漢文敎師하야擔倫理道德科하고以儒林子姪中師範學校卒業生漢文兼備者로爲各科敎師하야生徒學費난以各郡鄕校財産中公費로支出하고本所卒業生은從以各郡敎員으로需用이면非但儒道彰明上一大機關이라其於挽回世道에不無少助라하노라

蓋嘗論之컨ᄃᆡ師者난人皆有生三事一之義하니事父孝事君忠事師敬이其禮ㅣ皆出於道德故로敎育之法이道德이爲本이요技能이爲末이라하노라然而有本則必有末하니事父事君事師之需要난亦出於技能이라道德與技能이何者를不可先急이며何者를不可後緩이리오대槪於近日敎育界現象에竊有管見之所感하야致陳蕪說如右하노라

言忠信行篤敬하고、酒色을생가하면
내몸에病이업고、남이나워이나너
두어라　餘力이잇거든、學問조차하리라

# 王仁氏와日本儒道

全羅南道視學官 大塚忠衛

日本文物의外部로부터入한것은儒敎가其嚆矢가될지로다、最初三韓諸國은支那에서傳來한諸種의文化로因하야各般文學技藝等의發達함은史乘의示한바이오其前부터三韓이日本內地와來往이頻繁하얏슴은事實이라、彼秦帝의後裔라稱하는弓月君은百濟로부터百二十七縣의人口를引率하고來朝하얏스며阿知使主는十七縣의人口를率하고來住하야其子孫이大히繁榮함과共히蠶業、工業、技術을傳하야文化의發達에資한지라、然한대紀元九百四十四年八月應神天皇朝에至하야百濟王(肖古王)은阿直岐로하야금牝牡馬를來獻한바阿直岐는經學에能함으로써皇子稚郞子에게敎授를試하니라、其時에天皇은儒道가可尊할倫常됨을悟하사百濟에經學에能한者ㅣ更有하냐下問하심에王仁이라하는博士가有하야特히經學에達識됨을奉答하니、天皇은大喜하사卽時王仁을召하기爲하야使者로荒田別、巫別이라하는兩人을百濟에遣하얏드니其翌年卽紀元九百四十五年二月에王仁은其徵에應하야來航하얏는대此時에百濟王은論語十卷과千字文一卷을王仁에게托하야日本朝廷에獻하고또王仁은鍛冶、織工、酒造者等도率來하니라、然한바王仁은곳皇子大鷦鷯命及稚郞子의敎師로恩命을拜하고由是로二皇子는儒學을深通하와其精神에

感化된바ㅣ多하얏스니天皇이崩하신後에皇位를相讓하야容易히卽位치아니하심은全혀儒道의敎義된推讓、友愛의德을實行하심으로思하노라、自此로日本國內에廣히漢文이普及함에至하니라、此外에史實의所傳을據하면西方諸國은直接支那에交通함으로其一部에漢字가傳來한形跡이有하얏스나此等은極히部分的에不過한듯하다、如斯히儒道는日本에傳하야國民道德의內容을充實케하고其精華의發揚에多大한貢獻이有함은予聲히贅言을不要할바ㅣ라、或古來의日本國民思想及信仰과는多少一致치아니한點은有하얏스나、所謂忠孝、仁義、禮智信과如한것、特히家族主義의道德과祖先崇拜의道는다國民道德과契合하야國民의道德及思想에善美한影響을與한것은甚大함을感하며此로因하야王仁氏는實로日本에在한大恩人이오또朝鮮人의模範的人材로思惟하노라

註曰王仁氏는漢高祖의後裔로其子孫에王狗라하는이가百濟에來하얏스니王仁氏는其孫이라日本에渡하야世々文學으로朝廷에仕하야河內國에卜居하니朝廷에서姓을賜하야西文首라稱하고其一族은繁榮하야淨野、武生、古志、栗栖、高道等의姓을有하니라

榮辱이並行하니、富貴도不關터라
第一江山에、내혼자任者되야
夕陽에 낙시대메고、오락가락하노라

# 支那視察談概要 (第三號續儒道彰明會席上筆記)

道知事 元應常

## 支那에在한日本人의勢力

日支의最近國際史를見하면明治二十七八年日淸戰爭에領土割讓賠償支拂外에沙市重慶蘇杭等에通商港을開放하고揚子江吳淞上海等地에航行權을許하얏스며義和團匪에對한聯合軍戰爭에莫大한償金을交付하고日露戰爭後에露國에許與하얏던關東州租借權及長春以南鐵道本支線과一切附屬財産及諸權利를繼承하고日獨戰爭時獨逸에讓與하얏던靑島를占領하고軍政을布하얏스며其他各種日支協約이有하야權利의許與한바가亦多한지라故로支人으로써日人을見하면自國戰敗는勿論이고甚之如虎하던露獨까지戰勝하니其威力에恐惕하야敢히抗拒치못할것을覺悟한지라爾來日人이到處에商港商埠와南北滿洲及山東方面에勢力이擴張되야其區域內에現今三萬人이移往하야各地에活動하는狀態는枚擧하기支煩하기로다한滿洲及靑島의狀況을簡單히說明코저하노라

滿洲의最高政務機關인關東廳은關東州를管轄하는外에鐵道線路의保護와南滿鐵道會社의業務를監督하고特別境遇에는交涉事務又兵力使用을行하는政廳인대管轄區域은關東州의約二百十八方里와其外鐵

道重要驛各地域의十六方里에 止하야 一見에行政權의範圍는狹少한듯하나長距離로言하면十數大都市를縱貫하야關東至長春과安東至奉天及其外支線各處를合하야 二千餘支里에遠及하얏스며

南滿鐵道會社는四億四千萬의巨資와近五萬의職員을擁하고滿蒙曠野에邦人發展上特殊한使命을帶有한大機關이라 其業務의範圍는鐵道、 海運、 港灣、 鑛山、 製鐵、 電氣、 瓦斯、 旅館及地方事業即土木、 產業、 衛生、 敎育等行政事務까지實行하야 大勢力이有한同時에大成績을擧揚하는듯하더라 其事務의一部를言하면鐵道는大連으로부터長春에至하기까지幹線延長이四百三十九哩、 安東奉天間이 一百六十二哩、 其外各支線을合하야 六百八十六哩에至하야 滿洲의動脈이되고東支鐵道와共히歐亞聯絡世界交通의一部를成하얏스며 且豐富한農產物의輸送機關으로滿蒙開發의任務를盡하야 其收入은鑛山收入과共히滿鐵의實力을培養하는二大財源에在한지라 大正五六年來의好景氣에伴하야 大豆黍等의世界的產物을搬出하고且露國政變以來浦鹽線輸送減退의結果난殆히 滿鐵線의獨占이되야莫大한利益을收得한지라

鐵道附屬地即各驛에는大小에隨하야二三萬坪乃至二百萬坪의土地가有하야 樞要場所에市場을設定하고道路、 建物、 水道、 公園、 醫院、 電郵及敎育機關等諸般施設이完備하야 鮮內에서는曾見치못하든歐米風制가堂々하고就中敎育에至하야는小學、 中學、 工業、 醫學等校가完備한外에鮮支人敎育의小中學까지設擴한處가多하더라

本社所有炭坑은撫順、 烟臺、 石碑嶺、 炸子窓及陶家屯、 諸處가有한데炭量이豐富하야主力을注하는

處는卽撫順炭田이라撫順은奉天東方約三十哩에在한대鑛區의面積이約千八百二十萬坪（東西約四里南北約一里）이오炭層은平均約百三十尺最厚四百十二尺이며炭量은九億噸이라云인대一日七八千噸乃至一萬噸을採取함으로從하야幾千의支人을使用하며其外鞍山製鐵所、河口의汽車、硝子等工場、大連瓦斯作業及電氣業等諸般工廠과其他水運、森林、倉庫等業은枚擧키不能하도다此는諸般原料의豐富、賃金의低廉、勞力供給의潤澤과運輸交通의便利等의百般要素가俱備하야施設하는대로進行되며經營하는대로利益이巨大하니此에隨하야大連、瀋陽、奉天、鐵嶺、長春及其他沿線市街에日人의銀行、會社、工場、商店等次第開設되야活潑殷盛함이多年苦心經營한內地港市보다華麗한感이不無하며就中大連은本社所在地오東洋惟一의自由港이라年輸出入額이商況最好한듯大正八年에는六億七千萬圓에達하고平均三億圓以上에至한다하니朝鮮十一港市는好況時에總合五億餘圓에不過함으로對比하면其殷盛의如何함을可히窺知할지며然함으로一般勢力及經濟下에漢滿人을支配하는狀況은東洋代表된先進國民의權威를十分發揮한줄노思하엿노라

右와如히日人의大陸에셔發展하는裏面에若干雜感이不無하니

（一）關東廳은關東州를統治함에內地의行政司法을基準으로하는施政方針下에州政을掌理함을考慮한바이로라元來租借地는領土와差異가不無하고文化生活等도無한支那人에對하야日本國民과同一한煩瑣行政을强要함은住民의好感이乏할까하고又는勞多功少치아니할까하는虞가不無하며（二）滿洲에四

大機關卽關東廳은州內管轄及鐵道沿線의保安警備의權限이有하고滿鐵은鐵道經營及各種事業과事實上附屬地의行政權을掌握하고關東軍司令部는滿洲의保安軍政을布하고領事館은外交商務及州의司法裁判權을掌握하야各其職權의範圍와多少綜錯함으로써事々權限의衝突이有하다고四頭政治世評이有하나滿鐵이資本及社債로六億以上의大金을持하고四五萬의社員을用하야各等事業에着手치아니하는것시殆無하고成功치아니하는것시亦無하야滿洲一帶實權을掌握한現狀으로言하면實力上滿鐵會社의一頭政治라하는것지可할듯하고其外三頭는官制上名義에不過한듯한感이不無하며(一)鐵道附屬地各市街는鮮內에曾見치못하든華麗宏壯한歐風의都市를現出하얏스니一見에滿洲에移住한日人은擧皆大經綸大資本家만會集한듯한感이有하나其裏面은不然하야露人의都市計劃을襲踏施設할뿐아니라先進國의體面도有함으로써建築方法을制限하고資金或家屋을貸與하야外部난井々堂々하나住居者의實力과는符合하다云하기難할지라一例를擧하면現今關東廳은曾前露人의一旅館이오師範學校는露人의一時計舖라如斯한建築制度와都市計劃을猝然縮少하기難하나倂後設備도不可不然이라新築한東拓의一支店(奉天)도總建坪이一千二百坪의大廈이로대社員은二十六人에不過하다하니此난特例이나新市街現狀의一端은可히推知할지로다(二)如右한市街齊々한洋屋에各種商店을開設함을見하면滿蒙大陸의物貨를一手興販한듯하나尙히支人의商權은牢不可破함으로滿鐵의各般施設을隨하야消極的興販에不過한듯하며無用의雜感은擺遊하고滿鐵終驛長春서東淸線一百四十八哩(約八時間)에在한哈爾賓

에至하야此地는東淸鐵道開通以前卽二十餘年前에는松花江畔一孤村에不過하더니露國이東方經略上第二莫斯科를建設코저하야基礎工費로四億留를投入한都市라巨艦의出入이二千露里(日五百四十里)에達하는松花江中腹에位하고東淸線에依하야西北으로遠히歐露、南으로滿洲及支那、東으로浦鹽斯德에亘하는四通八達의要衝이라經濟上으로는北滿의特産大豆七十萬噸小麥十五萬噸을爲始하야西伯利亞及歐露에涉하는百貨集散의中心이오南方上海大連과共히支那의三市場을形成할地位에在한故로人口가年來急激增加하야現今支人十八萬餘露人十五萬餘日人이約四千其外歐米各國人을合하야四十餘萬口에至한지라四十一의豆油製造會社와二十五의製粉會社를爲始하야諸官廳銀行及各種會社의狀況이極히殷盛하더라

露人의狀況은國亂以後로官民이意氣가銷沈하야當前壓視하든支那官民의게制裁를受하며東淸鐵道도支人이當初敷設地價五百餘萬兩을不撥하얏다는理由로合辦한다藉稱하고實權을掌握하얏스며日人은總領事館外滿鐵公司及營業所와東拓朝銀等이有하야商人은相當奮鬪하는中이나少數에在하야發展한狀況이顯著치못하고다만金融의勢力은露支商民보다優勝한地位에在하더라若長哈間東支線百餘哩를買收하야滿鐵을延長하고極東運輸組合卽黑龍松花兩江航行權을復活하얏스면歐露北滿及海參威方面의經濟上實力을掌握하야滿蒙及西伯利亞經營上에一大關鍵이라政府는如何한手段을用하든지右兩權에獲得하기에努力치아니치못할줄노思하노라

## 青島의狀況

青島는元來山東省膠州灣一隅에在한貧弱한一漁村에不過하얏스나獨逸이千八百九十八年에五百五十二平方粁地（約三十六方里）를强制로租借하야東洋艦隊根據地로軍事的設備를施하는同時에市街建設港灣修築鐵道敷設及鑛山採掘等에着力하며其他宗敎敎育等精神的事業에注意하고一方으로土地及住民의狀況을調査硏究하야其地方習慣에一致하는百般施設을試하야支那人吸收策을努力하고且山東內地의開發을圖하야青島로써東亞의獨逸文明의標本、獨逸勢力의策源地又난獨支貿易의中心地를作코저하야巨財를抛하야拮据經營十六年間駸々然隆盛의運에向하야其殷盛함이芝罘를凌駕하야支那屈指의大港을形成者이라、大正三年歐洲戰亂이發生함에日本政府는東洋의海陸平和及日英同盟의情誼를顧念하야青島를攻落占領하고獨逸의所有施設은擧皆押收하며軍政을布하야戰後의秩序를恢復하고其後에다시民政을施行하야獨逸時代의政策을襲踏하얏스나亦棄短取長함도多한지라爾來日人의移住가逐年激增함으로써(今二萬四千餘人)急히市街地를擴張하며家屋建築規則을公布하야所謂獨逸의文明標本과同一케하고諸般의施設을遺憾업시進行하야華麗整齊함이恰繪畵를展舖함과如하더라遠大한志望과相當한資本을擁하고百年長計를樹코저하는人士가年漸移住하야事業의根據를青島에置한會社가九十九社에資本總額七千五百餘萬圓이오他處에本店이有하고青島에支店出張所를有한者가六十二社인데總資本이七億餘萬圓이오此外個人營業三千九百餘名에投資額이二千三百餘萬圓이오小工場이一百七十餘오營業種類가三百餘

種에過하난지라以上數字로見하면白人發展程度의如何함을可히推知할지며其外支那人이二十餘萬人에至하나此에伴한會社商店이亦不可勝數라大正十年總輸入出額이二億三千餘萬圓의多額에達하얏다하나(但獨逸時代보다二千餘萬圓이超過)亦此로써靑島全般의殷盛을可知할지라各種最大한會社工場을視察하얏스나他都市에서見하든바와大差가無하되就中一日平均千頭의牛를屠殺搬出하는大屠獸場은此地에始見하얏는대此는獨逸時代에八十五萬馬克을投入하야建築設備하엿다云하더라　靑島가約三年來如斯히發展함은勿論獨逸又는日本官民의經營施設이卓越함에由함이나其背後에山東省의富源이包擁한所以라山東省은北支那東南方一大半島部에位하야遼東半島와相對하고西南部는陝西山西河南各省을貫流하는黃河流域에屬하고其大平原은直隷、山西、河南에相連하얏는대面積은八千八百方里人口는三千五百萬人의多數에達하야一方里의人口가三千二百四十九人이라人口過剩으로特稱하는日本內地도一方里二千百三十四人인즉山東의人口過剩은待論할바無한지라然함으로年々他省又는滿蒙其他海外에出稼하는苦力이多하야鄕里送金이年額三千萬圓에達한다하고靑島附近農用人夫의一日賃金이二十五錢乃至三十錢에不過하야勞力의供給이容易하며耕地는急傾斜山地外에總히開墾되야總面積은千餘萬町(朝鮮耕地四百餘萬町)에達함으로써從하야農產物豊富는待論할바가無하거니와特用作物中落花生은一億八千萬石(支那全產額二億一千萬石)에至하야靑島輸出貿易品의大宗이라年輸出額이落花生子實이七萬五千噸、製油三萬噸에至하야年額이二三千萬圓에至하고米人의獎勵買收하는紅色烟草(輸出이八百十五萬

圖)棉花(反當二百五十斤)、甜菜等產物의輸出이特著하며畜產은牛百六十萬頭緬羊五十萬頭其他鷄豚의產額은不可勝數이며其他桐材麥稈眞田酒類麥粉等產額이豊富함으로써青島의殷盛을致하는根本이라하더라

山東鐵道의本線은青島至濟南間二百四哩略京釜線과相同하고(其外白山、泗川、金嶺等支線이二十三哩)濟南서津浦鐵道와連絡되는대濟南은山東省首府니人口三十九萬餘人(日人二千三百餘人)이住居하는大都會라貨物集散이殷盛하야城外商埠는繁榮한一市街를形成하얏고其外膠濟間沿線四十餘驛附屬地內外에日人六千餘人이移住하야各種商賣에活氣가頗有하야北支那中部에其勢力이滿洲沿線에次하야膨脹하는好運에向하는듯하더라

不意年前華府太平洋會議에青島及膠濟鐵道問題가上案되야日中代表가互相爭論에堅持不決하매英米兩國이具體的調停條件을提出하고兩方迭次討議하야第三十六次談判에不得已青島租地、公產、海關、鐵道、鑛山、鹽場、海電等을中國에還交하며軍隊를撤退하기로하고相當한賠償金을受한後引渡한지라如斯히一朝에青島及山東一帶에旣得한權利를抛棄하게된것은實로遺憾에不堪하는바라因하야軍隊民政署의撤廢와此에附隨用達하는商人等이還國하야一時五六千人口가激減하얏스나堅實한會社商店은毫末도動搖치아니하고健全하게營業함으로써市街上商權은依然維持하는狀況에在하더라

滿洲에移住한朝鮮人의狀態

南北滿洲에朝鮮人移居한計數에對하야正確한統計가無하야或은二百萬一百二三十萬이라하야住民과官憲의言論이不同하야槪略百萬口는不下할듯하며其移住起源은六十年前부터始하얏스나最近三十年特히十年以來에一層激增하야百萬이라하는數에至함은分明한지라如斯히自己의墳墓와生活本據地特히風土氣候의良好한故國을捨하고反對로北朔荒凉한滿洲에移住한主要動機는各人에依하야不同하야生活의艱難、官吏의苛斂、土豪의壓迫、犯罪亡命、又日韓併合即政治問題等種々様々의境遇와理由가有하야移住한바이로되其十中九分九厘까지는生活難에在한農民이라함이可하도다然則滿洲는生活上如何한便益이有한가하면(一)人口가稀薄하야生活上競爭이激烈치아니하고(二)千古腐蝕한土地가廣濶하야開墾耕作의利益이多大하고(三)滿人은田作만爲主함으로써開沓의獨占的利益이有하고(四)同文의關係로言語는不通하나文字로意思를疏通하는便宜가有하고(五)法令이尙細치아니하야幾分自由自在의便宜가有하며(六)稅金이單純하야負擔이過重치아니하며古來密接의關係가有하야他外國人보다同情이富하고民情의悠長疎濶함이稍近함으로彼我의感情이自然融和됨이易한便宜가有한지라

以上種々의理由로移住民이互相招引에逐年激增하야今에百萬口이니百五十萬口이니하는大多數에至한지라

然而多數鮮人의希望하는水田耕作에便利한土地를取得함에는困難이甚하니支那國法에外國人의게는土地를賣却치못함으로써入籍하기外에는買受하기不能하야歸化하는者도有하며又는歸化者의名義를借

하야買受하기도하나此는比較的小數이고又土地取得上所謂二十個條의三十年間을期로하는商租權은아즉實行치못하고現今通行하는바는借地인데其借地方法은南北滿의差異가有하나大略左記의三種이有하니

一、每年拂、(卽年租)五年乃至二十年間借地하기를契約하되一晌地(六反一畝二十坪)에借地料年額은熟地에는七圓內外이고荒地에난一二年은無料로하고其後로부터四圓乃至五圓인바但奉天附近에난右額에數倍가高한지라右에對한普通收穫은一晌地에十三石인데但荒地난米質이劣惡하다云하며

一、前金拂、五年乃至十年間借地契約을結할에際하야借地料난契約同時에一時支拂하난바이니其料金의年割額은一晌地에對하야熟地는三圓五十錢內外荒地는二圓內外라하며

一、當租、土地를典執하고五年乃至十五年間無利子로地主의게貸金하고其土地를使用收益하는바이나期限의長短과土地의良否又난地方에差異가有하나一晌地에對하야普通熟地는約三十圓荒地난十五圓內外에不過하다云이라

以上은耕作權取得上主要한種類이나地方에依하야種々의變則과金額의差別이有한데奉天附近은第一高價이라云하더라

此外의小作法

(一)並作、農作期間은五個月로定하고此期間에는地主가每月粟二斗餘鹽五斤豆油一斤味噌二三斤大

豆二升石油二升及金一圓內外를小作人에게給與하고其收穫物을折半하는대一農夫의耕作面積은熟地는三晌地荒地는二晌地가通例이라하며

(二)打租、小作人은收穫物의二割乃至三割을納入하되地主는農作期間月三分利의農耕資金을貸與하는義務가有하다하며

(三)定租、作物의豐凶如何에不拘하고定價의小作料를納入할인대其小作料는一晌地에租二石乃至五石이라云하며

耕作法、荒地에는地面凍寒時에雜草或立木을伐採搬出하고解氷後에畦畔의築造水路의掘鑿或地의均平을了하고播種期에는雜草를柄鎌으로刈取棄却하고引水한後長柄熊手로地表를攪撥하고濁水의淸澄을俟하야浸水發芽코저하는種子를撒播(苗床不要)하며二十餘日을經過하면大概苗長은一寸內外、雜草는一尺內外、에及하면苗身이損치아니할만치長柄鎌으로刈草하야撒布腐蝕케하면苗는順次成長하나雜草는水中에抵抗力이薄弱하야稗類以外는發育치못함으로써出穗하기까지二三回稻身의發育을妨害하는長大한雜草만拔取하고朝鮮과갓치初耕再耕移秧中耕除草의必要가無하다云하더라

熟地의耕作、熟地는田畓間一年以上耕作한土地인대耕作法은播種後는荒地와何等差異가無하고地表가瘠削함으로認하는時는飜耕을要하나腐蝕土에난四五年間飜耕을不要한다云하더라

右述함과갓치小作料가輕歇하고耕作法이容易하니不幾年에農民이裕足하야生活이安定될뜻하나其實은

不然하나卽移住農民은大槪貧困者라當初에資金을携帶한者가別無함으로써支人의家屋을借居하야家貸이高하고農作收穫前生活費에因하야高利의金錢을預先借用하며又荒地를開墾하야熟地를成한時난耕作權을掠取하며其外에土人의壓迫과巡警의侵漁와不逞鮮人의誅求와馬賊殘暴等許多弊害에因하야安堵를不得하고長年貧困悲慘한狀態에沉淹하며所謂知識이稍有한者等은當初에故國을離入할時난各其自己의不運을慨歎하야一掬의悲淚를鴨綠、豆滿江水에洒添하고決心奮鬪코져한者인즉互相間同病의感이有하야融合이容易한듯하나其實은不然하야或地方的或宗敎的又는思想的其他浮雜輩等이各成黨派하야互相擠陷하며且官憲의保護가薄弱하야寃枉을莫伸하나上下階級을勿論하고總히悲運에沉淪하엿스며其中에所謂成功하엿다謂한者난極히少數에無過하더라

右와如한現狀에在함으로써總督府난外務省과協同하야年來巨大한經費를支出하야事務官或外交屬等을派駐하야其保護에從事케하며醫療機關과敎育機關을設置하고勸業公司의補助金을支撥하야耕地의供給과資本의融通을計하며其外臨機應變의保護가深切하야舊日放任時代와난同日로論치못할지나廣漠한大陸에甲東乙西로散在하야交通連絡이不得相須하야政府施設의主義가徹底히普及지못하난狀況에在하니逆旅의予懷난同情의感을禁치못할너라 (完)

彭祖난壽一人이요、石崇은富一人은
羣聖中集大成은、孔夫子一人이서라
이중에、風流狂士난吾一人인가하노라

# 道政一般

## 旱害救濟施設計畫

道地方課 倉元 局談

本道에對한今年의旱害는稀有한事例이엿슴으로六七月中移秧期에至하야近六十餘日間降雨가殆無한故로移秧치못한一般農民의危惧와困憊는極度에達하야人心이恟々하야安定치못함으로實로憂慮不堪하든바겨우七月二十三日에야비로소降雨하얏슴으로一齊히移秧을終了하고一時愁色을免하얏스나移秧期가遲滯된것과其後의天候가不順한結果生育이一層尤甚한危態에陷하엿난지라또天候가不順한際에난大槪旱霜임으로此에因한被害도不少한지라故로一時에는本道水稻의減收가四十五萬石이오此의換算價格이千百二十五萬圓이라는可驚할數字로豫想되엿슴으로道當局에서도此에對하야救濟方策에焦心熟議하야오던바不幸中多幸으로九月中旬以來로遲緩하야天候가順調하엿슬뿐안니라特히今年結霜는例年보다甚히遲延되여十月二十一日에야小霜이降하엿고二十五日에大霜이降하엿슴으로其間生育上多少의恢復을得한以外에道는特히氣候의關係上他道와其形便이相異함으로作付品種도大部分晩生種으로選擇하야挿秧한結果其生育도一層恢復되엿슴으로被害의程度가比較的緩和된感이有하나被害地各郡의狀況은二割乃至五割의減收가될터임으로各地의被害程度에依하야道當局에서난救濟施設計畫을定하야漸次其進捗를圖하난中인대計畫의大要를表示하면如左한지라

1、道路工事를起하야勞金의撒布를圖할事

2、水利組合事業을起하야各其地方에다가勞金의撒布를圖할事

3、竹細工의獎勵를行하야其生産을增加하난同時에販賣等을斡旋할事

4、莞草莚、洋襪、塗油紙等을製造하도록獎勵하고其工賃收入의增加를圖할事

5、地方費模範林植栽計畫을變更하야本年度에난旱害地方面에植林케하야써勞金의撒布를圖할事

6、貸付中의未墾地開墾事業을督勵하야其地方에勞金의撒布를圖할事

7、叺織의獎勵를行하야其生産의增加를圖할事

8、種苗配給、旱害에依하야其種子를補給치아니하면他에서絶對救濟方途가無한貧困者에對하야난各其事情에應하야水稻、麥、菠薐草（시금치）甘藷等의種苗를配付할事

9、小作料減免、旱害地各郡에서난十月初旬에郡農會臨時總會를開催하야旱害地에對하야난相當히小作料를減免하기로協定홈

10、公課減免、旱害地로셔收穫이皆無한區域에對하야난相當히公課를免除하기로調査를遂行홈

## 道內金融概況에對하야

全羅南道理財課長　松尾氏談

本道의金融狀況을概說하면、上層金融機關으로난、朝鮮銀行支店一箇所朝鮮殖産銀行支店及派出所七箇所十八銀行支店及出張所二箇所湖南銀行本支店三箇所와東洋拓殖株式會社支店金融部一箇所計十四箇所인대、此等機關은共히本道商工業과農業金融에偉大한努力을供하난同時에其改善에對하야도亦然不尠한貢獻을하고잇난터이라、只今大正十三年九月末日現在에在한主要業務의槪要를槪컨대預金이六百十八萬五千圓、貸出金이一千五百八十七萬四千圓인대此를前年同月에比하면前者는實로八十三萬圓의增加이나그러나後者에在하야난、또로혀百五十五萬八千圓의減少를見하게된지라、또爲替로말하면受入金이三百四萬圓、拂出金이二百三十二萬一千圓인대、此를前年同月에比較하면前者난十八萬七千圓의增加ㅣ나그러나後者난三十一萬二千圓이減少되엿난지라

次에下層金融機關에對하야一言할진대都市金融組合이七箇所、村落金融組合이四十五箇所計五十二箇所인대、此等組合의大部分은道內農村各地에散在하야、下層金融의改善과地方의産業開發等其元來의使命에對하야全力을盡하고잇난터이라、然而道內全般의金融組合員數及主要業務에就하야槪述하면九月末日現在로組合員이三萬四千二百四人인즉前年同月에比하야四百二十五人의增加ㅣ오、또預金은二百六十四萬圓、貸付金은四百七十四萬二千圓인故로前年同月에對照하면前者가七十四萬七千圓、後者가三十八萬五千圓의增加ㅣ라

또本道에서난大正十一年九月에木浦에、資本金五萬圓의木浦無盡株式會社가設立되고또大正十三年三月에光州에、資本金十萬圓의光州無盡株式會社가設立되여、共히堅實한業績을擧하야써能히互相金融의實을得하게된지라只今大正十三年九月末日에在한兩無盡會社의現況을見하건대、加入口數九百三十四口、給付契約金額이百四萬七千圓에達하엿스며貸出金도旣히十三萬四千圓에達한狀況인즉本道의庶民金融上實로可喜의現象이라고謂치아니치못할지로다

更히此等金融機關以外에道內各地의個人間으로서、貸金을爲業하난者의數ㅣ約一千四百八、貸出金額이二百六十萬八千圓이오、質屋(典當舖)經營者數ㅣ約百四八이오其貸出金이約二十萬三千餘圓인즉合計八十一萬一千餘圓의巨額에達한지라、此等貸出金의金利에對하야一瞥할진대雖最低라도月二分이오甚至於月六分乃至七分이라하난高利도有하나此를一般金融組合의貸出金邊利月一分三厘五毛와無盡會社貸出金邊利月一分八厘等에比較하면其利率의懸殊함이야實로一驚을禁치못하난同時에、此의融通을受하난者의損失이如何히多大할을可窺할슈가잇나니大抵世人의想像以外의情況이라할지로다

回顧컨대戰後本道의金融은大體로極히順調하며또圓滑한狀態로서推移하던中前年關東地方의大震災에依하야一時金融의梗塞을當하엿스나그러나漸次回復하야今日은頗히順調한趨勢에在하다할지로다

# 全南의竹林造成奬勵에就하야

勸業課 鈴木道 囑談

竹은東洋의特産物인대我國及支那印度에亘하야生育하며其의種類ㅣ多種多樣이오用途亦極히廣하니吾人의生活上缺치못할것이니라然而竹은溫暖地를好하난特性이有함으로朝鮮에서는南部地方即全南及慶南으로爲始하야慶北全北의南半部江原道東南의一部、忠南의西海岸一部에生育하나其主要한産地난實로我全南이第一이니道內到處마다此가生育치아니함이無하고、朝鮮全道의竹林總面積二千九百町步中其六割三分即一千八百餘町步를占하며産額亦全産額의七割餘를占하난狀態ㅣ요竹林一箇年의産額이約四十萬圓에達하며此加工品인竹製品은約百二十萬圓을算하야本道重要物産의一이니라

然하나竹林의現況을見컨대林相의荒廢한者ㅣ極히多하며雜草木、荊棘이繁茂하야矮小衰弱한者ㅣ林立하드라도何等手入의法을講치안코다만伐竹利用할뿐이오甚함에至하야난數年을隔하야皆伐하난等此의保護撫育에就하야난何等顧慮한者ㅣ渺少하니라

本道에서竹林業이最히盛함은潭陽郡인대面積이二百四十町步에達하야林相의優秀함과産額의多함과난共히著名한지라、蓋同郡은數百年前부터竹細工業이發達하야其原料인竹林의造成에意를用한것과地勢一般이竹의生育에適한것에因한것일지라即北方에連한蘆嶺山脈의高峯을負하고東西에圍繞한山岳이잇슴으로强風을遮하야冬期寒害를避하야써今日의美林을形成함에到한것이라、潭陽에次함은光州、順天、寶城、長興、羅州의各郡인대共히百町步內外의竹林을有한지라

上叙와如히本道의竹林은面積千八百餘町步요此에依한竹細工産額이約百二十萬圓에達하야重要物産의一에至하고또氣候地味等의關係上益々其面積의增大함을期待함에不拘하고遲々히成績이進치아니함은아즉其經營利益의採算을不知하고且保護手入의道를善行치못함에起因한듯한지라

一、竹林의經營은普通十年이면成林이되며爾後每年一定한收入을得할지니普通林業과如히三十年

又난五十年、長하야난百年以上의星霜을經치하
니하면伐採利用함은不得함에比할바아니라隨하
야資本의回收가頗히迅速할지라

二、收益에至하야는內地에서난年々히一反二百圓
의收入을擧하는데이라本道內셔도一反步百圓의
收益을收하난者ㅣ二三에止치아니하나니即竹林
을合理的으로經營하면畓에比較하야其收益이甚
히多하니라

三、竹林의作業은總히農閑期를利用할수잇스며、
且其의竹材난需用이多하고價格의變動이少함으
로農家의副業으로서小面積의竹林經營은極히適
當하니라

四、竹林으로부터生하난竹材、竹皮等은其利用이
多하니更히竹林經營者가細工할진대少하야도竹
材價格의四倍의收益을擧할수잇슬지라

以上과如히竹林의經營利益이極히多하며殊히近
年竹材工業의發達並利用의增加가甚히廣하게되여
中鮮以北의大市場을控한本道竹林事業의將來난實
로洋々한者ㅣ잇슴으로本道난今後益々一層此의造成
에力을用하야益々農家의福利를增進케하기를計劃
하난中이라

即本道에셔난竹林造成十年計劃을樹하야竹林新
植又난保護手入을行하난者에對하야난地方費에셔
相當한補助金을交付하야此를助成케하야써現在面
積千八百町步에更히四百四十町步의增殖을圖하며
旣設竹林八百四十町步를改良하야써現在의一反步
平均收益三十五圓五十錢을五十五圓에昇케하야此
의全收益을八十三萬圓에達케하고更히此를原料로
삼난竹細工의產額을三百萬圓에達케하기를期한지
라

如斯히本道에셔竹林의造成에意를致하난所以난
大抵竹林의經營이農家의副業으로서最히好適하며
且合理的作業을施할진대其收益이畓에比하야甚히
多할뿐아니라、地價의昻騰을來케하야財產의增大
를示함에至할지며因하야農村의健實한改良發達을
圖할수잇슴을信하난結果에不外하난터이라

# 儒道觀

## 謹賀儒道彰明會

麗水突山 隱庵 朴貞浩

夫彰者明也明者道也道之大源出於天天不變道亦不變道是何道曰王道也粤自堯舜以來禹湯文武周公以是而治萬姓熙皞仁化之域孔顏曾思孟以是而統諸子式遵義正之路矣暨夫五季之后亂賊邪說惑世誣民者久矣頹風所至聖教沉痼寶路否塞民莫知所向矣天運循環無往不復何幸道伯元公應常氏莅玆南省擬開儒道彰明會以身先之秉玆昏衢之燭警此循路之鐸孰不警醒而影響哉以此推之木自有句萌之理缺月復圓盈輪之望惟吾多方彥士揭此彰明二字而圖會則修齊治平孝悌忠信不外乎是矣一心努力做去立綱振紀排邪遂正永樹風化則豈非儒道之大幸歟勉旃々々

# 謹頌儒道彰明會

光州 松巖 羅鍾宇

羅鍾宇謹拜奉書于
槃阿子文几下 鍾宇固草野賤生見識膚淺不敢欲言
于 高明之座下而有可以欽仰者則豈可以遣情緖
辭乎先者數得拜於稠座傍伏想未詳 記存而日者
本郡會議席 座下之讀出晉論中一言可以興邦一
言可以喪邦章未嘗不針頂而傾膓此可以足見本道
之儒道彰明 座下與 宣堂之協勢振興者也目今
倫潑俗傷無幾於禽獸而何幸宣堂下車之初賴有
座下之贊翼使南省峨冠博帶得以依歸之地秉燭於
昏衢則此實一時會遇之秋也欽賀萬々而豈可以一
時聽講爲幸也萬世不易之大標於斯可驗也伏詢
令體度衛道與重區々頂禱 生年踰不惑心有七尙未
能立志年來倣去凡百日益楊下其於儕班一棄暴物
也旣於朴友夏鏞便屢々詳仰 座下之讀窮精明而
自顧愚賤迄未能承誨遂誠故敢此替伸 休誅納容
否臨楮以若淺陋猥自信筆玆敢覼縷以呈此不過嘗
門布鼓而敢望 斤示耳餘不備惟希[illegible]向寒僉[illegible]
道非他道而日用常行之正路儒非他人而秉彝率身之
人類也若夫人不行道而由岐則人道廢而儒風滅矣噫
吾夫子以天縱之大聖繼往開來祖述唐虞以一貫之道
傳授于顔曾思孟雖閭里村巷莫不有學皆知論道講儒
非道不行非儒無人矣歷自秦焚漢溺以來有若董仲舒
之文義韓昌黎入道之名然而此不過太陽之螢火大冬
之朝覸權謀術數之流功名之說異端惑誣之充塞仁義
者紛然雜出晦盲沉痼及於五季而吾道之潰亂極於陽
九矣天命大來洛閩之諸君子輩出以河南之尊信考亭
之明辨扶正斥邪開牖來學斯可見程朱之功不在於吾
夫子之下矣斯道遂東安辟以后退栗沙尤諸先生踵尋
繼承尊德性道文學之的緖倂于盛宋稱以小中華矣一
治一亂天也孰能禦之向來時潮滔天異性百家東閃西
橫綱紀蕩亂倫常頹壞父不父子不子夫不夫婦不婦使
有人心者不可客立於其間矣何幸凡石元公膺常以搖
嬰碩德剌鎭南服憂深於風化之衰頹而槃阿石公鎭衛
亦參與隨行協心顧慮振以儒道者大擬矯救之大義此
何一湖省之全美而已彌亘天下萬世愈久愈彰者則凡
有血氣者孰不翹首而欣々也 鍾宇以巖居散物尙無私
淑底功而亦有聞焉故感其成人之美而略述爾

# 視察錄

## 大正十三年度儒林內地視察錄 (第四號續)

長城 副會長 邊昇基

京都로부터奈良各地方을通過하니所經地에人家가連亘不絕하야山峽農村에도擧皆瓦屋이오草家난稀少하더라宇治縣地方에난茶竹田이彌滿하야地方의特產物이라稱하난지라茶田은朝鮮의蔘田과如히葭簀으로天日을蓋하고肥料를多用하더라午後六時四十五分에奈良縣에到着하니此地난一千二百年前王都로文物이極히繁盛하다가遷都後로人戶가漸次縮少하야今日의現象을呈하엿스나山川이秀麗하고名勝古蹟이國中의第一이라稱하난地方이라市街가井正하고物產이殷富하야淸爽한空氣난京都大阪에優勝하더라驛前에서光州高等普通學校生徒視察團을相逢하야情話를交한後各旅館으로分歸하다.

二十日晴南國堂을過하야女子高等師範學校를視察하니校具의設備建物의狀況은內地女學校中第一位에居한다稱하더라校內에料理裁縫等敎習科를設置하야飲食烹熟衣服澣濯器具를皆電氣器械를使用하고學生의體操와其模樣體裁가可驚할네라轉하야博物館을看過하고大佛寺를視察하니建物이雄壯하야高가百餘尺이오佛像의高坐가七十餘尺인대左右兩傍에大佛이有하니坐高가皆五六十尺이라最大佛은銅七十四萬斤白蠟萬二千斤鍊金萬四千兩水銀五萬八千六百兩으로鑄造한것이라云々하더라春日社에至하니社난市北山根에在한대沿路兩傍에石塔二千餘座가併立하고欄內各庵에鐵灯數千個를懸列하

엿난대信徒난靈紋黃袍로六環杖을曳하고百衲竹笠으로佛前에焚香하난人이連絡不絕하고隊々羅麗로樹陰路傍에行人을歡迎하야食物을仰伺하더라東大寺에至하니建物은古刹이고壁上에古書畵를多帖하고後園地上에五百年老松이有한대人工으로巧揉하야層々成格하엿더라

午後零時二十七分에奈良驛을發하야同六時五十四分에大阪에到着하야旅館에下宿하다

二十一日早朝에起床하야嗽洗한後精神을修養하기爲하야市街에散步하더니忽有一人이前進하야揖余而言曰我是鮮人也로라하고默々相對에雙淚漣々而已라問其本籍하니木浦人也라彼此怨々하야居然相別而歸할새遂吟一絕曰

問爾胡爲見我悲他鄉一面似親知眞心到此油然發
何不歸家養老慈

午前八時頃에團員一同이市廳의案內를隨하야市廳을觀覽하니廳舍의華麗宏大함은東來初見이라全部粧飾이五色紋石으로五六層을建築하엿난대建築費난三百六十萬圓으로屢年工事가同三年度에落成하엿더라市廳에서市內風景에對한繪葉各一軸을寄贈하고市內電車를無料로三日間團員의便宜를與하지라市廳一隅에公會堂이有하니此난個人의寄付로一百萬圓을投하야建築한建物이라左右壁上에난沙土로平地를作成하고六層高閣의中央에發出하야市內를俯瞰하니雲烟이漠々하야一望無涯터라

二十二日晴朝後에團員一同이大阪城에登臨하니城은豊臣秀吉의所築인대周圍가三十里라城外에深濠를浚하고內外疊城을築하엿난대石材난全部巨巖을用하야最大石은高二十四尺餘橫六十三尺이오千疊殿은明使延接所로建築하엿난대至今은演武場行在所를設置하엿더라

登大阪城

落日登臨大阪城雲烟漠々一望平居人傳說豊臣史
與石相爭萬古名

城下十武許에共同宿泊所가有하니建物이六十棟이오建築費난八萬圓인대一人宿泊料十五錢（入浴料含）이오朝食十二錢中食夕食은皆十五錢이오又簡易食堂이有하야一個年經費가支出이萬九千圓이의收入이萬六千圓인대政府의補助로此를充當하고現勞働者貯金이一千餘圓이有하더라

又其傍에托兒所가有하나此난勞働者가出役時에其兒를托置하난處이라現今兒數난六七十名인대護兒婦난六七人이有하야看護兼敎育을負擔하엿더라每日新聞社난東西國文兩種新聞을刊布하난대一日發刊이一萬二千部오役員이八百餘人인대建物及器具設備가實로喫驚할네라

二十三日晴午前九時에電車로大阪을發하야神戶를向할대車窓으로左右를回顧하니田野가曠平하야牟麥이登豐하고村落이山野에連綿不絕하야草家난稀少한대往々大阪富豪의別庄이有하더라

兵庫縣森宮驛을過하야九時頃에神戶에到着하야直히楠子神社를視察하니楠子난距今五百年前에殉國한忠臣으로墳墓를石造하야墳上에鐵碑를立하엿난대碑文은中國人이作之書之하엿더라神社外에日淸戰爭時敵彈三個를保管하엿난대一個重量이九十五貫이라神幸閣에난金輸二座를安置하엿난대朝鮮靈輿와相似하더라閣後에樹林이鬱密한대楠子의殉節木이尙存하야再次還植하엿다云하며又日露戰役時所獲大砲二個를保管하엿난대長四尺餘直一尺五寸餘라因하야警察講習所를視察하니建物及各項設備의宏大함은形言키難하더라

本市난縣廳所在地로山陽道要衝에位하야瀨戶內海에臨하고大阪과相近하야物產豐富함이關西地方貿易의門戶되난處이라橫濱과共히二大通商港으로人口略五十萬以上이居住하야日本第五의都會地라大正八年輸出이略四億五千萬圓이오輸入이略十億萬圓을算立하엿더라

兵庫縣廳에셔理事松岡氏를派遣하야團員을案內하야縣廳會議室樓上에서午餐을饗應하고因하야縣의大略狀況을聞하니縣의所管이市四、郡二十五、人口二百五十萬、工場五千八百個所產額十億萬이오縣歲出入이一千五百萬圓支出額中五百萬圓은土木費오又五分의一은警察費라縣의經營으로勞働者共食堂簡易食堂無產者診察所及治療所를設置하고又난幼稚園托兒所等을設備하야無產者의兒童을收容하고朝鮮人勞働者就業紹介를負擔한다더라轉하야川崎造船所를視察하니本所의製造品은汽車及鐵工品飛行機等을製造하난대資金은一億圓職員數二萬人技術員八百五十八人工學士及博士一百八十人事務員百二十八法學士十九人이라云하더라

燐寸工場을視察하니其器械의神妙함은勿論이오女子의手術이捷妙하야機械에不下한지라本所의職工은五百名一個年産額이略三十萬噸인대一噸에付四十圓價格이오資本金은略四百萬圓과其他又百萬圓이오燐寸은日本은消費額이一八、五厘이오西洋은一八、七厘이라더라

市의東北에布引瀧이有하니生田川의上流로二條雌雄瀑布가絶壁에飛落하야水力이雄壯한지라舊來에난一條瀑布로人工을加하야二條로分하고水源이不足함으로地中에揚水機를設하야百餘丈을倒引回還케함이라水落處에난澄潭을成하고潭上絶壁에旅館이有하니幽閴淸洒하야便是仙境이라團員一同이樹陰椅子에休憩하야麥酒一壺로煩衿을一滌하고一絶을口和하니

一朶芙蓉萬仞山浪花飛落碧雲間莫敎深逐桃源水
只恐成仙遂不還

二十四日微雨午前八時十七分에神戶를發하야岡山을向할새車窓을高捲하고四方을眺望하니此地方은南으로滄海를控하야嶋嶼난雲霧外에出沒하고北으로山峽을連하야村落이樹林中에隱映한대古松老檜난道傍에成陰하야行旅의風味를助長하난지라山凸處에一大建物이有하니此난離宮이라云하는대林泉水石의淸佳를鍾聚하야一幅名區를成한處이러라二三十里를行하야明石驛에至하니此處난海門이東坼하야驛中風景이甚佳라遂吟一絶曰

海色滄茫接翠微一聲汽笛客西歸殊土元來風俗異
東人莫怪我儒衣

自此로所經山水난無非絶勝이오田野난無非膏沃인대東南의海門은一望無際한대楚商吳賈의長帆短楫은往來不絶하야旅懷를惹起하난도다車中에一同이口和하니

四野濛々雨意微輕車好伴遠帆歸東來始見滄溟濶
萬里長風客拂衣

因하야神戶山川을回顧하니於焉數百里를遠別한지라團員一同이神戶縣及市廳의歡迎款待한情誼를未忘하야一絶을口呼하니

神戶山川漸隱微離情眷々不須歸天翁欲使詩魂斷
盡日羅纖半濕衣

過加古川

從古有名加古川茂林脩竹又良田大和民俗元如是

始信邦寧有所然

加古川을過하니沿路兩傍에靑山이擁立하고溪谷은深邃하야幽閒한趣味가有하더니萬富川을當到하니山勢가開平하고田野난膏腴한대農村의位置난間々集團으로鷄犬이相聞하고耕田하난農夫와下學하난生徒난山野에遍滿하엿난대半黃半靑한芃々麥穗난活畵를排布하고綠陰中의嚶々黃鳥난醉興을喚起하난지라車中에서一絶을口呼하니

來時麥浪去時秋物換星移動客愁萬富川邊多富屋

葱々佳氣望中浮

當日午後零時二十三分에岡山에到着하야旅館에少憩하고直히岡山市役所의招待에應하야午餐을喫應한後市助役의說明을聞하니人口난現在十二萬이오距今三百七十年前에富全이란人이此市를設始하야三百餘年으로依舊保存하다가明治更張以後로大히發展하엿더라此地난花莚麥藁子가特產인대花莚은元來朝鮮製造品에不及함으로輸出이少하고麥藁子輸出은多흠花莚의原料品은朝鮮產莞草가優勝함으로此를獎勵又난輸出方法을研究하난中이라云하더라

食料난朝鮮米를輸入함이多額이라然하나米質이不良함으로此를改良하면輸出이二倍或三倍를增加할影響이有흠本地方特產物產額은大概如左

○花莚一個年產額　三百萬圓

○麥藁子一個年產額　三百萬圓

女子敎育은日本中最히有名한地方으로縣內女子高等學校가三十個所가有하더라

市經費一年收支額은經常費一百四十五萬圓인대特別費及其他를倂하면一個年三百萬圓

岡山縣은全南의半分에當한대

| | |
|---|---|
| 地方費一年額 | 二億八千萬圓 |
| 工產物生產額 | 一億五千萬圓 |
| 農產物生產額 | 一億百萬圓 |
| 林產物生產額 | 一千五百萬圓 |
| 特產物花莚 | 三百萬圓 |
| 草　席 | 四百萬圓 |
| 豆腑類蒟蒻 | 一百五十萬圓 |
| 果　類 | 二百萬圓 |

午後雨勢가漸大하야出動이困難하나團員一同이旺氣를振하야冒雨하고豫定대로縣廳을視察하니縣

廳의不親切한狀態가有함으로視察은中止하고自動車로歸館하다

二十五日晴午前六時에團員一同이自動車七臺로市東上道郡操陽村에往하야農村의狀況을視察하니該村役所난二層瓦葺으로下層은事務室上層은會議室로使用하고會議室壁上에表彰板을揭付하엿난대

記

一、青年團事業成績優良事
一、農會事務整理及實施模範事
一、青年團補習敎科成績優良事
一、操陽村全部十個年縣稅完納事
一、青年團施設經營成績佳良事
一、操陽村五個年國稅完納事
一、操陽村農會々務成績顯著事
一、販賣組合成績良好事

其他青年團에表賞板이多有하고該村의敬老會撮影을揭付하엿더라

村長說明槪要

日本의自治制度實施한지于今三十五年이되엿난대今日村治가太端重大하야國家의政治가村治의良

否에關한것 (未完)

# 重要法令要旨

## 朝鮮公有水面埋立令

(大正十三年三月十二日制令第四號)

大意 朝鮮에在한現在의埋立에關한法規는 國有未墾地利用法 同法施行規則 朝鮮官有水面埋立規則等이有하나此를統一하기爲하야今回本令을公布하기에至하다 本令의內容은大體內地의公有水面埋立法(大正十一年四月法律第五十七號)를引用케한者인대二三內地와同樣으로하기難한點을變更함에不過하도다

第一條 公有水面의埋立에關하야는本令에規定한者外에公有水面埋立法에依함 但同法第三條、第二十五條、第二十六條、第四十四條乃至四十七條及四十九條의規定은此限에不在함

公有水面埋立法中入漁權이라함은漁業令第五條의規定에依하야入漁함을得하는權利、登錄한抵當權이라함은朝鮮總督의許可를受하야設定한抵當權、市町村長이라함은府尹、面長、地方長官이라함은朝鮮總督、勅令이라함은朝鮮總督府令이요同法第四十二條中第三條라함은第四條라

第一條第一項은大體朝鮮에在한公有水面埋立에는公有水面埋立法에依함을規定하얏스나同法中第三條、第二十五條、第二十六條第四十四條乃至第四十七條及第四十九條를除外함을示함이라 第二項은朝鮮에서現今入漁權이라稱하는者無한故로漁業令第五條의漁業權者는從來의慣行에依하야其漁場에서漁業을行하는者의入漁를拒함을

不得함이라함에依하야漁業을行함을得할權利를指함이되고登錄한抵當權이라稱함은漁業令第八條에依하야總督의許可를受하야漁業權에對하야設定한抵當權을指함이라次에朝鮮에서市町村長에該當함은府尹、面長이며此로하야금內地에서市町村長의行하는事務를司케하며內地에서地方長官된知事가行하는事務는總督이此를司함又內地에서勅令으로써할事項은總督府令으로써此를定하고又同法第四十二條第三項에서第三條乃至云云이라함은第四條乃至云云이니此는朝鮮에市町村會에該當하는者無한所以라

第二條　公有水面埋立法第十五條의境遇에補償金額에關하야協議가不調時는地方長官의裁決을求함을得함

第三條　本令又는本令에基하야發한命令에依하야地方長官이行한處分에不服하는者는其處分을受한日로부터起算하야六十日內에朝鮮總督의裁定을求함을得함埋立法第四十五條第四十六條는朝鮮에行政裁判所及訴願法이不存한故로此를適用을除外한結果、行政官廳의處分에不服하는者를救濟하기爲하야特히總督의裁定을求함을得함



附　則

本令施行의期日은朝鮮總督이此를定함

本令施行前에行한處分及此에附한條件은本令又는本令에基하야發한命令에抵觸치아니하는限에本令에依하야行한處分及此에附한條件으로看做함　但朝鮮總督은公益上에必要가有하다認하는時는本令施行日부터起算하야三月內에限하야公用水面埋立法第三十二條의規定에不拘하고處分에附한條件을變更하고又는處分에條件을附함을得함

本令施行前에行한朝鮮總督에對한申請其他埋立에關한手續을本令에依하야此를行한者로看做함

此附則은本令施行마同時에廢止될官有水面埋立規則等에依하야受한許可又는此에附한條件은尙히有效히存續할事를規定한者이라

本令施行期日은、大正十三年六月二十四日、朝鮮總督府令第三十五號로써　本年八月一日부터施行된者이라

次에本令의內容되는公有水面埋立法（大正十年

四月法第五七號）의大要를示하전대

公有水面埋立法

第一條 本法에서公有水面이라稱함은河、海、湖、沼其他公共用에供할水流又는水面으로國所有에屬하는者를謂함이요埋立이라稱함은公有水面의埋立을謂함이라

公有水面의干拓은本法의適用에對하야此를埋立함으로看做함

本法은耕地整理法에依한溝渠又는溜池의變更을爲하야必要한理由其他勅令으로써指定한埋立에對하야此를適用치아니함

本條는公有水面埋立의定義인대公有水面이라함은公共用에供하는國의所有에屬하는（私人又는公共團體의所有가아니라）水面은水流를指하는者이라 第二項의干拓은從來國有未墾地利用法에依한者이나今後는本法에依하게됨이요 第三項은아즉朝鮮에適치아니함이라

第二條 埋立을爲코저하는者는朝鮮總督（埋立令第一條）에게出願하야其免許를受함이可한대其細則은埋立法施行規則에列擧되다（施行規則第一條）

第三條 朝鮮에適用이無함

第四條 地方長官（朝鮮總督、以下準此）은埋立에關한工事의施行區域內에在한公有水面에關하야權利를有한者가有한時는左의各號의一에該當하는境遇를除한外에埋立의免許를與함을不得함

一、其公有水面에關하야權利를有한者가埋立에同意한時

二、其埋立에關하야生한利益의程度가損害의程度를顯著히超過한時

三、其埋立이法令에依하야土地를收用又는使用함을得할事業을爲하야必要한時

本條는官廳에埋立을免許할境遇에關한制限인대其埋立할水面에對하야業已權利를得한者ㅣ有한時는以上三號中의一에該當치아니하면不可함을示함이라

本條第一號에所謂權利라함은何如한者냐함은第五條에說明하얏노라

第三號所謂土地를收用又는使用함을得하는事業이라함은必히土地收用令에依한境遇뿐아니라他

의法令으로收用又는使用을許하는境遇도含함
第五條　前條에셔公有水面에關하야權利를有한者
라함은左의各號의一에該當한者를謂함
一、法令에依하야公有水面占有의許可를受한者
二、漁業權又는入漁權者
三、法令에依하야公有水面으로부터引水하고又
는公有水面에排水하는許可를受한者
四、慣習에依하야公有水面으로부터引水하고又
는公有水面에排水하는者
第六條　埋立의免許를受한者는勅令（朝鮮에셔는
府令以下準此）의定한바에依하야第四條의權利
를有한者에對하야其損害의賠償을行하고又는其
損害의防止施設을行함이可함
漁業權者及入漁權者의前項의規定에依한補償을
受하는權利는共同히此를有함이라
第一項의補償又는施設에關하야協議가不調하는
時又는協議하기不能하는時는地方長官의裁定을
求함이可함
本條는埋立의免許가有한時는其水面에關하야前
에權利를有한者를何如히保護할乎를規定한것인
데其細則은府令으로써定함이라（施行規則第八
條以下）
入漁權의意는已히說明한바이라
第七條　前條의規定에依하야漁業權者에게對하야
損害를補償하는境遇에其漁業權이登錄한先取特
權又는抵當權의目的이되는時는埋立의免許를受한
者는其補償金額을供託함이可함　但先取特權者
又는抵當權者의同意를得한時는此限에不在함
前項의規定은埋立에關한工事의施行區域內에在
한公有水面에對하야存在한漁業權又는入漁權이
訴訟의目的이되는所以로訴訟當事者로부터請求가
有한境遇에此를準用함
登錄한先取特權或은抵當權이有한者又는訴訟當
事者는前二項의規定에依하야供託金에對하야도
其權利를行함을得함
第一項은本法의規定에依하야免許를受한者가漁
業權者에對하야補償함에當하야若其漁業權이總
督의許可를得하야設定한抵當權의目的이되야잇
는境遇에는埋立權者는其補償金額을漁業權者에
게支拂치아니하고供託局에供託치아니하면不可

하도다其抵當權者가同意한時는直接漁業權者에게支拂함도無妨함 (朝鮮에는登錄한先取特權이無함)

第二項은理立할公有水面에存在한漁業權又는入漁權이訴訟中인境遇에는何者가權利者인지不明하면訴訟當事者로부터裁判確定까지其金額을供託하난것이請求有한境遇에는此를供託치아니하면不可하도다

第三項은抵當權을有한者及訴訟에勝利한者는其供託한金額에對하야權利를行使함을得함

第八條　理立의免許를受한者는第六條의規定에依하야損害의補償을할境遇에는其補償을하고又는前條의規定에依하야供託을爲하난後가아니면第四條의權利를有한者에게損害가生할工事에着手치못함　但其權利를有한者의同意를得한時와又는地方長官의裁定한補償金을供託할境遇에는此限에不在함

理立의免許를受한者는第六條의規定에依하야損害防止의施設을할境遇에난其施設을한後가아니면第四條의權利를有한者에게損害를生할工事에着手치못함　但其權利를有한者의同意를得한時난此限에不在함

本條는理立을得할者가其工事에着手코져하면第六條의規定에依하야損害의補償을하거나又는前條의規定에依하야供託한後가아니면第四條의權利를有한者에게損害를生할工事에着手치못한者ㅣ이라　但權利者의同意가有한時와又는朝鮮總督의裁定한金額을供託한時에는此限에不在함

次에第六條에依하야損害防止의設定을하난境遇에는損害防止의設定한後나又는第四條의權利者의同意가無하면工事에着手함을不得함

第九條　第六條의規定에依하야損害의補償을할漁業權을目的으로한先取特權은抵當權을有한者는前條第一項但書의規定에依한供託金에對하야도其權利를行使함을得함

本條는大體第七條와同旨로서理立權利第八條第一項但書의規定에依하야供託하난時난抵當權者는其供託金에對하야도權利를行使함을得함

第十條　公有水面의利用에關하야된施設이理立으로써其의效用을妨케하난境遇에는地方長官은勅

令의定한所에依하야埋立의免許를한者로써其施設을한者에게對하야此에代할施設又는其效用을保全하기爲하야必要한施設을하게할과又는損害의全部나或은一部를補償케함을得함

第四條로부터第九條까지는埋立區域內에對한公有水面에關하야權利를有한者에게對한保護規定으로本條는埋立區域外에서된施設物이其埋立의關係로其效用을防케하난境遇에난府令의定한바에依한(施行規則十四條、十五條)施設者에對하야代用施設을하거나效用保全의施設을하거나又는損害賠償을할것으로함을示함

# 文苑及詞藻

經學院釋奠夜吟　長城 肯東 沈璿澤

泮宮斜日照蒼々、參拜年々入漢陽、盛訓可學前世、儒衣奔走趨爐香、樹葉滿園秋色動、旅人高枕雨聲長、入室其材今有幾、吾生且愧未升堂、

賀明倫堂學士　珍島 明齋 朴晉璲

上年居接日、聽後拔其尤、七十餘群弟、東南第一流、百科新學問、六藝舊儀修、鄒魯經營爽、文翁又蜀州、巾帷來墊角、刀豈用恢牛、芹泮春風動、杏壇時雨收、濟々從者蔘、閱爾賞於周、參贊則成體、當仁少讓頭、三分陰可惜、四個月幾遊、笠履歐蘇軾、絃歌卿子游、間多詩律詠、復有酒盃酬、活水方塘出、生花夕照樓、羊存知告朔、麟去抱幽秋、交際時通露、乘除夜唱籌、官朋聽講演、俗美絕訟求、相忘雖魚樂、雙飛習鳥儔、何須歎躍鯉、只此感浮休、想必明倫教、厥無漆室憂、君程如錦片、吾土是首邱、見說同窓會、令名千歲留、

新春　同　同　人

新春無物不新時、但從浮生一夢遲、月亦重圓前夜色、花應復發去年枝、文章自許常饑見、世路空教老爲知、萬事皆從求實地、芳辰且共朗吟詩、

新堰晩望　同　同　人

南浦試遊日、東風欲雨時、柳柔難學帶、柳短不成絲、螢樹原多感、滄桑足一悲、僧齋米山峙、宜觀茂亭詩、

秋日白羊雅會　長城 雲樵 南廷學

時惟九月是清秋、夜半虫聲苦冷愁、一路層岩又絕壁、雙溪殘路又高樓、石門盡日藏將謝、山巷無邊水自流、名勝湖南金剛小、白羊何必易以牛、

同　同 碧塢 鄭肯朝

旅遊爭說白羊秋、攜手登臨不用愁、鶴偶高棲隔古木、龍蛇活潑起新樓、半世浮蹤如覆局、上房文酒足風流、入山招隱能相見、隔々石兮歎飯牛、

同　同 碧巖 金演夏

翠樹凉蟬古寺秋、一樓相對豁閒愁、野花寂々僧歸院、溪水潺々客倚樓、茶半香初多韻事、雲川日下盡名流、六根塵累都除了、僻勝細林脫覓牛、

同　羅州 石農 安鋤哲

賢人夜到白羊秋、但飯呼飢各訴愁、虫語猶寒鳴四壁、鍾聲衛落動遠樓、但緣此地今三宿、風雅吾儕亦一流、逢處相看皆好友、況復何必較鷄牛、

同　長城 肯東 沈 璟 鎔

古寺相逢八月秋、淸溪盡日倚欄愁、燕子留時來遊客、楓林缺處見
高樓、勝槪二難非故事、香山九老個田流、一般契尤參天立、阜晩
登臨抗斗牛、

同　潭陽 湖隱 金 永 近

白岩樓色動晒秋、滿目風光解我愁、醉氣人來紅稻店、鳴聲鴉入碧
山樓、岩泉巍然千歲立、靈泉不斷至今流、問僧古寺當年事、石佗
爲羊不易牛、

同　光州 韓阿 石 鎭 衡

悲歌壯士集白羊秋、臨酒不胥感世愁、落木有聲猶客夢、夢燈自照流
山樓、北空孚至懷人切、南菊宜逢感歲流、勝地烟留千載下、騷人
幾度總牽牛、

同　長城 碧湖 金 肯 鉉

楓林古洞客先秋、詩會還生籾上愁、孤鶴名傳千丈石、雙溪假重一
高樓、黃花欲發知霜近、白首相看奈歲流、每到禪家多有感、幾參
道味惑牽牛、

同　海山 邊 昇 基

平生無日不悲秋、偶到名園却忘愁、九老筵中三太守、萬山叢裏一
高樓、危端交石重々立、枕下寒溪曲々流、羅碁未散時催會、不覺
窓西猶斗牛、

同　翠庵 白 羊 山 僧

群仙拉我白羊秋、幸釋山僧獨詠愁、靜護松泉時領鶴、閒論茶史在
登樓、危登疊石三分老、細出雙溪一樣流、金山玉帶音何處、願賜
新時代一年、

東吟　長城 碧梧 鄭 宗 湖

小池秋晩綠荷殘、古殿巖飛白衲寒、盡從入神題寫處、座侍首伝湖
三韓、洗心烟火瞻古佛、回首風塵笑冷官、靈泉一依開昏眼、淸列
良方滿滿肝

同　湖隱 金 永 近

黃花將發對花殘、秋氣猶聽峽氣寒、此地長城非萬里、雙溪秒絶記
三韓、院遠林多好鳥、座高白髮靈明官、相親相敬遊低節、但願
靈湖滌肝、

同　碧梧 金 演 夏

梵宮寂々雨蕭殘、一座詩聲尙未寒、太守仁應來召杜、大家潛筆見
蒲宗、如今浮俗皆趨利、從古高人不露官、獨向雙溪々上坐、淸將
靈泉洗塵肝、

同　菱湖 南 廷 學

水落山高路亦殘、雙溪樓上最先寒、迎到道朋論萬古、觀來詩律說
三韓、論云世事無非夢、君在禪門不願官、山中莫道無佳味、猶餘
猶能勝狗肝、

同　碧湖 金 肯 鉉

荷葉凋傾石沼殘、寂陰坐久袷衣寒、祟師多有勝新日、稚史能當感
舊憐、心幻六國方悟佛、身無一事似休官、金簡相防乘花樹、是日
風流絡肺肝、

同　肯東 沈 璟 澤

池荷堤柳入秋殘、古洞幽深八月寒、老佛何時來遊笠、肯山今日肥

三界、道師說法皆談諦、志士吟詩欲俗官、新詩沒覓會不見、石奇堪比勝之肝、

同　慶州 石 鎬 德

踈松的歷路回殘、白山背秋水寒、故蹟至今分二道、白羊能古超三界、慈若南國布衣客、笑我半生參與官、落日沙門放錫立、滿天清氣爽人肝、

同　石谷 安 鍾 晳

臨花隱隱五雲殘、古寺秋凉客宿寒、太白當年君是杜、盛名今世孰爲韓、鄕音久阻類猿夢、淸志多逢倚冷官、勝地相逢參禮佛、堪將道味滌心肝、

同　晦山 邊 昇 基

法堂起坐佛燈殘、滿架秋聲葉々寒、太守風流來少社、文章遲愛見今韓、從知世事臨空候、不信人間有好官、遊旅相逢皆白髮、一杯談酌蕩心肝、

敬次白羊寺韵　光州 松坡 高 彦 柱

峽路登々夕氣殘、白羊秋色早相寒、山形百里蟠龍虎、寺蹟千年防歷韓、猶安何曾由迷客、淡裝初不似居官、回看谷水澄如鏡、照盡人間昭肝、

同　寶城 小坡 宋 明 會

萬壑幽路驚已殘、西風短褐不勝寒、懷珍有蹟三朝梵、辟穀無綠五世韓、老石堪爲知己友、喬松耻列大夫官、白羊山色秋來好、一洗新詩爽肺肝、

秋日登無等山　光州 滄溪 金 雅 日

五十年來久在山、臨求不得定心閒、蒼松已老丹崖上、楓樹半紅石逕間、一社學林藏盛迹、三生稽德王將頭、賦遊勝地回遊拜、似帶沙門始與還、

同　光州 鷗山 元 用 斌

眼前秋風防名山、千峰依々古寺閒、七里路回流水上、一巖如落白雲間、遠岩秀似仙人坐、老石奇如道士顏、臨而照我回轉得、堪將餘生法界還、

同　光州 毅阿 石 鎭 衡

光山九月客登山、北望長安心不閒、白髮自憐蹤跡老、黃花又發近人間、歸來今日餘樽酒、老去無時卧笑顏、南國年々具秋色、如何未得故鄕還、

遊證心寺韵次盤阿石伯　長城 宵東 沈 瑢 澤

文章休限翔登山、恨失吾生一宵閒、月影遙照瀑石壁、露聲搖落樹簷間、共得秋光照落日、此非塵世笑開顏、每向北風憐老眼、長安何日飛錫還、

同　寶城 小坡 宋 明 會

官樣初懸一簇山、聊得秋來暫暇閒、車跡人過紅樹下、鐘聲寺在白雲間、病餘愁殺凡々髮、步至頭看匝々顏、用指丕陽今又近、試攀何處共吟還、

同　光州 松坡 高 彦 柱

萬疊無窮是名山、遠客秋風暇日閒、超入塵邪遊物外、俯看城市逈人間、森林幾處開新逕、立石奇形對客顏、咫尺亞匝沸寂地、巫々若度故鄕還、

寄明堂小集　光州　鎔坡　高　彥　柱
頗有先生有此堂、秋翁澄慮復增光、風流一代今單父、山水千年古
渤陽、晩節黄華添景在、中天好月助假長、騷壇雅集知非偶、夕飯
殘盃且適觴、

同　光州　錦山　元　鼎　漢
高抱清風上此堂、圖書滿架燦輝光、場隣白胸留永夕、節逢黄菊過
重陽、江湖浪跡逢何晩、文墨清緣話更長、笑我頭狂人莫問、罷盃
心事付唫觴、

同　寶城　小坡　宋　明　會
官樓羅酒似登堂、悵見圖書滿有光、明月今宵如既望、黄花何日不
重陽、座中賓客追文學、窓上山川擬子長、從此相逢應續々、休將
斗祿致盃觴、

同　光州　槃阿　石　鎭　衡
有朋來訪寄明堂、官閣無聊放彩光、白首相逢吟一夜、黄花自在即
重陽、階下篤根由晉明、風高淨蔽雁聲長、滿庭明月多秋感、詩話
淋漓更適觴、

同　長興　笑阿　金　明　植
有此文章有此堂、詩藏白玉借餘光、白首相逢今會席、黄花不負是
重陽、久病更因年老發、新愁偏覺夜來長、古昔風情今極興、寄鋒
少辨勸傾觴、

遊映碧亭　光州　槃阿　石　鎭　衡
月上東山客醉歸、滿天玉露與人衣、清江一碧夜如洗、塞雁數聲何
處飛、

咏全南統計展覽會　光州　紅綠　倉　品　益　太　郎
全南產出小坤乾、各郡凝技競後先、櫻菊紫紅秋十月、滿場燦爛與
花妍、

和槃阿枳城校宮別離韻　濟州　旋谿　吳　錤　南
千里南來一夜留、遊蹤不暖渡東樓、微君誰復明倫道、更望仙帆渡
海州、

同　濟州　旋谿　吳　啓　默
感愁天涯各去留、清風明月滿營樓、愛而不見空搔首、一片歸帆萬
里洲、

同　濟州　旋谿　吳　啓　錤
客欲留君々不留、憐君獨上月明樓、公來公去山經㢟、佳句殘吟學
海洲、

明白羊會和槃阿先生韻　京城　晦堂　李　基　燦
明道從心與白羊、天然景色冠南鄉、聞詩如見登臨處、幾度黄花味
徂觴、

同　京城　經石　尹　夏　鎔
聞香香處設華觴、秋水蘆葭一夢寒、座上清風故人至、聞詩字々照
心肝、

晩秋又集寄明堂　麗水保晩堂　丁　忠　鉉
晩時白髮對黄花、官閣閒如處士家、石角枯桐秋氣轉、庭陰老柏夕
陽斜、孤筇越澗縈棧、偃臥周場擬踏沙、酒後風情詩令促、饒吾
醉腹別無誇、

同　　寶城　小坡　宋　明　會

公餘嘯咏對黃花、門巷依然處士家、愛世金丹時已晚、醉人綸恩日將斜、盆松臥大安新土、籠鳥飛揚戀舊沙、案上有書樽有酒、先生爲致盛堪誇、

同　　潭陽昌平　夢齋　李　璨　明

白首相逢晚節花、城東官閣似私家、叢竹未成猶短小、盆松多格半欹斜、衣巾不俗鹿麁布、庭戶無塵細踏沙、先生邀憐兼詩酒、到處逢人欲一誇、

同　　光州　春坡　高　彦　柱

白石蒼松又碧花、尋常不是使君家、詩心欲吐愁腸渴、酒氣方濃怕日斜、落葉飜々飛古堞、歸鴻的々度寒沙、此來感歎愁歡敵、幾日逢人也有誇、

同　　光州　槃阿　石　鎭　衡

花中有節是黃花、多發人間咏嘯家、他地堪憐時北望、此筵不覺月西斜、桑麻籬畔做鷄犬、松竹門庭布石沙、萬像秋來盡零落、一山獨傲也如誇、

同　　光州　鄭山　元　鼎　淡

小園參差百種花、官樓猶似野人家、三盃酒進秋風緊、五絃詩成曉月斜、世事滄桑開別界、吾心四壁下平沙、莫道頭狂堪可笑、但將白髮向君誇、

仲秋既望時會于突山明倫堂

　　麗水突山　栢庵　金　在　倫

古郡猶餘一片城、秋天如洗海雲晴、于山月出婆娑影、萬樹風來浙瀝聲、俯仰無非先聖化、悲歎只是世人情、願言相勉精微力、永使斯文繼後生、

同　　麗水突山　南叟　丁　佐　秀

夫子宮墻倣似城、秋天一雨到斯晴、北極星辰臨闕下、東征鼓角送江聲、半世榮枯雲外夢、一場酣醉月中情、楓汀落月衆湖淡、追恨當窓老此生、

同　　麗水突山　禹　有　信

海上青山古郡城、仲秋天氣望中晴、禾穗離々添野色、蘆花白々送潮聲、永日清風間引興、今宵明月更多情、南洲自此蒸佳運、家富民安樂一生、

重陽備遊彰明會席上　珍島　獨存　成　顧　洙

佳會難分此日中、一園弱氣霽晴空、時客兩三村遠近、漁家四五水西東、左道無常時月異、斯文不變古今同、江南賢樂人如醉、國處何須覓放翁、

同　　珍島　康齋　朴　晋　遊

重陽佳會日方中、多士清遊興不空、滌樹幾回臨渭北、秋花太半在籬東、明知吾道有消長、肯向時流論異同、激酒尋常如昨日、白頭誰殺一衰翁、

同　　珍島　阮齋　朴　鳳　璣

正值重陽酒正中、黃花色々又空々、最愛斯文窮宇宙、那堪世路泣西東、秋深野人爭餘穀、韻強詞客戒留同、休將短髮嘲吹帽、愁絕龍山一醉翁、

同　　珍島　友石　蘇　良　三

黃菊秋重九、相逢是會中、探國平非少、倚感一盃空、坡香香山北
田桑碧海東、彰明斯會重、詩酒與君同、

同　珍島 蘂園 朴 昌 瑱

黃菊開落四時中、個裏黃花境不空、香稻初成金世界、佳醪挽酌玉
西東、交遊何必京鄉異、出處無關氣味同、更願年々斯會繼、風流
長在白頭翁、

同　珍島 蘂園 河 浩 春

一閣相親講究中、九日登臨與不同、多年此會期城北、百世斯文振
大東、鴻來燕去知誰在、蟹欣魚肥與衆同、西風落帽休須笑、從古
文章一醉翁、

同　珍島 蔡田 朴 衡 碩

佳節衿期把酒中、一心相照淡如空、吹帽涼風來硯北、映彩黃花滿
籬東、詩酒無登高士會、恩威並感使君同、合教促席脊山乘、醉月
歸程伴野翁、

同　珍島 梅下 曺 日 煥

詩筵齋設一堂中、適值重陽酒不空、萬壑煙霞村左右、一江漁笛水
西東、滿山紅葉時々落、匝地黃花箇々同、醺送白衣歸巢里、至今
佳節醉山翁、

同　珍島 南坡 薛 柳 春

重陽節好四時中、稻熟楓酣野不空、入戶螢籠鳴上下、登坡笠屐自
西東、龍山醉帽人何在、爐上清風世不同、鐵甲高談傾蓋坐、皆樂
共樂白頭翁、

同　珍島 石泉 金 永 驥

萬木凋霜九月中、黃花開處百花空、龍山醉與風吹帽、鳳德餘輝化
湖東、英道斯文時日異、雖逢此節古今同、猶聞城下絃誦聲、又是
天涯獨醉翁、

同　珍島 山月 朴 東 鉉

重陽來自一陽中、菊塢生香淡不空、簪屐授衣無老少、時當築圃農
南東、插瓶跳雨三分晚、流水長天一色同、好是吾人開社地、千秋
偶化見文翁、

同　珍島 果下 朴 昌 庭

彬々多士一堂中、際登西城野不空、獵塞應陣長江北、向晚砧音小
湖東、韶々秋色雲金輿、冉々年光逝水同、又是斯門絃誦地、周璇
雅會化文翁、

同　珍島 月山 金 宗 演

雅會團圓日定中、從容談話殺無中、插茱稱壽今如古、泛菊羽觴西
又東、車笠相盟風致一、衣冠分席視瞻同、風流太守優遊地、何妨
高亭記醉翁、

謹次槃阿先生韻
登山盤心寺韻　珍島 鹿齋 朴 晋 遠

孝槃老樹帶光山、九日紛忙一日閒、瑞石氣生黃寨外、盤心寺出白
雲間、雖逢盛世頻開口、那得仙緣更駐顏、眼看年々秋色至、故鄉
應復夢中還、

又次白羊寺韻　珍島 鹿齋 朴 晋 遠

一片長城萬里秋、江南遊客客偕愁、白雲紅樹新精舍、明月涼風古
寺樓、金谷從來非樂地、仙林亦自是清流、江湖進退皆前定、莫向
樊山話雨中、

同

爲訪山中老䄵殘、我平去後白羊寒、塔㕔碧洞三生石、自洗紅塵一點殘、夜雨同棲道逸士、疎松曾見大夫官、鄭筒珍重新詩句、對是琴嘗飾肺肝、

用石農阿同伯韻述懷　咸北參興官　金　瑞　圭

北方已少好江山、況又秋來不暫閑、妻子携將千里外、貧窮迎送幾何間、中元明月空遊眼、九日黃花未解顏、逸殘故人多逸趣、白羊無夢詠般還、

同

老來俯拍易悲秋、何處從容破我愁、見月思歸元老里、乘風欲上仲宣樓、蝸蔽世事如棋變、可惜光陰似水流、眼客紛々還一笑、無妨呼馬且呼牛、

同

節序看々秋亦殘、海村霜落鴈聲寒、可憐別後三經夏、何幸年前一識冠、多病不宜爲遠客、無才只合做閒官、惟君最愛疎狂我、頗送新詩照膽肝、

和石農阿韻　濟州旌義　主簿　金　在　天

坐窺悅我井中天、君子伊人行遠邊、最好其風詩頌德、杏壇花下紫生烟、

同　同　尹庵　吳　啓　礁

緋袍一袂濟東天、貴駕來臨若簡邊、歸究斯文將未絶、遽然分手各風烟、

同　濟州旌義　飛山　金　翊　璜

交換及酬唱

巡車來臨指南天、來訪士林講樹邊、崇尚首修文教詔、杏壇白日翠香烟、

同　同　東門　宋　過　允

紅杏花開二月天、儒風觀察杏壇邊、若無貴德何興道、萬世特稱香火烟、

自旌義還枳城　濟州　美山　金　河　鍊

迢々遠路意悠然、春氣如蒸日挺年、閱盡瀛洲惟別界、行來獨許白雲天、及時四野一犁雨、向暮千村萬落烟、指點孤城何處是、牧人抹馬草芊々、

依々綠樹草離々、此地重來似送時、雨色宜添迷古堞、苔紋點綴蝕殘碑、牧翁見客不爲拜、野老逢人尙可疑、倚斗亭前數株柳、至今惟有舊攀枝、

樹間吹々照燈明、到此始聞絃誦聲、枳㮶堂中同宿夜、一宵難忘十年情、

枳城西畔背飛鴻、日上三竿潮既盈、萬德歷頭相送罷、漸移寸步向前程、

濟州旌義鄕校白日場賞品授與式席上韻

濟州旌義　治浚　唐　鎬　翔

白日場開五月時、彰明斯道亦何遲、彬々多士以文會、此席與徐留後期、

同　同　南泉　金　京　斗

好友相逢好雨時、欣々忘却日遲々、此會同歡情未了、將來進步有前期。

同 同 蓮塘 康 閏 發

一年此會際今時、細雨濛々日影遲、斯道彰明是吾事、諸君莫負後相期、

同 同 松坡 吳 卿 彥

南州詩卷獻何時、等級變々來何遲、此席莫欺貧品議、是辰餘興後年期、

同 同 盛室 金 正 三

吾道彰明自有時、東方文化也無遲、如斯佳會更何日、歲々年々願一期、

同 同 石溪 金 根 浩

濟々衣冠五月時、相逢窓氣日遲々、明朝分手猶堪惜、詩會更仙待後期、

同 同 東溪 吳 現 周

會友以文此日時、封來詩卷坼何遲、授與貧寒分等級、如此良辰不負期、

同 同 桃溪 金 龍 贊

去年佳會又今時、勝友如雲白日遲、誰知儒道彰明事、文藝場中更定期、

同 同 謙隱 康 成 基

彰明儒道此何時、談話團欒日亦遲、以友輔仁文以會、平生不變好della期、

同 同 月峯 洪 璀 興

綏興式行甘雨時、緋袞萬年遲、以洌以文來了興、江南風月自今期、

同 同 笑隱 金 河 錄

我適來時好雨時、開封詩卷日遲々、高眼評來非偶爾、旗亭甲乙本無期、

同 同 秋塘 孫 李 球

仰瞻千秋此一時、諸生禮義自樓遲、胸衿灑落知何處、霽月光風無盡期、

同 同 竹軒 金 基 洙

彰明斯道已多時、夫子之行任速遲、追慕彌勝僉難忘、至今後學有前期、

同 同 仰山 高 性 柱

東瀛雅會已多時、白日蹶坐卿鼓遲、吾道彰明從此始、猶期天理貫無期、

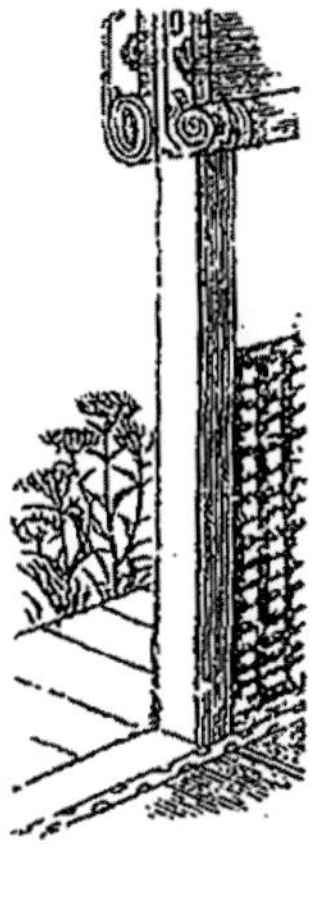

雜報

## 間島의 一瞥

勸業課 鈴木道厲談

先般知事閣下에隨行하야北鮮地方으로부터支那間島까지旅行할때에受한第一印象을記臆되는대로若干만述할가하노라

元來一日에도한視察이업슴으로眞히一瞥한것에不過하엿고또紙數에限이잇슴으로最히簡明하게一二의事象에就하야만記錄하고其他의詳細한것은機會를得하야充分히記述코저하노라

咸北上三峰으로부터國境을超하야支那領土인間島에入하야直히驚한者ㅣ四가有하니、即其의一은豆滿江이너무나小하야光州川의二倍에過치못할만큼하고또其의國境은僅히細鐵糸로劃하엿던것이오、第二난赤裸山骨이巍々하고累々한瘠土의對岸인咸北一帶의地에對하야沃野가饒하야一眸連聯하고또善히耕耘되여少許의荒地도업난間島의土地와의比較가懸殊한對象인것이오、第三은巡警(巡査)站長(驛長)站員其他役員은支那人이나往來하난者의九分九厘까지가朝鮮人이오自然의風物이亦朝鮮과異함이업저全혀外國에在한感이업난것이오、第四에난在留朝鮮人의大部分은支那領土인觀念을有치안흔것等이잇다、然而以上一驚한事實은龍井村에着하야取調하여본즉何等의異도업난當然의結果ㅣ오直히氷解할수가잇섯노라、以下是等의事情에依하야述할지어다。

世人은大概間島라云하면琿春까지含한것으로解

하나그러하나事實인즉不然하나各別簡의行政區劃으로定한것이라、部間島난延吉、汪淸、和龍三縣을總稱하난것인대鴨綠江對岸의西間島에對하야東間島라稱하고琿春은其東南의細長한地域인대一縣을成함에不過하다그리고間島난南北四十餘里、東西二十五餘里、面積千三百九十四方里에達하야面積은咸鏡北道와大差가업고內地四國보담도二百方里以上이廣한자라。

間島의人口난領事館에서極力調査에努力한中이나원체異動性에富한것과經費의不足으로因하야充分한調査를完施함은不能의狀態임으로確的한計數를揭할수업시나本年八月領事館調査에依하면內地人一、五六八、朝鮮人二八七、九二九、支那人五〇、九九〇合計三四〇、四八七八인대其中內地人及支那人은事實에近하나朝鮮人에至하야난少하여도三十萬以上을算하난듯하더라。

部間島在住의朝鮮人은三十萬以上을算하고本土인支那人은僅히其의六分之一인五萬人에不過한狀態임으로間島의開發上朝鮮人의活動에依하난바多大한者有함은事實이此를證할뿐아니라文明的施設에在하야도朝鮮人에其優秀한者ㅣ잇슴을證하엿스라年々히朝鮮人의移住가多하여감에反하야支那人의數가漸減되난事實은統計의示하난바에依하야炳然한지라如斯히間島의朝鮮人은「數」及「文化」의上으로論하야勢力의顯著한것은他言을須치안코도明白한지라、是ㅣ畢竟我領事館의保護에依한바ㅣ나一面六倍의數를有한것도또其의一因임을不失할것이라。

以上과如한狀勢에在한故로在留朝鮮人의大部分은間島를目하야朝鮮의延長이라거나或咸鏡北道의一部라고稱하고或者난咸鏡北道가繁華한龍井市(總領事館所在地)를有한것을幸福이라고明言勿憚하난(自己가間島에서某朝鮮人으로부터右와如한事實을聞한것)狀況이라

統計上의問題난此를姑舍하고支那人減少의傾向을生한것은何故일가、由來支那政府난間島를封土로부터開放하야此를開發하라고明治四年頃부터拓墾局을開設하야間島移民事業을企하야主히山東人을移民식힌關係上爾來山東人의移住함이多하게되엿스나그러나一面朝鮮人의移住난長江大河를決하

ᄂᆞᆫ勢로써殺到하야土着의支那人을凌礫함에至하며其勢力에壓倒되여遂히其歸還者續出함에至한지라卽間島龍井市의夜景을視察할제에某朝鮮人의意見을求하엿ᄂᆞᆫ데「間島琿春」의天地ᄂᆞᆫ我朝鮮民族이他에率先하야開墾拓殖에從事하야成功한것이라。

間島及琿春에在한現代의文化ᄂᆞᆫ我朝鮮民族이不斷의努力을한效果인즉實로我民族은間島琿春의主人公이라。

卽當人의所有라고豪語함을聽하엿ᄂᆞᆫ지라言인즉奇矯함을不免하나如斯히하야今에ᄂᆞᆫ土着民卽本國人인支那人은朝鮮人의敵이아니오數及文化의點으로事實間島ᄂᆞᆫ朝鮮人의間島임을如實히現하게되ᄂᆞᆫ데이라。

然而此를經濟力의關係로見하면現在間島에셔農業을營하ᄂᆞᆫ朝鮮人은二十九萬人、支那人은四萬八千人인대支那人은朝鮮人의六分之一에도未滿하나그러나土地所有面積을比較하면朝鮮人所有土地八萬五千六百七十町步에對하야支那人은九萬四千四百十町步라是ᄂᆞᆫ支那人名義로된것도잇스나以此觀之컨대數ᄂᆞᆫ到底히其敵이안이나經濟力으로ᄂᆞᆫ아즉朝鮮人의晏如함을不許하ᄂᆞᆫ者ㅣ잇슴을認할수잇나니大抵如斯함은一般의通弊라고見할한經濟思想의缺如에依한者로思料되여甚히遺憾으로思하ᄂᆞᆫ바ㅣ라。

所謂馬賊土匪等은間島에根據를構한者ᄂᆞᆫ少하나大槪琿春縣密江大荒溝、土門子附近의森林地帶에巢를構하엿ᄂᆞᆫ데四種類가有한지라、卽支那人뿐인것과、朝鮮人뿐인것及是等의合同된것又ᄂᆞᆫ露西亞人을加함인대遠히對岸朝鮮地에도遠征을試하며我等一行歸路에當하야咸鏡北道古茂山驛附近民家를襲한十五名의馬賊이잇섯다함을聞하엿스나大體로ᄂᆞᆫ平穩한지라。

間島ᄂᆞᆫ朝鮮人의樂土라、數로ᄂᆞᆫ無力한支那官憲에倍나支那人을壓하며饒々한沃田耕野ᄂᆞᆫ健實한朝鮮人의入國을歡迎하ᄂᆞᆫ터이라、兼하야日本帝國領事館의保護ᄂᆞᆫ實로充分한지라、大抵是ᄂᆞᆫ懸河의勢로써移住民數를增하ᄂᆞᆫ所以에不過할일지라。

以上은間島事情의一些部에不過하나此外에間島의經濟價値、朝鮮對間島의經濟事情其他에付하야ᄂᆞᆫ追後詳報하야參考에資코져하노라。

## 古百濟國博士官王仁氏 祠宇建設發起文

距今一千六百三十九年前乙巳、古百濟國近肖古王時、博士官王仁氏、奉命、持論語十卷及千字文一卷、渡重溟、至日本內地、進獻于 應神天皇、遂爲皇子師、內鮮歷史之所共證而現今孩提之所普知者也、此卽爲日本有漢學之始、是時、兩國交際、親密、如醫學、織工、皮工等凡可以利用厚生之類自百濟輸入者、曾項背相望、然、今自吾儒、觀之王博士之經典事業、當屈第一指而尤不能忘於百世之後者也、百濟國都、在今扶餘郡、曾管京畿一部及忠淸全羅全部、傳說、王博士本居于全南之靈岩郡云則、國境及其人、並關係于本道矣、今聞王博士之墳墓、在於大阪府北河內郡枚方、行路指點、樵牧咨嗟、噫、舊日則、航路隔絕、問聞無徵、現今朝發夕至、殆同隣里、其墓下、尙無數間祠宇、不問內鮮、安得無遺憾哉、況本會處在全南、感王博士之遺風、非比餘人、若含默無言、是、使此文化之祖、無聞於千載之下、生於千載之下者、由何而能講明斯道乎、故、玆敢發起、欲建設一祠宇于其墓側、使一般人士、永久崇拜、喚起內鮮思想之融和、竊願 有志僉位、依左記捐若干金、俾此文化事業、有始有終、千萬千萬。

## 長興郡烈女宣氏贊揚文

嗚乎好生惡死人之常情以其所好易其所惡克遂千古非常之名者盖好惡有甚於生死故也與其偸活苟生不如捨生取義以全其性以安其分噫世有非常人不幸罹此非常之變然後必有非常之事驚動隣里照耀耳目方之於古誠是絕無僅有之事而今於烈女宣氏見之矣宣氏籍寶城孝子昇根之女也在家從訓克知事親及笄適光山李光秀奉舅姑以孝事君子無違隣里咸稱其婦道之僉全矣歲將無何其夫光秀不幸遘疾彌延數朔宣氏發形于色藥餌保護無所不至露禱之誠終始靡懈天理難諶竟至莫救乃深自含寬忍痛裝斂諸具親自裁割將身擔棺使之無憾每以愉辭慰其舅姑勸於産業供養之節一如夫在過甁孃々之容三年祭奠必誠必勸及其終祥之日亦如之至於將事之夕哭泣盡哀至曉渾室寢定忽聞有嘔逆之聲自其房中出家人驚惶急起視之則藥已下咽歎無及焉嗚乎慘矣尙忍言哉以其前日有異烏之預兆啞々拏集如吊如訴至有人不知我爾獨知我

之自歎此無乃皇天矜之憐之使此微物先爲兆眹者歟噫以若二十七歲之芳齡滿腔烈々之血心已決於其夫溘然之日而含哀忍痛禮制畢伸從容就義竟遂其志此豈非明知好惡之有甚於生死者乎蓋是丈夫之所難而乃見於窮閭之女士也噫乎挽近習俗日渝彝倫斁喪子焉而不父其父婦焉而不夫其夫者滔々皆是則烏得免宣氏之罪人乎際此吾省儒道彰明之日聞有如此特節懿行而其在秉彝攸均不敢含默撰其大槩遍告于我東僉君子俾知東方之有長興宣烈女云爾

大正十三年十月　日

孔子誕生二千四百七十五年十月　日

全南儒道彰明會

## 大詔煥發一週年當日의狀況

十一月十日은國民精神振作에關한大詔를煥發하신一週年當日에相當함으로本道에서난更히該詔書의趣旨를徹底케하난同時에國民의自覺自奮을促進하며또時勢에順應하야勤儉力行과消費節約의氣風을作興식히기爲하야左記에依하야諸般施設을行하엿난대、一般民風의緊張上相當한效果가有하엿슴을詔하노라

一、當日은一般에게、大詔의主旨를徹底케하기爲하야國民의自覺과緊張을促進하난意味의宣傳文을道內各公立學校生徒를通하야其家庭에널니配付하고또官公署와面事務所等으로하여금一般에게配付하엿난대其數난實로六萬餘枚에達한지라

二、當日은各官公署와學校에서난詔書奉讀式을擧行하고各其長官又난校長으로부터國民精神作興에關한訓話를한지라

三、一般에對하야도詔書奉讀會等을實施케하엿스며、또勤儉力行과消費節約에關한講演會等을開催케한지라

四、一般通行者에對하야난、大詔의主旨를喚起케하기爲하야主要街路에宣傳板을揭揚한지라

五、當日光州에서난左에依하야記念貯蓄을宣傳實施하엿난대其貯金額이八千八百七十四圓餘에達한지라

1、道廳職員은本月부터規約貯金額을相當히增加하기로하다

2、各學校生徒에對하야도適當한方法에依하야貯蓄을勵行케하다

3、金融組合郵便局等에서난戶別訪問을行하야貯金勸誘를한지라

4、道廳員郵便局員等은當日自働車로十字街路에서宣傳講演을하다

5、愛國婦人會修養團及誌友會員等은適當한方法에依하야勤儉貯蓄과消費節約을勵行하기로하다

六、光州에서난當日夜間에活動寫眞을開催하야勤儉力行과消費節約에關한宣傳을하고또詔書의主旨를演示하엿난지라

## 道內官公私立學校狀況調 大正十三年九月末現在

| 校別 | 校數 | 學級數 | 職員數 | 生徒及兒童數 男 | 生徒及兒童數 女 | 生徒及兒童數 計 |
|---|---|---|---|---|---|---|
| 官立中學校 | 一 | 四 | 三 | 一六七 | — | 一六七 |
| 官立高等普通學校 | 一 | 九 | 一五 | 三五四 | — | 三五四 |
| 公立師範學校 | 一 | 三 | 六 | 一四八 | — | 一四八 |
| 公立商業學校 | 一 | 一五 | 八 | 二三五 | — | 二三五 |
| 公立農業學校 | 二 | 七 | 一四 | 二六八 | — | 二六八 |
| 公立水産學校 | 一 | 三 | 六 | 七八 | — | 七八 |
| 公立高等女學校 | 二 | 六 | 一三 | — | 二九二 | 二九二 |
| 公立小學校 | 三五 | 一三〇 | 一六七 | 二、三三三 | 二、一四六 | 四、四七九 |
| 公立普通學校 | 一三〇 | 六五四 | 六〇七 | 三〇、九八六 | 四、三七〇 | 三五、三五六 |
| 私立學校 | 一九 | 九二 | 一〇三 | 二、九六四 | 九一四 | 三、八七八 |
| 計 | 一九三 | 九二三 | 一、〇四三 | 三七、五三三 | 七、七二二 | 四五、二五五 |

# 會報

## 大正十二年度儒道彰明臨時總會々錄

一、顧問石鎭衡氏가 辭任의 意를 提出함에 對하야 全會員이 一致하야 反對하다

一、會現況에 對하야 會況의 委靡不振함은 現幹部의 責任이 不無함으로 會長及兩副會長을 退職케 하고 新會長을 選定하기로 動議가 有함에 再請이 有하야 長時間의 意見交換이 有한 後에 無記名投票로 其可否를 決하기로 하야 投票한 結果 退職케 함이 可하다 하는 數는 三十九票요 否하다 하는 數는 十五票인대 結局 三十九票對十五票로 可決하다

一、會長과 年長副會長朴南鉉氏가 欠席함으로 副會長邊昇基氏가 議長席에 就하얏더니 會幹部責任問題가 紛紜함으로 辭任下壇함에 對하야 沈璿澤氏를 臨時로 選定昇席케 하다

一、會長及兩副會長의 選擧方法은 詮衡委員五人을 定하야 選定케 하기로 하고 詮衡委員은 議長沈璿澤氏에게 一任한바 吳晦根、高提柱、崔錫柱、申永休、宋明會五人을 指定하다

一、詮衡委員의 詮衡한 結果
會長에 朴南鉉、副會長에 邊昇基、沈璿澤氏가 當選하다

一、會長朴南鉉는 欠席함으로 邊昇基氏가 此를 代理하다

一、本會々館建築基金에 對하야는 各支會三十一個所에서 臨席來十二月以內로 一百五十圓乃至二百圓의 基金을 募集하야 現金으로 本會로 送交하기로 滿場可決하다

一、規則第十五條中에 總務도 亦總會에서 選擧하기로 改正하다

一、詮衡委員이 總務를 選定한바 高彦柱氏가 當選되다

一、百濟人博士王仁氏는 距今一千六百餘年前에 千字文과 論語를 携帶하고 現今內地되는 日本에 渡去하야 儒學을 闡明하야 其功績이 偉大한바 今에 其墓所가 大阪府北河郡枚方에 在함으로 其墓所에 祠宇를 建立하야 斯道闡明의 功績을 表彰하는 同時에 今日內鮮人思想의 融和를 圖하기로 決議하다

一、長興郡李光秀氏妻咸城宜氏의 貞烈에 對하야 長興支會로부터 表彰의 申請이 有함으로 此에 對하야 贈揚文을 送致하고 該支會로 하야 合相當한 表彰方法을 講究케 하기로 決議하다

一、玉果支會長沈胤澤氏卒逝에 對하야 本會로부터 例에 依하야 弔意를 表하기로 決하다

一、午後五時에 閉會하다

各支會에入會코저하시는人士난左記樣式書를提出하시압

## 入會書

本人이貴會의趣旨를贊成하야入會하압난바入會後에貴會의章程을確實遵守할事를誓約함

大正　年　月　日

孔子誕生二千四百　年　月　日

住所

入會人　姓　名

全羅南道儒道彰明會何郡支會

貴中


| | |
|---|---|
| 定價 一部 | 金參拾錢 |
| 郵稅 | 金貳錢 |
| 計金 | 金參拾貳錢 |
| 一年分先納하면三部 | 金八拾錢 (郵稅共) |

大正十四年一月一日 印刷
大正十四年一月十日 發行

編輯兼發行人　鄭國采
全羅南道光州郡光州面瑞南里一二一番地

發行所　全羅南道儒道彰明會
全羅南道光州郡光州面校社里二七番地
振替口座京城一二八六〇番

印刷人　中田立三
京城府永樂町二丁目二番地

印刷所　中田明倫社印刷部
京城府永樂町二丁目二番地

권호별
자료원문

# 彰 明

※원문 내용은 책 제일 뒷면부터 보세요.